U0604868

幸甚至哉 歌以咏志

日月之行 若出其中 星汉灿烂 若出其里

树木丛生 百草丰茂 秋风萧瑟 洪波涌起

东临碣石 以观沧海 水何澹澹 山岛竦峙

叶毓洲 ◎ 著

# 曹操评传

还原一个真实的曹操

感知波澜壮阔的三国时代

中国文史出版社

## 作者简介

　　叶毓洲，1963年4月生，湖北安陆人。1985年7月湖北省孝感师专（今湖北工程学院）中文系毕业，随即进西安陆军学院（今解放军边海防学院）学习。在部队任过排长、宣传干事、指导员、宣传股长。1999年转业到孝感日报社，历任记者部主任、理论评论部主任、编务总监。多篇作品获地市级以上新闻奖。

# 序

　　曹操是人们所熟知的英雄人物，他是三国时代最杰出的政治家、军事家、文学家当之无愧。但曹操也是那个时代最阴险毒辣的弄潮儿，奸险诈伪之术，登峰造极。作为开创一代伟业的正面历史人物的曹操，《三国志•武帝纪》有比较客观的记载，陈寿称赞曹操是"非常之人，超世之杰"。在小说《三国演义》和戏剧舞台上，作为反面历史人物的曹操，再现了他的阴暗面，也是人们认识历史的一面镜子，本是曹操他自己写成的历史。并非如郭沫若在《替曹操翻案》中说的是历史统治者的"敌性宣传"。可以说曹操是历史上最典型的双重性人物，所以人民才选择了曹操作反面教员，认识迷信暴力的专制帝王和篡国权臣的丑恶面目，启迪对历史的反思。换句话说，曹操的人格具有多面性，可以塑造为多面的典型人物。当今的曹操评传就有多种，既有大陆的作者，也有台湾的作者。本文《〈曹操评传〉序》，是推荐即将面世的叶毓洲先生所著《曹操评传》，将由中国文史出版社在 2018 年推出。这是一部曹操正面形象的评传。全书二十三章，洋洋四十万言。在同类评传中，是写得较好的一种，突显鲜明的个性色彩，值得推荐。

叶氏《曹操评传》突显的个性色彩主要有三个方面：语言、结构、基调。分层叙之如次。

本书语言朴实、简洁、明快，表明作者在通俗化方面做了很大的努力，获得了极大的成功。作者叙事干净利落，不拖泥带水，娓娓道来如诉家常，全书好似一气呵成，流畅自然，特别接地气。全书句句都是生活语言，经过叶先生的锤炼，清新典雅，朴实而不俗，引用文献资料也化成口语翻译，读起来轻松活脱，毫无凝滞呆板的感觉。读者展开书卷，默念字句，仿佛在听说书。作者三十年的努力，得到了丰厚的回报，使通俗语言达到了一种艺术境界。此其一也。

本书结构，全书二十三章，可分为两大部分。第一部分为前十八章，基本按时间顺序记述曹操一生，边叙生平，边点评，论寓于叙事之中；第二部分为第十九至第二十三章，共五章，着墨于评，从不同侧面分别对曹操的政治、经济、军事、文化、用人以及人格魅力等方面进行深度点评，体现作者的感悟，评中亦有故事梗概。前后两大部分，不是油与水的分离，而是如水乳交融，由浅入深地剖析曹操的功过。这一布局是作者对评传体裁的一种创新。这一创新，既让传主生平脉络清晰，又突出了重点。如果缺少后五章，人物线条是清晰的，但不够丰满，显得单调而干瘪；如果将后五章的内容生硬地融入前面的章节，则缠杂不清，有如一团乱麻，写起来棘手，读起来费劲。作者这样处理，曹操这个历史人物不仅清晰了，也丰满了，就有了应有的厚度。读者读来顺畅，通过感受色彩斑斓的曹操，感受到了那波澜壮阔的时代，并且有咀嚼回味的余兴。此其二也。

本书基调，是还原正面历史人物的曹操，基本是循着陈寿《武帝纪》的基调再现曹操的形象，作者做得很成功。曹操双重性人格，正能量体现在陈寿的《武帝纪》中；负面曹操体现在《三国演义》和戏剧舞台中。两种形象的曹操都是历史的真实，而替曹操翻案的论者要抹去曹操的双重性，本质是反历史主义的，根本不成立，曹操本就无案可翻，人为的翻案注定是败笔。曹操的双重性，时人许子将的评价"子治世之能臣，乱世之奸雄"可为定评。本书着墨于正面的曹操，更多体现正能量是可以的，但对于曹操双重性的一面并未抹杀，可用两句话概括，写出了曹操是"治世之能臣，乱世之枭雄"。改了许子将定评的一个字：即改"奸"为"枭"，"枭雄"曹操那就正面得多了。本书的分寸把握得较好。此其三也。

如上所说，叶氏《曹操评传》，可列于学术之林，中国文史出版社推出，是可以得分的。最后说几句本书的作者叶毓洲先生。我与叶先生并无交往，2015年岁末他寄来《曹操评传》书稿，说起往事，我已不曾记得，就事论是，叶先生从一个普通爱好者，经过毕生的努力，进入了学术殿堂很不容易。叶先生的努力，证明了学术也不是什么难事，有志者事竟成。蔡元培先生主张"学术贵歧"，繁荣学术，应该百花齐放，万紫千红总是春。叶先生的评传写得很成功，他要我给他的评传写几句话，可否推荐出版。我把书稿寄给了中国文史出版社主任编辑王文运先生审读，王先生同意出版，于是有了这篇序。最后要说的一句话：叶先生的努力给好学的有志者做出了表率。

是为序。

张大可

2018 年元月

CONTENTS | 目录

# 第一章
# 显赫的家世　动荡的时代

　　曹操乃巨宦高官之后，家室富足。他呱呱坠地的时候，东汉王朝已病染沉疴，社会面临深刻危机。这是一个呼唤巨人的时代，这是一个锻造英雄的时代。曹操就是在这样的时代背景下应运而生的。

## 一、巨宦高官之后

　　在黄淮平原上，有一座历史悠久的古城——亳州。这座城市虽然不大，但却很有名。中国古代政治经济重心一直在北方，所以北方城市普遍发育早。早在春秋时期，也就是公元前478年，楚国灭掉陈国之后，就在谯地筑城。这里的"谯"，就是现在的亳州谯城区最早城市雏形。所以说，亳州建城距今已近2500年。

　　亳州地理位置十分重要，史称"危时为群雄角逐之所，升平为人物辐辏之地"。这里物产丰饶，是全国著名的药都，所产古井贡酒也享有盛名。提到药和酒，冥冥之中似乎与华佗和曹操这两个历史人物有着某些联系。因为，华佗善医，曹操爱酒，且是较早以酒入诗的诗人。非常凑巧的是，在东汉后期大致相同的年代，伟大的医学家华佗，集政治家、军事家、文学家于一身的曹操就出生在这里。

　　曹操字孟德，一名吉利，小字阿瞒，东汉永寿元年（155年）出生于沛国谯县，即今安徽省亳州市谯城区。

　　中国人讲究家世，讲究出身，因此，史家在考证曹操的家世、出身方面颇下了一番功夫。

关于曹操的远祖，有两种说法，一是出自黄帝之后。王沈《魏书》说"其先出于黄帝"。曹操包括他的儿子曹植都自认是曹叔振铎之后，而曹叔振铎姓姬，也出于黄帝。

二是出自舜后。魏国侍中高隆堂持这一说法。曹操的孙子曹叡、曹奂也持这种说法。曹叡曾下过诏书，称"曹氏系世，出自有虞"。曹奂被废时下的《禅晋文》，就有"昔我皇祖有虞"一说。

以上两说，莫衷一是。史家陈寿颇为高明，用"汉相国参之后"一笔带过，省却了许多麻烦。"汉相国参"，指汉丞相曹参。

不过，陈寿的说法被现代遗传学所否定。

2009 年，河南省安阳市对外宣称发现曹操墓，此消息一出，立即引起轰动。其后不久，复旦大学人类遗传学实验室宣布，拟用 DNA 技术对曹操家族开展 DNA 研究。

课题组由复旦大学历史系教授、中国魏晋南北朝史学会副会长韩昇、复旦大学现代人类学教育部重点实验室的人类学家李辉领衔。通过研究，破解了众多历史谜团。

DNA 研究表明，曹操家族与汉代丞相曹参家族没有关系。

那么，曹操的远祖仍是一个谜团。

对此，我们不必深究，还是从有明确的记载说起。

司马彪《续汉书》记载，曹操的曾祖曹萌字元伟，为人谦和有礼。曹萌育有四子，最小的儿子字季兴，名腾，也就是曹操的祖父。

曹萌史书上一直写作"曹节"。可是，曹操的二女儿，也就是后来成为献帝皇后的那一位也叫曹节。按照常理，曹操是不大可能让自己女儿与自己曾祖同名的。因为，东汉很讲究孝道，曹操应有所避讳才对。可能是萌与节的繁体字"莭"相近的缘故，以致出现错讹。

曹萌因家大口阔，迫于生计，让曹腾净身入宫做了宦官。

一般来说，宦官的命运是悲惨的，小时候被阉割，投入宫中，永远与父母、家乡隔离，跟宫女一样同是投入狼群的羔羊，无亲无友、无依无靠，随时可能被杀死、虐死，甚至比宫女的命运更为悲惨。宫女二三十年之后，或许还有被释放出宫的希望，宦官却永远不能，终身为奴，被阉割的宦官必须含垢忍辱，用谗佞、机警和难得的好运维持性命。有幸被大宦官收为养子，在养父的培植下，接近皇帝——专制社会的权力魔杖，才有可能出人头地。

应该说，曹腾是比较幸运的，入宫后做了黄门从官。永宁元年（120年），邓太后下令，从黄门中挑选温和顺从、办事谨慎的人陪侍太子，曹腾被选上。没有任何社会关系可攀缘，而直接选为太子侍读，无疑是幸运中的幸运了。

曹腾聪明伶俐，深得太子喜爱。顺帝继位后，曹腾做了小黄门（禁宫贴身宦官），后迁升中常侍（寝殿侍奉宦官）。

宦官做到这个份儿上，已可以"内斡机密，外宣诰命"。曹腾历侍顺帝、冲帝、质帝、桓帝四任皇帝，特别是在选立桓帝上立有大功，被封为费亭侯，迁大长秋。

东汉王朝后期在宦官、外戚交替专权中艰难前行。宦官在当时的朝野没有什么好名声。曹腾身为宦官，固然有维护本集团利益的一面，但与作恶多端的宦官有所不同。他政治上并不一概排斥官僚士人，相反还比较注意推荐其中的贤能之士。如陈留虞放、边韶，南阳延固、张温，弘农张奂等，这些人都是经他引荐而位至公卿的。

曹腾平时处事相对宽厚公允。蜀郡太守想同他拉关系，利用本郡人进京的机会，给他送去了一封表示敬仰的信。没想到信被益州刺史种暠查获。种暠向桓帝检举。按汉朝律令，内臣外交当免官治罪。桓帝信任曹腾，便以"书自外来，非腾之过"而刻意回护。按说，种暠得罪了曹腾，如果曹腾记恨，种暠的日子肯定不会好过。但曹腾不以为意，相反还常常称赞种暠是一个能干的官员。后来，种暠做了司徒，曾对人讲："我能做到三公，全靠曹常侍的恩德。"

《后汉书》里有曹腾的传记，篇幅虽小，但作为宦官能够入传，且是以正面形象留存于史册，是相当不容易的。

客观上讲，以曹腾的身份和所处环境，能做到这样的确不容易。他这样做，为自己带来了好名声，因而得以长享福祚，荫及后代。

曹腾生活在一个宦官可以娶妾养子并可用养子袭爵传封的时代，他也收了一个养子，这养子名嵩，字巨高，也就是曹操的父亲。

关于曹嵩的身世，《三国志》作者陈寿说"莫能审其生出本末"。有人看到曹操与夏侯惇、夏侯渊等人的亲近关系，便认为曹嵩出自夏侯。但夏侯惇之子夏侯楙娶了曹操女儿清河公主，夏侯渊的儿子夏侯衡娶了曹操的亲侄女，在儒家伦理观念根深蒂固的当时，似乎是说不通的。现代 DNA 技术也证明了这一点。

我们认为，曹腾在家中排行最小，他的前面有好几个哥哥，侄子辈当不在少数，养子曹嵩很可能是由曹腾本家侄子中过继而来。

因为有了曹腾这样的养父，曹嵩的仕途一帆风顺。曹腾延熹五年（162 年）死，曹嵩袭费亭侯爵位。后来做过司隶校尉（监督和检举京师百官和皇族不法行为），灵帝时，又转为大司农、大鸿胪。中平四年（187 年）十一月，通过贿赂宦官，出资一亿，买到了太尉的官职（次年被免）。初平四年（193 年），为避战乱暂住琅邪（今山东临沂），被徐州刺史陶谦的部将杀死。

受曹腾的影响，曹氏在中央和地方做大官的为数不少。曹腾堂弟曹褒（曹仁祖父）官至颍州太守，曹褒的儿子曹炽（曹仁之父）做过侍中、长水校尉。曹腾的侄儿曹鼎（曹洪伯父）做过尚书令。从曹嵩出资一亿买太尉官职来看，曹操的家境非常富足。事实上，曹氏家族家财殷实的不少，曹洪家就养有家丁上千人，算得上是巨富。由此可见，曹氏家族在政治上、经济上都颇有实力，这是曹操起事、发迹的原始资本。

## 二、风雨飘摇的东汉王朝

曹操呱呱坠地时，东汉王朝已病染沉疴，社会面临深刻危机。

一方面，外戚、宦官交替专权，社会政治趋于黑暗。

光武帝刘秀公元 25 年建立东汉王朝之后，注意吸取西汉以来的历史教训，加强中央集权。政治上一反汉高祖刘邦任命丞相执政的办法，不给功臣以实职实权。只有邓禹等少数几个人得以与公卿参与朝政。鉴于王莽以外戚乱政的教训，光武帝不让外戚干政。功勋卓著的马援，也因为是外戚，没有列画像于云台。对宗室诸王，光武帝明申旧制，严禁他们蓄养羽翼。

客观上讲，功臣、外戚、宗室的权力都受到限制。为了保证王朝的统治，光武帝在中央设立三公（太尉、司徒、司空），为名义首脑，把实际权力集中于尚书台，尚书台设千石尚书令，六百石尚书仆射。皇帝挑选亲信大臣录"尚书事"，便于直接指挥尚书台。

此外，注重加强精神的统御。他倡导讲经论理，注重从儒学中选拔人才，为此立太学、设博士。明帝更是广招名儒，大兴儒学。郡国学校也开始纷纷建立起来。除学校培植人才外，政府还用查举孝廉、征辟僚属以及举贤良方正、直言极谏、茂才、明经等科目网罗地主、士大夫子弟做官。孝廉按郡内每20万人举1人为率，每岁选拔，是儒生仕进的主要途径。征辟之事，由朝中三公及郡守来做，被征辟的士大夫往往由于"名高才重"而迅速显达。东汉王朝通过讲学明经、表彰名节，广开仕途，从地主士大夫阶层收罗和培养了一批统治人才。同时，也培养了重名节的社会风气。

应该说，东汉王朝前期，专制体制加强和注重精神统御，对稳定社会秩序、恢复和发展社会经济起了重要作用。曾一度出现了"光武中兴"那样的景象。

但是，这样的政治体制到后来又成为东汉王朝的腐蚀剂，使王朝逐渐趋于没落。

皇权加强、相权削弱，一切大权集中于皇帝，皇帝便成了权力的化身。皇帝身体好，又有能力，自然没问题，万一身体不好，能力不够，这种体制问题就大了。觊觎权力的人，就会力图挟持皇帝。和帝以前，皇帝享年较长，有能力驾驭局势，统御群臣。但自和帝以后，问题就暴露出来了。

自和帝以后，由于荒淫无度，皇帝大多早夭。太子继位之后，因年龄小，没有能力行使皇权，加之相权削弱，又没有得力大臣辅佐，他们只能依靠外戚。外戚则利用皇帝幼弱，把持朝政，架空皇帝。皇帝稍长后，意识到自己贵为天子，却成了任人摆布的木偶，不甘心，想摆脱这样的局面，又没有得力的大臣可鼎力相助，于是只得借宦官之力诛灭外戚。宦官便取外戚而代之。东汉王朝自和帝起，便呈现出外戚、宦官交替专权或共同专权的局面。

无论是外戚还是宦官，都力图拥立幼主，以便操纵权柄。他们都趁自己权力在手，排除异己。章和二年（88年）二月，章帝死，10岁的和帝即位，窦太后临朝，她以窦宪为侍中，开了东汉王朝外戚专权的先例。窦宪兄弟把持朝政，其党徒杀人越货，无恶不作。几年之后，和帝稍长，与宦官郑众密谋，于永元四年（92年），逼窦宪兄弟自杀，窦氏党徒全被免官治罪。郑众因功升大长秋，复封鄋乡侯，宦官开始得势。

安帝时，实际掌权的邓太后和她的兄弟邓骘为缓和矛盾，取用了名士杨震，以图取得士大夫的支持。但是好景不长，建光元年（121年），邓太后死后，安帝乳母王圣和宦官李闰合谋，清除了邓氏势力，形成外戚、宦官共同专权的局面。

四年以后，安帝死于巡游途中，阎皇后秘不发丧，赶到京师，策立北乡侯为帝。阎太后临朝，阎显掌大权，杀逐安帝宠信的宦官及王圣等人。可是，几个月后，北乡侯病死（死得蹊跷），宦官孙程等19人杀阎显，拥立济阴王为帝，是为顺帝。

孙程等人被封为列侯，并可兼做朝官和传爵养子，宦官的势力得到进一步发展。后来，顺帝为了摆脱宦官的控制，又培植外戚，先后拜后父梁商、后兄梁冀为大将军。顺帝死后，梁太后和梁冀先后选立冲帝、质帝、桓帝。为掩人耳目，在任用宦官的同时，还扩充太学，尽力争取士人的支持。其实大权仍掌握在梁冀手中。梁冀掌权近20年，被聪慧的质帝当着群臣的面称为跋扈将军。梁氏一门，共有7人封侯，3人做皇后，6人为贵人，3人娶公主为妻。女眷中有7人食邑称君。外戚势力达到顶点。

延熹二年（159年），梁皇后死。其后不久，桓帝联合宦官单超等发动反击，剪除了梁氏势力。

按说，曹腾与以梁冀为代表的梁姓外戚集团有很深的瓜葛，梁姓外戚势力倒台了，曹腾本应受到牵连的。但曹腾是何等精明之人，梁皇后死后，曹腾即告老还乡，回到老家谯县安享晚年，专心营造身后墓葬去了，侥幸成了漏网之鱼。当然，曹腾毕竟是老资格的大宦官，单超之流过去还是曹腾的喽啰，因此没有被追究。

梁冀外戚势力垮台后，得势的宦官开始独揽大权。

前面讲过，宦官由于出身寒微，是为生计而被迫净身入宫的。宫廷极度狭窄与糜烂，决定了宦官缺乏远大的理想与抱负，不可能有高尚的节操。加之没有生育能力，潜意识里充塞着难以排解的自卑，并对常人怀着歇斯底里的仇恨。他们曾受到奴役、压迫和屈辱，过着非人的生活，而一旦掌权，除了无尽的贪欲和专横弄权之外，其余什么也不知道，其表现较外戚有过之而无不及。《后汉书·宦者列传序》载，当权的宦官，"手握王爵，口含天宪"，"举动回山海，呼吸变霜露，阿旨曲求，则光宠三族，直情忤意，则参夷五宗"。桓帝延熹三年（160年）正月，新丰侯单超去世，皇帝赐他御用棺木，金缕玉衣，埋葬时，动用羽林军为他送葬，极尽人间奢华。

永康元年（167年），桓帝死，窦太后临朝，与其父窦武迎12岁的灵帝即位。窦武与陈蕃合谋诛宦官，不意密谋外泄，反被宦官所害。宦官曹节连同他的12名心腹都被封侯。曹节死后，宦官张让、赵忠继续掌权，灵帝完全成了木偶，甚至恬不知耻地说"张让是我父，赵忠是我母"。

在外戚与宦官反复争斗中，另一派政治力量也若即若离，起到了一定作用。这就是士大夫官僚集团。

还是在明帝的时候，士人通过察举、征辟出仕。被举、被辟的人，便成了举主、辟主的门生、故吏。门生、故吏为了利禄或感知遇之恩，不惜以君臣、父子之礼对待举主、府主。大官僚就与自己的门生故吏结成了政治集团。

在东汉后期的官僚集团中，有不少累世专攻一经的家族，他们的子弟甚广，动辄数百人，通过经学入仕，形成累世公卿家族。弘农的杨氏传欧阳《尚书》，自杨震以后，四世皆为三公；汝南袁氏，因世传《易》

学，自袁安以后，四世居三公之位者多达 5 人。由于他们世居高位，有声望，所以，大批士人争相比附，以为进身之阶，因而门生故吏遍于天下。因他们在政治、经济、意识形态方面具有特殊地位，所以被称为门阀大族。他们是士大夫的领袖，受到士大夫的顶礼膜拜。就是当政的外戚也往往与他们相联合，甚至当权的宦官也不能不同他们相周旋。

在外戚与宦官的争斗中，官僚士大夫阶层往往偏向外戚（外戚多出于高级士族，与士人有政治、经济、文化等多方面的联系），而把得势的宦官看作是卑微的"暴发户"，对他们采取不合作甚至是反抗的态度，因而更多地受到宦官的迫害和摧残。

以门阀士族为代表的官僚士大夫阶层，在朝廷虽然没有占据统治地位，但是在地方却十分了得。就是太守到任，也往往要辟本地豪门大族为掾属，委政于他们。南阳宗资为汝南太守，委政于本郡的范滂；弘农成瑨为南阳太守，委政于本郡岑晊。当时出现过这样的歌谣："汝南太守范公博（范滂字），南阳宗资主画诺；南阳太守岑公孝（岑晊字），弘农成缙但坐啸。"意思是说宗资、成缙只是摆设，真正主事的是范滂和岑晊。这种宾主易位的现象在当时并不鲜见。

士人们为了增强自己的政治影响力和话语权，还兴起了一种品评人物的风气，时称"清议"。大官僚和门阀大族为了操纵选举、进退人物，亦大力提倡。在当时腐败的政治生活中，这种清议一定程度上起到了激浊扬清的作用。

在桓帝、灵帝期间，这种清议带有明显的政治色彩。因为宦官得势，阻碍了一些官僚士大夫的升迁，阻塞了一些官僚后备军的太学生的仕进之路，加之社会出现危机，不少官僚尤其是硬直派官僚和部分关心国事的太学生忧心如焚，"清议"由品评人物转为公开地评论朝政，特别是抨击当权的宦官，形成了强大的舆论声势。部分地方实力派官僚又以实际行动惩治宦官，这就自然招致宦官的妒恨，宦官实施反击，遂酿成"党锢之祸"。

第一次"党锢之祸"发生在延熹九年（166 年）十二月。司隶校尉李膺利用手中权力打击宦官及其党羽，遭到宦官疯狂反扑。宦官指使人上书诬告李膺"共为党部，诽讪朝廷，疑乱风俗"。桓帝便将李膺等200多党人下狱治罪。

士大夫们面对高压并不畏缩，他们把有声望的官僚士大夫冠以"三君、八骏、八顾、八及、八厨"等名号，立为榜样，进行广泛发动，作更大规模的抗争。于是爆发了第二次"党锢之祸"，李膺、杜密、范滂等百余人入狱死。宦官甚至将"天下豪杰及儒学有行义者"都指为党人，六七百士人、儒生遭到摧残。熹平元年（172年）、熹平五年（176年）又大肆追捕党人。党锢事件一直延续到黄巾起义爆发之后。

东汉王朝后期，呈现出由外戚、宦官交互专权，相互争斗，并受到士大夫影响的错综复杂的政治状态。王朝的中枢神经已经紊乱。

另一方面，民族矛盾、阶级矛盾空前激烈，王朝已经处于风雨飘摇之中。

先说民族矛盾。民族矛盾主要体现在汉民族与羌民族的矛盾上。羌人是我国一个古老的少数民族，在血统和文化上与汉民族都不相同。羌民族以游牧为主，到东汉时尚有150多个部落，散居在益州、凉州以及关中和并州的广大地区。他们不堪忍受官吏和地方豪族的欺凌起而反抗，遭到弹压。不甘屈辱的羌人反抗更加激烈，结果由阶级矛盾转化为民族矛盾。从安帝时起，羌人举行了三次大规模武装抗暴斗争。

东汉王朝除了对羌人采取高压政策外，想不到其他更好的办法。连绵100多年的镇压羌人战争，使中国西部举目千里，一片荒凉，看不到煮饭时的炊烟。幸而残存的人们，无论是羌是汉，都惨不忍睹。羌人终于惨败屈服，但是，东汉王朝付出了惨重的代价。因为战争，打空了国家的财政，葬送了无数的生命。当时流行一首歌谣："小麦青青小麦黄，谁当获者？妇与姑，丈夫何在？西击胡！"由此可以看出，人民群众对战争的厌倦。

再说阶级矛盾。东汉王朝是豪族政权，从上到下，都是豪族势力。皇帝是最大的豪族。汉桓帝后宫宫女多至五六千人，为了维持庞大开销，皇帝将加在人们头上的口赋（人头税的一种）从过去7岁开始征缴改为1岁征缴；田税也1亩增加了10钱。灵帝的贪婪更胜过桓帝。他公开卖官，每品官都有定价。两千石官 2000 万,四百石官 400 万，关内侯 500 万。县令按照土地大小肥瘠各有定价。卖官所得，皆为私有。更为荒唐的是，如果买官缺钱可以赊欠，到任后再加倍交纳。这分明是逼着官吏贪污勒索，因而地方官吏横征暴敛，贪污成风。

由于政治腐败，各级官吏只顾中饱私囊而不知体恤百姓，人祸必然引发天灾。桓、灵之际，水旱灾害频发，人民挣扎在死亡线上。为了生计，纷纷揭竿而起。

东汉王朝行将就木，天下即将大乱。这是一个呼唤巨人的时代，是一个锻造英雄的时代。曹操，就是在这样的家庭、这样的时代背景下应运而生的。

# 第二章
# 奇特少年　众评纷纭

　　曹操较少受礼法观念的束缚，肆意而为，他的天资因此得到了充分发挥。

　　他狡黠、机警，有惊人的观察和应变能力。他的智识和谋略，干练和果敢，是一般士人难以企及的。

## 一、好飞鹰走狗，游侠无度

　　曹操出生于有钱有势的大官僚家庭。曹操 5 岁时，其祖父曹腾已经去世。其父曹嵩继承了曹腾的费亭侯爵位。桓帝末年，借助曹腾的关系，加之自己处事得体，曹嵩官至司隶校尉。灵帝时，先后做过大司农、大鸿胪，掌管国家财政和礼仪，位列九卿。不过，这个官僚家庭与其他通过经学入仕的官僚家庭不同，它主要是靠着曹腾的荫庇。这个家庭原本就缺少文化涵养，主观上并没有将读书仕宦当成一回事。那个时代，"党锢之祸"时有发生，士人常遭不测，这是明眼人都看得到的。或许曹家压根儿就没有指望哪个后生通过读书入仕光耀门楣，更不希望哪个后生读成书呆子、读成一根筋，以致认死理而招来祸患。

　　曹操在其诗作《善哉行》（其二）中就有所披露：

　　　　自惜身薄祜，风残罹孤苦。既无三徙教，不闻过庭语。

　　"三徙教"是引用"孟母三迁"的典故，意指母教。"过庭语"，也是引用孔子督促其子孔鲤学《诗》《礼》的故事，意指父教。这几句的大意是：自己叹惜自己小时福气薄，遭了不少罪，既没有得到慈母的关怀，也没有得到严父的教导。叹惜自己福气薄，遭了什么罪，多少有些言不由衷，故作呻吟，与"为赋新词强说愁"差不多。但是，后面"既无三徙教，不闻过庭语"说的可能就是实情。

正因为这个家庭不重视读书仕进，幼时的曹操无忧无虑，玩得自由、玩得开心、玩得畅快。

实在地讲，爱玩是孩子的天性。一个原本天真活泼的小孩，硬要他习礼读经，让他变得少年老成，是在扼杀孩子天性，并不是一件好事。

当然，玩过了度，就不免让人担心。曹操就属于这类。

小时的曹操非常顽皮，说得不客气一点，还多少有些官宦人家常有的纨绔子弟的味道。由于家教不力，他很少受到礼法观念的束缚，因而得以肆意而为，他的天资也因此得到充分发展。加之，祖父和父亲都是官场中人，尤其是祖父曹腾，能够在纷纭复杂的宫廷斗争中左右逢源，游刃有余，长享福祚，这又潜移默化地影响着天资聪颖、机灵过人的曹操，使他深谙应变之术。

《三国志·武帝纪》注引《曹瞒传》中有一段文字，颇为生动地表现了少年曹操"机警、有权数"的性格特点，大意是：

> 曹操小时喜欢放鹰遛狗，顽皮得没有边儿。他的叔叔担心他这样玩下去将来难以成器，弄不好还要闯祸，就多次在他父亲面前数落。曹操有些担心害怕。一次，在路上远远地见到叔叔走来，他突然倒在地上，歪斜着脸，口吐着白沫。叔叔大为惊怪，担心地问是怎么回事，曹操装作很痛苦的样子，答道："突然中风。"叔叔忙将这事告诉其父曹嵩。曹嵩心急火燎，赶紧呼唤他的瞒儿。这时曹操又好端端地站在其父面前。他的父亲问道："你叔叔说你中风，怎么这么快就好了？"曹操答道："根本就没有中风，只是因为叔叔不喜欢我，才故意这么说的。"自此之后，叔叔再告状，其父根本就不信。曹操就更加肆意妄为了。

一个少年，为避免叔父告状，而想出这么一个办法来对付，居然天衣无缝，连两个资深的长者都骗过去了，真让人叹为观止。

我国很早就有一句谚语，那就是"三岁看大、七岁看老"。这句话用在曹操身上似乎也很管用。从幼时的曹操，隐约可以看到未来曹操的影子。《三国演义》的作者罗贯中没有忽略这一记载，而把它引用到小说中，通过这一细节，去反映曹操的为人，奠定曹操擅权变的性格基调，可谓独具慧眼。

关于曹操的幼年、少年，正史里的记载并不多。陈寿在《三国志·武帝纪》中只用"少机警，有权数而任侠放荡"寥寥数语简单带过。野史、杂记里倒有一些零星记载。

《三国志集补》卷一引刘昭《幼童传》记载了一段传闻，大意是：

> 曹操年幼时十分勇敢。10岁的时候在家乡谯水游泳，有一次大蟒蛇向他逼近，曹操临危不惧，在水中奋力搏击，蟒蛇见势不妙，只得潜逃。曹操游完后回家，没有对任何人讲起。后来有人见到一条大蛇，吓了一大跳，赶紧跑开。曹操大笑，说："我被大蟒攻击都没怕，你怎么见到一条蛇就吓成这样呢？"旁边的人忙问是怎么回事，曹操这才将上次发生的事讲出来。大家听后，又惊又怕，对曹操佩服得不得了。

这是讲曹操少年英勇的。与此相类的还有一则，事载《三国志·武帝纪》注引孙盛《异同杂语》，大意是说：

> 曹操曾经夜闯中常侍张让家，企图谋刺张让，被张让发觉。曹操在庭院里飞快地舞着戟，且战且退，等退到墙边，猛地一跃，翻过墙头，逃了出去。曹操武勇过人，没人能伤害得了他。

还有讲曹操搞恶作剧的。事在李昉《太平广记》，大意是：

曹操年少时，曾与袁绍一起玩耍，看见一户人家娶新娘子，就在旁边看热闹。等大家都在吃酒席的时候，他伙同袁绍悄悄潜入院内，趁着夜色大叫："有小偷，快抓小偷！"

正在吃酒席的人赶紧放下手中的酒杯、碗筷，盲目地跑出去追小偷了。这时，曹操趁乱闯入新房，用刀劫持新娘子，与袁绍一起往外拖拽。走着走着，袁绍一脚踩空，坠入荆棘丛中，怎么也爬不起来。曹操担心被人追上，灵机一动，再次大叫："小偷在这里，小偷在这里！"袁绍慌乱中惊出一身冷汗，不知哪里来了力气，奋力一跃，跳了上来。两人扔下新娘子，撒腿跑了。

以上记载是否确有其事很难稽考。但是，有一点是可以肯定的，那就是无论是正史还是野史，对幼年曹操的认识大体上是一致的，那就是：此人很不安分，是一个任侠放荡、不拘细节的人，是一个胆大、机灵、勇武而又有些淘气的人。

## 二、"安天下者，必此人也"

前面说过，在刘秀的倡导下，东汉注重讲经论礼。时人看一个人是否有出息，很重要的标准是看他是否接受了正统思想教育，并自觉地慨然以天下为己任，去努力实现"正心、修身、齐家、治国、平天下"这一士大夫阶层梦寐以求的人格理想。此外，还要看此人生活是否严谨，仪态是否端庄，举止是否儒雅。这些实际上是德行至上标准泛用，拿这样的标准去衡量曹操，曹操自然不被时人所看重。

曹操不被人看重，还有一个重要因素是受到家庭的牵累。曹操出身于宦官之家，当时宦官声名狼藉，尽管这个家庭殷实富足，尽管这个家庭也有人峨冠博带，当着大官，仍为社会所轻慢甚至忌恨。

千万不要小看这样的社会生态，这样的社会生态是很压抑人的。前面所录《善哉行》，实际上是曹操潜意识自卑的表现和不经意流露。

越是被人瞧不起，就越渴望得到人的尊重。曹操是一个要强的人，他不堪忍受这样的境况。他清楚,他之所以不被一些人待见,并不是他能力弱、没本事。事实上,曹操的观察力、应变力,他的机警、智识和谋略,他的干练和果敢精神是当时一般士人所不可企及的。这方面他从来都是自信的。一些人不待见他,是看不惯他的行事作风,看不上他的家庭出身。这让他非常纠结。

稍长之后,曹操有意识改变这一境况。家庭出身是改变不了的,他就在自身行止上做出调整。他有意识节制自己,再也不像以前那样毫无顾忌、放浪形骸了,开始变得沉稳了,学习也非常刻苦。加之天资聪颖,二十出头便成了饱学之士。光和三年(180年),25岁的曹操被朝廷征召为议郎,就是因为他通晓古文经学。

当然,曹操与一般士人专攻儒术、走皓首穷经的路子不同,他的目的很明确,那就是经世致用。因此,他注重博采众长,善于吸取有用的东西,尤其喜好兵法,这对他后来用兵打仗、治国理政有很大的帮助。

在政治取向方面,曹操清楚,"党锢之祸"发生以后,士大夫阶层与宦官势同水火,作为宦官之后,他不能站在宦官的立场,与宦官同休戚、共命运。他必须改变自己的社会"阶级立场",向士人靠拢,这是他仕进的唯一出路。事实上,曹操虽出身宦官之家,但他的祖父大宦官曹腾就不同于一般宦官,为人比较厚道,办事比较公允,没有什么劣迹。曹操本人对一些宦官的所作所为也很不以为然,甚至运用手中的权力惩治过宦官。这让他站在了道义的高地,逐步赢得了士大夫的好感。

让人心生感叹的是,社会上确有一些高人,识人于未遇之时,目光深邃、慧眼独具。曹操还很年轻的时候,汝南王俊、南阳何颙、颍川李瓒以及乔玄等大名士就对他刮目相看,觉得他将来必成大器。

王俊少有才名,很早就得到范滂的赏识。这个王俊与袁绍都是曹操小时的朋友。袁术母亲去世,曹操与王俊前去吊唁。曹操看到袁绍兄弟治丧中的表现,十分不满,悄悄对王俊说:天下即将大乱,这兄弟俩都不是善茬,将危害不浅,要安定天下,就要除此二人。王俊深以为然,说:能安定天下的人,除了你还能是谁呢?曹操听了,喜不自胜,望着王俊,两人不禁相视而笑。

何颙年轻时游学洛阳，显名太学。大名士陈蕃、李膺倾心与交。"党锢之祸"发生后，何颙也在被追捕者之列。他变易姓名，避乱汝南。这期间见到过曹操，他感慨地说："汉家将亡，安天下者，必此人也。"

乔玄字公祖，睢阳人。历任县功曹、国相、郡守，后来做到司空、司徒、尚书令、太尉等职，是朝中重臣。素以刚断著称，善于品评人物，在清议界享有声望。他敏感地意识到天下将要大乱，发现曹操后，惊奇地说：我看见过天下不少名士，还没有像你这样的，你好好把握自己！我老了，想将妻儿托付于你。

有乔玄这样的重臣抬爱，曹操的名声逐步传播开来。


## 三、"治世之能臣，乱世之奸雄"

在汉代，借助舆论的推荐而走上仕途，是非贵族血统青年仕进的唯一途径。因为，当时取士用人主要靠公府的征辟和地方的察举，而征辟和察举的依据就是"清议"，即舆论鉴定。只有得到舆论好评的人，才可能成为征辟察举的对象。

当时社会上品评人物的风气盛行，一些人因此而成为清议权威，也就是舆论鉴定专家。得到他们的好评，则身价百倍，得不到他们的好评，很可能就默默无闻，与仕途无缘。因此，士子们为了取得清议的好评，不能不进行广泛的社交活动，以博取清议权威的好感。

曹操也在这方面动了脑筋。他特意去南阳结交宗世林，希望得到宗世林的举荐。但是，宗世林的名气太大，常常宾客盈门，曹操连见面的机会都没有，只好在外面守候。一次，宗世林外出，曹操好不容易抓住机会，径直上前拉住宗世林的手，表渴仰之思，致殷勤之意。哪知，宗世林鄙薄曹操的为人，不愿意与他交往，拒绝了他的要求。

曹操又前往汝南见许劭。许劭是当朝大臣许慎的侄儿，跟堂兄许靖知名度极高，与太原郭泰一样，被公认为是舆论界的权威。他们兄弟俩共同评价当世人物，每月做一次总结，被人称作"旦月评"。当时人们非常信服"旦月评"，得到好评，则声名鹊起，官运亨通；受到讥讽，则强自内省，奋发改过。

　　曹操前往拜访时，许劭也不买账，不肯对他做出评价。曹操非要问个明白不可，甚至对许劭进行过威胁。许劭被缠得没有办法，便说道："子治世之能臣，乱世之奸雄。"

　　许劭用简洁的语言对曹操进行了评定。在许劭看来，曹操有本事，是一个了不得的人物，绝非庸碌无为之辈。但对曹操的忠诚却持怀疑态度。说他是治世之"能臣"，没说是"忠臣"，就是肯定他的本事而避开忠奸；下一句，乱世之"奸雄"，很明显，肯定了他的本事，却断言他是奸臣。

　　按常理，说曹操是"奸雄"，似乎有些刻薄，有些难听，曹操一定会不高兴的。但曹操似乎并不介意，听到这个评语，反倒非常开心，禁不住哈哈大笑。

　　当此之时，汉王朝行将就木，天下即将大乱，这是一般有识之士都看得到的。许劭在评价曹操时虽作了两种推断，但是，其落脚点是在"乱世之奸雄"上。

　　许劭的话似乎一锤定音，给评价曹操带来很大影响。千百年来，"奸雄"一词，如同一条永不锈蚀的项圈，套在曹操的脖子上，怎么也摘不下来。特别是罗贯中苦心孤诣在其长篇小说《三国演义》中塑造了曹操"奸雄"这一艺术形象之后，戏剧舞台就频繁出现曹操这个花脸奸臣，使得奸雄曹操家喻户晓，妇孺皆知。曹操究系忠奸，此处暂且不表。

第三章

# 初入仕途　崭露头角

在洛阳北部尉任上，他办事干练、执法如山；在顿丘令任上，他举止不俗、行事无悔；在议郎任上，他秉公持正、极言直谏；在济南相任上，他整顿吏治，禁断淫祀、推行教化。不愧为"治世之能臣"。

曹操的退隐，是一种避祸全身的韬晦之计。

## 一、办事干练的洛阳北部尉

由于曹操处心积虑地与士人交往，并得到了部分士人的好评，名气越来越大。20 岁时被举为孝廉。

孝廉本是汉代选举官吏的两个科目。孝，指孝子；廉，指廉洁之士。后来将两科合在一起变成一科，称"孝廉"。

孝廉一般是按照郡、王国人数推选。郡、王国不满 20 万人，每两年推选 1 名；满 20 万人，每年可推选 1 名。

按说，曹操少年时的行状哪能配得上"孝廉"？实在地讲，这应归功于其家族的荫庇。据说，是受到其父曹嵩的好友、在兖州任地方官的吕伯奢的推举。

孝廉不是官职，而是一种令名，与"茂才"相当。被推荐为孝廉、茂才，说明具备了当官的资格，但是，真正入仕，还需要朝廷大员征辟。否则，还是在野之身。

举孝廉不久，曹操经尚书右丞司马防（司马懿的父亲）推荐，做了洛阳北部尉。曹操能够做洛阳北部尉，除他本人有些名气外，可能还得益于他的家世。尽管曹操 7 岁时，他的祖父曹腾已经死去，但朝中的人脉还在。另外，曹操的父亲曹嵩此时已是司隶校尉，是朝中大员。所以说，曹操能够顺利入仕，多少与他的家庭有些联系。

汉朝的官制，县令之下有丞有尉，其俸禄都是 400 石。丞，协助县令管理行政后勤；尉，负责社会治安。曹操以孝廉为郎，20 岁就做了这样的官职，是不容易的。不过，年轻的曹操心气儿高，他原本是想做洛阳县令的。但是，尉这一职务以孝廉为郎的人充任已成定制，所以，主管选举的尚书还是根据司马防的推荐，让他做了洛阳北部尉。

洛阳是东汉都城。按照常理，都城的治安应该是不错的，因为毕竟是天子脚下，首善之区。但是事实并非如此。曹操走上仕途之时，东汉王朝已经风雨飘摇，社会处于极度混乱之中，京城的治安甚至更为糟糕。由于权贵辐辏，其鹰犬、爪牙无法无天，所以，洛阳北部尉并不是一件轻松的差事。

洛阳北部尉是曹操走上仕途的第一站。他清楚，这第一步必须走好。因为，不知有多少双眼睛在看着他。尤其是在京城，那是不好糊弄的。

曹操上任之后，知难而进，采取一系列措施革除积弊，整顿秩序。首先，示形造势。他"修缮四门"，改变残破景象，力图给人以不甘平庸、有所作为的印象；其次，"出示律令"，教化在前。使人们知道该做什么，不该做什么，违法了该受什么样的处罚；最后，严格执法，惩戒于后。他设五色棒，在各门之前悬上 10 余枚，如有违反，一律收拿，严肃惩处。

曹操不久就遇上了一件棘手事：宦官蹇硕的叔叔违禁夜行。按照当时规定，掌灯之后禁止行走，否则一经收拿，立即杖毙。

由于吏治腐败，一些律令对老百姓管用，但是对一些达官贵人就形同虚设。蹇硕的叔叔胆敢违禁，或许就是因为觉得有蹇硕这棵大树罩着，即使违禁，官署也奈何他不得。

蹇硕此时是小黄门，官职虽不高，但是他随侍皇帝左右，负责沟通内外和上下联系，手中握有实权，且深得皇上宠幸，是一个炙手可热的人物。

当时宦官之势如日中天，蹇硕这样的人物是不能轻易得罪的，弄不好可能惹火烧身，自取祸端。

曹操毕竟是一个不甘平庸之人。他十分清楚，这是他官场第一站，这一站败下阵来，将来还怎么在官场立足？曹操豁出去了，他以初生牛犊不怕虎的勇气，硬是将蹇硕叔叔棒打致死。

曹操此举惊世骇俗，震动朝野。由于他勇于担当，敢作敢为，不畏强暴，执法严苛，人们无不震悚。"京师敛迹，莫敢犯者"，一向混乱的洛阳北部地区治安状况很快得到扭转。

曹操棒杀蹇硕叔叔，固然遭到蹇硕等当权者的嫉恨，但是，曹操毕竟行得端走得正，蹇硕一时拿他没有办法。

曹操此举虽是在惩治不法，但客观上给人以向士族靠拢的印象。因而赢得了清议界的好感。

熹平六年（177年），蹇硕等人便以赏功为名将曹操调出京城，让他到顿丘县（今河南清风县西南）做了县令。

曹操不仅没有受到惩处，反而升官了。这件事给人以启示：那就是，为官一定要有担当。有担当才能有作为，关键时候才能够豁出去，直面挑战，并战而胜之。如果缺乏担当，临事而惧，注定一事无成。

曹操任顿丘令的时间不长，史书对曹操这一时期的为政得失没有明确的记载。我们可以从曹操自己的追述中管窥一二。那就是，37年之后，曹操南征孙权，让其子曹植留守邺城，在叮咛告诫时讲道：

> 我过去当顿丘县令时只有23岁。想想当时所作所为，时至今日也没有觉得有什么后悔的。

很明显，曹操是在用自己的经历启发儿子，希望儿子能够像他那样精明强干。这说明曹操在顿丘任上干得一定很出色，不然的话，他是不会在时隔37年之后依然记起并引以为自豪的。

## 二、极言直谏的议郎

曹操任顿丘令不久，就被征召为议郎。

议郎是郎官的一种，属光禄勋，一般由贤良方正、敦朴有道者充任，负责顾问应对，俸禄600石。

议郎只是一个官制名称，无一定职务，也没有什么实权，大体与现代的参议差不多。如果老于世故，觉得世道艰难，怕得罪人，只想混天撩日，那么，可以在议郎一职上吃闲饭、享俸禄。如果想有所作为，议郎一职又恰恰是一个能够大显身手的平台。因为，身在朝廷中枢，信息灵便，可以凭借其职位，合法发表意见，影响舆论。

曹操是一个富有进取精神的人，他力图用文章、言辞革除时弊，扶正祛邪，以期扬名立万，光宗耀祖。

正当曹操踌躇满志，希望大展身手的时候，一场意外的灾变给了青春年少、事业上一帆风顺的曹操以沉重打击：他的堂妹夫宋奇被诛，曹操因连坐被免去官职。

清代梁章钜在《三国志旁证》中指宋奇是灵帝宋皇后的兄弟。宋皇后因宦官王甫陷害，被灵帝废黜后幽闭至死。

曹操被免职之后，郁郁寡欢，在京城待了段时间就回到谯县去了。

月是故乡明，水是家乡甜。曹操回到谯县，原本沮丧的他心情渐渐好起来。

这期间，曹操政治上失意，情场上却很得意。闲暇之余，他常去演艺场放飞心情，遇到了色艺俱佳、温良贤惠的卞思，便纳卞思为妾。卞思是一名倡伎，也就是歌舞艺人，属卖艺不卖身那种，与后世娼妓不同。这卞思，就是曹丕的母亲，后来被称为皇太后、太皇太后。

曹操是一个具有旺盛的进取心的人，说是赋闲，其实根本闲不住。这期间他读书、打猎、研习兵法、拜访民间高士，忙得不亦乐乎。

光和三年（180年）六月，灵帝下令公卿每人推荐一个能通晓《尚书》《毛诗》《左传》和《榖梁春秋》的士人充当议郎，曹操因通晓古文经学，再次回到议郎任上。

曹操这次任议郎的时间比较长，其表现可以说超凡脱俗，有两件事特别突出，特别抢眼：

一件是请求为党锢之祸中屈杀的窦武、陈蕃平反。

窦武字游平，扶风人。延熹八年（165年），其女入宫为贵人，后被桓帝立为皇后。永康元年（167年），桓帝死，窦皇后升为太后，临朝听政。窦武被任命为大将军，成为外戚首领。窦武身为外戚，大权在握，但是，他不像梁冀那样专横跋扈，为人比较正直，能够廉洁自律，疾恶如仇，不受贿赂，其家人衣食仅保饱暖而已。所得赏赐，大多用来接济太学生，还经常接济贫民。在宦官追捕党人时，对党人给予了力所能及的保护，因而受到党人的拥戴。

陈蕃字仲举，汝南平舆人。历任太守、大鸿胪、光禄勋、太尉等职。与李膺、王畅一样享有盛誉。当时太学生中就流传着这样的评语："天下楷模李元礼（李膺），不畏强御陈仲举，天下俊秀王淑畅（王畅）。"当初陈蕃在窦贵人册立为皇后的过程中立有大功，窦太后一直感念在心。窦太后临朝主事之后，封陈蕃为太傅，与大将军窦武共辅朝政。

窦武和陈蕃意气相投，他们都对宦官的所作所为痛恨至极，两人联手密谋诛除宦官，但为窦太后所阻。后来，消息走漏，反被宦官所害。建宁元年（168年）八月，宦官曹节挟持灵帝，矫诏诛杀窦武、陈蕃及其宗族、宾客，掀起了大规模"党锢之祸"。

这一事件震动朝野。10多年过去了，士大夫依然心不能平，耿耿于怀。

曹操本是宦官之后，这次却从士大夫立场出发，甘冒杀身之祸，上书灵帝，力言"武等正直，而见陷害。奸邪盈朝，善人壅塞"。希望灵帝予以平反，并惩治奸邪，整顿吏治。

曹操上书，矛头直指宦官，甚至还隐隐约约指向了灵帝，尽管曹操满腔热忱，言辞剀切，但灵帝还是没有采纳。

实在地讲，窦武、陈蕃被害是一宗冤案，一般士大夫都看得清楚，也巴望着能够平反，但就是没有人站出来说句话。

曹操站出来了。他深刻认识到，这件事不平反，士大夫的心气儿就不能平复，社会就一直处于撕裂状态，并且随着时间的推移，裂度会越来越大，越来越难以愈合。因此，应当平反，并以此为契机，整顿吏治。曹操从大处着眼，言人所不能言，言人所不敢言，显示了非凡的见识和胆略。

第二件事是谴责公卿徇私枉法。

光和五年（182年），灵帝刘宏下诏，让朝廷三公根据舆论检举惩办恶名昭彰的州郡官吏。可当时的太尉许馘、司空张济看宦官眼色行事，接受贿赂，对担任州郡官吏的宦官子弟宾客，即使贪赃枉法，引起民愤也不闻不问，却在几个偏僻小郡挑几个官员当替死鬼，提出弹劾，撤职查办。这些被诬陷的官吏，纷纷向朝廷陈诉冤情。当朝司空陈耽为人清正，不肯与许馘、张济同流合污，上书灵帝，指斥许馘、张济私心自用，释放枭鸟而囚禁凤凰。但是灵帝听不进去，许馘、张济毫发无损。陈耽由于受到宦官的嫉恨，3个月后，反被免职。不久，屈死囹圄。

这期间灾害频发。四月出现旱灾，五月永乐宫发生火灾。灵帝相信天人感应，于是下诏向群臣征询为政得失。曹操本来对许馘、张济的所作所为不满，借着这个机会，再次上书陈情，指斥许馘等人检举弹劾回避贵戚，诬枉无辜。

曹操这次上书多少些有些结果。灵帝将曹操的条陈传示群臣，并对许馘等人进行了训斥。

曹操两次上书，一次指向宦官，一次指向三公，胆子未免太大了，一想起就让人脊背发凉，倒吸寒气。

当时宦官势力如日中天，深得灵帝信任。许馘、张济是朝廷重臣。这些人是不容易撼动的。况且灵帝昏庸无道，他开西苑官邸公然卖官，根据官职大小确定不同价格，如没有现钱，还可赊欠，到任之后加倍奉还，这样的皇帝怎么可能整顿好吏治！州郡官吏乃至卿大夫大多是靠钱买来的，这样的官吏又怎么可能廉洁自律！无职无权的议郎上书言事，不会有什么结果，还容易遭到报复。陈耽就因为得罪宦官而被诬下狱，两年之后死在狱中的。曹操没有被追究，或许得益于其父曹嵩的周旋，不然的话，后果还真的难以逆料。

曹操公开上书，实际上向社会、向朝野表明了自己的政治立场和伦理价值取向，这种向正直士人靠拢、致力于清平政治的理念和主张虽然没有实现，但是，在人们的心中多少留下了一些好感，客观上积攒了一些声望和人气。

实事求是地讲，曹操的上书切中时弊，无疑是东汉王朝腐朽肌体起死回生的良药，无奈东汉王朝就像一个病入膏肓、积重难返的老人，拒绝服用，反而受到宦官的摆布，一再掀起"党锢之祸"。政治愈来愈黑暗，曹操知道不可救药，就不再上书言事了。

一个国家、一种政治，到了连谏臣都缄口不言、噤若寒蝉的地步，就异常危险了。

沉默，令人窒息的沉默，孕育着巨大的社会风暴。

### 三、崭露头角的青年将领

由于政治愈来愈黑暗，加之自然灾害频发，农民哀苦无告，雪上加霜。光和七年（184 年），爆发了以黄巾起义为中心的农民大革命。

黄巾起义是利用太平道组织起来的。太平道是灵帝熹平年间（172—178 年）由巨鹿（今河北平乡）人张角创立的一个道教流派，以传说中的黄帝和后来的老子为教祖。张角以法术、咒语教授门徒。张角给人治病时，让人跪下，说出自己的过失，然后令人喝下经他祝福过的水，即"符水"，病人有时也会痊愈，于是民众把他当作神明来崇拜。

张角派出他的门徒周游四方，传播教义，前后 10 余年，信徒多达数十万人，遍布青州（山东半岛）、徐州（江苏）、幽州（河北北部）、冀州（河北中部）、荆州（湖北、湖南）、扬州（江西、安徽）、兖州（山东西部）、豫州（河南）等广大地区。广大民众唯张角之命是从，甚至有的人卖掉家产，或抛弃妻儿，前往投奔。当时州郡不知内情，反而认为张角鼓励人民向善，推行教化，受到人们的敬爱。就这样，张角的势力越来越大。

于是，张角在全国设立 36 方，大方一万多人，小方也有六七千人，分别任命各级官员，宣称："苍天已死，黄天当立，岁在甲子，天下大吉。"决定中平元年（184 年）三月五日，36 方同时举事。

张角原计划由大方马元义先调荆、扬二州道徒数万人作为攻击京师洛阳的主力，由京师道徒接应，各州协同动作。可是，就在发动起义前一个月，济南人唐周上书告密。东汉王朝如梦方醒，立即逮捕处决马元义和京师 1000 多道徒，通令全国逮捕张角和各地道首。张角知道事情泄露，不分昼夜，发布紧急号令，于是 36 方提前暴动。起义军头戴黄巾，所以称为"黄巾军"。

黄巾军的主力分布在三个地区：张角自称天公将军，其弟称地公将军，张梁称人公将军，率主力活动于冀州的广大地区，形成暴动中心；张曼成自称"神上使"，统领南阳军，成为南线主力；波才、彭脱统领的黄巾军活动于颍川、汝南、陈国一带，成为东线主力。各方黄巾军从三个方向对京师形成大包围态势。

黄巾军的主要攻击对象是豪族门阀、朝廷官僚和皇亲贵戚。兵锋所向，焚烧官府，劫掠城镇村落。州郡政府无法抵挡，官吏大多弃职逃命。安平国（河北冀州市）亲王刘续、甘陵国（山东清平）亲王刘忠被起义军生擒，归降黄巾军。

东汉王朝接到各地告急文书，急忙调集力量应对。灵帝迫于形势，责令宦官召回各自在州郡的子弟宾客，以此安抚豪族势力；同时，接受皇甫嵩的建议，正式解除党禁，"大赦天下党人"。还以外戚何进为大将军，率左右羽林五营屯于都亭，以镇京师。并在京师周边设八关校尉，加强京师外围防御。命左中郎将皇甫嵩、右中郎将朱俊率步骑 4 万余人进攻颍川黄巾军，北中郎将卢植领兵进攻河北黄巾军。南阳一线仍由地方官军防守，隔绝各路黄巾军的联系。

黄巾起义爆发不久，议郎曹操就被拜为骑都尉（皇帝卫队中的羽林骑兵将领），参与讨伐黄巾军。这是曹操第一次带兵，其任务是协助皇甫嵩、朱俊讨伐颍川黄巾军。

颍川黄巾军一开始在召陵（河南偃师）击败了太守赵谦的地方官

军，并乘胜向京师进发，直接威胁洛阳的安全。东汉王朝派出的两个得力干将皇甫嵩、朱俊前往镇压。起初，官军不利。波才领导的黄巾军一夜打垮了朱俊，并进而将皇甫嵩围困于长社（河南长葛东），前锋进抵阳翟（河南禹州），直指洛阳。皇甫嵩兵力单薄，军心惶恐，黄巾军胜利在望。

可是就在此时，形势发生逆转。由于波才黄巾军没有战斗经验，用草结成篷帐，正好遇上大风，给了皇甫嵩以可乘之机。皇甫嵩命令军士各举火把，登上城墙，然后派出突击队，直扑黄巾大营，纵火焚烧。城上士兵齐举火把，呼喊响应。皇甫嵩亲率大军出城攻击，黄巾军顿时崩溃。

正在这时，奉命增援皇甫嵩的骑都尉曹操带领一支精锐骑兵趁势掩杀。于是，皇甫嵩、朱俊、曹操分进合击，波才军瓦解，数万人被处死。

皇甫嵩、朱俊等乘胜征讨汝南、陈国黄巾军。波才、彭脱败亡。颍川、汝南、陈国三郡平定。

张曼成统领的南阳黄巾军曾攻下宛城，斩杀太守褚贡，但是没有立即进行大规模进攻，给官军以喘息机会。后在新任太守秦颉、右中郎将朱俊的征讨下归于失败。

张角兄弟领导的冀州黄巾军开始势如破竹，击斩冀州刺史郭勋和太守刘卫，攻占广宗、下曲阳等一系列城邑，先后打败朝廷重臣卢植、董卓所率官军主力。后来，朝廷征召能征惯战，富有战争经验的皇甫嵩前来征讨，终于被皇甫嵩平定下去。

轰轰烈烈、波澜壮阔的黄巾起义，在英勇奋战近 10 个月之后，其主力被镇压下去了，但是，散落在各地的小股义军仍在坚持战斗。黄巾起义从根本上动摇了东汉王朝的统治，特别是在镇压黄巾军的过程中壮大起来的军阀又拥兵自重，随即出现军阀割据的局面，使东汉王朝仅剩躯壳，名存实亡。

按照以往的说法，曹操参与镇压黄巾军，是他平生一大污点。但曹操毕竟是地主阶级政治家，他考虑问题的出发点肯定是要全力维护地主阶级的根本利益，这是他的阶级本性决定了的，是不以人的意志为转移的。

撇开政治立场不说，这是曹操第一次带兵打仗，在这场战争中并不是什么重要角色，所带部队也只是偏师，但是，在黄巾军势力高涨，郡守、亲王被俘，连卢植、董卓这样的朝中大将都免不了吃败仗的情况下，居然毫发无损，还能立下战功，初步显示了他的军事才能。

## 四、政风清新的济南相

由于镇压黄巾军有功，战争结束后，曹操被调任济南相。

汉朝沿袭秦朝实行郡县制，同时以部分郡、县分封给诸侯王。这些分封给诸侯王的郡、县当时称为王国。济南就是一个王国。其治所在东平陵（今济南东 70 里），下辖 10 个县。

东汉规定，被分封的王只能享受封区内的赋税收入，没有治民之权。国相就是朝廷委派到王国处理政务的官员，与郡太守的官职一样，俸禄 2000 石。

曹操年方 30 岁便做到了这样的官职是很不容易的。幼时的曹操或许有些轻狂，但此时的他沉稳多了，并不因为仕途的顺利而飘飘然，忘乎所以。按照曹操自己的说法，就是有些担心因为年轻，又不是"岩穴知名之士"，而被人瞧不起。因此，他是以如履薄冰的心态来到济南相任上的。希望通过推行教化、除残去秽以获取功名。

在曹操看来，济南王国所辖 10 县正好是他治国理政的试验田，是他施展平生理想的现实舞台。

当时的济南国也异常黑暗。大小官吏多阿附权贵，鱼肉百姓，贪污腐化到了极点。历任相国都随波逐流，混天撩日，不敢稍加干涉。

曹操知道，为官之要在于整顿吏治。因此，到任后一反前任的做法，大胆检举王国内豪强大绅、贪官污吏的不法行为，奏免了 8 个县的主要官员。堪称铁的手腕、雷霆的力度！

世界上的事就怕认真。认真了，效果也就显现出来了。经过曹操的大力整治，大小官吏都害怕得不得了，一些奸猾之徒逃窜到其他郡县，政风和社会风气为之一变。

除整顿吏治外，曹操还注重推行教化。

还是在西汉前期，刘章因为与周勃、陈平一起诛除诸吕有功，文帝封他为城阳王，死后，城阳国为他立庙祭祀，以示尊荣。但是，青州等许多郡县都争相效仿，无论功劳大小，一律立祠，济南尤盛。一个小小的王国，居然立祠多达 600 多处，耗费了巨额钱财。

更为严重的是，一些商人或地方官吏把原本严肃的祠堂当成了迎神赛会、诈骗钱财的场所。一些有钱的巨商大贾祭祀时大讲排场，他们哄抬物价，骗取钱财。祭祀之风愈奢靡，老百姓就愈贫困。

曹操采取断然措施，一举将祠庙全部捣毁，并严禁官民再搞祭祀活动。与此同时，注重公平地选用官吏，教育百姓守礼法、懂谦让、讲名节。

曹操将寺庙全部捣毁的做法未免有些过头。立祠纪念功臣贤能，目的在于教育和激励后世子孙，这本身是推行教化的一种手段，有其必要性。历朝历代包括现在也都是这么做的。当然，立祠过多过滥，失去了它的严肃性，起不到教化的作用，反而劳民伤财，是需要整治的。但凡事过犹不及。正确的做法应当是，禁止兴建新的祠堂，对既有的祠堂进行甄别，按照一定的标准从严把控，取缔一大批，保留小部分，在此基础上制定祭祀管理办法，或许更稳妥一些。

话说回来，我们不能苛求于前人。从客观效果看，曹操这样做还是管用的，受到史家的肯定。

## 五、尝试"岩穴隐居"

曹操在济南相任上的时间并不长，大概只有半年，其表现却非常出色，显示了不同凡响的政治才干和胆识魄力，为"治世之能臣"做了诠释。

曹操禁断淫祀之举惊世骇俗。当时社会普遍信奉天命，曹操此举受到政敌的攻击。更兼他大刀阔斧整顿吏治，直接触忤了当权宦官和地方豪强。在看似一帆风顺的仕途背后，潜藏着深刻的危机。曹操不愿曲意逢迎权贵，担心受到权贵的打压报复，因而没有恋栈，决心急流勇退。

于是，曹操上表朝廷，恳请辞去济南相职务。朝廷再次征召他为议郎。第二年，任命他做东郡太守。曹操以有病为名，请求辞职，回老家谯县赋闲去了。

当然，曹操主动去职，除社会黑暗外，还有一个原因，那就是想过一段隐士生活，借以获取声誉。

东汉末年，名士们崇尚岩穴隐居，似乎岩穴隐居的人才堪称高士，更容易被当政者瞩目和礼聘。田畴、诸葛亮、庞统还没有出山就声名鹊起，多少受到这种风气影响。曹操对自己不曾岩穴隐居感到遗憾。正因为如此，他便利用这次辞官的机会以遂其隐居的心愿。

当然，曹操的归隐与仕途失意者隐遁山林不同，他是迫于形势急流勇退的。其实，他一刻也没有忘怀天下，只不过暂为韬晦之计，持重待机罢了。他后来在《让县自明本志令》中讲得很清楚，大意是：


辞官之后，还算年轻。回头看看与我一起担任议郎的人，有的已经50岁了，还不认老，自己就考虑，从现在起，后退20年，等待天下太平安定之后，也才与同举议郎的人年龄相当。所以就回到家乡，在谯县以东50里的地方，盖了一间漂亮的房子，一年四季，夏秋读书，冬春射猎，寻找一处低洼的地方，用山林田园把自己隐蔽起来，断绝与外界的联系。


曹操虽然退隐了，但是，他的名声早已传播开来，已经是一个响当当的人物。他想断绝与外界的联系，但是，遇有大事，一些人还是不辞辛劳，找他商量。

中平五年（188年）六月，冀州刺史王芬、南阳名士许攸、沛国的周旌等人，联结豪强，谋废灵帝。特地派人征询曹操的意见，希望得到曹操的参与、支持和帮助。

事情的经过是这样的：前太尉陈蕃的儿子陈逸，在冀州刺史王芬的家中见到巫师襄楷。襄楷说："天象变异，显示对宦官不利，小黄门、中常侍，都要被屠灭。"陈逸对宦官怀有深仇大恨，听到这番议论，喜不自胜。王芬便与陈逸合谋，上书朝廷，谎称黑山变民劫掠郡县。准备以此为借口，征发部队，掌握兵权，并联结豪杰。趁灵帝回河间（河北献县）老家之机以武力劫持，诛杀小黄门、中常侍。然后拥立合肥王继位。

曹操冷静地分析了形势，明确地提出了反对的意见。大意是说：

更换君王，是天下最大的灾难。古时候，有人权衡利害轻重，事到必成，伊尹、霍光就是这样的。伊尹满腔忠诚，身为宰相，手握大权，所以办起来容易。霍光是托孤大臣，家世显赫，内有掌权的太后支持，外有群臣一致拥护，昌邑王继位时间短，又没有宠幸的大臣可依仗，所以很顺利达成目的。各位只知道他们那么轻松就办成了，却看不到现在的难处。各位可以考虑一下，你们联络的力量能比得上刘濞等七国吗？合肥王的尊贵比得上吴王刘濞、楚王刘戊？什么条件都不具备，还希望用非常手段侥幸成功，岂不危险？

可是，头脑已经发热的王芬并没有因曹操迎头浇了一瓢冷水而冷静下来。他又邀请平原人华歆、陶丘洪。陶丘洪受到邀请，急急忙忙就要动身。华歆却阻拦道："更换君王这样的事，连伊尹、霍光都没有把握，王芬性情疏阔又没有决断的气魄，一定失败。"

真是英雄所见略同。事情果然不出曹操、华歆所料。正当王芬陶醉于虚无缥缈的美好遐想时，灵帝没有回河间，还命王芬等人将征集的部队就地解散。一场政治阴谋就这样胎死腹中。

不久，朝廷征召王芬到首都洛阳，王芬恐惧，以为阴谋泄露，自杀身亡。

通过这件事可以看出，曹操对这一事件的分析是多么深刻！他熟悉历史，又洞悉现实，通过对历史经验的分析和现实可能性的判断，得出这一阴谋注定失败的结论。他明确指出，更换皇帝是天下最大的灾难。这是因为，专制王朝自有其维护统治的法则，这就是孔子倡导的"正定名分"。君臣父子，各有定分。国不可一日无君，皇帝乃万民所系，不得擅自变更，否则就是谋反。即使皇上荒淫无道，臣下也应当为皇上补过，断不能产生废君弑君的念头。一旦擅行废立，很可能引起朝野板荡，天下大乱。

当然，曹操并非腐儒，他似乎并不反对废除灵帝，只是觉得条件不具备，王芬等人的力量不够强大，合肥王的资望不足，才断言这一阴谋注定失败的。

曹操言之凿凿，条理清晰，分析得非常透彻。此时的曹操刚三十出头，从政的时间也不长，而论说如此精辟，充分显示了曹操对时事和世事非凡的观察、分析和判断能力，不能不令人叫绝！

## 六、出任典军校尉

就在曹操退隐期间，地处西北的先零羌和小月氏及当地汉人纷纷起兵叛乱。他们推北宫伯玉和李文侯为将军，攻杀护羌校尉泠征。伯玉和李文侯系月氏人，他们为了把更多的汉人吸引到起义队伍中来，又共同推举金城（甘肃永靖北）人边章和韩遂掌握军政权力，攻杀金城太守陈懿。

边章、韩遂本是朝廷官员，他们的反叛给朝廷很大震动。朝廷派皇甫嵩、董卓前往征讨，结果失败。朝廷又派重臣张温前往征讨，结果仍被叛军打败。叛军声势浩大，威震关中。

东汉王朝迫于形势，不得不留意军事。中平五年（188年），朝廷在西苑设立八校尉，加强京师防卫。

宦官蹇硕最得皇帝信任，被任命为上军校尉，为西苑新军最高统帅；袁绍被任命为中军校尉，实际上是副统帅。曹操是当时八校尉之一，被任命为典军校尉。

西苑新军是皇家禁卫军，能够跻身其中并被任命为典军校尉没有过硬的后台显然是不可想象的。有人认为曹操能够执掌典军校尉是得益于大宦官张让的推举，说到底，还是受到家族的覆荫。

曹操退隐原本是一种韬晦之计，并非真正忘情于政治而甘做蓬蒿人。尽管曹操曾在洛阳北部尉任上棒杀过蹇硕的叔叔，与蹇硕有些过节，但是，典军校尉毕竟是皇家核心武装的一个重要将领，拥有一定军事指挥权，曹操的政治热情立马点燃起来。他感到掌握部分军权，是周旋乱世的有力凭借，也是实现更大人生理想的重要条件。于是，他踌躇满志地到洛阳赴任了。

当上典军校尉，这是曹操人生的重要驿站，他对自身期许更上一层楼。起初，他只想当一个郡太守，希望通过整顿吏治、推行教化来立身扬名。现在，他掌握了一支新军，拥有了部分军权，希望为国讨贼、立功封侯。志向的升级，预示着他将展现更大作为。

# 第四章
# "举义兵以诛暴乱"

曹操反对征召外兵，目的在于维护政局的稳定。

董卓作恶多端，势必不能长久。曹操不受笼络，撇妻别子，逃离洛阳。

曹操首举义兵，对迅速掀起讨伐董卓的战争起了关键作用。

## 一、"何必纷纷召外将乎"

黄巾起义震动了东汉统治者，朝廷不得不缓和一下内部矛盾，以便对付农民起义军。起义军主力被镇压下去之后，一度缓和的内部矛盾又开始激化。一方面，地方割据势力迅速发展，另一方面，外戚和宦官的矛盾又日趋剧烈起来。

秦汉时期，地方政府实行的是郡县两级制。西汉武帝刘彻虽然曾设置过十三州刺史，但刺史只是朝廷派出的监察官，负责本州的监察工作，无兵权，也无治民之权。州也不是地方一级行政机构。黄巾起义后，为了加强对地方的控制，镇压黄巾军，东汉王朝接受了刘焉的建议，从中平五年（188 年）开始，先后把重要的州刺史改为州牧，给予领兵、治民之权。这样，在中央与郡之间，多了州一级，地方政府就变成州、郡、县三级了。

因为州牧有领兵、治民之权，在政局混乱的情况下，趁势坐大，成为事实上割据一方的土皇帝。一些没有改为州牧的刺史和郡守，也趁机扩大权力和武装力量。这样，州牧的设置，不仅没能加强对地方的控制，相反事与愿违，揭开了军阀割据的序幕。

黄巾起义开始的时候，灵帝何皇后的哥哥何进因外戚的身份被任命为大将军，领兵守护京师洛阳，势力相当大。西苑新军成立后，宦官蹇硕为上军校尉，掌握西苑八校尉的指挥权，表明宦官势力有所发展。

中平六年（189年）四月，灵帝死，宦官集团与外戚集团的矛盾顿时尖锐起来。

灵帝在世的时候，几个皇子夭折，留下何皇后所生皇子刘辩和王贵人所生皇子刘协。灵帝认为刘辩轻佻无威仪，不适合做人主，有意立皇子刘协，但一直犹豫，没有决定。灵帝病危，将刘协托付给蹇硕。蹇硕既受遗诏，加之一向轻视嫉恨何进，因此想趁机杀何进再立刘协为帝。但计划泄露。

灵帝死后，何进立外甥刘辩为帝，是为少帝，时年14岁。何太后临朝，何进以大将军参录尚书事，控制朝政。刘协被封为渤海王，后转徙陈留王。

何进深恨蹇硕暗地里谋害自己，掌权之后，便依靠袁绍、袁术兄弟，谋划诛除宦官。蹇硕也焦躁不安，联络赵忠、宋典、郭胜等宦官，想抢先下手，诛杀何进。但是，郭胜是何进老乡，何太后当初被选入皇宫，以及后来兄妹二人节节高升，郭胜都曾出过大力，自然站在何家一边。他得到消息后，立即向何太后告了密。于是何进先发制人，将蹇硕捕杀，并把蹇硕统率的武装部队全部收编到自己的名下。

何进发迹之前本是南阳屠户，只因其妹被灵帝宠幸才得以次第升迁。灵帝死、何太后临朝听政之后，他大权在握，位极人臣。可惜，官位的升迁并没有改善他的禀赋。他本来在与宦官的争斗中占据十分有利的地位，诛杀蹇硕应该说取得了关键性胜利。此时，要么采取笼络的措施，安抚宦官；要么对宦官分化瓦解，同时采取有效控制，防范宦官报复。

可是，何进一件事都没有做，偏偏与袁绍密谋。袁绍怂恿他诛杀所有宦官。这超出了何进的胆量、气魄，何进只得请示太后，但为太后所阻，此事便延宕下来。

袁绍见何进没有实质性动作，又向何进出了一个馊主意：让何进召外兵进京，胁迫太后，然后再诛除宦官。何进居然接受了。

何进的主簿陈琳、侍御史郑泰、尚书卢植都反对袁绍的建议，这件事传到曹操耳朵里，曹操说了这样一段话：

> 宦官这类人，古今都有，问题在于君王不可太宠幸他们，更不可赋予他们大权。既然惩治罪犯，也只能诛除元凶，把这件事交给一个典狱官就可以了，何必劳师动众，纷纷扬扬征召外兵？要全部消灭宦官，消息一定走漏，我看一定失败。

寥寥数语，字字珠玑，点出了问题的要害与实质。

宦官是专制制度衍生出来的怪胎，由来已久。倘若真正诛除所有宦官，那皇室怎么运转，仓促之下还真的不好办。再说，自古就有首恶必办、胁从不问的成法，怎么可以不分青红皂白，将所有宦官一概诛杀？这显然很荒唐。

更为荒唐的是，召外兵胁迫太后诛除宦官。太后既不同意诛除所有宦官，做臣子的理当奉旨行事。不仅不奉旨，反而胁迫，这是什么性质？不惟抗命不遵，更是蔑视皇权、意欲谋反的大罪，这样的主意，亏袁绍想得出，何进偏也听得进！还有，自古就有投鼠忌器的说法，召外兵进京胁迫太后，就不怕这外兵起了歹心，欺凌君上，觊觎神器？

何进资质平庸，没有主见，尚可理解。袁绍颇有名气，智计并不算低，却提出了一系列坏主意，让人困惑。或许，袁绍没安什么好心，欲扰乱政局，以便乱中取胜也未可知。

何进与袁绍之间的密谋，事关政局的稳定，甚至事关自身的身家性命，是不能够让外人知道的。可是，消息竟不胫而走，陈琳、郑泰、卢植知道了，曹操也知道了，这表明计划已经外泄。

历史有惊人的相似之处。21年前，窦武、陈蕃密谋诛除宦官，被太后所阻。后密谋外泄，窦武、陈蕃反被宦官所害。这件事对何进来说，殷鉴不远，应当引以为戒的。但何进还是因谋事不密被宦官张让、段圭杀了。

何进所招外将，正是并州牧董卓。

董卓，字仲颖，陇西临洮（今甘肃岷县）人。其人刚猛有谋，膂力过人。年轻时为游侠，同羌人上层过从甚密，在陇西有一定名望，被地方官看中，做了凉州兵马掾，巡守边塞。桓帝末，随张奂攻打西羌，屡立战功，连升官阶，做到并州刺史、河东太守。中平元年升中郎将，参与镇压黄巾军，被黄巾军打败。之后随车骑将军张温攻打反叛朝廷的边章、韩遂。因功升前将军，封乡侯。

随着地位的升迁和势力的增强，董卓的野心越来越大。东汉王朝想解除他的兵权，调他到朝廷任少府，但他以羌兵不听命令为由，不到洛阳就职。灵帝死前，召他为并州牧，让他把军队交给皇甫嵩，他又拒绝交出兵权，并领兵到河东，窥伺京师，以待时变。正在这时，他接到何进要他带兵进京的书信，他立马引兵向京师进发。

此时，何进已经被宦官杀害。何进部将袁绍、袁术等领兵攻打宫门。张让等见势不妙，慌忙劫持何太后、少帝、陈留王等逃到北宫。袁绍引兵将北宫关闭，搜捕宦官，不论老少，一律诛杀。一共杀死2000多名宦官，甚至连没有长胡须的人也被当作宦官给误杀了。宦官集团彻底覆灭。

董卓大军挺进洛阳西郊时，见城中火光冲天，随即强行军，黎明时抵达洛阳城西。这时得到情报，皇帝正在北郊。董卓遂率精锐部队赶往北郊。

在邙山北侧，董卓大军与皇帝刘辩相遇。这位年方十四的小皇帝吓得面如土色，流泪哭泣。为了减轻小皇帝的恐惧，三公高官告诉董卓："天子诏令，军队后撤！"董卓不耐烦地说："你们是皇家栋梁，不能辅佐皇家，以致君王流落在外，还有脸叫军队撤退？"然后上前参拜刘辩。刘辩惊恐之中语无伦次。董卓再跟皇弟刘协交谈，询问事发原因、经过，9岁的刘协一一回答，有条有理。董卓大为欢喜，于是产生了废刘辩立刘协的打算。

董卓与历史上的权臣一样，借废立以增强自己的权威。刘协比刘辩聪明，这给了董卓废立的借口。

曹操不主张征召外兵，就是因为投鼠忌器，担心来者不善，以武力胁迫朝廷，危害国家。董卓恰恰就是这样的乱臣贼子，曹操担心的事终于发生了。

董卓来到洛阳后，自任司空，专断朝政，废少帝刘辩为弘农王，立陈留王刘协为帝，是为汉献帝。之后，幽禁何太后，不久予以鸩杀。紧接着，自任太尉、相国，进一步控制朝政。

董卓废帝弑后，丧失了人心，播下了众叛亲离的种子。

董卓虽出身行伍，但也知道，要维护统治，撇开士大夫是不行的。为此，他接受尚书周毖、城门校尉伍琼等人建议，起用士人，以收买人心。他为窦武、陈蕃平反。重用周毖、伍琼、郑泰、荀爽、何颙等名士。恢复陈纪、韩融等党人的爵位。以韩馥为冀州牧，刘岱为兖州刺史，张咨为南阳太守，张邈为陈留太守。荀爽在赴任途中，被擢升为光禄勋，到职三天，再擢升为司空。最为引人注目的是，征用才学与名望俱高、屡遭阉党陷害、逃亡在外的蔡邕。蔡邕到京以后，不几天就升任尚书。


## 二、逃离洛阳

此时，曹操身在洛阳，还掌握着部分军权。董卓为了扩大势力，竭力拉拢曹操，任曹操为骁骑校尉。

这对曹操来说，是关乎前途命运的关节点。

按照常理，董卓当时大权在握，可谓翻手为云，覆手为雨。亲附董卓，或许还有迁升的可能，最起码在当时可保全禄位。如背弃董卓，不仅不能保全禄位，恐怕连身家性命都系于一发。曹操对此中的利害关系不能不有所考虑。

但是，曹操并不是一个斤斤计较于眼前利害得失的人，如果这样看，显然把曹操看扁了。从前述可以看出，如果曹操患得患失，在洛阳北部尉任上，他就不会棒杀蹇硕叔叔；在议郎任上，他就不会力主为窦武、陈蕃平反，并检举许馘、张济；在济南相任上，就不会一次免除 8 个县的主要官员。说到底，曹操是一个有政治理想、政治信念的人，勇于担当，不怕鬼，不信邪。

正因为曹操有政治理想、政治信念，所以，他对董卓的倒行逆施深恶痛绝。他深知，多行不义必自毙，董卓如此作恶多端，势必不能长久。他不能与董卓同流合污，以致弄得自己身败名裂。

道不同不相与谋。尽管董卓刻意笼络他，他还是与董卓分道扬镳。当然，曹操深知董卓是一个狠角色，自然不会与他硬抗，更不会出现谋刺之类的莽撞行动（《三国演义》中曹操谋刺董卓写得很精彩，但于史无据，不必信以为真）。曹操的办法是，惹不起，躲得起，来了个"走为上计"，瞅准机会，逃离洛阳。

曹操做出这样的决定是不容易的。当时，他的家小都在洛阳，举家东迁是不可能的，容易暴露行踪，延缓行程。没办法，曹操只得有国无家，抛妻（妾）撇子，改名换姓，带着几名亲信，趁天黑抄小路逃离洛阳，走上了与董卓决裂的道路。

曹操出逃洛阳，使董卓大为光火。董卓迅即在全国展开通缉。

曹操逃出洛阳后，一路快马加鞭，不敢稍息。出了虎牢关，不日来到成皋地界（今河南荥阳西），忽然想起老朋友吕伯奢来，决定投宿吕家，稍作停留。事不凑巧，吕伯奢不在家。曹操在寄宿吕家过程中，杀死吕家数人。关于曹操杀吕伯奢家人的事，史书有三种不同记载。

《三国志·武帝纪》注引王沈《魏书》：

> 太祖以卓终必覆败，遂不就拜，逃归乡里。从数骑过故人成皋吕伯奢，伯奢不在，其子与宾客共劫太祖，取马及物，太祖手刃击杀数人。

《三国志·武帝纪》注引郭颁《世语》：

> 太祖过伯奢，伯奢出行，五子皆在，备宾主礼。太祖自以背卓命，疑其图己，手剑夜杀八人而去。

《三国志·武帝纪》注引孙盛《杂记》：

> 太祖闻其食器声，以为图己，遂夜杀人。既而凄怆曰："宁我负人，毋人负我。"遂行。

以上三说，大相径庭，陈寿概不采用，裴松之作注时虽引用，但未加评论，以致千百年来文人学士在此问题上纠缠不清，曹操亦因此遭人诟病，被斥为极端损人利己者。

让我们依据以上记载，不避烦絮，做一番推究吧。

《魏书》的说法，曹操杀人是在被劫之时，属正当防卫的范畴，充其量是防卫过当。这种说法不一定可靠。其原因有二：其一是与常理不符。曹操既是吕伯奢的朋友，去投吕伯奢，即使吕伯奢不在，吕伯奢的家人及宾客也不至于就"劫太祖，取马及物"。因为当时普遍重视孝道，对父亲的朋友下手，不可想象。其二，《魏书》是魏国官修史书，难免出现为尊者讳的现象，把曹操杀人归为正当防卫。

《世语》记载太简略了，既说曹操杀人是因生疑而误杀，又不讲清生疑的原因。朋友之子备宾主礼，热情款待，曹操缘何"疑其图己"？既"疑其图己"，逃之可也，奈何不明不白杀人？因此，《世语》所记让人无从寻其根由。

孙盛《杂记》倒还合乎情理。既讲明了曹操杀人系误杀，又讲明了曹操生疑的原因。当时天下大乱，人多相疑，特别是曹操被朝廷通缉，疑人图己的心理是存在的。正因为曹操随时都有遭人捕杀的危险，神经高度紧张，一听到"食器声"便立即神经质起来，以为别人马上就要对自己下手，来不及作冷静思考和调查，于是抢先下手。杀人之后立马意识到杀错了，而错杀的正是朋友的家人，又不禁感到凄怆伤怀，流露出追悔莫及、无可奈何的心情。这种心情不像是装出来的，不能因此就断定曹操顽悍乐杀。"宁我负人，毋人负我"一语，其他二书不见，只见此书，未必可信。《三国史》的作者马植杰就持怀疑态度。我想，纵然曹操说过，也是在特定的环境下说出来的，是一种强词夺理的狡辩和自我安慰，固然流露出曹操自私残忍的一面，但是不能据此推而广之，认为曹操的人生哲学就是"宁我负人，毋人负我"，并断言曹操是个负义之徒，极端损人利己者。

《三国演义》视曹操为奸雄，所以，在写这件事时，进行了刻意渲染。杀吕伯奢家人本是误杀，虽有大罪，尚可原谅。但是，之后又杀了买酒招待自己的吕伯奢，则是罪不可恕，死有余辜。这是作者刻画人物的需要，是当不得真的。

曹操杀人之后，更加惶迫，急急东行，到达中牟时，遇到了一次真正的危险，险乎断送了性命。由于曹操一干人行色匆匆，被当地负责社会治安的亭长发现。亭长就把他们带到县衙审讯。此时县令已经接到朝廷通缉文书，只是不知道送来审讯的正是曹操。凑巧，县里有个功曹（相当于现在的办公室主任）认识曹操，大概这人对董卓的倒行逆施不满吧，觉得天下即将大难，不应当拘捕英雄，便在县令面前说情，县令就把曹操一行人给放了。

### 三、首举义兵

曹操一行人继续东行，经过一番周折，到达陈留襄邑（今河南睢县）一带。曹操就在此地停留下来，筹划起兵讨伐董卓。

曹操当时所在的陈留归兖州管辖，兖州刺史刘岱、陈留太守张邈都是反对董卓的，张邈还是曹操少年时代的好友。在这里从事反对董卓的准备工作，有着有利的外部环境。

在曹操起兵之前，东郡太守桥瑁伪造了一份朝廷三公的文书，声称朝廷三公受到董卓迫害，乞望天下豪杰兴起义兵，解救国难。文书传到各州郡时，各州郡犹豫观望。冀州刺史韩馥得到文书后，问自己的从事刘子惠，应该帮助董卓还是帮助袁绍。在韩馥看来，袁绍是四世三公之后，可以看作是三公的代表。从事刘子惠讲明起兵是为了国家的道理之后，又劝韩馥持重观望，韩馥果然按兵不动。

从各州郡的反应可以看出，各州牧郡守大都有讨伐董卓之心，但就是不肯出头，担心枪打出头鸟。

曹操不因各刺史、郡守迟疑观望而懈怠，而是加紧进行各方面准备，甚至亲自与工匠一道打造兵器。

曹操的举动顺乎民意，得到了当地豪强的普遍支持。襄邑孝廉卫兹，字子许，其人颇有谋略，家境殷实，在地方算得上豪门大户。他对曹操非常钦佩，曾对人说："安天下者，必此人也！"曹操因此人有好名声，多次上门拜访，与他共商讨伐董卓大计。于是卫兹倾其家资，资助曹操起兵。

曹操在谯县老家的宗族、宾客、部曲也纷纷赶来。其中代表人物有曹仁、曹洪、夏侯惇、夏侯渊等，这些人自此追随曹操，成为曹操心腹爱将，为曹操统一北方立下赫赫战功。

经过几个月准备，曹操共招募到5000多人。按照曹操在《让县自明本志令》中的说法，当时本可以多招一些的，没有多招是担心树大招风成为强敌攻击的对象。我觉得曹操这一说法未必可信。这是他当丞相时说的，意在表示自己的谦抑。曹操是何等精明的人，他非常清楚，董卓倒行逆施，天下嗟怨。各刺史、郡守虽持重观望，只是不敢出头而已。天下就像布满了干柴，只需星星之火，就能烟炎张天。机不可失，时不我待，曹操于中平六年（189年）十二月正式在己吾（今河南宁陵西南）起兵。

曹操不因自己兵少而观望，而是毅然首举义兵，为天下倡，表现了非凡的胆识勇气。曹操此举造成的影响是巨大的，对迅速掀起讨伐董卓的战争无疑起到了十分关键的作用。

## 四、"军合力不齐，踌躇而雁行"

曹操首倡义兵，顺乎时代潮流，起到了振臂一呼应者云集的效果。

初平元年（190年）正月，在曹操的影响和带动下，函谷关以东各州郡纷纷起兵讨伐董卓。渤海太守袁绍与河内太守王匡起兵驻屯于河内（今河南武陟西南）；冀州牧韩馥带着队伍驻屯于邺（今河北临漳）；豫州刺史孔伷驻屯颍川；兖州刺史刘岱、陈留太守张邈、张邈之弟广陵太守张超、东郡太守桥瑁、山阳太守袁遗、济北相鲍信及曹操均屯于酸枣（今河南延津北）；后将军袁术屯鲁阳（今河南鲁山），长沙太守孙坚亦率部北上。

为了鼓士气壮军威，驻屯酸枣的诸军召开了誓师动员大会。他们设坛盟誓，由张超手下功曹臧洪登坛宣读誓词。臧洪慷慨激昂，义形于色，在场将士无不感奋。为了统一节度，公推袁绍为盟主。此时袁绍还在河内，得到消息后，慨然允诺，自号为车骑将军，领司隶校尉，节度诸军。

曹操此时资历浅、兵力少，又没有地盘，在准备起兵时得到过张邈的帮助和支持，起兵之后在给养方面又不得不接受张邈的节制。尽管曹操首举义兵，但誓师大会结束后，联军依据实力排座次，只是任曹操为代理奋武将军——一个杂牌将军而已。

关东豪杰一时俱起，多者数万人，少者也有数千人，对董卓着实构成巨大威胁。

董卓见关东联军势大，又惧怕郭太领导的白波军（黄巾军余部）南下截断其通往关中老巢的退路，于是毒死弘农王刘辩，动议迁都长安。但公卿大臣多持反对意见。董卓怨恨自己封拜的关东州郡官吏背叛自己，十分恼怒，杀掉替袁绍等人说话的伍琼、周毖，并免去杨彪、黄琬的三公职位，还征召皇甫嵩回朝，以防他配合关东联军夹击自己。

初平元年（190年）二月，董卓强令献帝及群臣西行，洛阳城内外数百万人被迫西迁。这些人在迁徙途中，死亡相继，积尸满路。

董卓还将洛阳富豪一一逮捕，随意找个什么借口就给杀掉，然后没收其财物。董卓留镇洛阳毕圭苑，实施焦土政策，纵火焚烧洛阳200里内的宫殿、府库。又令吕布发掘诸帝及公卿陵墓，取其珍宝。东汉近200年来的建筑文物毁灭殆尽。

曹操在其诗作《薤露行》中对这场灾难有较为完整的记录：

　　　　唯汉廿二世，所任诚不良。

沐猴而冠带，智小而谋强。

犹豫不敢断，因狩执君王。

白虹为贯日，己亦先受殃。

贼臣持国柄，杀主灭宇京。

荡覆帝基业，宗庙以燔丧。

播越西迁移，号泣而且行。

瞻彼洛城郭，微子为哀伤。

曹操在诗里以商纣王的哥哥微子自比，感叹都城洛阳的残破，悲悯百姓的苦难，同时表达对沐猴而冠带、招致董卓之乱的何进以及贼臣董卓的痛恨。

董卓焚毁洛阳后，又把关中弄得残破不堪。他大肆搜刮民财，敲剥黎民。筑坞于郿县，高厚七尺，与长安城一样的规模，号称"万岁坞"，囤积了30年军粮，珍藏黄金二三万斤，绫罗绸缎，堆积如山。董卓曾得意扬扬地说："事成，雄踞天下；不成，守此足以毕老。"（《后汉书·董卓传》）由此足以看出，董卓把个人荣辱完全建立在千百万人的尸骨之上。

董卓为了无尽的贪欲，还捶坏了秦时所铸铜人、钟，废除了当时通用的五铢钱，重新铸造小钱，造成物价飞涨，平民百姓又蒙上了一层灾害。

从董卓的所作所为看，他不可能赢得人心、据有天下。充其量只能跳梁于一时。

董卓作恶多端，正是天亡之时。关东诸将本应同仇敌忾，并力西向以讨董卓的。但并非如人所愿。

一方面，从客观上讲，关东诸军大多是新近招募的，战斗力远远不及董卓所率西凉军。关东诸将除公孙瓒、孙坚、曹操等少数人以外，大多缺乏实际的军事才能和战斗经验。太平时，他们养尊处优，靠交游士林和沽名钓誉而猎取功名高位。战时则束手无策，缺乏克敌制胜的真实本领。

史书记载，张邈是"东平长者，坐不窥堂"（《后汉书》卷十）；豫州刺史孔伷是个牛皮大王，只会"清谈高论，嘘枯吹生"（《后汉书》卷十）；冀州牧韩馥生性怯懦，庸碌无为；青州刺史焦和华而不实，"入见其人，清谈干云，出观其政，赏罚淆乱"（《资治通鉴》卷25）。山阳太守袁遗稍强，喜爱读书，学问渊博。曹操曾说："长大而能勤学者，惟吾与袁伯业耳。"这里的袁伯业就是袁遗，也就是袁绍的堂兄。可惜，他只是一介书生，无军旅生活的实践，缺乏军事指挥才能。

另一方面，从主观上讲，关东诸将各怀异心。表面上，他们是前来勤王戡乱的，实质上，各有各的小算盘。后将军袁术，本事不大野心大，并不真心勤王讨逆，还妄想做皇帝；袁绍当时最有声望，为天下豪杰所归心。关东起兵之后，董卓将在洛阳的袁氏家族50多人，包括太傅袁隗都逮捕处死，天下莫不寒心，都想着为袁家报仇。作为盟主的袁绍，于公于私，都应该竭力讨伐董卓的。但是，他不仅没有尽到做盟主的责任，督促诸将讨贼，自己也从来没有亲临前线，与董卓的部队打过一仗，私下里扩充实力、抢占地盘倒是十分积极。

当时，讨伐董卓最为积极的是曹操、孙坚。颇值得玩味的是，后来，大汉天下分为三家，其中就有曹家和孙家。古人说天道酬勤还是很有道理的。曹操、孙坚临大事而不苟，旗帜鲜明讨伐叛逆，占据了道德高地，并且意志坚定，愈挫愈奋，最终取得成功，这似乎是冥冥之中的定数。

曹操看到诸将犹豫观望，慷慨激昂地讲道："我们发起义兵勤王戡乱，现在大军已经会合在一起，还有什么可犹豫的呢？如果当初董卓听到我们起兵，迅速占据洛阳、长安附近的险要之地与我们对峙，尽管残暴无道，仍然祸患难除。现在他焚烧宫室，劫持天子，举国震动，人心惶惶，这正是上天要灭他的时候，只要我们勠力同心，奋力一战，就可以诛除暴乱，平定天下。这样的机会千万不要错过！"

关东诸将各怀异心，根本就听不进去。

曹操只得带领自己所部向西进击，他希望用自己的实际行动惊顽起懦，影响和感召这些勤王戡乱的"义士"。但这些人依然无动于衷，既不派部队配合，也不派部队接应。只有卫兹带了为数不多的人马跟随曹操西进。

曹操进至荥阳汴水时，与董卓部将徐荣相遇。双方进行了激烈交战。曹操部队都是招募新兵，缺乏训练，人数又少，自然不是久经战阵的西凉兵对手，所以，这一仗，曹操吃亏不小。鲍信受伤，卫兹和鲍信的弟弟鲍韬战死。曹操也被乱箭射中，坐骑也受伤，再也跑不动了。在追兵将至、万分危急的关头，曹洪将自己的战马让给曹操。曹操推辞，曹洪急了，大声说："天下可以没有我曹洪，但不能没有你曹操！你不要推辞，快走哇！"曹操这才赶紧上马逃了出来。

曹操这一仗虽然败了，但是打得很顽强。徐荣见曹军人数虽少，仍能力战终日，便认为关东联军势力强大，就没有引兵追击，反而向西退却了。

曹操战败回到酸枣，见10多万联军无所事事，整天喝酒鬼混，心中又气又急。但他还是耐着性子，再次向诸将提出建议："敬请诸位听我一计。先由盟主袁绍将军带领河内部队进逼孟津，我们酸枣诸将守住成皋，进占敖仓（河南荥阳西北）、堵住轘辕（今河南巩义市西南）、太谷（今河南登封），控制险要之地，再派袁术将军带领南阳部队，侧面迂回，先攻占丹、析（今河南丹水县和析县），然后袭占武关（今陕西商县东），以威胁三辅（今西安地区），各部队都深沟高垒，不急于出战，多布疑兵。我看，随着形势的发展，用不了多长时间就可以平定董卓的暴乱。"

曹操清楚，董卓虽然兵强马壮，但人心不附。对董卓作战，仓促之间难于取胜，必须稳扎稳打。他提出先以主力从正面钳制，随后出奇兵从西南迂回，向关中挺进，抄董卓后路的建议。这一奇正互用的谋略是很富有见地的，说明曹操能够吃一堑长一智，学会了随机应变，并非一味恃勇。

从当时情况看，这一建议具有现实可行性。一方面，既照顾了位于正面的关东诸军持重观望、保存实力的心理，又可以从正面吸引董卓主力。另一方面，让袁术乘虚出奇兵，向丹、析、武关挺进，直捣关中，抄董卓后路。袁术的先锋官孙坚讨伐董卓本来比较积极，由他当先锋挥师从西南挺进，他自然是乐于接受的。

兵法云："有正无奇，虽整不烈，无以致胜也；有奇无正，虽锐无恃，难以控御也。"（《阵纪·卷二·奇正虚实》）意思是，只有正兵而没有奇兵，阵势虽很严整，但不能给对方造成突然猛烈的打击；只有奇兵而没有正兵，攻势虽很锋锐，但是没有可作依靠的钳制力量，就难以控制住敌人。由此看来，曹操的建议与兵法精义相契合。关东诸将应该茅塞顿开、欣然采纳的，但偏偏不是这样。尽管曹操言之谆谆，义形于色，诸将却听之藐藐，不为所动。

曹操彻底失望了。他明白，这些人并不是真心勤王，指望这些人根本不行。要想诛除暴乱、平定天下，就得靠自身的力量。于是，他领着夏侯惇等人，到扬州募兵去了。

扬州刺史陈温、丹阳太守周昕给了曹操很大支持。曹操在扬州共招募到4000多新兵。曹操带领这批新兵赶往前线。可是，到达龙亢（今安徽怀远）时，因军中缺粮，士卒大多叛逃。叛兵还趁夜放火烧了曹操的营帐。曹操亲手杀了数十人，这才安全出帐。清点人数时，只剩下500多人。

正在这时，曹洪带着千余名家兵赶来了。不久，曹操又到铚县（今安徽宿县西南）、建平（今河南永城西南）等地招收千余人。宗族曹劭招募到千余兵，赶来追随曹操。身在吴郡的侄儿曹休，取道荆州前来投奔。曹操就是带着这3000多人再次北上的。

## 五、"诸君北面，我自西向"

曹操这次没有到酸枣，而是直接北上到河内，希望亲自跟袁绍交涉，使讨伐董卓的事业获得新的转机。

当时关东军事联盟已趋于瓦解。这些所谓"义士"各怀异心，徘徊观望，彼此之间钩心斗角。起初，董卓废帝弑后，他们似乎为了大义，一时心血来潮，拼凑在一起，以壮声势。后来，随着时间推移，他们的热情锐减，特别是董卓退往关中之后，眼前的敌人一消失，他们就立即散伙，开始抢夺地盘，割地称雄了。

军阀混战首先是从袁绍和袁术的斗争开始的。袁绍和袁术是同父异母的兄弟。袁术的生母是袁逢的嫡室，而袁绍是袁逢的侍婢所生，后过继于伯父袁成。所以，袁术瞧不起袁绍。袁绍与袁术虽是一家兄弟，但并不亲睦，反而相互猜忌。

袁术在董卓入京之后出奔南阳。讨伐董卓的战争开始以后，袁术部将孙坚击杀南阳太守张咨，领豫州刺史，进攻董卓。袁绍趁孙坚西上之际，派部将周昕夺取豫州，被袁术击败，双方的矛盾逐渐表面化。孙坚回兵，杀掉荆州刺史王睿，又为袁术争得了一块地盘。刘表入据荆州，其部将射杀孙坚，与袁绍联合，袁术更加恼怒。袁绍欲立幽州牧刘虞当皇帝，以便操纵权柄。袁术更是连汉家的招牌都不要了，只因手中有一块传国玉玺（孙坚讨伐董卓攻入洛阳，于甄官署井中获得，后被袁术强行索去），加之社会上盛传"代汉者当涂高"的谶语，便以为福瑞呈祥，就想自己登基做皇帝。袁绍派人把立刘虞为帝的意图告诉袁术，袁术断然拒绝，于是兄弟反目成仇。

当初，董卓废少帝刘辩、立陈留王刘协为帝时，袁绍与董卓闹翻。所以，袁绍心里一直不尊奉董卓立起来的这个皇帝。为了发展自己的势力，袁绍便以献帝年幼，被董卓所困，并且关山阻碍，不知是死是活为由，同冀州刺史韩馥一起谋立幽州牧刘虞为帝，还私刻了皇帝金印，派毕瑜前往幽州劝刘虞称帝。

正在这时，曹操带着部队赶往河内。袁绍就把想立刘虞的意图告诉曹操，希望得到曹操的支持。

曹操没有想到袁绍会为了自己的私利而横生枝节，做出如此居心不良的举动，于是断然拒绝。他说：

"董卓的罪行已暴露于天下，我们大家起兵讨伐，得到广泛响应，就是因为这是义举的缘故。现在皇帝幼弱，受制于奸臣，但这个皇上并没有昌邑王那样的过失，一朝之间说更换就更换，那么天下谁还会安心呢？你们可以面北向刘虞称臣，我是不会干的，我还是向西讨伐董卓，迎奉献帝。"

由于袁术、曹操反对，更由于刘虞坚辞不受，袁绍谋立新帝的意图化作泡影。

袁绍立刘虞的图谋没有得逞，就想着自己称帝。他私刻了一枚玉玺，在与曹操座谈时拿出来让曹操鉴赏，想试探一下曹操的反应。没想到曹操大笑，边笑边说："你这是搞什么名堂？我不听你那一套！"

袁绍感到非常狼狈，但并不罢休，想以武力威慑曹操，逼曹操屈服。便派人对曹操说："袁公势大兵强，天下英雄有谁比得上他？"曹操听了默不作声，内心更加鄙薄袁绍的为人，甚至产生了消灭他的想法。

袁绍的野心已经暴露，当时的军阀看得比较清楚。济北相鲍信就对曹操讲："奸臣钻空子扰乱朝廷，英雄揭竿而起，天下响应，是因为有大义存在。现在袁绍身为盟主，却利用手中权力专营私利，将要发生新的祸乱，成为另一个董卓。现在抑制他，力量还不够，只能惹麻烦，不会有什么结果。我们可以暂时经营黄河以南地区，以等待形势的变化。"鲍信的话说到了曹操的心坎上。

形势急转直下。由于关东诸将各怀鬼胎，互不相容，斗争越来越激烈。开始，兖州刺史刘岱和东郡太守桥瑁发生摩擦，刘岱火并了桥瑁，派王肱兼任东郡太守；袁绍更是来了个大动作，以武力胁迫的手段逼冀州牧韩馥让出冀州，自己做了冀州牧，不久韩馥自杀。之后，公孙瓒袭杀幽州牧刘虞据有幽州；辽东的公孙度趁关东诸军无力东顾之机，割据辽东；刘表逼走袁术，占据荆州；袁术东走，击杀扬州刺史陈温，占据扬州；其部下孙策（孙坚之子）又渡江攻杀刺史刘繇，占据江东。陶谦割据徐州。

这些割据一方的官僚地主武装集团为了扩大自己的势力，争夺土地和人民，相互之间展开了旷日持久的兼并战争。在这场兼并战争中，不少军阀结成联盟，以壮大自己的势力。

袁术为了对付袁绍，东联陶谦，北结公孙瓒，还怂恿公孙瓒南下进攻冀州。这正合公孙瓒的心意。公孙瓒私自任命严纲为冀州刺史、田楷为青州刺史，倾力与袁绍争夺黄河以北地区。袁绍为了对付袁术，南结刘表，使刘表牵制袁术。

这场军阀混战，使社会遭到严重破坏。人民因战争死亡的不计其数，幸而残存的，不得不流离转徙，挣扎在死亡线上。曹操在其后写了一首名为《蒿里行》的诗作，对此做了客观描述：

> 关东有义士，兴兵讨群凶。
> 初期会盟津，乃心在咸阳。
> 军合力不齐，踌躇而雁行。
> 势利使人争，嗣还自相戕。
> 淮南弟称号，刻玺于北方。
> 铠甲生虮虱，万姓以死亡。
> 白骨露于野，千里无鸡鸣。
> 生民百遗一，念之断人肠。

诗中"义士"指关东诸将；"群凶"指董卓及其部曲；"盟津"即孟津，是征讨联军会师的地方。"咸阳"，指董卓的关中老巢。

曹操用简洁质朴的语言，记述了关东诸将讨伐董卓不成，转而相互攻伐的现实，揭示了军阀混战给百姓带来的深重灾难，表达了对军阀割据的痛恨和对苦难深重的百姓的同情。

《蒿里行》原本是汉乐府的一个曲调名，是当时人们送葬所唱的挽歌。可以想见，曹操借用这一曲调作诗，其心情是何等苦闷，何等沉重！

从前述中可以看出，曹操起兵之初，意在除暴安良，为国靖难，并且为此付出了重大牺牲，几次都差点丢掉性命。遭遇重大挫折之后，依然不气馁，重新招兵买马，赶赴前线。这种以身许国、愈挫愈奋的精神是其他诸侯所不可企及的。

当然，后来曹操也同其他军阀一样走上了武装割据的道路，似乎与其他军阀没有什么区别。但是，必须看到，形势的发展不以人的意志为转移，当时天下分崩，各军阀占地为王，各自为政，如果不走个人发展道路，他只能一事无成，抱憾终身。因此，通过发展个人实力，芟夷群雄，逐步实现国家统一，这是曹操当时唯一可走的道路。曹操后来就是按照这个路子走的，并且采取了一系列合时宜、顺民心的政治、军事、经济措施，最终实现了北部中国的统一。

# 第五章
## 据兖州以立基业

曹操本想以东郡为基地扩充实力，不意好运垂顾，一朝之间做了兖州牧，成为与诸军阀相颉颃的一路诸侯。

曹操从狭隘的报复心理出发，血洗徐州，杀戮徐州无辜百姓，这是曹操一生形迹中不容抹去的一大污点。

占据兖州使曹操拥有了一个稳固的根据地，这是他今后战胜其他对手，进而统一北方的一个基本条件。

## 一、立足兖州

正当统治阶级内部矛盾激化，关东诸军与董卓所部在荥阳、河内对峙时，曾一度被东汉王朝镇压下去的黄巾军和黄河以北的黑山军又趁势发展起来。

黑山军是与黄巾军同时起义的一支农民军，以太行山为根据地。其首领原为张牛角，张牛角战死后，褚燕被推为首领。褚燕剽悍骁勇，行动敏捷，人称飞燕。褚燕后改姓张。张燕颇能服众，将分散在太行山周边的农民武装联合起来，发展到上百万人。

初平二年（191年）秋，10多万黑山军在于毒、白绕、眭固的率领下进攻冀州邺城以及与魏郡毗邻的东郡，并有渡过黄河，南攻兖州的动向。此时，青州黄巾军因受到袁绍手下青州刺史臧洪的压力，正分兵两路，向河北移动，准备与黑山军会合。如果两股农民军会师，将威胁黄河以南广大地区。

　　尽管当时关东诸军阀矛盾重重，但是他们仍然不愿看到这一幕出现。身为冀州牧的袁绍尤其害怕农民军会师，影响他在冀州的统治。此时，袁绍刚刚以武力胁迫的手段夺取韩馥的冀州，但并没有立稳脚跟，加之北面迅速崛起的公孙瓒已占据幽州，并有南下与袁绍争夺冀州的动向。袁绍无力腾出手来镇压这两支起义军并抵御公孙瓒南下，便以盟主的身份，派曹操引所部人马到东郡，围剿黑山军。

　　在镇压农民起义军这一点上，袁绍和曹操的立场是一致的。但他们各有各的盘算。

　　袁绍以为曹操依附自己，派曹操去东郡，一来可以阻止这两股农民军的会合，以免威胁邺城，损害其既得利益，二来可以借曹操之手镇压农民军，将自己的实力扩展到兖州。

　　曹操则顺水推舟，一是借机摆脱对袁绍的依附，二是出兵东郡，为自己争得一块地盘。这对曹操太重要了。此前，曹操带着新招部队赶赴河内时，联军已经瓦解，曹操因没有自己的地盘只得栖息于袁绍的门下，那滋味是不好受的。现在，袁绍派他出兵东郡，这正中他的下怀。于是，他立即抓住这个机会，从河内引兵至东郡，并在东郡治所濮阳打败黑山军白绕部，取得了首战胜利。

　　袁绍为了进一步笼络曹操，迅速上表奏请朝廷任曹操为东郡太守。当时董卓专权，上表请奏不过是做做样子，没有实际意义，只是虚卖人情而已。曹操是何等精明之人，对此自然心知肚明。他顺水推舟，欣然领命，做起了东郡太守。

　　曹操这样做，一方面可以给袁绍带去一些安慰，让袁绍觉得他靠得住，以便解除袁绍对他的戒备心理，推延与袁绍的矛盾，给自己势力的发展提供一个相对宽松的环境；另一方面可以名正言顺地占有一郡之地，改变无处立足的窘境，为今后的发展打下一个基地。此外，还可以给其他军阀造成一个错觉，使他们误以为曹操已与实力强大的袁绍结盟，在战略上起到了一定的威慑作用。

　　曹操做了东郡太守之后，将郡治所由濮阳迁到了东武阳（今山东辛县南），并推荐鲍信做了济北相，作为自己的心腹。

初平三年（192 年）春，以于毒为首的黑山军趁曹操引军顿丘（今河南浚县）的时候，企图袭击东郡治所东武阳。

按照常理，郡治所就是一个郡行政中心，如同一国之都城，地理位置重要，是不能轻易丢失的，丢失了，政治影响太大，容易引起军心浮动。但是，曹操并没有按照常理出牌。他得到消息后，做出了攻打于毒本屯的决定。他说：

"以前孙膑援救被魏国攻打的赵国，却不带兵前往赵国，而是攻打魏国，耿弇想要赶走驻守西安（今山东淄博西北）的张蓝，却不先去攻打西安，而是去攻打与西安相邻的临淄。我现在就去攻打于毒的大本营，于毒知道后必然回救，东武阳的危险就会自动解除；如果于毒不回救，我就攻克他的大本营，他照样不能攻克东武阳。"

分析当时的情况可以看出，无论是于毒攻打东武阳，还是曹操攻打于毒大本营，都是避实击虚、攻其所必救的一步好棋，其目的在于掌握战争主动权。曹操不愿回救东武阳，并不是东武阳不重要，也不是东武阳固若金汤，而是担心丢失了战争主动权，给予毒军以可乘之机。况且，顿丘与东武阳有一定距离，回师不一定来得及。于是，做出了攻打于毒本屯的决定，迫使于毒回救。

曹操此举有其现实可行性。这是因为，于毒所部农民军到底比不上曹操所部正规军，他们的妻室家小和粮食等物资都集中在本屯，不像曹操所部皆青壮年，较少牵挂拖累，因而回救本屯更加心切。

果不出曹操所料，当于毒军听说曹操引军进攻其本屯的消息后，军心立即浮动起来。于毒没有办法，只得停止进攻东武阳，回师自救。曹操见调动敌军的目的达到，迅速做出新的反应，改变攻打于毒本屯的决定，重新调整部署，回师打援，半路邀击于毒军，将于毒军击溃。

这一仗打得非常漂亮，令人叹服。曹操深谋远虑，料敌如神，反应迅速，显示出非凡的胆识、气魄。

此时，东郡境内的黄巾军、黑山军基本被镇压下去了。但还有一支匈奴军在此活动，对曹操构成一定威胁。

这支匈奴军来自南匈奴。早在中平年间，东汉王朝为了镇压黄巾军，曾向匈奴借兵。南匈奴单于派其子于夫罗率部援助。后来，南匈奴发生内乱，南匈奴单于被杀，于夫罗觉得即使回到南匈奴也无处立身，于是率领所部滞留中原。

由于中原地区陷于军阀混战，东汉王朝政府无力顾及这支匈奴兵，于夫罗得不到给养，只得与黄巾军会合，"钞掠诸郡为寇"。曾与黄巾军白绕部一道，攻克太原、河内，声势浩大。曹操打败于毒等黑山军不久，又在内黄打败于夫罗，至此，曹操全部占有东郡。

曹操占据东郡不久，在青州一带重新发展起来的黄巾军号称百万，进入兖州，先攻占任城，杀死任城相郑遂，接着向东平进军。兖州刺史刘岱不听劝告，带领兖州主力匆忙截击，结果被黄巾军打得大败，刘岱被杀。

刘岱被杀后，兖州州中无主。东郡人陈宫看到这种情形，就向曹操建议："目前兖州州中无主，无法抚境安民，请让我到州里去做做工作，由你来执掌兖州，以兖州为资本争夺天下，这可是成就霸业的基础啊！"这令曹操喜出望外。

陈宫本是兖州名士，在兖州有一定地位。他赶到州里，对州中重要官员们讲道："兖州现在没有主事的人，曹操有过人的才干，如果将他接来，让他掌管兖州，一定能够确保兖州的安宁。"

鲍信也从中做了一些说服工作。兖州大小官员都表示赞同。于是，鲍信和兖州一些官员一起前往东郡，把曹操接到兖州，公推曹操做了兖州牧。

这是曹操一生的重大转折。曹操本想以东郡为基础扩充势力的，没想到好运垂顾，一朝之间做了兖州牧，成为与诸军阀相颉颃的一路诸侯。从此，曹操有资本与诸军阀逐鹿中原了。


## 二、组建"青州兵"

曹操做了兖州牧之后，与鲍信一起进击黄巾军于寿张（今山东东平东南）。

起初，黄巾军战事顺利，声势越来越大。曹操与鲍信一起巡视战地，以便观察敌情，而后定下破敌之策，不料与黄巾军主力突然相遇，曹操猝不及防，匆忙应战，被打得大败。几百人战死，鲍信为了保护曹操，力战而亡。曹操好不容易在鲍信的拼死掩护下，才冲出重围。

初期遭遇战让曹操吃尽了苦头。尤其是素来亲附，忠贞可靠的鲍信阵亡，给了曹操以沉重打击。曹操感到非常悲痛。他想方设法向黄巾军讨要鲍信的尸首，但黄巾军不给，曹操只得请人刻画一个形似鲍信的木头人，"祭而哭焉"。

鲍信的死，使部队弥漫着一种惧敌情绪，士气大为低落。正在此时，黄巾军趁胜向曹军逼近。曹操为了稳定军心，激励士气，他穿上铠甲，戴上头盔，冒着危险亲自巡视战阵，抚慰将士，申明奖惩，使士气重新振作起来。

此时，黄巾军多少有些恃胜而骄，没有乘胜追击，给了曹操以喘息之机。他们觉得曹军刚刚吃了败仗，对他们构不成现实威胁，于是幻想着与曹操合作，便给曹操写了一封信，大意是：

> 你过去在济南相任上，毁坏神坛，你的信仰与我们是一样的，那时你似乎是个明白人，怎么现在反倒痴迷了？汉家天下的气数已尽，黄天应当拥立，新的天下就要出现，这是"天之大运"，不是你个人的才能和力量能阻止得了的。

曹操毕竟是地主阶级的代表，他不可能放弃对农民军的镇压。看到黄巾军的书信后，他将计就计，利用黄巾幻想合作、斗志松懈的有利时机，一面不断诱降，麻痹对方，一面调兵遣将，实施强大军事进攻。黄巾军迫于形势，只得投降。曹操从被俘的黄巾军中挑选一批精锐，组成"青州兵"。

曹操用政治诱降和军事镇压的手段瓦解了青州黄巾军，站在唯物史观的角度，这是他的污点。不过撇开政治立场，我们可以看出，曹操临危不惧，有钢铁般的意志，善于激励士气，善于研判对手，从而因势利导，促成事情向着有利于自身的方向转变。这是他有勇有谋的表现。另外，他用改编的办法组建"青州兵"，不仅让青州黄巾军及其亲属存活下来，还使自己多了一支劲旅。比起一些军阀一味逞凶、对农民起义军赶尽杀绝来说，要高明得多。

### 三、荀彧来归

曹操一朝之间做了兖州牧，标志着一个政治新星的崛起。如果说此前曹操已经有了相当大的名气和政治声望，那么，现在才算有了一定的实力。

时值乱世，一些有政治抱负的人想在乱世中有一番作为，靠单打独斗显然不现实，他必须选择一个实力派做依靠。并且通过这个实力派的发展，来实现自己的理想和抱负。

此前，曹操实力弱小，真正倾心来归的人并不多。除了卫兹和鲍信之外，就是曹姓和夏侯氏等亲旧。现在情况不同了，前来投奔之人如过江之鲫，络绎不绝。

还是在曹操出任东郡太守不久，巨野的豪强李乾，带领数千家兵前来和曹操会盟。李乾死后，其侄李典率所部归附曹操。勇猛过人的典韦先投奔到曹操部将夏侯惇的帐下，后做了曹操的贴身侍卫。

泰山巨平（今山东泰安南）于禁来了。于禁原是鲍信手下一普通士兵，曹操根据其才能，提拔为军司马。阳平卫国（今河北馆陶）人乐进，原是曹操"帐下吏"，为人精明强干。曹操占据东郡不久，乐进自告奋勇回本郡募兵，得到1000多人。回来后，被曹操提拔为军假司马和陷阵都尉。于禁、乐进后来成为曹操重要将领。

曹操做了兖州牧之后，前来投奔的人，不仅有武将，更有不少才智之士。这些才智之士首屈一指的就是荀彧。

荀彧，字文若，颍川人，出生于世家大族。祖父荀淑，曾任郎陵（今河南确山）令，有名当世。父亲荀绲，曾任济南相。叔父荀爽，官至司空。荀绲、荀爽兄弟八人，都是名士，人称"八龙"。荀彧就出生于这样的家庭。受家风熏染，荀彧不仅有较高的文学修养（"彧"就是有文采的意思），而且才德俱佳，是一个难得的人才。

荀彧少时就受到南阳名士何颙的赏识，何颙称他有"王佐之才"。荀彧27岁被举为孝廉，拜守宫令。董卓入京之后，京师大乱。荀彧想离开这个是非之地，谋求外放做了亢父（今山东济宁市南）令。但是他没有到任，而是辞官回家。不久，他动员家乡父老赶紧逃离即将发生战乱的颍川。可是，家乡人都留念家乡，舍不得离开故土。荀彧只好带着自己的亲属离开家乡移居冀州。后来，李傕、郭汜入寇陈留、颍川，留念故土的乡亲大多被杀戮。

荀彧稽留冀州期间，正赶上袁绍以武力胁迫的手段逼韩馥让出冀州。袁绍执掌冀州后，听说荀彧很有才干，刻意笼络，奉荀彧为上宾，优礼有加。

当时，荀彧的弟弟荀谌以及本郡人辛评、郭图都被袁绍任用。但荀彧还是不为所动，毅然离开袁绍，投奔曹操。

按说，当时曹操与袁绍的实力不是一个量级，可以说相差甚远。荀彧为什么舍袁绍而就曹操呢？这个问题史家并没有说清楚。陈寿说荀彧料定袁绍终不能成大事，所以离开袁绍，投奔曹操。这话说得太笼统，并没有点出问题的实质。

要搞清楚其中原因，首先要考察荀彧的为人。荀彧是名士，但他不同于一般名士。他有杰出的才能，这一点自不必说。更为重要的是，按当时主流意识，荀彧有极高的儒学修养，这一点恰恰为人们所忽视。

荀氏家族为世家大族，深受儒家思想影响，且世受皇恩，因此，荀彧忠君爱国的思想是十分突出的。此外，他为人正直，心地光明，行事磊落，是典型的"君子"。尽管他的政治地位不高，没有什么实力，但心气儿很高，内心非常强大。

反观袁绍，才智平庸，胸襟狭小，野心却很大。这样的人是成不了气候的。

正因为荀彧品行高洁，所以，他鄙薄袁绍的为人，更鄙薄袁绍的政治取向，不愿与袁绍为伍，这才是问题的实质。

曹操当时的表现是很出色的。他不仅有勇有谋，敢作敢为，更为重要的是他心存汉室，致力于国家的统一，甚至有国无家，富有牺牲精神，这让荀彧非常欣赏、非常感佩。荀彧投奔曹操，看中的就是这些，这就叫志同道合！

曹操听说荀彧来归，非常高兴，誉之为汉初的张良。任他为司马，不久，升为军师。

荀彧是东汉末年顶级的政治家和谋略家。投奔曹操之前，既没带过兵，也没打过仗，只做个小小的县令。但曹操慧眼识英才，引为军师，让他参决机要，成为首席谋士。荀彧亦感念曹操的知遇之恩，不仅勤于政事，积极出谋划策，还为曹操推荐了大批人才，如荀攸、钟繇、戏志才、郭嘉等。这些人为曹操统一北方做出了重大贡献。

曹操与荀彧相得益彰。曹操因为有了荀彧，事业更顺利，业绩更辉煌；荀彧因为有了曹操，才脱颖而出，功成名显。

曹操占据兖州后，还征召了程昱，任程昱为寿张令。

程昱字仲德，东郡东阳（今山东阳谷）人。身长八尺三寸，美须髯，有谋断，是曹操的重要谋士，在曹操势力发展的关键时刻，曾起到过关键作用。


## 四、逐袁术　征陶谦

曹操本人饶有雄图，并不以占有兖州为念。兖州为四战之地，处于强敌环伺之中。除北面紧靠冀州，因与袁绍暂时保持联盟关系，大抵相安无事外，西南面有占据南阳的袁术，东南边有占据徐州的陶谦，东面有占据青州的田楷，这些军阀无不虎视眈眈。

无进取则难以自保。曹操要生存、要发展，坐守兖州显然是不行的。当时中原处于军阀混战之中，军阀之间为了自身利益，或离或合，呈现出错综复杂的局面。如何利用矛盾，驾驭矛盾，是摆在曹操面前的首要问题。

曹操占据兖州的时候，正是袁绍和袁术兄弟反目成仇，斗争到白热化阶段。袁术为了制服袁绍，企图借助公孙瓒的力量，颠覆袁绍在河北的统治；袁绍也针锋相对，远交荆州刘表，企图借助刘表的力量牵制袁术。

公孙瓒发兵攻打袁绍，并私自任命严纲为冀州刺史、单经为兖州刺史，派刘备驻守高唐（今山东禹城西南），陶谦据守发干（今山东堂邑县西南），共同威逼袁绍。

曹操所据兖州，正处于袁术的扬州和袁绍的冀州之间。袁术要进攻袁绍，兖州便首当其冲。此时曹操表面上还保持着与袁绍的依附关系，加之公孙瓒另派单经为兖州刺史，侵犯了曹操的利益，曹操便与袁绍联合起来，共同对付公孙瓒和袁术的挑战，并把矛头重点对准西面的袁术。

从当时的态势看，袁术北面东面有袁绍、曹操，西南面有刘表，面临两线作战，处境最为艰难。但是袁术全然不知，依旧莽撞行事，初平四年（193 年）春，悍然进攻兖州陈留郡。

袁术令部将刘详驻屯匡亭（今河南封丘西南），与黑山军和于夫罗部相联合，对曹操构成了现实威胁。

曹操此时在兖州治所鄄城（曹操为兖州牧后，将州治所由昌邑迁到鄄城），闻讯后迅速带兵西进，与袁术接战。

开战后，双方互有胜负，战争呈现胶着状态。不久，刘表切断袁术粮道，使袁术陷入困境；北边袁绍又在龙凑（今山东平原县）击溃公孙瓒主力，使袁术失去外援，处境更加困难。

曹操抓住有利时机，集中优势兵力攻打刘详。袁术慌忙来救，曹操迅速调整兵力部署，组织部队回师打援，击败袁术。袁术欲退守封丘，曹操率部赶到封丘，准备围歼。袁术又退出封丘，逃到襄邑。曹操穷追不舍，追至襄邑，决渠水灌城。袁术无法立足，又败走宁陵。曹操继续追击，一直将袁术赶到九江（今安徽寿县）。

此役袁术元气大伤，再也无力向北、向东发展，只得引兵南下，进至寿春（今安徽寿县），赶走扬州刺史陈瑀，占据扬州。

曹操在与袁术作战中，抓住战机，穷追猛打，不给袁术以喘息之机，将袁术赶到兖州以南300多里，彻底解除了兖州西南面的威胁。

赶走袁术后，曹操调转头来，向觊觎兖州的徐州牧陶谦开战。

陶谦字公祖，丹杨（今安徽宣城）人。少好学，曾做过县令，后出任幽州刺史，还参加过张温讨伐韩遂的战争。黄巾起义后，参与镇压黄巾军，立有战功，被任命为徐州刺史。董卓之乱，山东诸州郡起兵讨伐，陶谦不为所动，还派遣使者，与董卓交好，被董卓任命为安东将军，徐州牧，封溧阳侯，在大义面前表现得很不明智。

徐州地广人稠，物产富饶。可是，陶谦亲小人，远贤士，把好端端的徐州弄得乌烟瘴气。董卓被杀后，又与袁术、公孙瓒相表里，与袁绍、曹操为敌，曾派兵配合公孙瓒攻打袁绍。

初平四年（193年）五月，下邳（今河南睢宁西北）阙宣聚众数千人，发动暴乱，并自称天子。陶谦浑水摸鱼，起初与阙宣联合，攻取泰山郡华县（今山东费县东北）、费（音 bì，今费县西北）县，侵犯任城。不久杀死阙宣，吞并阙宣部众。陶谦此举直接威胁曹操在兖州的安全。

曹操赶走袁术之后，就将部队开往兖州东南，用来对付陶谦。

初平四年（193年）秋，曹操向陶谦大兴挞伐之师。亲统大军数万，一连攻下徐州10余座城池。陶谦退守郯城，迫于压力，兴平元年（194年）二月，陶谦向青州刺史田楷求救，田楷派平原相刘备率所部千余人前往救援。陶谦为了笼络刘备，拨出4000人马，让刘备屯驻小沛(今江苏沛县东)，作为郯城屏障，抵抗曹操。曹操攻郯城不下，加之粮食匮乏，引兵退回兖州。

曹操率主力进攻陶谦时，另派部将曹仁率部分骑兵攻击陶谦部将吕由。曹仁打败吕由后，又相继攻占彭城（今徐州）、华、费、即墨、开阳（今山东临沂）等地。

曹操这次东征得到了袁绍的配合与支持。袁绍派了部分军队前来协同作战，其中，朱灵率兵三营，力战有功。后来朱灵留了下来，成为曹军重要将领。

此后不久，曹操的父亲曹嵩和弟弟曹德遇害。

曹操之父曹嵩于中平五年（188年）罢太尉官职，回故乡谯县养老。曹操起兵之初，曹嵩不愿相随。因家乡一带发生战乱，曹嵩便带着家眷移居琅邪（王国名，在今临沂北），后迁往泰山华县。

初平四年（193 年），曹操在兖州已立稳脚跟。此时曹操与陶谦交恶，考虑到其父的安全，就派泰山太守应劭带兵前往迎接。应劭还没有到达，其父已经遇害。

《三国志·武帝纪》《后汉书·曹腾传》都明确地说曹嵩是被陶谦所杀，只是失之简略。《三国志·武帝纪》注引《世语》记载较为详细，大意是：

> 曹操派泰山太守应劭前往迎接并护送曹嵩家眷去兖州，应劭的护兵还没有到，陶谦秘密调集数千骑兵发动突然袭击。曹嵩以为是应劭前来迎接，没有防备。陶谦的部队突然杀来，先将曹操的弟弟曹德杀死于门内。曹嵩这才回过神来，害怕得不行，赶紧后撤，想翻过后面的院墙。曹嵩想先将其妾推送出去，但其妾太胖，好不容易才送出去。此时，陶谦的骑兵已杀了过来。曹嵩逃到厕所。他和他的妾以及所有随行的人最终全被杀死。应劭担心没法交差，就丢弃官职，跑到袁绍那里去了。后来，曹操平定冀州，此时，应劭已经死了。

《后汉书·陶谦传》说曹嵩遇害，是陶谦部将因贪财引起的。

《三国志·武帝纪》注引《吴书》说得更离谱，大意是：

> 曹操派人迎接曹嵩。曹嵩辎重车辆 200 余辆。陶谦派部将张闿带领 200 多骑兵护送。没想到张闿见财起意，在华、费间杀了曹嵩，取其财物，而后投奔袁术去了。

我们认为《吴书》不可靠。当时，曹操与陶谦已经交恶，陶谦能够放曹嵩过境已经卖了很大人情，哪有那么高的姿态派兵护送呢？

综上所述，曹嵩被杀，陶谦实难辞其咎。退一万步讲，就是陶谦的部将见财起意，并非陶谦指使，陶谦也要负领导责任。

当时社会，人们普遍讲究孝道，曹嵩被杀，使曹操与陶谦结下不共戴天的深仇大恨。曹操震怒，志在复仇东伐。

兴平元年（194年）夏，曹操安排荀彧、程昱守鄄城，自己亲率大军，再次征讨陶谦。一口气拿下五座城池，一直打到东海海边。回军经过郯城时，陶谦部将曹豹与刘备一起，在郯城东部截击曹军，被曹操打败。曹操趁势攻占襄贲（今山东苍山县）。曹军所到之处，依然不加节制，肆意杀戮。

陶谦被曹操的凌厉攻势所震慑，打算逃往丹杨（今安徽宣城）。正在这时，曹操的大本营兖州发生叛乱，曹操闻讯大惊，急忙撤军，赶回兖州。

曹操两次攻打徐州，攻势凌厉，所向披靡，说明曹操的军事指挥艺术日趋成熟，曹军已经具备相当强的战斗力。

必须指出的是，曹操从狭隘的报复心理出发，血洗徐州，杀戮徐州无辜百姓，这是曹操一生形迹中不容抹去的又一大污点。应当看到，曹军滥杀无辜，绝不是治军不严、军纪涣散的问题，而是人为地纵兵杀戮，这是非常恶劣的行径。《三国志》的作者陈寿对曹操从不做过多贬损，但叙述曹操在徐州暴行时，也不得不说"所过多所杀戮"。曹操在徐州滥杀无辜，一方面是出于报仇泄愤，另一方面是想以血腥的政策摧垮陶谦的抵抗意志。但无论是政策还是策略，都是一大败笔。这在一定程度上影响了他的事业，也影响了他的声誉。随后兖州发生叛乱，原因是多方面的，但是，滥杀无辜应当是其中一个重要的原因。

《三国史》的作者马植杰在评价曹操时，针对曹操在徐州的残暴军事行动说过这样一段话："许多同志认为曹操是我国古代卓越的军事家，我很同意。有些同志还认为曹操是我国古代卓越的政治家，我觉得有点偏高。因为曹操有过滥杀无辜的罪行，一个卓越的政治家应当不这样。"这反映了部分人的看法。

## 五、兖州事变

曹操第二次东征陶谦期间，兖州境内发生了旨在颠覆曹操的叛乱。这次叛乱的主谋是陈留太守张邈和曹操的部属陈宫。

张邈字孟卓，东平寿张人。年轻时以侠义闻名，赈济贫穷救助危急虽倾家荡产也不吝啬，得到士人的仰慕和钦佩。曹操和袁绍在少年时就与他交游，关系一向不错。

张邈曾支持曹操在陈留起兵，并与曹操一起首举义兵。关东联军讨伐董卓时，曹操实际上是张邈部将。汴水之战，关东诸军坐观成败，只有张邈派卫兹前往接应。袁绍为盟主，骄矜自持，不可一世，张邈不畏强权，曾以大义相责。袁绍觉得张邈有损他的威信，暗使曹操杀之，曹操不听，说："孟卓是我们的朋友，是对是错都应该宽容。现在天下未定，不应该互不相容起内讧。"张邈知道后非常感激。

曹操第一次东征陶谦时，告诉家人："我要是回不来，就去依靠张孟卓。"第一次征陶谦回来时，曹操与张邈垂泪相对，表现得异常亲密。

但是，这种亲密依然抹杀不了张邈对曹操的心理隔阂。此前，曹操是张邈的部下，曹操做了兖州牧后，就转变成了张邈的上级，张邈心不能平。尽管曹操对张邈比较信任，但是曹操并没有把他当作心腹，自然也没有给予他更大的权力，这就让张邈有受冷落的感觉。更为严重的是，曹操杀了兖州名士边让，这让张邈不堪忍受。在曹操带兵东征，兖州空虚的关键时刻，张邈与陈宫合谋，酿成了兖州事变。

陈宫字宫台，东郡人。裴松之注引《典略》称他"刚直壮烈，少与海内知名之士皆相连结"。此人很有谋略，为曹操做兖州牧立有大功。但是曹操做了兖州牧后，对陈宫好像没有给予特别的信任与尊重。陈宫是兖州名士，他推举曹操做兖州牧，就是希望曹操能够保境安民。但是，曹操没有采取措施安抚百姓，收拾民心，反而驱使兖州丁壮征战袁术、陶谦，这是陈宫不愿看到的。特别是曹操杀名士边让，血洗徐州，给以"刚直壮烈"著称的陈宫以强烈刺激，使他对曹操的人品感到失望。

曹操上次东征徐州因军粮耗尽退回兖州后不久，派手下杀了名士边让。边让被杀的原因《三国志》《后汉书》《资治通鉴》等正史中均有记载："讥议"曹操。

边让是兖州人，曾做过九江太守，在兖州很有名气，深得兖州官吏和士族阶层的敬重。他刚直敢言，无所顾忌。对曹操第一次东征徐州肆意杀戮表示强烈不满。加上曹操本是宦官之后，言语之间就处处讥讽，曹操就派人将他杀害。

《资治通鉴》记载"操闻而杀之，并其妻子"，这说明：第一，边让的"讥议"并非当面对着曹操说的，而是与兖州官吏和士族阶层私下的谈论，由于边让的名气大，他的"讥议"引起了广泛的共鸣，对曹操在兖州的统治造成了很大的负面影响。第二，"并其妻子"可见曹操对边让恨之入骨，反过来也可以说明边让"讥议"之恶毒、毒害之深远、影响之广泛。不过曹操对待边让手段太激烈、太狠毒，造成了兖州士大夫的恐慌并引发了严重后果。

陈宫趁曹操第二次东征徐州，兖州空虚的时候，极力怂恿张邈，说："现在豪杰纷纷兴起，天下分崩离析，你拥有千里之地的民众，处在地势平坦，可以四处出击的要地，抚剑四顾，足可以成为人中豪杰，如今却受制于人，不觉得窝囊吗？现在军队东征陶谦去了，州内非常空虚，吕布是一个壮士，英勇善战，权且引来共掌徐州，不也可以纵横一时吗？"

二人一拍即合，旋即派人迎吕布来濮阳，共推吕布为兖州牧。

吕布，字奉先，五原郡九原（今包头市西北）人。这里地处边塞，羌汉杂居，受游牧民族影响，他很早就练出了一身弓马骑射的好身手。他相貌堂堂，武艺超群。早年投奔并州刺史丁原，受到丁原信任。董卓入京后，废少帝立献帝，丁原反对。董卓想加害丁原，就是因吕布做着贴身侍卫才没敢造次。后董卓以珠宝、赤兔马贿赂吕布，吕布居然杀了丁原，认贼作父，投靠董卓。

董卓为了笼络吕布，任吕布为骑都尉，后升中郎将，封都亭侯。董卓作恶多端，恐人谋己，就让吕布做了贴身侍卫。然而，董卓性情粗暴，曾因一点小事，大发雷霆，甚至差点杀了吕布，从此，吕布心中蒙上了一层阴影。此外，吕布常居董卓内室，与董卓侍妾有较多接触，时间一长，便发生了与董卓侍妾私通的事，吕布恐董卓发觉，心不自安。

由于吕布武艺高强，且深得董卓厚爱，司徒王允便刻意结纳。此时王允正密谋诛除董卓，便让吕布做了内应。初平三年（192年）四月，王允借献帝大病初愈，群臣大会未央宫的机会，派亲信士兵守卫在宫殿两侧，趁董卓刚进门时，一齐上前行刺。董卓被戟刺伤，大声呼叫吕布来救。吕布趁机上前，一边喊"有诏讨贼"，一边用戟将董卓刺死。

王允以吕布为奋武将军、假节，进封温侯，共秉朝政。

王允在董卓在世时，韬光养晦，表现得机谋深远。但董卓死后，王允觉得罩在头上的铁幕已去，天下不足为虑，便忘乎所以。既没有整顿朝纲、恢复秩序，又不能取用智能之士如皇甫嵩等共秉朝政。经学大师蔡邕因感念董卓的知遇之恩，在董卓的尸体旁哭泣一番，王允便觉得蔡邕忠奸不辨，为贼臣叫屈，硬是将蔡邕处死。

更为失误的是对董卓部将的处理。当时朝野板荡，四海分崩，王允要解决的问题很多，但最紧迫最重要的是如何处理董卓部曲，这直接关系到朝廷安危、关系到王允的成败福祸。当时，董卓虽死，其部属尚在，李傕、郭汜等皆拥兵在外，心不自安，以戴罪之身等待、观望。王允理应采取安抚措施，暂时稳住人心，而后采取分化瓦解的策略，剪除元凶，赦免其他人众。但是，王允头脑发热，拒不宽贷董卓部曲。李傕、郭汜在赦免无望的情况下，受到谋士贾诩的怂恿，召集部曲，与王允对抗，王允、吕布抵抗不住。李傕、郭汜攻入长安，王允被杀，吕布逃往关东。

诛杀董卓是吕布一生中干得最为光彩的一件事。但究其原因也并非完全出于为国除奸的目的，只不过是因他与董卓的亲近关系到了难以为继的地步而被王允利用罢了。因为吕布没有这样的政治头脑和政治觉悟，自然，他也不明白诛除董卓的政治意义。

他逃出关东后，首先投奔袁术。在他看来，诛杀董卓是为袁家报了家仇。他满以为袁术会像接待恩人一样接待他的，想不到袁术恶其反复，拒而不受，冷冷地将他打发走了。

于是，他又北投袁绍。袁绍接纳了他，但只是把他当鹰犬来看待。他和袁绍一起进攻常山农民起义军张燕，吕布凭着他的骑射功夫，冲锋陷阵，打得张燕溃不成军。在胜利面前，吕布趾高气扬，不可一世，自以为有功于袁绍，轻慢袁绍手下诸将，受到袁绍诸将的排斥。

吕布眼看在袁绍处混不下去了，却异想天开地请求袁绍给他增加军队，以便返回洛阳。其手下兵丁又在袁绍地盘大肆抢劫。袁绍厌恶极了，表面上答应给他增兵，却暗地里布置人手，企图将他诛杀。吕布幸而有所察觉，提前逃走。

吕布打算投奔河内张杨。在投奔张杨途中，吕布和张邈会过一面，两人谈得非常投机，临别时还握手起誓。这件事被袁绍探知，更让袁绍恼怒。

前面说过，还是在关东联军讨伐董卓的时候，袁绍便有杀张邈之意，但为曹操所阻。此时，曹操与袁绍属联盟关系，张邈担心曹操终究会为袁绍危害自己，内心非常疑惧。张邈、陈宫就是在这种情况下发动叛乱，迎接吕布的。

张邈、陈宫发动叛乱，背叛曹操是很不明智的。他们恭迎吕布，说明他们没有知人之明，因为吕布从哪方面看都不如曹操。总体看，曹操对张邈是信任的，张邈却担心曹操为袁绍而谋害自己，在陈宫的怂恿下背叛曹操，说明张邈没什么主见，心地不够磊落。陈宫想保境安民，对曹操东征西伐尤其是血洗徐州反感，说明他心地善良。但是，在军阀混战的年代，兖州又处于四战之地，想保境安民的想法是不现实的，多少有些天真。事实表明，他们的做法是莽撞而愚蠢的。最终，他们为自己的莽撞和愚蠢付出了代价。当然，这是后话。

曹操第二次东征徐州时，带走了兖州几乎所有的精锐部队，而将留守兖州的任务交给荀彧。

吕布来到兖州后，张邈即派人到鄄城，谎称吕布前来帮助曹操攻打陶谦，要荀彧接济粮草。荀彧奉命留守，是曹操后方全权代表。吕布如果真的前来帮助曹操攻打陶谦，他荀彧应该最先知道。现在由张邈来告诉他，立马引起了他的警觉。他料定张邈即将谋反，一面火速派人前往徐州报告曹操，一面迅速调时任东郡太守的夏侯惇率兵赶赴鄄城，加强鄄城的防务。

当时形势异常严峻。鄄城兵力空虚，不少人又与张邈通谋。荀彧强自镇定，用内紧外松的办法维持安定，等到夏侯惇率兵赶到后，断然下令诛杀了 10 多名与张邈通谋的官吏，这才使鄄城稳定下来。

吕布看到鄄城已有夏侯惇领兵把守，料定一时难以攻下，于是领兵攻占濮阳。

吕布刚刚离开，豫州刺史郭贡又率领数万人来到鄄城城下，有人担心郭贡与吕布联合，城里人心又浮动起来。荀彧料定郭贡没有与吕布联手，于是力排众议，往见郭贡，陈说利害。郭贡引兵离去。

由于张邈、陈宫在兖州经营多年，有深厚的根基。他们联手反叛，立即引起整个兖州的骚动。只有兖州治所鄄城以及范县和东阿两县在曹操手里，其余全部陷落。

郭贡离开不久，有探马来报，说陈宫亲自领兵前去攻打东阿，另派氾嶷去进攻范县。

荀彧考虑到程昱是东阿人，在东阿有一定声望，就派程昱前往东阿，坚守城池，安抚民心。程昱领命前往，途经范县时，听说范县县令靳允的母亲、弟弟、妻儿都被吕布扣为人质，靳允正犹豫不决。程昱不避风险，前往规劝靳允，向靳允晓以利害。程昱说：

"听说吕布拘禁了你的亲人，作为孝子实在不能不动心。现在天下大乱，英雄纷纷兴起，总有一个能够平定天下的盖世英雄，这是聪明人应该慎重选择的。跟定了这样的主人，就能成功，失去了这样的主人就会败亡。现在陈宫叛变，迎接吕布，那么多城池响应，似乎能有所作为，可是，依你看吕布是什么样的人呢？粗暴不近人情，自负不讲礼义，只不过是一般英雄而已。陈宫等人因吕布势大而暂时纠结在一起，不可能结成君臣关系，兵员虽多，最终不会有什么成就。曹公的智慧谋略世上无人能及，大概是上天赐予的。你一定要固守好范县，我守好东阿，这样就可以建立田单那样的功劳。希望你好好考虑。"

靳允听后，流泪说："不敢有二心！"于是，杀掉前来劝降的氾嶷，紧守范县。

程昱又赶到东阿，与东阿令枣祇一起率领官民据城坚守。

## 六、回战吕布

兖州是曹操的根据地，如果兖州丢失，曹操将无所依存。所以，曹操在徐州前线得到荀彧的告急文书，赶紧收兵星夜兼程赶回兖州。回到兖州后，一面派李乾到各县慰问，以安抚人心，一面整顿军马，准备攻打濮阳。

曹操此时的处境是艰难的，但是，他表现出惊人的乐观情绪。他对部下讲：

"吕布一下子得到一个州的地盘，却不能占据东平，切断亢父、泰山之间的通道，凭借险要地势阻击我，却屯兵濮阳，我就知道他不会有什么作为！"

东平、泰山位于兖州东部，是曹操从徐州赶回兖州的必经之地。亢父在济宁南，地势险要。战国时纵横家苏秦称"亢父之险，车不得方轨，骑不得比行"（《史记·苏秦列传》）。吕布舍此天险不守，让曹操顺利从徐州赶回，在战术上是一个明显的失误。

兵法云："凡战，若以寡击众，必归日暮，或伏于深草，或邀于隘路，战则必胜。"（《百战奇略·寡战》）

山谷隘地，咽喉锁钥之处，峰壁对峙，很少回旋余地，大部队陷于此境，兵力无法展开，就如蟒蛇钻进竹筒，首尾难以相顾，老牛掉进水井，有力使不上。相反，这种地形对小股部队来说，不便于机动的自然之害，就变成了隐蔽企图、设伏用奇的有利因素。战争的历史表明，用弱小的兵力战胜强大的敌人，最好的办法是利用有利的地形进行伏击。

"不知民情难为相，不知地形难为将。"吕布带兵征战多年，对这样的常识都没有搞清楚，不惟可叹，尤为可悲。曹操与吕布还没有正式交兵，而胜负强弱已经分明了。

曹操回战吕布，刚开始有些急躁，战事并不顺利。他不顾士卒疲惫，忘却了"主不可怒而兴师""攻城之法为不得已"的古训，驱兵攻打城池坚固的濮阳。

这时濮阳大户田氏设反间计，引曹军入城。曹操率部从东门入城后就将东门烧掉，表示有进无退，志在必得。

不料，吕布伏兵四出，先以骑兵冲击曹操所领青州兵，青州兵见吕布骑兵来势汹汹，大为惊恐，四散而逃。曹军顿时大乱，想撤也来不及了，只得仓促应战。这时，吕布的步兵也突入阵中，狂砍乱剁。曹军抵敌不住，慌忙退却，由于人多壅塞，自相践踏，伤亡惨重。

曹操也被冲散，正好被吕布的骑兵拦住。但这骑兵不知是曹操，反问曹操："曹操在哪里？"

曹操急中生智，说："前面骑黄马的就是。"吕布的骑兵信以为真，撇下曹操，向前追去。

曹操赶紧往回跑，到达东门时，门火正旺。曹操顾不了这些，慌忙突火而出，左手被烧伤，一阵钻心的疼痛，使他滚下马来。这时部将司马楼异正好赶上，忙将曹操扶上马背，使曹操得以逃归本寨。

营中将士正为曹操不知去向而惶恐、沮丧，士气异常低落。突然看到曹操归来，都喜不自胜，赶快跑过来慰问。

初战失利，曹操的头脑冷静下来。他不顾伤痛，振作精神，亲自慰劳将士，督促将士赶制器械，再行整顿军马，攻打濮阳。由于濮阳城池坚固，加之吕布士气正旺，此次攻击仍未奏效。

从五月到八月，曹操与吕布在濮阳城相持一百余日。曹操多次出战，但是效果不明显。这期间，夏侯惇的左眼被乱箭射中，成了独目将军。到八月份，赶上旱灾和蝗灾，军中缺粮，曹操只得自行退军。

此时，曹操丧失了兖州大部，战事又不顺利，加之粮食匮乏，士兵不时因饥饿而逃亡，处境非常艰难。正在这时，袁绍派来说客，表示愿意与曹操继续保持联盟关系，给曹操以支援。但有一个很苛刻的条件，要曹操把家眷做人质，送到冀州治所邺城。

袁绍本来十分痛恨吕布、张邈，必欲除之而后快的。但是，当曹操与吕布、张邈打得难分难解时，他不派一兵一卒前来支援，而是坐观成败，想让曹操与吕布两败俱伤，自己坐收渔人之利。这时来表示友好，分明是乘人之危，希望用人质来制约曹操，使曹操听命于他。

袁绍此举说明，袁绍与曹操之间的联盟关系表面上融洽，实际上暗含矛盾，非常脆弱。袁绍自以为势大，不甘心与曹操平起平坐，而是想作为盟主，对曹操拥有一定的控制权。

曹操再明白不过了，他知道，随着形势的发展变化，他和袁绍之间这种貌合神离的联盟关系是难以为继的。只不过在目前，双方都要对付各自眼前最危险、最紧迫的敌人，而人为地将矛盾向后推移，使其不至于过早破裂罢了。

曹操考虑到自身的艰难处境，更担心拒绝袁绍的要求很可能导致原本脆弱的联盟破裂。而此时，这种联盟关系必须维持下去，只有这样，才能保持北面的安全，放心地与吕布开战，否则，容易四面受敌，那就更加危险了。因此，曹操准备答应袁绍的要求。

正在这时，程昱从外面赶回，听说这件事，慌忙入见曹操，问明情况后，对曹操说：

"将军这么做，别人会觉得将军是在向困难低头。不然的话，考虑问题怎么这样不周全呢？袁绍占有燕赵之地，想吞并天下，但是他的智谋跟不上，凭将军的本事，您考虑一下，能甘心做他的下属吗？现在兖州虽然残破，但还有三座城池，能征惯战的将士不下万人，凭将军的神武，加上文若（荀彧）和我等的辅助，王霸之业是可以实现的，希望将军认真考虑考虑。"

程昱说这话虽有些激动，甚至有些指责和埋怨，却十分剀切，入情入理。特别是在曹操情绪低落的时候讲出来，客观上起到了提振信心，激励斗志的作用。曹操豁然开朗，打消了送人质的念头。若干年后，曹操平定了北方，还记起这件事。他抚着程昱的背说："兖州惨败困顿之时，要不是听了你的话，打消送人质的念头，我怎么能够有今天呢？"表达了由衷的感激。

兴平元年（194年）十月，曹操引兵至东阿。

战争和屠杀，加之旱、蝗灾害，使粮食奇缺。曹操不得已遣散新近招募的士兵。

经过两三个月的休整，兴平二年（195年）春，曹操重整旗鼓，开始了收复兖州失地的战斗。首先，在定陶打败了吕布。夏天，吕布部将薛兰、李封屯兵巨野，曹操领兵攻击，吕布引兵来救。但是，救兵还没有到，薛兰已抵敌不住，仓皇逃遁。曹操乘胜追击，斩杀薛兰。吕布只得回城自守。兖州战局开始向着有利于曹操的方向转化。

正在此时，传来了陶谦病死的消息。陶谦是在兴平元年（194年）底死去的。陶谦死前已有将徐州事务交给刘备的意向。陶谦死后，在徐州别驾糜竺、典农校尉陈登、北海相孔融的拥戴下，刘备正式接管了徐州。

曹操听到消息后，便心生一念，想暂时撇下吕布，趁机讨伐徐州，再回过头来收拾吕布。但是他又有些吃不准，于是召集谋士商议。

曹操此前两次讨伐徐州都没有得手，甚至因此险些丢了兖州，刘备却轻而易举地占据徐州，这让曹操心不能平。刘备是什么人？一个无名之辈，做平原相都没有几天，他何德何能一朝之间做起了徐州牧？曹操醋意大发，因此产生了东征徐州的冲动。

曹操的首席谋士荀彧全面阐述了自己的看法，他说：

"从前汉高祖刘邦保住关中，光武帝刘秀据守河内，其目的是建立稳固的根据地，进，可以攻击敌人，退，可以坚壁自守，所以，尽管遇到过一些困难和失败，但最终完成大业。将军本来凭借兖州起兵，只要平定了兖州，这里的老百姓没有不归顺的。况且黄河、济水流域是天下要地，如今虽然残破，但还是容易据守自保的。这就是将军的关中、河内啊！

现在已经打垮了李封、薛兰。如果分兵攻打陈宫，陈宫一定不敢顾及西面。我们就趁这段空闲时间率兵收割麦子，节约粮食，积蓄谷物，就一定可以打垮吕布。

打垮了吕布之后，再联络南面的扬州，共同讨伐袁术，从而控制淮水、泗水一带，一盘大棋就走活了。

如果现在放弃吕布而东攻徐州，多留兵力，进攻徐州的兵力就不足，少留兵力，就只能守城，不能割麦。吕布再带兵来攻，民心将更加恐慌，那兖州将不能保全。如果徐州再攻不下来，那么又该去哪里落脚呢？”

荀彧不愧为战略高手，看问题高屋建瓴。他从全局考虑问题，纵论古今，全面、深刻、精辟。曹操是聪明绝顶的人，一点就透，愉快地接受了荀彧的建议，再次避免了一次重大的失误！

当时正值麦熟季节，曹操想备足军粮再与吕布决战。所以，就让大部分士兵出城割麦，只留下不满千人守城。

一天清晨，士兵刚刚出城，曹操突然接到一份紧急军情：逃往东缗（今山东金乡东北）的吕布与陈宫率1万多人前来鄄城与曹操寻求决战来了。

情况十分危急。曹操清楚，收麦的士兵已经出城，来不及召回，城里的兵马就那么些人，老百姓也不多，拉开架势硬打显然不是上策。曹操急中生智，迅速召集城中百姓，无论男女全部登上城墙，加强防守。同时，亲自带领大部分人马埋伏在城外一条大堤旁的密林里，故意让部分士兵露出头来张望。吕布率军来到大堤附近，他仔细观察了一番动静，只见堤后露出许多士兵的头，不时缩头缩脑地张望，又见树林里隐隐约约有人影在晃动。吕布怀疑林子里有伏兵，害怕遭到伏击，还告诫部下：“曹操的鬼点子多，小心不要中了埋伏！”

吕布没敢轻易前进，就率部在曹营南面10多里的地方驻扎下来。

晚上，外出收麦的士兵回到城里。曹操料定吕布第二天必来攻城，连夜布置停当。他利用大堤做文章，将大部分士兵埋伏在大堤里面，只留少部分士兵在堤外诱敌。

第二天一大早，吕布果然率兵攻城。吕布只见堤外有少数士兵，以为城中空虚，并不在意，挥兵攻城。当吕布的士兵接近大堤时，曹操伏兵一拥而出，杀声四起，步兵骑兵潮水般地向吕布军扑来，吕布军顿时大乱，纷纷败退，人马自相践踏，死伤惨重。曹军奋勇争先，穷追猛打。吕布、陈宫等人拼死突围，落荒而逃。

　　曹操紧追不舍，将吕布赶出了兖州。吕布带着残兵败将逃往徐州。

　　张邈亦跟随吕布逃往徐州。行前，交代他的弟弟张超带着家眷退守雍丘。十月，曹操拿下雍丘，张超自杀。张邈的父母、兄弟、妻子被曹操诛杀。张邈当初一个错误的举动，葬送了自己的一切。

　　拿下雍丘，标志着曹操收复兖州的战斗基本结束。这一年的十月，曹操得到了朝廷的正式任命。从此，曹操牢牢地占据了兖州，拥有了一块稳固的根据地。

第六章
# 奉天子以令不臣

　　曹操的政治目的不是割地自雄，而是重建天下秩序。献帝这一招牌确有借重的必要。

　　"奉天子以令不臣"使曹操获得了政治上的主动权，在统一北方的过程中起了重要作用。

## 一、献帝蒙尘

　　中平六年（189 年）董卓废刘辩为弘农王，立陈留王刘协为帝。刘协，就是献帝。他虽贵为皇帝，但是没有一丁点儿权力，只是一个任人摆布的木偶。

　　起先他受制于董卓。董卓死后，王允大权独揽。史书虽没有明载王允对皇帝有什么不恭不敬的地方，但是，从王允的行事作风看，也不见得就是一个忠臣。况且，献帝刘协年龄小，没有主事能力，一切都是王允说了算。

　　当然，王允只是过渡，大权很快就落到了李傕、郭汜的手里。

　　李傕、郭汜等人深受董卓影响，为人和作风与董卓很有些相似。掌权之后，根本不把献帝和朝中大臣放在眼里。他们自己给自己加官晋爵。李傕为车骑将军、领司隶校尉，郭汜为后将军，樊稠为右将军，张济为镇东将军，都封了侯。

　　这样的安排是按照实力排定的。无论是李傕、郭汜，还是樊稠、张济，他们当中谁都没有高出于众的威望，也没有能力把这帮人凝聚在一起。这些军阀虽然兵强马壮，有较强的战斗力，但是缺乏明确的政治目标，也没有基本的政治操守。他们起事之初没有隶属关系，能够纠集在一起，只是出于免祸自卫的本能。取得政权之后，暂时的危险解除了，他们之间的内斗很快就爆发了。

兴平二年（195 年）二月，李傕、郭汜、樊稠发生火并。李傕先杀死樊稠，接着又同郭汜相互残杀。李傕为了取得优势，放火烧毁长安宫殿，把汉献帝劫持到军中；郭汜则扣住公卿百官为人质，双方在长安城中混战好几个月。

董卓迁都长安时，三辅（今陕西中部地区）有数十万户籍，可是两三年后，因战乱，或死亡，或逃往外地，这里几乎见不到人。

李傕、郭汜相互恶斗，彼此的力量都受到削弱。同年六月，李傕的部将杨奉叛变，带走了部分军队，李傕的力量进一步削弱。这时，镇东将军张济前来为李傕、郭汜和解。李傕、郭汜同意和解，李傕放出献帝，郭汜也交出被扣朝中大臣。

此时，张济想把献帝迁往弘农（今河南灵宝），以便自己控制，献帝也想东归旧都洛阳。经请示李傕、郭汜同意，献帝东归，八月来到新丰（今临潼北）。这时郭汜反悔，派兵拦截，想将献帝挟持到眉县。献帝不愿意，和公卿百官躲到杨奉军中。杨奉击败李傕、郭汜，和董承等"护驾"东归。

不久，张济、李傕、郭汜纠集在一起，整军来追。杨奉表面上与李傕讲和，暗地里请韩暹带白波军（一支农民义军）助战，又把李傕等打败。杨奉慌忙组织北渡黄河。途中不少人溺水而亡。跟随献帝渡河的只有伏皇后、宋贵人、杨彪、董承等数十人。

过河以后，杨奉用牛车把献帝迁到安邑（今山西夏县），住在百姓家中。当时粮食奇缺，百官饥肠辘辘。幸有河内太守张扬、河东太守王邑供奉衣食，献帝和朝中大臣才算有了着落。

建安元年（196 年）七月，献帝在杨奉等的护送下，终于回到残破不堪的洛阳。

可以说，献帝刘协自从当上皇帝后，直至回到洛阳，历时七年，没有过上一天安宁日子，没有尝到一天做皇上的滋味，所体会到的只有担惊受怕和屈辱。

关中诸军阀围绕献帝的追逐虽然热闹，但并非出于拥戴，而是为了控制。关中诸军阀想控制献帝，说明献帝还有可以利用的价值，这对献帝来说，未尝不是一件幸事。可是，献帝回到洛阳后，宫廷早被烧毁，百官连住的地方都没有，也没有什么吃的。朝中大臣只得亲自外出采摘野生谷物。有的饿死，有的被士兵所杀。各州郡军阀只顾混战，不仅不来救驾，甚至连衣食都不肯送一些，根本无视这个皇帝的存在。这对献帝来说，尤为可悲！

## 二、通好朝廷

从当时的情形看，关东诸军阀，有实力、有资格迎奉献帝的只有刘表、袁绍、曹操三人。

刘表出身皇室，此时占据荆州，且距洛阳最近。刘表本应依皇室之重，就地利之便，凭借雄厚实力迎接献帝的。但是，他生性懦弱，目光短浅，只满足荆州这块太平天地，不求进取。在迎接献帝的问题上，他本人没有这个意向，他的手下也不曾提出过这样的建议。

袁绍当时实力最为强大。献帝回到洛阳时，袁绍已占据冀州、青州、并州，成为北方最大的割据势力。他出生于四世三公之家，有一定政治声望。如果他愿意迎接献帝的话，那谁也阻止不了。

还是在献帝逃出长安来到曹阳（今灵宝东）时，手下谋士沮授就向袁绍提出过建议。沮授先对袁绍做了一番恭维，说得袁绍心花怒放。接着他说："应该迎接献帝，建都邺城。挟天子以令诸侯，蓄士马以讨不臣，谁能抵敌得住？"

谋士郭图也提出过类似建议。

在沮授看来，尽管献帝颠沛流离，难以自保，但是作为最高权力的象征，仍不失利用的价值，谁把他抢到手，谁就在政治上处于主动地位。

这是因为，自西汉董仲舒推行"罢黜百家，独尊儒术"以来，儒家正统思想深入人心，成为统治阶级乃至庶民阶层居支配地位的思想。"国不可一日无君"，军阀混战、群雄割据的局面一旦出现，一些富有远见卓识的政治家、军事家为了实现自己的目的，一般总是打着朝廷的招牌，以便自己师出有名。而黎民百姓在兵荒马乱的情形下，流离失所，朝不保夕，对战争深恶痛绝，普遍向往和平、统一，总觉得统一的局面比军阀林立的混战局面好。一些高明的政治家、军事家常常利用人们的这种心理，打着朝廷的旗帜，以便赢得人们的理解和同情，为自己创造有利的条件。

客观地讲，沮授的建议是富有远见卓识的，同时，在一定程度上照顾了袁绍的思想情绪。沮授知道，袁绍曾经反对董卓废少帝立献帝，对这个献帝并不感冒，一度想另立刘虞为帝，因为反对的人不少，加之刘虞本人不同意，此事没有成功。后来，袁绍甚至想自己当皇帝，只是因为条件不成熟才没有草率成事。如果此时提出"尊奉天子"之类的话，袁绍肯定不会同意，所以沮授提出"挟天子而令诸侯"。

袁绍听后很高兴，说："这正合我的想法！"接着，上表献帝，让沮授担任监军、奋威将军。

事后，大将淳于琼出来唱反调，他说："汉室衰落的时间已经很长了，现在想振兴不是一件容易的事。现在英雄并起，正所谓'秦失其鹿，先得者王'。若把天子迁到自己的身边，动不动就要向他请示。听从他，自己就权轻势小，不听他，就是抗命。这不是一个好办法。"

淳于琼的意思很明了，那就是汉朝没救了，献帝也没有可利用的价值，不如甩开膀子与群雄逐鹿来得干脆。

客观上讲，如果志在割地自雄，或者另起炉灶，那么把献帝弄在自己身边，未必是一件好事，淳于琼的话并非没有道理。不是么，董卓挟持了皇帝，但是天下反叛；李傕、郭汜等人把持皇帝，各地军阀也没有一个表示臣服。"挟天子"并不一定能够"令"诸侯。因为，从董卓，到李傕、郭汜，这样的把戏这些年轮番上演，大家并不觉得新鲜。既然你是"挟天子"，说明你都不是真心维护，那他人为什么一定要尊奉这个天子呢？"令诸侯"？这诸侯不是你随便令得动的，那要凭实力，没实力，一切免谈。

袁绍本没有什么主见，听了淳于琼的话，又觉得很有道理，甚至觉得说到了自己的心坎上。

可是，沮授还在据理力争："现在迎接献帝，既合大义又合人心，千万不能迟疑，否则别人就会抢在前面！"

沮授的确是个了不起的谋士，见识深远，对天下大事洞若观火。在曹操还没有行动的时候，他就料到了。可惜，沮授善于谋事，不善于揣度主人的心思。由于他的意思不合袁绍的胃口，言辞越剀切，越激烈，越容易引起袁绍的反感。

曹操表现出了与袁绍不同的政治姿态。他的政治目的不是割地自雄，而是重建天下秩序。因此，他觉得尊奉天子是很自然的事。事实上，汉献帝与历史上的商纣王、周厉王不同，他本人并没有大过，不是独夫民贼。曹操要重建天下秩序，献帝这一皇权还是有恢复和借重的必要。

因此，还在东郡太守的任上，他就曾厚接皇室琅邪郡王刘容，向刘容表示忠于朝廷。当时天下大乱，军阀各拥兵自重，连皇上都不放在眼里，何况是皇室宗亲！刘容因此大为感动。其后不久，刘容之弟刘邈奉命到长安朝贡，在献帝面前极力称赞曹操，曹操因此打通了同朝廷的联系。

初平三年（192 年），曹操刚刚接手兖州，兖州官员毛玠就向曹操进言："当今天下四分五裂，君主流离失所，百姓饥寒交迫。公家没有粮食储备，百姓没有安居的愿望，这种现状难以维持。现在袁绍、刘表兵强势大，但是没有长久打算，不是建立根本大业的人。用兵正义才能取胜，巩固势力要靠财力。应当奉天子以令不臣，修耕植以蓄军资。这样，霸业就可以实现。"

"奉天子以令不臣，修耕植以蓄军资"是两项重大的政略举措，曹操对此当然是清楚的，可惜计策虽好，不当其时。当时曹操在兖州尚没有立稳脚跟，"奉天子以令不臣"没有应有的实力，"修耕植以蓄军资"没有安定的环境。尽管如此，曹操还是按照既定的目标，从实际出发，做着力所能及的工作。比如说，他没有条件将远在长安的献帝接到自己身边来，但是创造条件接近朝廷，尽力寻找向朝廷表达忠心的机会。

初平三年（192年）底，曹操刚据兖州，军政事务繁多，曹操还特地派使者前往长安与朝廷联络。使者王必在西进途中被河内太守张杨拦阻，不得过境。

当时在张杨处任骑都尉的董昭对张杨说："袁绍、曹操虽是同盟关系，但看趋势他们不会长久联合。曹操目前实力虽然弱小，却是天下真正的英雄，应该与他结交，现在正是时候，应当帮助曹操同朝廷接上关系，并且上表推荐他。如果事情成功，曹操一定不会忘记你的好处的。"

张杨听后，立即设宴款待来使，并送使者王必上路。还特地上表推荐曹操。董昭考虑到王必的困难境遇，便主动以曹操的名义，给李傕、郭汜等实力人物写信，致殷勤之意。还根据这些人物的身份地位分别送了一些礼物。

由于董昭的劝导，张杨也想同曹操拉上关系，专门派使者与曹操联络。曹操非常高兴，通过使者向张杨送去了大批马匹、金钱。

王必到达长安后，李傕、郭汜等因曹操曾经率先打起讨伐董卓的旗号，作为董卓部将，他们对曹操是否出于诚意表示怀疑，因此想把使者扣起来。这时，黄门侍郎钟繇说："现在英雄纷纷揭竿而起，各自假托皇帝的命令，独断专行，只有曹操忠于朝廷，你们却拒绝他的忠心，这不符合我们的长远利益。"

李傕、郭汜只好改变主意，用厚礼回报使者。曹操与朝廷的关系就这样接上去了。

董昭、钟繇，既不是曹操的亲旧，也不是曹操的部属，曹操对他们没有控制力、影响力，但是，他们在这关键时刻都能主动出面为曹操说项，说明曹操的声望已经传播开来，在一些人的心目中有了崇高的地位，赢得了他们的好感与尊重。

曹操这次遣使长安，表面看没有什么收获，李傕、郭汜等人没有给曹操加官晋爵，甚至连兖州牧的地位都没有承认。但是却达到了向献帝表示忠诚的目的。曹操因此赢得了献帝及部分公卿大臣的好感，获得了一定政治资本，为日后取得朝廷对他兖州牧身份的认可，并进而迎接献帝、执掌朝政创造了条件。

实在地讲，在关东诸军阀中，真正心存王室的还只有曹操一人。献帝和公卿大臣饱受西凉军阀的欺凌，迫切渴望得到一个既忠于朝廷又拥有实力的人前来保护。曹操的出现，让他们看到了希望。

兴平二年（195年）十二月，朝廷正式任命曹操为兖州牧。曹操的政治地位向前大大地迈进了一步，无论是在实力上还是在名分上都可以与关东各军阀相颉颃。曹操连忙上书朝廷，表示答谢。

建安元年（196年）正月，曹操出兵武平（今河南鹿邑），逼降袁术委任的陈国相袁嗣。

战事一结束，曹操便聚众商议迎接献帝事宜。这时，献帝正好在杨奉的护卫下来到安邑。

一些人心存疑虑。在他们看来，兖州的周围还在混战，特别是献帝身边还有手握重兵的韩暹、杨奉，这些人不一定制服得了。因此不大同意迎接献帝。

荀彧阐述了自己的意见，他说：

"从前晋文公迎接周襄王返回王城，诸侯像影子一样跟随他；汉高祖东征项羽，为义帝穿素衣服孝，而天下人心归附。天子刚开始受困于奸人，将军就首倡义兵，只是因为关东诸军阀相互拆台，导致动荡，才没有远到函谷关以西。但还是派遣将帅，冒险与朝廷联系。虽然身在朝廷之外抵御暴乱，但是内心无时无刻不忠于王室。这是将军匡扶天下的夙愿。现在皇上大驾东归，义士有保存朝廷根本的愿望，百姓也感怀旧主而倍增哀痛。如果趁此时机，奉主上以从民望，这是最大的策略；匡扶大义而招来人才，这是最大的德行。天下即使有叛乱也不足为惧，这是显而易见的。韩暹、杨奉怎敢妨害？如果不及时拿定主意，各地的人都会生出异心，将来想考虑恐怕也来不及了。"

这里，荀彧是在谈看法，提建议。实际上是在阐述自己的政治主张，政治伦理。他通过历史上晋文公迎接周襄王而成为春秋霸主，汉高祖为义帝举哀发丧而赢得天下人心，来论证迎接献帝可能带来的积极影响。他对曹操心存王室、首举义兵给予了充分肯定和赞扬。这种肯定和赞扬是发自内心的。他认定尊奉王室、匡复天下是曹操的"素志"。当初，他背弃袁绍而投奔曹操，除了看重曹操的雄才大略外，恐怕更看重曹操的政治品格、政治取向。他把自己的政治理想和人生追求都寄托在曹操身上，倾心竭力为曹操出谋划策。

荀彧讲这段话的中心意思是："奉主上以从民望"，这与"奉天子以令不臣"的意思大抵一样。

无论是"奉天子以令不臣"，还是"奉主上以从民望"，在格调上要比"挟天子以令诸侯"高得多。"奉天子"行的是王道，而"挟天子"行的则是霸道。一字之差，霄壤之别。

谋士程昱、曹操的朋友丁冲也劝曹操迎接汉献帝。曹操欣然采纳，并派曹洪西迎献帝。

曹洪领命率兵西进，可是，卫将军董承和袁术部将苌奴凭险拦阻，曹洪无法前行，西迎献帝的行动受挫。

当时，献帝的周围有韩暹、杨奉、董承、张杨等人。韩暹、董承驻京师，杨奉驻梁县（今河南临汝），张杨驻野王（今河南沁阳）。这四人貌合神离，曹操决定利用他们之间的矛盾，实施分化瓦解。曹操通过分析觉得杨奉的兵力最强，并且驻守梁县，是曹操西进的主要障碍，便决定先拉拢杨奉。于是，他拜托早已和自己友好、时任朝廷议郎的董昭给杨奉写了一封信：

我和将军彼此仰慕名声和道义，可以说一见如故，推心置腹。如今将军在艰难中尊奉皇上，让皇上返回了都城洛阳。这种辅佐之功，世上无人能比。当下群雄扰乱华夏，四海尚未安宁，皇位至关重要，关键在于维护都城附近的安全，这需要依靠众多贤达尽心协力，不是哪一个人能够办到的。好比一个人，心腹和四肢要彼此借重和依赖，少了哪一样都不行，都有缺陷。将军可以负责内部，我可以作为外援。现在我有粮，将军有兵，我们互通有无，相互调剂，相得益彰。生离死别，祸福与共。

　　这封信写得很有水平，值得咀嚼。开门见山地指出，我们性情相投，一见如故，一下子拉近了两人的感情距离。接着盛赞杨奉的功绩，赢得杨奉的好感。继而分析当前形势，表明自己的政治姿态，占据道义高地。然后晓之以理：复兴王室，再造乾坤，不是一个人的力量所能完成，需要众多贤达共同努力。话中有话，暗示杨奉，如果你拒绝合作，将一事无成。这既是规劝，又隐含威慑，让杨奉不能不有所触动。临结束时，诱之以利。说，你主内，我主外，你有兵，我有粮，互通有无，可以心想事成，为杨奉画上一个画饼，引诱杨奉就范。最后，慷慨表态，以发誓的语气表示愿意生死与共，终于将杨奉说服。

　　从上述事实可以看出，曹操虽置身事外，但是，他对朝中之事以及韩暹、杨奉、董承等人的情况了如指掌。说明曹操注重搜集情报，眼线极多。民间有谚："说曹操，曹操到"，并不是说曹操长着飞毛腿，比别人跑得快，而是说，曹操消息灵通，反应迅速，让人无可捉摸，防不胜防。

　　事实上，此时杨奉兵力虽强，但是孤立少援，且粮食匮乏，当然愿意与曹操合作。

　　建安元年二月，曹操率军进攻活动在汝南、颍川的黄巾余部何义、刘辟、黄邵、何曼等，杀死黄邵，收降了刘辟、何义，顺利攻占了许县（今河南许昌）。

　　杨奉于是与诸将一同上表，奏请献帝任曹操为建德将军。六月，又在杨奉等人的推动下，献帝诏拜曹操为镇东将军，袭父爵为费亭侯。

　　曹操此前的努力终于见到了成效。

　　曹操为谦虚起见，先后写了《上书让封》《上书让费亭侯》表示推辞。献帝不允，曹操上了《谢袭费亭侯表》。曹操在这几份奏章中表现得极为低调、谦卑。


## 三、迎献帝都许

　　建安元年七月，留守京师宿卫的韩暹、董承因争权发生矛盾。韩暹势大，董承不能应对，就暗地里召曹操进京。曹操大为高兴，对兖州政务稍作安排，便亲率大军于当年八月赶到洛阳，觐见献帝。曹操安排军队加强京城防控，接着联络公卿大臣上表治韩暹、张杨之罪。韩暹被迫出逃。

献帝授予曹操节钺。曹操自任司隶校尉，录尚书事。

"节"即符节，是古代帝王给将相委以重任的信物，有了它，就有了封杀大权。"钺"是用金银打造的器物，为皇帝所专有，有了它，就可以节制内外诸军。录，就是总领诸事的意思，按照现在的说法就是负总责。东汉王朝在中央政府设三公，即太尉、司徒、司空，这是名义上的首脑，实际上没有什么权力，真正的权力集中在尚书台。录尚书事，就是总领朝政。献帝假曹操节钺，录尚书事，则朝廷军政大权都集中于曹操了。

曹操总揽朝政后，即以献帝的名义，诛杀了侍中台崇、尚书冯硕等人，而封卫将军董承、辅国将军伏完等 13 人为列侯。

台崇、冯硕为什么被杀，因没有看到确切的史料，我们不便妄忖。从上述可以看出，曹操一当政就对朝廷百官进行洗牌，该打的绝不手软；该拉的也绝不含糊。

此时洛阳残破，连粮食都很缺乏。加之军阀势力较强，且盘根错节。曹操虽然当朝主政，但是，要达到"奉天子以令不臣"的目的，也不是一件易事。于是，他特意问计于董昭。

董昭说："将军兴正义之师以诛除暴乱，入朝觐见天子，辅佐王室，这如同五伯（即春秋五霸）的功劳。这里情况复杂，各部意见不统一，未必会听从你的意见。现在留下来辅佐皇帝，看形势可能不利。只有护送天子去许县。但问题是，朝廷一直在流亡，现在刚刚安定下来，大家都在观望。如果再迁都，恐怕大家不大满意。但是，只有做非常之事，才能建非常之功。希望你权衡利弊，拿出利多弊少的办法来。"

迁都许县，摆脱朝中的各种羁绊当然是一个好办法，曹操很有些动心，但是也有顾虑。他担心人心不附，特别是担心手握重兵的杨奉的阻挠。针对曹操的顾虑，董昭又讲道："杨奉虽然手握重兵，但是他缺少外援，很愿意与将军合作。前段时间他奉请天子拜将军为镇东将军，并袭费亭侯，此时应派使者厚礼答谢，并向他讲明，洛阳残破不堪，缺少粮食，暂把皇帝接到鲁阳，鲁阳与许县较近，粮食供应没有困难，杨奉为人有勇无谋，目光短浅，必定不会生疑。"

曹操依计而行，杨奉果不生疑。就这样，曹操顺利地将献帝接到了许县。

许县在今许昌东边，属颖川郡。曹操把献帝接到许县后，以许县为都城。黄初二年（221年），魏文帝曹丕以"汉亡于许，魏基昌于许"，所以，改许县为许昌。许昌建都时间共25年，直到曹丕称帝，才将都城回迁洛阳。

建安元年九月，汉献帝任曹操为大将军，封武平侯。大将军是将军中的最高封号，位在三公以上。汉朝自武帝以来，只有少数几个功劳特别大、最为皇帝信任的人出任。武平侯是县侯。在侯爵中地位也是非常高的，比此前的亭侯高了很多级。

曹操依例上表表示谦让。他在《上表让封》中写道（大意）：

> 没有卓越的功劳而受到特殊的待遇，所以心中惶恐不安。连续上表表达自己的心情，但是皇上没有答应我的请求，皇恩不断加身。我虽然不聪明，但也知道事不过三。我之所以三番五次上表推辞，只是希望皇上授爵不至虚妄，臣下受惠免于侥幸偶得。

从这份表中我们可以看出，曹操尽管大权在握，但是行事谨慎、低调。曹操清楚，朝廷刚刚安顿下来，但是人心还没有安定下来，朝中百官在看着他，天下诸侯在看着他，他必须谨小慎微，稍有不慎就会引起反弹，甚至引发轩然大波。收敛锋芒，谦卑、低调，可以堵人口实，减少不必要的麻烦，有利于稳定。而此时，稳定至关重要，稳定压倒一切！

献帝封赏了曹操，也封赏了曹操的左右亲信。荀彧晋升侍中，代理尚书令。尚书令是尚书台长官。尚书台原是皇帝身边收发文书的小机关。汉武帝时，为了加强皇权，削弱相权，尚书台的分量就上去了，成了事实上的政府首脑。尚书台往往由地位比尚书令更高的官员充任，一般要加上"录尚书事""领尚书事"之类的头衔。

荀彧的名望较高，又是曹操心腹，所以，让荀彧出任尚书令，更有利于曹操对朝政的把控。

曹操迎接献帝来到许昌之后，杨奉又觉得上当，便与韩暹一起从梁县起兵，妄图夺回献帝。曹操已经有了防备，预先在阳城（今河南登封）境内的山谷中设伏，将韩暹和杨奉打败。

十月，为了彻底解除杨奉的威胁，曹操带兵亲征杨奉，再次将杨奉打败。杨奉无法立足，只得与韩暹一起逃往淮南，投奔袁术去了。此时，杨奉大将徐晃投归了曹操。

曹操解除杨奉的威胁之后，着手恢复朝廷的宗庙制度。献帝刚来许昌时，没有宫殿，暂居曹操军中。这时，曹操下令加速建造宫殿，宫殿宗庙建好后，献帝搬出军营，进驻皇宫。接着，恢复典章制度。原泰山太守应劭对此较为熟悉，他于建安元年删定律令为《汉仪》上奏，之后，又著《汉宫礼仪故事》上奏。当时的朝廷典章制度大都依应劭的建议建立。

让我们回溯一下，当初，董卓为了躲避关东联军的讨伐，强行将献帝西迁，烧毁了洛阳宫殿；李傕与郭汜争权，烧毁了长安宫殿，将献帝劫持军中，郭汜则扣留公卿大臣。而曹操修复宫殿，恢复宗庙社稷。两相对照，良莠分明。当初，荀彧建议曹操"奉天子以从民望"，曹操正是这样做的。

应劭当年受曹操派遣，带兵迎接曹操父亲曹嵩，还没有迎接上，曹嵩就被陶谦所害。应劭自觉没法交差，投奔袁绍。实在地讲，曹嵩遇害，应劭没有责任，以曹操的开明，当然能够谅解。他却跑到袁绍那里，如果曹操心胸狭窄的话，反而不会谅解他。曹操现在接受他的建议建立典章制度，说明曹操并没有怪罪他。不仅没有怪罪，还因有功奏请献帝任应劭为袁绍军谋校尉。

前面已经讲过，在曹操迎献帝之前，袁绍的谋士沮授就向袁绍提出过西迎献帝的建议，袁绍没有采纳。曹操迎献帝定都许昌后，袁绍又后悔起来，于是挖空心思补救。他以许昌低湿为由，以联军盟主的身份要求曹操把献帝迁到鄄城。鄄城离冀州较近，袁绍的目的自然是便于自己控制。

鄄城属兖州管辖，是曹操地盘，袁绍大概觉得这个建议曹操不会拒绝。但曹操是何等精明之人，他断然拒绝，还以献帝的名义下诏袁绍，责备袁绍地广兵多却只顾自己扩充实力，没见他出师勤王。袁绍很窘迫，只得上表表白。"奉天子以讨不臣"在此得到体现。"讨"不光是武力征讨，以大义相责，也是"讨"。

曹操被献帝拜为大将军之后，又以献帝的名义任袁绍为太尉，封邺侯。太尉地位虽尊，但是其名号却在大将军之下。袁绍素来骄矜，声望和地位一直在曹操之上，现在地位反不如他，他恼羞成怒，大叫："曹操几次都差点丢命，是我救了他，他现在忘恩负义，挟持天子号令起我来了！"拒不接受太尉官职。

袁绍此语实在是大言欺人，他什么时候救过曹操？只知道在曹操最困难的时候，坐观成败，甚至想用人质胁迫曹操。现在，曹操迎献帝建都许县，恢复宗庙社稷，使东汉王朝得以续存，有大功于朝廷，是完全有资格受大封的。况且曹操没有亏待袁绍，念其声望和实力，奏请献帝授其太尉之职，也算对得起他。袁绍这么多年只知道扩充实力，心中根本就没有皇上、没有朝廷，可以说对朝廷一丁点儿功劳都没有，居然与曹操争地位！

袁绍一向自视甚高，心高气傲，从不把他人放在眼里。对此，曹操是清楚的，那么，曹操为什么在自己任大将军之后又奏请献帝任袁绍为太尉呢？这是因为，袁绍的声望高，势力大，应当安排一个比较高的职位。事实上，要重建天下秩序，也离不开袁绍的支持。当然，曹操这么做，或许还有一层意思，那就是投石问路，借以观察一下袁绍的反应。如果袁绍接受太尉之职，那么，其他的人也会接受朝廷的征召，国家就会有重归统一的希望。现在，袁绍拒不接受太尉之职，说明曹操重建天下秩序阻力很大。

曹操心中清楚，袁绍此时实力强大，暂时还不可与其争锋。况且刚刚使秩序稳定下来，不能让这样的局面遭受破坏。

事实上，此时袁绍已据有青州、冀州、并州，其对手公孙瓒只有招架之功，没有还手之力，龟缩幽州。而曹操面临更加复杂的局面，东南面有吕布、刘备，南面有袁术，西南面有刘表，这些军阀有的虽然表面上承认东汉王朝，如刘表、吕布，但对曹操控制朝政并不服气，常怀觊觎之心。袁术更是没把王朝放在眼里，正在谋图称帝。如果此时与袁绍交恶，那后果不堪设想。

曹操认识到了自己的困难处境，并没有因为献帝在手而忘乎所以，矫情自大。他明白，大将军也罢，太尉也罢，那都是名义上的东西，并不关乎实际。不如从长计议，暂时屈己从人，稳住袁绍，采取先弱后强的战略方针，集中力量剿灭袁术、吕布等人，等待时机成熟，再与袁绍较高低、论短长。

经过一番权衡，曹操决定将大将军一职让给袁绍，以满足袁绍的虚荣，化解与袁绍的矛盾，暂时稳住袁绍。

建安二年三月，曹操以献帝的名义派将作大匠（将作大匠系负责土木工程的朝官，位列九卿）孔融持节到冀州，策命袁绍为大将军，并赐弓矢节钺、虎贲百人，兼督冀、青、幽、并四州。直到当年十一月，献帝改任曹操为司空，代理车骑将军。司空是三公之一，掌管国家土木营建和水利工程；车骑将军是将军中地位略低于大将军和骠骑将军的一种名号。

曹操虽然在名号上只是司空、车骑将军，但是仍然总揽朝政。袁绍获得了大将军名号，并拥有虎贲百人的待遇，赚足了面子，但是，再怎么的，他也只能在原有的地盘上发号施令。

曹操能屈能伸，体现了大丈夫本色。袁绍则斤斤计较于名号的高低，显得很浅薄。在如何对待、利用献帝的问题上，曹操显然比袁绍要棋高一筹。

"奉天子以令不臣"让曹操获得了政治上的主动权。最直接的效应是顺势占领了豫州，关中诸将也望风而从。从此，曹操可以借助皇帝的名义攻伐征讨而师出有名。且对于进行军事动员、鼓舞士气都比较有利，在统一北方的过程中起了重要的作用。

第七章
# "修耕植以蓄军资"

粮食问题是任何政权、任何军队都必须认真考虑和解决的重大问题。

曹操借鉴历史上成功的经验，结合当时实际，推陈出新，其屯田无论组织之严密、规模之宏大，还是效果之明显，均为前世和后代所不及。

## 一、屯田背景

自黄巾起事之后，接着出现了军阀混战的局面，社会生产遭到了前所未有的大破坏。经济文化素称发达的黄河流域出现了"出门无所见，白骨露平原"的凄惨境况。

董卓裹挟献帝到长安时，以步骑驱逐洛阳数百万人西行，人民饥饿困顿，积尸满路。董卓还放火焚烧了洛阳周围 200 里以内的大小建筑物，放纵士兵四处掠杀，甚至连阳城正在祭祀土神的无辜百姓也不能幸免。

李傕、郭汜等人在中牟打败朱俊后，纵兵寇略陈留、颍川等县，所过之处，几乎没有活口。

献帝当初来到关中时，关中三辅一带有户籍数十万，到后来东归洛阳时，关中基本上没有什么人。徐州原来是一片富饶之地，但是在陶谦的治下每况愈下，后来经过战乱，人口也大幅减少。凡此种种，不胜枚举。

战争和饥荒造成大量流民。黄巾起义后，青州、徐州一带上百万人逃到幽州；李傕、郭汜混战，关中有10多万户逃往荆州，有数万户逃往益州。

与战争、饥饿相伴的还有瘟疫。大医学家张仲景在《伤寒论序》中讲到，他的家族原有200多人，不到10年，就死了三分之二，其中患伤寒病死去的就占十分之七，连大医学家的族人都这样死去，其他的人可想而知。

战乱、饥饿、瘟疫相应而生，给人民造成空前浩劫。各军阀也深受其殃。《三国志·武帝纪》注引《魏书》有这么一段记载，大意是：

> 自从遭遇兵荒马乱之后，大都缺粮。各军阀纷纷兴起，但是没有长远的打算，饿了就去争抢，饱了，就将剩余的丢弃，因缺粮逃跑离散、还没有遇上敌人就溃败的多得数不过来。袁绍在河北，困难时军人只得靠桑葚充饥。袁术在江淮一带，士兵饿得没有办法就吃蒲草。

建安元年，献帝东归洛阳，朝臣也没有吃的，尚书郎以下的人都亲自外出采野生谷物。

曹操也不例外。他从陈留起兵，一直被军粮所困扰。讨伐董卓失败回扬州募兵，在返回前线时，由于粮食困难，士兵吃不饱而哗变，差一点危及性命。东征陶谦时，由于粮食困难不得不中途退兵。后来与吕布争夺兖州，也曾因粮食接济不上而罢兵自守。这时程昱设法为他筹措了三天的粮食，其中还夹杂着人肉干。程昱因此而遭人诟病。尽管程昱为曹魏立有大功，但是，魏国建立后，也没能位列三公。曹操率兵前往洛阳迎接献帝，途中因粮食吃光，将士们险些饿死，幸而新郑县令杨沛把储存的桑葚干拿出来充饥才暂时解决了困难。

民以食为天。粮食问题是任何政权、任何军队都必须考虑解决的重大问题。严酷的现实和亲身体验，使曹操深深体会到粮食对军事行动的重要性。尤其是在生产遭到严重破坏的情况下，不设法解决军粮问题，在群雄角逐中是站不住脚的，更谈不上战胜对方，兼并天下。

当然，在战争年代，要解决粮食问题，单靠一般手段或通常的一套发展农业生产的办法是不可能奏效的。必须采取行之有效的非常手段，将劳动力和土地结合起来，以便尽快获得效益。曹操从实际出发，在迎接献帝建都许昌不久，即宣布实行屯田，将"修耕植以蓄军资"这一强根固本战略方针落到了实处。

## 二、屯田的兴办及屯田组织

解决军粮奇缺问题，光有主观愿望不行，还要有现实条件。

早在初平三年，毛玠就曾提出过"修耕植以蓄军资"的建议。这个建议无疑是非常好的，但是当时条件不具备，没法实施。曹操迎接献帝定都许县之后，相应的条件具备了，募民屯田方得以施行。

曹操迎献帝都许以后，势力由兖州拓展到豫州。由于曹操打着尊奉皇室的旗号，并善于利用矛盾，所领二州几乎没有遭到其他军阀侵扰，局面比较稳定，这为曹操屯田提供了良好的环境。

由于战乱，豫州、兖州两地的人民或死亡或迁徙，荒芜的土地很多，这些无人耕种的土地容易利用，这为发展农业生产提供了最基本的生产资料。

此外，曹操镇压了青州、汝南、颍川等地的黄巾军，获得了大量人力、耕牛、农具等物力资源。这也为屯田提供了条件。

这些生产要素都齐备了，屯田事业也就水到渠成。

由于古代史家对于屯田之类的经济举措不大重视，所以，关于屯田的记载不多。《三国志·武帝纪》对此只有简单的叙述："是岁（建安元年），用枣祗、韩浩等议，始兴屯田。"

从这里可以看出，屯田是因为曹操听取了枣祗、韩浩的建议，才开始实施的。对此我们并不怀疑。但是，不能因此而忽视曹操在屯田上的作用。裴松之注引《魏书》讲到了一些情况，从中可以看出曹操对屯田的态度：

曹公说："安定国家的办法，在于兵力强盛，粮食充足。秦国的统治者因为把发展农业作为紧迫的任务而兼并了天下，汉武帝因为实行屯田而平定了西域，这都是前朝做出的好榜样啊！"

曹操熟悉历史，善于从历史中吸取经验。他注意到秦国把农业当作急务而取得了天下，汉武帝因屯田而平定西域，并且认定这是一个好的榜样。事实上，他本人素有"三年耕有九年储"和"为战士爱粮"的农战思想，尤其是自起兵以来，累遭缺粮的困扰，因此不能不产生兴办屯田的愿望。

曹操每临大事都要开会征求群下的意见，然后决定取舍。既然是聚众商议，自然不会首先抛出自己的想法。那样就会挫伤群下的积极性，也不利于考察群下的识见和才能。在屯田的问题上，无疑要肯定枣祗的首倡之功，同时也应该肯定曹操善于借鉴历史经验和择善而从的识见。

当然，历史上的屯田并非曹操首创，其渊源可追溯到汉代之前。秦孝公时，商鞅认为三晋一带地少人贫，而秦地地广人稀，于是诱使三晋之民到秦地耕种。这种给移民以国有土地而让他们耕作的办法就为曹操屯田提供了借鉴。到了秦代，这种屯田制更加完善。秦始皇三十三年（前214年）驱逐匈奴后，在今内蒙古河套一带设置44个县，就是为了实行移民屯田，巩固边防。

汉武帝时，击败匈奴占据河朔后，汉武帝就采取了移民实边、屯田固边的策略。而且后来的规模越来越大，在西域等地广为屯田。东汉初年，陇西太守马援在苑川（今甘肃榆林）等地也开展了屯田，并且采取屯田收租的办法，将收获物与屯田户平分。这一办法后来被曹魏采用。

由此看来，曹魏屯田是商鞅以来长期积累演进的结果。对曹操屯田有精深研究的马植杰先生在《三国史》中说：曹操借鉴历史上的成功经验，结合当时的具体实际，推陈出新，无论其组织之严密、规模之宏大，还是效果之明显，均为前世和后代所不及。

最早提出屯田建议的枣祗原本姓棘，因其先人避乱，改姓枣。

　　从曹操起兵讨伐董卓开始，他便追随曹操东征西讨，多有功劳。袁绍觉得他是个能人想把他挖过去，但是他执着地追随曹操。曹操很信任他，初到兖州时，就任他为东阿令。陈宫、张邈反叛时，他坚守东阿，抗击吕布，使东阿得以保全。后来，曹操粮食匮乏，枣祗又从东阿运粮接济，为曹操收复兖州做出了重要贡献。曹操迎汉献帝建都许县后，升枣祗为羽林监，担负拱卫京师的重任。不久，曹操鉴于粮食缺乏，商议屯田事宜，枣祗提出了自己的想法，曹操引为同调，遂委任枣祗为屯田都尉，具体负责屯田事宜。

　　屯田最开始是在许都附近实行，以期获得经验后再行推广。实行屯田当年，就产粮百万斛。曹操尝到甜头后，便在所辖地区全面推广。

　　随着曹操所占地盘的日益扩大，屯田的范围越来越广。屯田的广泛实施，使广袤荒凉的北部中国在兵荒马乱的年代出现了一个农业生产的热潮。

　　枣祗对屯田的贡献不仅在首倡之功，还在于他提出了"分田之术"。

　　本来，屯田之初，采用的是"儳牛输谷"的办法。就是按照屯田客（屯田客是当时的称谓，实为屯田民，后面叙述时改用屯田民）租用国家耕牛的多少来确定不同的租额。枣祗觉得这个办法不妥，收成好的年份也只能按照原定的额度收租，国家并不能增加收入，而遇到灾年，收成不好的年份，国家还不得不减租。所以主张实行"分田之术"。就是根据屯田每年的实际收入，按照一定的比例收取谷租，丰年多收，歉年少收。

　　枣祗把自己的想法告诉曹操，建议重新考虑。曹操觉得既然"儳牛输谷"的办法确定了，就不宜再改。但枣祗仍坚持自己的想法，反复向曹操提建议，曹操也拿不定主意，便让枣祗同荀彧商量。

　　荀彧为此专门开会研究。军师祭酒侯声说，如果按照枣祗的办法，对官家有好处，但对屯田民没有好处。"儳牛输谷"的办法由于租额是不变的，屯田民为了增加收入，就会扩大耕种面积，开垦荒地，增加官田；按产量分成，收入大，交租就多，屯田民不能完全占有自己的增产所得，自然就会失去扩大耕种面积的积极性，但对增加国家的收入确实有利。荀彧一时也难以确定，会议不了了之。

会后，枣祗仍坚持自己的意见，曹操终于被说动，最后采纳了按产量分成的办法，即所谓的"分田之术"。

按照这个办法，官府向屯田民授予一定数量的土地，所获谷物按照规定的比例分成。用官牛的，按照官六私四分成，不用官牛的，官私对半分成。

这种分成制的租率与汉初以来地主豪右向农民出租土地的分成比例相当。枣祗的分田之术，只不过是官府代替地主豪右向贫苦农民收取十分之五的租税而已。由此看来，这个办法并非枣祗首创，而是沿用两汉的成法。

从功效的角度讲，曹操采用这个办法可以使丰年多收，灾年少免，从而达到积谷供军的效果。

由于屯田成效显著，曹操念念不忘枣祗之功。枣祗死后，特下令褒奖，封其子嗣，以表彰枣祗的突出贡献。

为屯田事业做出过贡献的还有任峻和国渊。

任峻字伯达，中牟人。此人识见过人。董卓暴乱时，关东地区受到震动。中牟县令杨原鉴于形势险恶，准备弃官逃亡。任峻为其陈说利害，劝杨原组织武装，起兵讨伐董卓。杨原便任任峻为主簿，筹划讨伐董卓事宜。

曹操起兵讨伐董卓的部队进入中牟时，任峻同本郡人张奋，率宗族、宾客、家兵数百人归顺曹操，曹操大为高兴，任任峻为骑都尉，并将自己的堂妹嫁给他。对任峻非常信任。曹操连年征战，让任峻负责后勤，供应军用物资。

正因为任峻担任过后勤工作，所以实行屯田后，任任峻为典农中郎将，担负积谷供军的重任。任峻不负所望，招募百姓在许县附近屯田，当年即产粮百万斛。随后又将屯田范围扩展到其他州郡。几年后，"仓廪皆满"。因任峻有功，曹操上表封任峻为都亭侯，食邑300户。

国渊字子尼，乐安盖县（今山东沂源）人。曾师从郑玄。郑玄是汉末经学大师，很欣赏国渊，认为他很有才，将来会成为国家栋梁。早年与丙原、管宁避乱辽东，后回到家乡，曹操辟为司空掾属。实行屯田时，国渊以司空掾属的身份分管屯田。国渊多次向曹操陈说利弊，建议按照土地的肥瘠情况安顿屯田民，根据屯田民的具体情况设置屯田官吏，制定并公布屯田官吏考核办法，对屯田事业的发展起到过重要作用。

为屯田事业做出过贡献的还有袁涣。屯田的直接生产者原为流民、降兵、贫户，这类人被称为屯田客。屯田民名义上是招募来的，但也有相当一部分出于强制。这些人习惯于自耕自食的生产模式，一旦被强制安排到国有土地上耕种，既顾虑谷物成熟以后自己能否有所收获，更受不了军事编制的严格束缚。因而经常出现屯田民逃亡的事件。而屯田官对待逃亡者的唯一办法就是追捕和惩罚。这自然不是解决问题的根本办法，逃亡事件层出不穷。

基于这种情况，袁涣建议曹操变强迫为自愿应募。这样可使人民群众自觉自愿地参加屯田，也迫使屯田官吏对屯田民的虐待行为不得不有所收敛。袁涣的建议引起了曹操的重视，屯田民的境况有所改善，生产的积极性有所提高。

曹操的屯田，是将黄巾降卒及各地流民聚集起来，用军事编制的形式组织若干屯田民，配给一定数量的土地、耕牛、农具进行生产的。为了加强对屯田事业的领导和对屯田民的管理，从上到下建立了一套完善的组织机构，形成了相对独立的系统。大郡设典农中郎将，小郡设屯田校尉，县设屯田都尉。在边疆多事之地设绥集校尉。屯田都尉下面是屯，屯是基本生产单位，由五六十户屯田民组成。屯设司马一人，具体主管屯内的生产事务。此外，还设置了一些辅助性质的官职。

典农中郎将相当于郡太守，典农校尉相当于县令。典农系统与郡县行政系统有不同的组织与编制。典农系统不过问郡县事务，郡县也不过问典农屯田事务。为了维护典农工作的独立性，尽可能减少典农官与行政官员的矛盾，典农官与行政官员一般不同城治事。

典农与郡县的办公地点虽不在一处，但是彼此相邻，所以，在土地和劳力等方面难免产生矛盾和摩擦，所以有时以郡太守兼领典农。

典农系统独立于郡县之外，但在政治待遇上与郡县官员还是有所区别，最明显的差异就是没有人事推荐权。这一状况到后来有所改变。

正是因为典农官源源不断地供应军粮，而且屯田民又能耕善战，所以，屯田官更容易仕进，官至显位。

以上所言都是民屯，即所谓募民屯田。曹魏后期也实行过军屯。二者之间有同有异。相同之处是二者都是为了积谷供军，都采取军事编制。不同之处在于，民屯主要是从事农业生产，只是在非常情况下才拿起武器对敌作战。建安二十三年正月，太医令吉本等在许都发动叛乱，颍川典农中郎将严匡就率屯田民参与了武装平叛。而军屯是军士在屯田的时候，仍保持战备状态，仍以攻防为主。

军屯在曹操晚年才开始兴办，直到曹丕当政时才发展起来。

曹魏实行屯田前后有近70年历史，基本与曹魏政权相始终。咸熙元年（264年），司马昭见屯田已经完成了它的历史使命，再也起不到什么作用，才下令废除。

## 三、屯田的作用

屯田是在借鉴历史经验的基础上，根据当时的实际情况实施的一项重要政略。由于曹操高度重视，采纳了枣祗、国渊、袁涣等人的建议，并委任任俊等干吏主持，屯田事业卓有成效，为曹操统一北方奠定了坚实的物质基础。

屯田事业的根本出发点和落脚点就是为了解决军中乏食的问题。实行屯田不几年时间，粮食产量迅速增加，基本上满足了统一战争的需要。从此以后，曹操再也不像过去那样经常受到缺粮的困扰。可以说，"修耕植以蓄军资"的战略方针取得了预想的效果。

屯田改善了农业生产环境，有利于社会经济的恢复和发展。前已叙及，自黄巾起事至军阀混战，社会经济遭到空前大破坏。人民或死于战争，或死于饥饿，或死于瘟疫，幸而残存的，也流离转徙。这种情况下，纵然有土地、耕牛、农机具也无人耕种，种了也难以收获。曹操募民屯田虽然带有很大的强制性，其剥削的程度也不亚于以往，但是，毕竟为屯田民带来了相对安宁的环境，使他们得以在兵荒马乱的年代延续自身及家人的性命，从而安全度过最艰难的岁月。

当然，曹操屯田的目的是解决军粮匮乏的问题，并不是为了农民的切身利益，但是，这与农民安心劳作的意愿并不矛盾。为了达到丰足军用的目的，还兴修了一些水利设施，改善了农业生产条件。

建安初，曹操还接受卫凯的意见，在关中实行盐业专营，以盐业所得购买耕牛和农具，为因战乱逃亡在外后又返回的农民提供劳动所需。曹操还设置了司金中郎将、司金校尉以及监冶谒者，以经营铁的生产和农具制造，进一步改善了农业条件。

正因为屯田事业的发展，使得广袤荒凉的大地长上了庄稼。曾经写过"出门无所见，白骨蔽平原"的诗人王粲，看到了屯田之后另外一幅景象："朝入谯郡县，旷然消人忧，鸡鸣达四境，黍稷盈原畴。"曹丕在《于玄武陂作》中欣然写道："野田广开辟，川渠相互经，黍稷何郁郁，流波激悲声。"这些诗句固然有些浪漫气息，但毕竟反映了当时的现实。

屯田在一定程度上减轻了农民负担，有利于人民休养生息。曹操屯田之初，根据民力授田，并不一味强求屯田民多耕种。当时处在战乱的环境，荒芜的土地不少，曹操这样做考虑到了农民的承受能力。正因为屯田民耕种的土地有限，屯田民就在精耕细作上下功夫，这比广种薄收来得实惠。曹操对屯田高度重视，屯田民基本上没有劳役和兵役负担。当然，因为在战争环境下，事发突然，让屯田民参战的情况无可避免，但这不能作为有兵役负担的例证。

过去有人认为，曹操屯田实行六四分成或五五分成，加重了人民的负担，加剧了人民的贫困；还有人认为，曹操用军事管制的办法实行屯田，是对屯田民的奴役，是历史的倒退。我觉得这种说法不符合实际，不是持平之论。

我们可以同情人民的赋税之重，但不能因此断言加重了屯田民的贫困。要看到，屯田民绝大多数是流民。流民既没有土地，又没有稳定的居所，在兵荒马乱的岁月，是多么艰难、多么无助啊！原本脆弱的生命随时都面临着死亡的威胁，弄不好还会成为新的社会动荡诱因。曹操实行屯田后，屯田民的境况要比流民好得多。是的，曹操用军事管制的办法将他们集中起来屯田，他们是缺少了自由，是受到了剥削，但是，毕竟有了安全感，毕竟有了存活的希望。在那样的时代，生存才是第一位的。

屯田制的推行，在一定程度上遏制了豪强势力的发展，有利于政权的稳固和国家的统一。当时各军阀割地自雄，竞相侵占土地，招纳流民，扩张实力。这自然会危害王朝的统治，妨碍国家的统一。曹操实行屯田，是在以国家或政府的身份与豪强争夺土地和人民，这自然遏制了豪强地主的发展，有利于国家的统一。

在军阀混战时代，各军阀大都把精力放在攻守战阵上，对于屯田、发展经济之类的事务留心不够、重视不够。陶谦、公孙瓒也有过屯田之类的举措，但浅尝辄止，没有形成规模，更没有取得显著的成就。

相形之下，只有曹操在军务倥偬之机，仍能将这类事务放在心上，并上升到政略的高度，给予特别的重视。这说明，曹操的眼界更高，格局更大。其他诸人实难望其项背。

# 第八章
# "推诚仗信以招俊杰"

曹操主政之后，主动化解与诸军阀之间的矛盾，以笼络人心。

在曹操看来，杀刘备一人事小，失天下之心事大。

曹操将祢衡遣送荆州，是对刘表的宽仁做一次检验，其用意虽然狡黠，但并不恶毒。

## 一、杀一人而失天下心，不可

曹操迎奉献帝，目的是尊奉王室，维护国家的统一。但事实上，理想很丰满，现实很骨感。国家分崩离析已很长时间了，要致力于国家的统一，任重而道远。

此时曹操虽然总揽朝政，但是，这个朝廷并没有权威，影响所及只有曹操实际占据的兖州、豫州，其他地方尾大不掉，鞭长莫及。各地军阀并不因为献帝已经安顿下来了，朝廷的典章制度、宗庙社稷已经恢复就放弃自己的野心，归顺朝廷。

曹操清楚，兖州、豫州久经战乱，残破不堪，凭现有的资源和实力再造乾坤，实现一统，困难多多。正如此前董昭给杨奉的信中所说的那样，建立这样的功业，要靠群贤共同努力，不是哪一个人所能完成的。况且曹操刚刚主政，天下都在观望，在这种情况下，他只能采取政治上的高姿态，主动化解与各军阀之间的矛盾，希望他们与自己一道，共同致力于国家的统一。

袁绍是当时最大的割据势力，曹操最为忌惮，也最为上心。迎献帝建都许昌后，就请献帝拜袁绍为太尉。袁绍不甘位在曹操之下，拒而不受。曹操立马改弦更张，让出自己大将军之职，请献帝授袁绍大将军衔，并赐弓矢节钺、虎贲百人，给袁绍以极高礼遇。按说，袁绍对朝廷无尺寸之功，做出这样的安排，表明曹操的胸襟是宽广的，袁绍理当感恩戴德，共同维护朝廷。但袁绍自以为势大，私底下怀有野心，特别是后来彻底打败公孙瓒之后，公然与曹操翻脸，与朝廷对抗。可见，问题不在曹操而在袁绍。曹操此时尽了他自身的努力，并且通过这种努力，延缓了与袁绍的矛盾，使自己渐趋于主动。

吕布是曹操的宿敌。曹操东征陶谦时，吕布在张邈、陈宫的支持下趁机袭占了兖州，使曹操几乎失去立足之地。曹操没有办法，只得回战吕布。濮阳之战，吕布让濮阳大户田氏设反间计，诱曹操入城，弄得曹操差一点丢了性命。就是这样的人，曹操也没有一味地敌视，而是极尽笼络之能事。

吕布当年诛杀董卓，献帝念念不忘，所以，建安元年献帝迁到河东安邑时，曾下诏让吕布去迎接。吕布因军中乏粮不能应命，派使者上书陈情。献帝任吕布为平东将军，封平陶侯，但诏书在山阳屯被使者弄丢了。

建安二年（197年）春，袁术阴谋在淮南称帝，派遣使者拉拢吕布。吕布听从陈珪的劝告，扣留了使者，上交了袁术的书信。曹操立马捐弃前嫌，利用吕布与袁术的矛盾，争取吕布，孤立袁术，便亲自给吕布写了一封信，对吕布厚加抚慰。信的大意是：

　　在山阳屯，送给将军的封诏和印绶丢失了。皇家没有好金，我用自家的好金再为将军铸一个金印。皇家没有紫色的绶带，我把自身所带的紫色绶带送给你，以表示一点心意。将军所派的使者不好，袁术阴谋在淮南称帝，将军报告给皇上，可是，使者没有把将军的奏章上报。朝廷相信你，你再上一份奏章，以表明你的忠心。

曹操的信温馨感人，充满了体贴。对吕布检举揭发袁术的举动表示了肯定。同时指出，使者表现不好，没有带上吕布的奏章，希望吕布再上一份奏章，以表明忠心。我们认为，使者是押解着韩胤到朝廷检举揭发袁术的，或许只有口头上的报告，原本就没有制式的奏章。现在要吕布再上一份奏章，就是要吕布郑重地在白纸黑字上表明忠心，借以约束吕布，使他信守承诺，服从朝廷。

曹操征讨徐州、回战兖州期间，孙策异军突起。孙策是孙坚的长子、孙权的哥哥。孙坚原是袁术的部将，初平三年（192年）受袁术派遣，进攻刘表，被刘表军士射杀。孙策受到孙坚部下的拥戴，成为袁术手下一支劲旅。后脱离袁术，到江东发展。曹操迎献帝都许时，孙策已在江东打出了一片天地。曹操没有忽视这位少年英才，刻意笼络。建安元年，曹操表奏献帝，拜孙策为讨逆将军，封吴侯。

献帝东归后，关中李傕、郭汜的势力消亡，取而代之的是马腾、韩遂。曹操上表，奏请献帝以钟繇为侍中身份暂时代理司隶校尉，持节前往关中，督率关中诸军。曹操还给马腾、韩遂写了书信。钟繇到关中后将曹操的书信送给马腾、韩遂等人，一一做工作，陈说利害。关中诸将被说动，表示归顺朝廷，并将各自的儿子送到京城，供朝廷差遣。后来，曹操与袁绍在官渡决战的关键时刻，钟繇在关中诸将的支持下供应了2000多匹战马。

关中诸军阀臣服朝廷，是"奉天子"带来的直接效应。当然，这种臣服是暂时的、表面的，是曹操知人善任、取用钟繇的结果。如果不是钟繇，换作他人，情况可能不一定是这样。

上述举动表明，曹操在尽自己所能，团结尽可能团结的力量，致力于国家的统一。为此，他搁置与各军阀的矛盾，甚至捐弃前嫌，化敌为友，几乎到了"推诚仗信"的地步。这不是一般人能够做得到的，无论是政策还是策略都是值得称道的。

在对待刘备的问题上，更是显现了曹操的真诚与大度。

刘备，字玄德，涿郡涿县（今河北涿州市）人，汉景帝刘胜的后裔。祖父刘雄做过东郡范县县令。刘备生于桓帝延熹四年（161年），父亲刘弘早丧，幼时家境贫寒，曾与母亲一起以贩鞋织席为业。15岁时，母亲为了光大门楣，让他外出求学。他与公孙瓒一起曾师从经学大师卢植。刘备对儒家经书不大感兴趣，却好结交豪侠。为人深沉少语，喜怒不形于色。

黄巾起事以后，因得到大商人张世平、苏双的支持和帮助，他拉起了一支队伍，参与镇压黄巾军。因有功被任命为安喜县（今河北定州东）尉。在安喜尉任上，刘备受到郡督邮（郡太守随从官，可代表太守巡视诸县，传达教令，兼管狱讼治安等事务）的刁难，刘备将督邮暴打一顿后弃官逃亡。后来做了高唐县尉，被黄巾军打败，便投奔了公孙瓒，受到公孙瓒重用，被委任为平原相。

曹操东伐徐州时，刘备应邀前往增援陶谦，被陶谦表为徐州刺史。陶谦死后，刘备在徐州吏民的拥戴下执掌徐州。

刘备出身卑微，实力弱小，一朝之间做了徐州牧，自然会成为其他军阀觊觎的对象。他自知虽然占有徐州，但难以保全徐州，所以吕布被曹操打败之后前来投奔时，尽管吕布声名狼藉，刘备还是欣然接纳，依为唇齿。

曹操迎献帝都许，即上表献帝任刘备为镇东将军、封宜城亭侯。

吕布来到徐州之后，恩将仇报，在与刘备的争斗中，反客为主，将刘备赶出了徐州。

刘备落荒而逃，连妻儿都丢了，带着几名亲信，投奔许都。

曹操对刘备的到来表示热情的欢迎。尽管此时刘备落魄不堪，但曹操没有轻视他，立即上表请献帝任刘备为豫州牧。

程昱见曹操对刘备没有一点儿戒心，就提示曹操，说刘备有雄才大略，很会笼络人心，是一个不甘久处人下之人，应该趁早下手，除掉刘备。

曹操对程昱非常器重，一向言听计从。但是这一次，他拒绝了，说："方今收英雄之时也，杀一人而失天下心，不可！"

曹操的态度毫不犹豫，没有商量余地。曹操不杀刘备，有英雄惜英雄的因素，但更重要的是，曹操着眼于大局，着眼于政治。

曹操不仅不杀刘备，反而给他增加军队，让他屯驻小沛。

事后，曹操就此问郭嘉，郭嘉说："程昱说得有道理。但是，明公提剑起义兵，为百姓诛除暴乱，推诚仗信以招俊杰，还担心天下俊杰不买账，现在刘备有英雄名声，因为穷途末路来投奔，如果加害于他，就会落下害贤的名声，那么，有本事的人就会起疑心，另外选择值得信任的主子。那样的话，有谁愿意帮助明公平定天下呢？除去一个人的隐患，而让天下人失望，事关安危，不可不仔细掂量。"

曹操引为同调，说："你真是个明白人啊！"

曹操如果此时除去刘备当然易如反掌，他不杀刘备，自有不杀的道理。用他的话说就是："方今收英雄之时也，杀一人而失天下心，不可。"

曹操刚刚主政，非常希望天下归心。刘备前来投奔，对曹操来说是求之不得的好事。厚待刘备，能够给人以礼贤下士的印象，容易为曹操带来良好的政治声誉。可能形成示范效应，吸引更多的俊杰来归。更为重要的是，能够争取异己力量为自己所用，以便腾出精力，对付眼前最危险的敌人。事实上，刘备归顺朝廷后，在征讨袁术、吕布的战争中出过大力。

此时如果杀刘备，可能带来严重后果。会让曹操的政治声誉扫地，会使尚未投奔的人裹足不前，甚至会让已经归附的人离心散去。曹操对此非常清楚，他用联系的观点看问题，重点考虑了这件事的影响及后果。

当然，刘备后来背叛了曹操。曹操没有杀刘备，最终给自己树立了一个强大的对手。有人据此认为，曹操在对待刘备的问题上虑有所失，言下之意就是当初就应该将刘备杀掉。

我们认为，曹操之失，是失在没有对刘备采取防范和控制措施，失在不该让他带兵邀击袁术，并非失在当初没有杀刘备上。因为曹操志在天下，在当初，他只能这么做。

## 二、选贤任能

曹操迎献帝建都许县之初，正是百废待兴的时候。曹操宵衣旰食，日理万机，力图通过兴利除弊刷新政治，改变朝廷羸弱状况。为此，他特地给献帝上了一份《陈损益表》，大意是：

> 皇上承天命，我受到重用，担任了大将军的职位，统领兖州、豫州两个大州，参与朝政，实在是不能胜任。从前，韩非子忧虑韩国的羸弱，是因为没有致力富国强兵和选贤任能。我以小小的材质，担负国家的重任，以平庸的能耐，奉行清明的政治，思念皇上给予的恩遇，考虑自身责任，这是我竭尽全力，以身报国的时候，谨遵循旧的制度并权衡当前的需要列举十四条建议，就像是用萤火的微光，去给太阳增辉，所提建议不一定值得采纳。

曹操以谦卑的口吻向献帝提出了 14 条建议。这些建议的具体内容因缺乏资料我们无从知晓，但总的意思是，遵循从前的典章制度，并结合当前实际，以扬弃的态度，有所继承，有所创新。其主旨自然是富国强兵，选贤任能。

曹操抓住了当时病态社会的症结，采取了一系列行之有效的举措。比如，恢复典章制度、宗庙社稷，实行屯田，等等。这些前面已经述及，下面，着重叙述曹操选贤任能。

人才是任何事业兴衰成败的关键，曹操对此有深刻的认识。主政之后，在这方面倾注了大量心血，做了大量卓有成效的工作。

一方面，对追随自己且有才能、有贡献的人给予了重用。荀彧是曹操首席谋士，且立有大功，被任命为侍中、尚书令。

程昱也是曹操的重要谋士，因保全兖州三县，建议曹操拒绝送人质于袁绍，及时供应军粮，功勋卓著。曹操迁帝都许后，奏请献帝任其为尚书。不久，又改为东中郎将，兼任济阴太守，实际上担任了治理兖州的重任。

董昭原本不是曹操的部下，但是，他自己把自己当成了曹操部属，在曹操遣使长安和迎献帝都许的过程中给曹操很大帮助，所以被任命为河南尹，留守旧都洛阳。

另一方面，大力罗致人才，由此出现了人才来归的热潮。

曹操主政之初，并非像有的人说的那样，重用亲信，排除异己，对政敌必欲除之而后快。曹操是个有作为的政治家，绝不是那样浅薄。事实上，曹操不仅重用自己身边有本事、有贡献的人，同时，放眼社会，广泛罗致人才，给这些人才以用武之地。

献帝都许以后，许都成为政治中心，能够吸引效忠王室的人前来效力，这些人自然直接间接为曹操所用。此外，曹操的事业蒸蒸日上，他的智慧、胆略以及重贤用能闻名遐迩，一些智能之士认为追随曹操能够有用武之地，也欣然前来投奔。许都因此成为人才辐辏之地，这是其他割据势力无法比拟的。

曹操非常重视征召那些名气大、声望高的名士，希望以"名人效应"带动更多的人才前来效力。征召孔融为将作大匠，王朗为谏议大夫，徐璆为廷尉，华歆、杨修为议郎，此外，还征召过许靖、邴原、张纮、辛毗等。视野所及，无不刻意搜罗。

孔融字文举，山东曲阜人，孔子20世孙，是当世大名士。小时候即有才名。《三字经》中"融四岁，能让梨"，这里的"融"就是指孔融。

孔融10岁的时候与父亲一起到京城洛阳游历，想顺便见一下名震天下的著名党人李膺。李膺的派头很大，非海内贤达及世交挚友不肯相见。孔融灵机一动，对门人说是李膺的世交。见面后，李膺很惊诧，一个娃娃口中说是世交，到底怎么回事呢？孔融镇定地说，自己的先世孔子与先生的先世有过交往，所以是世交。《史记·老子韩非列传》中讲到过孔子曾问礼于老子，孔融语出有本，令在座的人大为惊奇。

只有太中大夫陈炜不以为然，说："小时候聪明，长大了不一定能干。"孔融反唇相讥，说："想必大人小时候非常聪明。"陈炜好生窘迫。

孔融语出惊人，李膺大为赞赏，称孔融长大之后一定是一个人才。

孔融博学通儒，崇尚气节。16岁那年，著名党人张俭因逃避宦官的迫害投奔孔融的哥哥孔褒，孔褒不在家，孔融藏匿了张俭。后来事情泄露，官府治罪，孔融的母亲、孔融、孔褒一门三口争相赴死，事情传开后，孔融成为人们敬仰的偶像。司徒杨赐招为僚属，后升为虎贲中郎将。董卓专权时不肯谄媚，还直言冲撞过董卓，被外放为北海（今山东乐昌）相。所以，当时及后世人们称他为孔北海。

孔融在北海相任上参与讨伐黄巾军，被黄巾军打败。他逃到都昌（今山东临朐），又被黄巾军围困，便遣太史慈求救于平原相刘备。

刘备很诧异，对太史慈说，孔北海怎么知道世间有刘备呢？由此可以想见，孔融在当时名气大到了什么程度，连刘备都不敢想象像孔融这样的大人物还听说过他刘备并引以为自豪。

刘备帮孔融解围之后，孔融又做了青州刺史，随后被袁绍之子袁谭击败。孔融逃走，妻儿被俘。孔融就是在这时接受征召来到许都的。

孔融自以为智慧超群，当时的豪杰谁也比不上他，每逢朝会，引经据典，议论纵横，旁若无人，满朝公卿大臣都成了陪衬。但他不识时务，议论恢宏雄辩，但是往往脱离实际，言不足采。不过，孔融在当时确有大名，他投奔许都，对感召和影响人才来归起到了积极作用。

南阳宗世林也是当世名士，而且以善于品评人物著称。曹操在入仕之前就曾想倾心相交以获取名誉，但宗世林鄙薄曹操的为人而不愿与他交往。

曹操做司空之后，将宗世林召来，问宗世林现在可不可以交个朋友，哪知，宗世林依旧不给曹操面子，说："松柏之志犹存"，意思是，志如松柏，不可更改，不愿交曹操这个朋友。看来宗世林始终对曹操充满成见。曹操当然不高兴，但是，宗世林名气大，曹操对他还是非常尊重，告诉儿子曹丕，要像对待老师那样对待宗世林。后来，让宗世林做了汉中太守。曹操能够这样对待宗世林，是要点风度的。

河内温县人司马朗，字伯达，司马懿之兄。聪明有见识。起初，随父亲司马防在京城洛阳，董卓逼天子迁往长安，司马防也在西迁之列。

司马防考虑到战乱，就让司马朗带着家人回老家，但被人发现，没有回成反被董卓扣押。司马朗料定董卓必然败亡，用钱买通董卓身边的人，得以逃回故土。

曹操迁都许县后，征召司马朗为司空掾属。曹操入仕之初为洛阳北部尉就是司马防推荐的，现在曹操任用司马朗，除司马朗有些本事之外，多少有些感恩报德之意。

太尉之子杨彪，字德祖，博学能文，才思敏捷，名气不小，建安中举孝廉，被曹操任命为郎。

曹操尤其重视物色年轻而有真才实学的人，这期间，根据荀彧推荐，收罗了两个重量级的谋士，一个是荀攸，一个是郭嘉。

荀攸字公达，是荀彧的侄子。何进当朝时被任命为黄门侍郎。董卓作乱后，关东起兵讨伐，荀攸便与郑泰、何颙、种辑、伍琼等谋刺董卓，不料谋泄。何颙因害怕而自杀。荀攸从容如常。恰逢董卓被诛，荀攸因此得免。居家后，又被公府征召，升任城相，荀攸没有到任。考虑到蜀汉偏远，又没有战争，便请求担任蜀汉太守。因关山阻碍，滞留在荆州。这时，曹操根据荀彧的推荐，给荀攸写了一封信，信中说道：

> 现在天下大乱，正是有智慧有能耐的人为国效力的时候，你却在蜀汉之间徘徊观望，（时间）是不是太长了点呢？

荀攸收到信之后，动身赶往许昌。曹操任他为汝南太守，不久调他为尚书。曹操与他谈了一次话，觉得他很有本事，对荀彧说："荀攸的确是一个不平凡的人，我能有机会同他一起商量国家大事，治理天下还有什么忧虑呢？"曹操这样说，既是肯定荀攸的才能，又是在委婉地感谢荀彧的推荐。随即任命荀攸为军师，留在身边常备顾问。

郭嘉字奉孝，颍川阳翟（今河南禹县）人，年少时就胸怀大志，且很有远见。他见天下将要大乱，20岁便隐居匿迹以待时日，同时秘密交往英俊之士。后依附袁绍。袁绍对他很信任。但郭嘉与袁绍相处数十日，觉得袁绍优柔寡断，不善用人，绝非削平战乱统一天下的英雄，便毅然离开了袁绍。

这时，曹操正因心腹谋士戏志才之死而深感缺少商量大事的人，就写信给荀彧，说："汝南、颍川本来就多杰出人才，哪个能够接替戏志才呢？"荀彧于是推荐了郭嘉。

曹操召见郭嘉，同他纵论天下之事。曹操觉得郭嘉见解不凡，非常高兴，说："能够帮我成就大事的人，一定是这个人啊！"郭嘉出来后，也喜不自胜，说："这才是我要找的主子啊！"大有相见恨晚的感觉。

随即，曹操表奏郭嘉为司空军师祭酒，相当于现在的军队参谋长。

在曹操之前，谋士这一特殊阶层早已存在。每临大事，或单个谋士主动向决策人提供建议，或决策人临时找一个或几个谋士进行小规模筹划。但是，随着社会的进步，武器装备的更新，作战方式的变化，这种以分散的献计活动为主，或者是决策人临时找几个谋士进行简单筹划为主的谋略运作方式已经很不适应了。到东汉末年，军队作战出现了车、步、骑、水诸兵；战争的规模日益扩大，双方兵力达几万甚至几十万；战场的范围更广，军队运动达到数百里或上千里。斗争的形势更加复杂，军事政治外交往往交织在一起，所有这些都对决策和指挥提出了更高的要求。

为了适应这种要求，曹操率先在参谋制度上进行了重大改革。他首创参军制，在他的司空府、丞相府设置"军师祭酒""军谋祭酒"等相当于主任参谋或参谋长之类的官员，设"军师""参丞相军事""军谋掾"等各级参谋职务，用以安置有治国用兵之术的人才，为自己出谋划策。实现了谋略方式由单个向群体，由智多星向智囊团的转变，这对曹操事业的发展起到了无法估量的作用。

郭嘉年方 27 岁，资历浅，无尺寸之功，曹操却委以军师祭酒的重任，充分显示了曹操不拘一格降人才的用人态度。

荀彧、郭嘉这两个重量级的谋士，不负所望，在曹操统一北方的事业中立下了卓著功勋。

## 三、"本欲辱衡，衡反辱孤"

曹操在招揽人才的过程中，尽管显示了他的诚意，但并不一定为所有的人所理解，也遇到过麻烦，前面讲到宗世林是这样，祢衡更给过曹操难堪。后人据此编过一出戏，叫《击鼓骂曹》。

祢衡，字正平，平原般（今山东平昌）人。兴平年间，避乱荆州。献帝都许之后，他游历许都。当时许都是政治中心，人才济济，精英荟萃，但是，祢衡自恃才高，谁也看不上。尽管他怀揣名片（古时称"刺"，一种自我推荐的帖子），但是一直没有投出去。有人建议他去投靠陈群和司马朗，他不屑一顾地说，让我投靠屠夫和卖酒郎吗？陈群、司马朗的名气还不是很大，尚可以理解，荀彧可是一流人才，祢衡居然也看不上，因为荀彧长得眉清目秀，是个美男子，祢衡就戏说可让荀彧守孝吊丧。在许都那么多人物中，他看得起的只有两个人，一个是孔融，一个是杨修。他曾不无狂妄地说："大儿孔文举，小儿杨德祖，余子碌碌，不足数也。"

孔融也很器重祢衡。此时祢衡年方弱冠，而孔融已年届四十，孔融深爱祢衡之才，便结为忘年交。祢衡与孔融相互欣赏，祢衡称孔融"仲尼不死"，孔融称祢衡"颜渊复生"。

孔融曾向献帝上过一份《荐祢衡表》，说祢衡品质高洁，才华出众。刚刚涉猎文艺，就成为行家里手。看一眼，就能背诵出来，听一下，就牢记在心。性情与道相合，考虑问题，似有神助，等等，充满溢美之词。还一再在曹操面前称赞祢衡。

曹操动了心，召见祢衡，哪知祢衡偏不买账，大耍其名士脾气，称病不去，还在背后讥讽曹操，曹操很不高兴。因祢衡有些才名，也不便发作。

曹操知道祢衡通音律，善于击鼓，就让祢衡充当鼓吏，其用意自然是想羞辱祢衡一番。祢衡知道曹操用意，他应召前去击鼓。按规定，击完一通鼓后应脱下自身衣服，更换特制新衣。祢衡起初没有更换衣服，遭到有关官员的呵斥。当时宾客云集，只见祢衡走到曹操面前，将自身衣服一件一件地脱下，直脱得一丝不挂，赤身裸体。然后慢条斯理地换上新衣，脸上竟毫无愧意，弄得曹操下不了台。曹操只得自我解嘲，大笑说："我本想羞辱一下祢衡，没想到反被祢衡羞辱！"

出来后，孔融责备祢衡，并向祢衡传达了曹操招贤纳士的诚意，要祢衡向曹操道歉，祢衡答应了。孔融又在曹操面前说，祢衡知道自己狂妄失礼，想亲自向你道歉。曹操很高兴，吩咐门人，如果祢衡来了，赶紧通报。

谁知，等到很晚祢衡才来。只见他身穿单衣，头顶粗葛巾，手持一根三尺木棒往门口一站，拿着木棒敲打地面，大骂曹操。曹操大怒，对孔融说："祢衡这小子太不受抬举，我要杀他，就像杀死一只麻雀、一只老鼠。只因他有些虚名，不便杀他，怕远近的人说我不能容人。我把他送到刘表那里，看会是什么样子。"

祢衡来到荆州后，刘表开始对他很器重，案牍文章都让祢衡审定。有一次，刘表和手下文人费尽心思草拟了一份奏章。此时祢衡外出了，回来后打开奏章还没有看完，就一把扯碎扔在地上。刘表大为惊诧，只见祢衡要来笔札，一会儿工夫就写成了，而且写得很好。刘表很高兴，对他依然器重。可是，他时不时地给刘表难堪，刘表感到耻辱，就把他送到江夏太守黄祖那里。

黄祖及其儿子起初也很信任祢衡。按说，祢衡到处碰壁，现在黄祖父子对他不错，他应当好好珍惜才对。但是，他依然故我。一次，黄祖大会宾客，祢衡出言不逊，顶撞黄祖。黄祖觉得没有面子，呵斥他，不料祢衡瞪着黄祖，与黄祖对骂起来。黄祖大怒，命人拖出去杖责。祢衡骂不绝口，终于被乱棒打死。

祢衡确实有些才情，这一点毋庸置疑。王粲当时也在荆州，祢衡能够受到刘表的器重，并大出风头就充分说明了这一点。当时天下分崩，各军阀集团都需要人才并如饥似渴地收罗人才，祢衡却不能为社会所容，这不能不说是一个悲剧。这一悲剧有一部分是社会造成的。当时，战争、饥荒、瘟疫，让人压抑得喘不过气来。加之各军阀集团的阴险狡诈和残暴贪婪，深深刺痛着祢衡的心，使他怀着"怨毒"的心，不愿与他们合作。祢衡的代表作《鹦鹉赋》就充分体现了他的这种心情。

当然，产生这一悲剧主要归因于祢衡个人的性格弱点。他狂傲自大，目中无人，心地阴暗，尖酸刻薄，不识时务，不近人情，对谁都看不上眼，对谁都不服气，对谁都持敌对情绪，就像一个刺猬一样，见谁扎谁，动不动就来个名士脾气大发作，羞辱甚至激怒对方。这是他与谁都搞不好关系、到处碰壁的主要原因。

尽管祢衡多次羞辱甚至谩骂曹操，曹操对他始终采取克制态度，因为他有些才名，不愿杀他，担心摊上害贤的名声。实在厌恶极了，就将他遣送出境，这是最好的办法。如果让他留下来，只会添乱，对稳定局势和维护曹操的威信极为不利。

刘表素有宽仁的名声，曹操将祢衡送到刘表那里，自然是对刘表的宽仁做一次检测，其用意虽然狡黠，但并不恶毒。刘表明知黄祖性情暴躁，却偏把祢衡送过去，让干柴去碰烈火，是存心将祢衡置于死地。由此可见，在处置祢衡的问题上，曹操比刘表要高明得多。

# 第九章
# 南征张绣

　　曹操为争取主动，确定了由近及远、先弱后强、分化瓦解、各个击破的战略方针。

　　张绣降而后反，归因于曹操的贪色无备。

　　曹操那么精明的人，居然露出破绽，让算无遗策的贾诩看穿了，以致演绎出一朵异彩纷呈的战争奇葩来。

　　曹操厚待张绣，是在为取信天下而刻意树立典型。


## 一、淯水蒙难

　　曹操迎献帝都许的当年，即建安元年（196年），全国各地军阀的割据态势是：

　　曹操据兖州、豫州，袁绍据冀州、青州、并州，公孙瓒据幽州，袁术据淮南，孙策据江东，张绣据南阳，刘表据荆州，刘焉据益州，张鲁据汉中，马腾、韩遂据关中，公孙度据辽东。

　　曹操虽据有兖州、豫州，并且拥有"奉天子以令不臣"的政治优势，但是，各军阀还是互相兼并，真心实意臣服王室的几乎没有。北面的袁绍，东面的吕布，西南的刘表、张绣无不虎视眈眈。曹操要使众军阀臣服朝廷，达成统一的局面实属不易。

　　曹操为争取主动，对当时的情况进行了通盘考虑，在分化瓦解的同时，采取由近及远、先弱后强、各个击破的方针。

　　北面，缓和与袁绍的关系。在西面，稳定关中，在东面、南面，分别拉拢吕布和孙策，将袁术困在淮南。一切安排妥当之后，就将矛头直指占据南阳的张绣。

张绣，武威（今甘肃宁县西北）人，骠骑将军张济的族侄。张济原为董卓部将，董卓被诛后，曾与李傕、郭汜一起攻打过王允、吕布。后来，调解李傕、郭汜之间的矛盾。献帝东归途中，张济又与李傕、郭汜联兵追截。后经议和，李傕、郭汜返回关中，张济驻弘农。建安二年，谒者仆射裴茂奉朝廷之命率关中诸将杀死李傕，夷其三族。郭汜也被其部将五习所杀。

张济在弘农因缺粮，率部攻打穰城（今河南省邓州市），被刘表的部众用乱箭射死。

张绣因长期跟随张济作战，屡立战功，被封为建忠将军，封宣威侯。张济死后，张绣接管了张济的部众。

荆州牧刘表此前与李傕、郭汜等人有些交往，他的荆州牧就是李傕、郭汜当政时任命的，因此，他对董卓的部属李傕、郭汜、张济、张扬等并不排斥。张济被射杀了，他多少有些不忍。为了表示歉意，同时为了笼络张绣，便派人去吊唁张济，并将张绣接到宛城，目的是让张绣守护荆州北大门，以对付曹操的威胁。

张绣兵不甚强，但是离许都较近。卧榻之旁岂容他人酣睡？曹操为免肘腋生患，便决定首先剪除张绣。

建安二年（197年）正月，曹操亲率大军直扑宛城。曹军来势汹汹，先声夺人。张绣自料不是对手，在曹军进抵离宛城不远的淯水时，率部投降。

曹操兵不血刃就逼降了张绣，自然有些踌躇满志。当晚，曹操即举办盛大晚宴宴请张绣及其部将。曹操依次敬酒，贴身侍卫典韦手持大斧紧随其后。曹操走到一个人的跟前，典韦就举起大斧逼视着对方，生怕对方有什么反常举动危及他的主人似的，弄得气氛十分紧张。直到散席，张绣及其部将没有一个人敢抬头看曹操一眼。

曹操在得意之余还贪恋起美色来。他见张济的妻子即张绣的婶子长得非常漂亮，就霸占去了，让她当了侍妾。

张绣还没有接战就投降，心有不甘；典韦持斧逼视，让张绣心有不安；这时曹操又霸占了他的婶子，这更让他感到耻辱，心中恼恨。张绣是一个铁血军人，他为自己的怯懦感到羞愧，为自己受到欺凌而感到屈辱。一场风暴即将爆发。

张绣有一个部将名叫胡车儿，非常勇猛。曹操想挖过去，亲自给胡车儿赏以重金。张绣知道后更是惶恐得不得了，担心曹操假胡车儿之手除掉自己，于是，趁曹操疏于戒备，发动突袭。

据《吴书》记载，张绣就反叛之事与贾诩密谋。贾诩设计，让张绣向曹操报告说，想将自己的军营移防别处，以便腾出营地让曹军驻扎。曹操不仅没有生疑，反而爽快地答应了。

张绣移防，途中要经过曹军临时驻屯的兵营。为解除曹操的戒心，张绣向曹操报告说，自己的车马少，而辎重太多，为方便转运，兵士需要穿上铠甲。曹操也没有起疑心。

全副武装的张绣军有备而来，走近曹操军营后，发动突然袭击。

曹军毫无准备，怎抵敌得住？混战中，曹军死伤狼藉。曹操且战且退，在撤退过程中，名叫绝影的坐骑被乱箭射死，曹操的右臂也受重伤，从马上跌落下来，形势危殆。长子曹昂见状，连忙将自己的坐骑让给曹操，曹操才得以逃脱。曹丕也好不容易乘马逃了出来。

曹昂走不脱，被追兵所杀。曹操的侄子安民也同时遇害。

曹操逃出时，典韦坚守营帐大门断后。张绣的士兵一时不得靠近，就从其他营门涌入。这时，典韦的身边才十来人，个个拼死战斗，无不以一当十。可是，张绣的士兵越来越多，典韦最后力战身亡。

曹操逃到舞阴（今河南泌阳西北）后，听到典韦战死的消息，非常悲痛，流泪不止。濮阳之战，典韦就立下大功。曹操因其骁勇，就让他做了贴身警卫。典韦忠勤职守，日夜守护在曹操身边。曹操对这样忠勇的爱将之死，自然十分悲痛。他派人从小道偷偷取回典韦的尸首，亲临哭祭。之后，又命人将典韦的尸首运回典韦老家襄邑安葬。

这次突然的变故使曹操遭受巨大损失。长子曹昂、侄子安民被杀，典韦战死，自己也为流矢所伤。部队七零八落，失去统一指挥，各自逃命。只有平虏校尉于禁带领数百人的部队且战且退，虽有伤亡，但总算没有溃散。

于禁在回撤的路上见到十几个受伤的士兵光着身子行走，问明原因后，知道是青州兵抢劫的结果，顿时大怒，当即率兵进围青州兵。青州兵是曹操收编的黄巾军，平常比较骄纵，军纪较差。青州兵逃走后到曹操那里反而告了于禁一状。

于禁来到舞阴后，没有急于面见曹操，而是安营扎寨，作抵御张绣追兵的准备。有人对于禁说："青州兵已经在主公那里告你的状了，你应该快去解释清楚。"于禁说："现在敌人在后，说不定什么时候追上来，不事先做好准备，怎么应战？再说，主公明达，诬告有什么用呢？"一切安顿完毕，于禁这才向曹操报告事情的原委。

曹操大为感动，他说："淯水这场灾难，我军战败，形势危急，将军能在混乱中整肃部队，讨伐暴徒，坚固营垒，有不可动摇的节操，即使是古代的名将也不一定能够超过你呀！"对于禁给予了高度评价，并录于禁前后功绩，封益亭侯。

果不出于禁所料，张绣率骑兵追了过来。曹军由于有了准备，很快就将张绣击溃。曹军乘胜追击，攻占南阳、章陵（今湖北枣阳）等地，张绣退保穰城，继续与刘表联合。

事后，曹操总结这次失败教训时对部下讲："我降服了张绣，失误的是没有趁机收取人质，以致遭到了这样的失败。现在我知道失败的原因，你们大家看着，以后我是不会犯这样错误的。"

曹操这段话有一定道理，但并不全面。古时，获取人质以制约对方是一种常见的手段，这种手段有时有作用，但并不一定都有作用。几年前，兖州事变，范县县令靳允的家人就被吕布扣作人质，经过程昱的劝导，靳允并没有因为家人做了人质就将范县献给吕布。

曹操说这话，是在避重就轻，愚弄部下，掩饰自己的骄狂和荒淫。如果曹操在张绣投降之时，始终保持"受降如受敌"的戒备心理，预作防范，张绣怎么敢以卵击石，贸然起事？如果张绣投降之后，曹操能够推心置腹，厚加抚慰，而不是逼人太甚、欺人太甚，张绣又怎么会降而后反？其实，真正的原因恰恰是曹操自己因胜而骄、贪色无备。如果讲教训，这才是教训。

## 二、安众破敌

大概在曹操师败淯水之后不久，占据淮南的袁术就在寿春正式称帝。同年九月，袁术北犯陈地。陈地靠近许都，曹操不得不出兵征讨。袁术自知不是对手，赶紧逃走。曹操在淮北、汝南一带巡视时，许褚率领部曲投奔曹操。

许褚，字仲康，沛国谯人，与曹操是老乡。身长八尺，腰大十围，勇力过人。曾倒拖牛尾走出 100 多步。汝南、陈国、梁国一带的人一听到许褚的名字就感到害怕。曹操喻之为刘邦的樊哙，任为都尉，安排在左右值宿、警卫，让他接替了典韦的工作。

曹操第一次征讨张绣时占领的南阳、章陵等地，在曹操回撤后又被张绣占去。曹操派曹洪前往征讨，但没有取胜。张绣得到刘表支持，多次带兵前来骚扰。为解除威胁，当年十一月，曹操再次南征张绣。

大军经过淯水时，曹操触景生情，百感交集。他隆重祭奠了前次征战阵亡的将士。曹操禁不住悲从中来，泪流满面。将士见了，无不感动。曹操来到这伤心之地，流露出这样的感情是真诚的、自然的。曹操在此没有掩饰、没有克制。曹操这样做，是在释放自己的哀痛，是在排遣自己的懊悔，同时，也是在激励士气，期望他们同仇敌忾，奋勇杀敌。

由于士气高涨，战事一开始就十分顺利。曹操猛攻湖阳（今河南唐河），许褚率敢死队率先入城。斩首级上万，最终攻下湖阳，生擒刘表部将邓济。曹操接着转攻舞阴，将舞阴拿下。曹操于建安三年（198年）正月，回到许昌。

三月，曹操准备第三次征伐张绣。谋士荀攸说："张绣、刘表因相互依赖而变得强大，但张绣是一支流动部队，在粮草等补给方面要仰仗刘表，刘表一旦停止供给，两人势必分离。不如暂缓进攻，等待变化，可以引诱张绣来降。如果逼得太紧，刘表势必相救。"

曹操为了急于解决张绣，没有听从荀攸的建议，率军进围穰城。果不出荀攸所料，刘表率军来援，穰城一时攻打不下。

正在这时，传来袁绍谋袭许都的消息，曹操大为吃惊，赶紧回师自救。

张绣尾随追击，刘表援军也赶到，预先在曹操回师必经之地安众（今河南镇平）据险守候，切断曹操归路。曹操面临腹背受敌的危险。

曹操急中生智，想出了一条摆脱困境的办法。他写信告诉荀彧，说："张绣来追我。我军虽然每天只行走几里路，但我估计，到达安众，一定能够把张绣打败。"

到达安众后，曹操于险要处开凿地道，将军械粮秣及部分兵员运送出去，留下精兵设伏。天明后，张绣、刘表以为曹军已经逃走，带领所有部队前去追赶。这时，曹军伏兵突起，步骑并进，奋力冲杀，大败张绣、刘表联军。

这一仗打得真漂亮。刘表原本想伏击曹操，没有想到反被曹操伏击。事后，荀彧问曹操："你先前已经料定到安众后一定能够打败敌人，这是为什么？"曹操说："敌人断绝我回归部队的退路，而把我军置于'死地'，我所以知道一定能够取胜。"

孙子曰："归师勿遏。"又说："投之亡地然后存，置之死地然后生。"刘表凭险据守，"遏归师"，把曹军置于"死地"，曹军为了生存，必然拼死作战。曹操利用军士杀敌求生的心理，连夜开凿地道，将辎重粮秣和一般战斗人员潜送出去，给刘表军以逃出的错觉，同时，伏精兵殿后，打了刘表、张绣一个措手不及。

可是，曹操百密一疏，击败刘表、张绣之后，急于回师，疏于防范，被张绣的谋士贾诩钻了空子。

贾诩，字文和，武威姑臧（今甘肃武威）人，是当时有名的谋士。年轻时就聪明过人，有识之士说他有辅佐君王的本领。起初，依附董卓，受到信任。董卓死后，董卓部曲群龙无首，李傕、郭汜、张济等人在朝廷赦免无望的情况下打算散伙回家，被贾诩劝阻。贾诩说，如果散伙回家，一个亭长就可以把你们抓起来，还不如收拢部众，放手一搏，攻打长安，为董卓报仇。如果侥幸成功，就辅佐朝廷，征服天下，如果不成功，再逃也不迟。

李傕等人依计而行，收拢部众，攻打长安，杀王允，逐吕布，把持朝政。

贾诩的几句话，为害不浅，弄得局势更加恶化。不过，他当时毕竟是凉州军阀的谋士，为李傕等人出计谋也是他的本分。撇开政治立场不说，他这一计谋还是比较高明的。正因为如此，李傕、郭汜对贾诩非常感激，当政之后要给贾诩封侯。贾诩说，这是活命的办法，谈什么功劳！李傕等人又任他为尚书仆射，他说："尚书仆射是百官的师长，我贾诩的名声向来不大，不能令人信服。纵然我贪图名利，那对国家意味着什么呢？"贾诩是真聪明，他或许因为自己罪恶深重，所以在谦让的同时说出一些受听的大话，希望补过，抑或乞望人们的原谅。

当然，贾诩后来在抑制李傕、郭汜危害国家、保护公卿大臣方面还是做出过贡献的。

献帝东归后，贾诩投靠段煨，段煨表面上对贾诩很尊敬，但内心疑惧，担心被他夺了权。贾诩心里明白，这里不是久留之地，所以私下结交张绣。张绣将他接到南阳，对他非常信任。

曹操刚刚退兵时，张绣率兵去追，贾诩就曾劝告他不要追击，说容易遭遇曹操的埋伏。张绣没有听，果然被曹军打败。张绣领败军回来后，贾诩又催促张绣整军再追。

张绣有些犹豫。贾诩说，情况已经变化，赶紧去追，这次一定能够取胜！张绣依言聚众追击，果然取得了胜利。

张绣得胜回来后，大惑不解，问贾诩："我用精兵去追击撤退的军队，你说必败；我以失败了的军队去追击取得了胜利的军队，而你又说一定能够取得胜利，为什么前后情况不同，又都被你说中了呢？"

贾诩说："这很容易理解。将军虽善用兵，但仍然不是曹操的对手。曹军刚退，曹操必然亲自断后。追击的部队虽然精良，但是，带兵的人不是一个层次，他们的士兵也还勇敢，所以必败。曹操反击将军没有什么失误，力量还没有用尽就急于撤退，必定是其内部有事。曹操既然打败了将军，必然轻装急进，纵然留下将领断后，这将领虽然勇猛，但不是将军的对手，所以一定取胜。"

真是强中更有强中手。曹操那么精明的人，居然也露出了破绽，而这破绽被谋略高手贾诩给看出来了，以致演绎出一朵异彩纷呈的战争奇葩来，不得不让人叫绝！

### 三、接纳张绣

曹操在安众打败张绣、刘表联军之后，不敢恋战，立即撤军，带领部队回奔许都。尽管在回奔的路上，遭到张绣的再次追击，后面的部队遭受一定损失，曹操也无暇顾及，担心袁绍袭占了许都。等回到许都后，方才知道，袁绍并没有兴兵犯许，先前的一切只不过是一场虚惊。

曹操三次征讨张绣，基本打了个平手。张绣因有刘表的支援，曹操一时拿他没有办法。

刘表仅仅满足于既得利益，并没有对外扩张的野心，张绣这一支并不算强大的军队对曹操也构不成现实的威胁，之后一年多时间，双方基本上相安无事。

建安四年，袁绍与曹操的矛盾渐趋激化，双方开始在官渡一线集结军队，战争大有一触即发的架势。

袁绍为了拉拢张绣共同对付曹操，特派使者到穰城，约张绣进攻许昌，希望达成南北夹击的态势，让曹操陷入两线作战的境地。袁绍还给贾诩写了一封信，信中自然是套近乎，希望贾诩促成张绣与袁绍一道会攻曹操。

张绣考虑到袁绍势大，自己又是曹操的仇敌，打算答应袁绍。

不料，贾诩看完信后，当着袁绍使者的面说："请你回去告诉袁本初（袁绍字本初），兄弟尚且不能相容，怎么能够容得下天下国士呢？"

袁绍、袁术本是同父异母兄弟，他们为了各自利益而反目成仇，互相攻伐。贾诩认为，兄弟之间尚不能相容，自然容不下其他的人。贾诩这么说，实际上是拒绝了袁绍的要求。

贾诩说这番话之前没有同张绣商量，张绣毫无思想准备。贾诩冷不丁这么一说，张绣禁不住大惊失色，脱口问道："你怎么可以这么说呢？"

张绣的紧张是可以理解的。贾诩这么说，等于断了后路，张绣哪能不着急呢？

只见贾诩慢条斯理地说："不如投曹公。"

张绣疑虑重重地说："投靠曹操？袁绍强大而曹操弱小，我们又与曹操结下了冤仇，投靠曹操怎么成呢？"

贾诩沉静地说："将军的顾虑正是我们应当投靠曹公的原因。曹公奉天子以号令天下，从大义上讲我们应该投靠他，这是其一；其二，袁绍兵强势大，我们以为数不多的人马去投靠他，他肯定不会看重。曹公兵力弱小，能得到我们这支生力军一定会很高兴；其三，凡是有志成就霸业的人，肯定不会斤斤计较个人恩怨，而要向天下人表明自己品德高尚。曹公就是这样的人。"

张绣听了贾诩的建议，于当年十一月率部投靠了曹操。

曹操即将与袁绍兵戎相见，在这个节骨眼儿上，能得到张绣这支生力军，果然十分高兴。曹操专为张绣设宴接风，任张绣为扬武将军。其后，为了解除张绣的顾虑，还为自己的儿子曹均娶了张绣的女儿。

曹操对贾诩也非常感激。刚一见面就拉着他的手，激动地说："使我取信于天下的人，就是你呀！"曹操明白，张绣来归，贾诩功不可没。曹操厚待张绣，就是要取信于天下，而贾诩正是成全曹操的人。

曹操给予贾诩的封赏是丰厚的。开始上表任贾诩为执金吾（执掌宫外巡卫，位列九卿），封都亭侯，不久又提升为冀州牧。因冀州尚在袁绍手中，因此，留在京师，参司空军事，与荀彧、荀攸、郭嘉一起，成为曹操智囊团的重要成员。

张绣本是曹操的仇敌，淯水之战，险些置曹操于死地。曹操虽然侥幸逃脱了，可是长子曹昂、侄子曹安民、爱将典韦都未能幸免。在这种情况下，张绣能够接受贾诩的建议投靠曹操，是需要勇气的。这份勇气，源自对贾诩的信任，也是出于对曹操的信任。可以说，张绣是在用自己的身家性命赌曹操的人格。张绣如此信任曹操，并且在袁绍与曹操即将开战的关键时刻为曹操带来一支生力军，曹操当然喜出望外、欣然接纳。

曹操此时的势力并不大，特别是处在朝廷中枢位置，一向以"奉天子"自居，一言一行都受到社会的关注，因此特别注意自身形象。他热情接待张绣，重用张绣，并与张绣结成儿女亲家，就是在以实际行动取信天下，希望以此影响和感召那些尚未归附的英雄豪杰。

当时天下分崩，人才是流动的，君择臣，臣亦择君。曹操要发展自己的事业，要树立良好的政治形象，就要有宽广的胸怀和不计前嫌、既往不咎的开明政策。张绣的到来，正好给曹操提供了一个展示自己政治形象和开明政策的机会。

张绣对曹操的信任和重用充满了感激。他奋勇杀敌，以身相报。官渡之战，立有大功，被提升为破羌将军。在南皮围歼袁谭的战斗中表现也很出色，战斗结束后，张绣的封邑达到 2000 户。

当时战争连年，户口锐减，曹操原有将领封邑基本上没有超过1000 户的，而张绣达到了 2000 户，大大高出其他将领。张绣有大功是不错，但是，他的功劳并不是大到众所不及的地步，里面或多或少掺杂着曹操的感情因素。曹操这么对待张绣，意在培养不计前嫌、以身报国的典型，希望获得典型的示范效应。

建安十二年，张绣跟随曹操远征乌丸，死于行军途中。

据《三国志·张绣传》注引《魏书》载，张绣的死与曹丕有直接关系。曹丕曾当众羞辱张绣："你杀了我的哥哥，怎么好意思见人呢？"张绣心不自安，于是自杀。

我觉得这一记载可能属实。这是因为，《魏书》是曹魏官修史书，不至于污损曹丕。事实上，曹丕的胸襟远不如其父曹操宽广，"萁豆相煎"的故事说明，他连自己的兄弟都不能相容，怎么可能容得下自己的仇敌呢？况且，淯水之战他本人侥幸逃脱，或许他一见到张绣，就会想起那令他心有余悸的往事，因而怒从心中起，恶语伤人了。

张绣死了，是在曹操健在的时候因曹丕的一句恶毒话而自杀死的。我们一方面惊叹曹丕的狭隘与残忍，另一方面又不得不感叹，人类内心深处的矛盾是多么的厚重与顽固！尽管曹操厚待张绣，但是，始终没有减轻张绣内心深处的负罪感。这种负罪感甚至随着待遇的不断丰厚而加重。张绣奋勇杀敌，原出于感恩戴德，是负罪立功、以身相报的体现。感恩、负罪，这双重心理重压终于把张绣压垮了，实在令人叹惋。

第十章
# 荡平徐淮

曹操拉拢吕布、孙策，孤立袁术的策略，使袁术陷入了四面楚歌的境地。

曹操先是离间、分化吕布与袁术的关系，在孤立袁术的同时也孤立了吕布。后来，让刘备进驻小沛牵制吕布，让陈珪为内应制约吕布，使吕布动弹不得。

曹操利用袁绍见事迟和刘备放松警惕的有利时机，挥兵东进，击败刘备，避免了两线作战。

## 一、困死袁术

建安二年（197年）春，也就是在曹操第一次征张绣败归许都不久，袁术在寿春正式登基，煞有介事地做起了皇帝。

袁术是司空袁逢的儿子，袁绍的同父异母兄弟。年轻时就是一个骄奢任性、喜爱飞鹰走狗的浪荡公子。只因为门第显赫，由孝廉、郎中而累迁至虎贲中郎将。

董卓入京，想取得袁氏的支持，任袁术为后将军。袁术不肯与董卓合作，逃往河南鲁阳。长沙太守孙坚杀了南阳太守张咨，引兵归附袁术，袁术因此占有南阳。

后来，袁术、袁绍兄弟反目成仇。袁术北结公孙瓒，袁绍则南联刘表。初平四年初，袁术因刘表的军事压力，只得退出南阳，东略陈留，被曹操打败。袁术率余部南奔九江（郡治所在寿春），不久，杀扬州刺史陈温，据有淮南。

袁术的实力不大野心大，想当皇帝的念头由来已久。初平元年，他之所以反对袁绍立幽州牧刘虞，就是因为他自己存有当皇帝的想法。因传说袁氏生于陈地，为舜的后代。按当时五行（金木水火土）相生相克的说法，汉为火德，而舜为土德。火德之后是土德（火生土），袁术认为自己既是舜的后代，又属土德，理应顺天承命，代汉自立。

初平二年，袁术部将孙坚讨伐董卓进入洛阳，在甄官署井中捞起来一块刻有"受命于天，既寿永昌"字样的汉代传国玉玺。袁术知道后，将孙坚的妻子扣留做人质，硬是把孙坚手中玉玺强行夺去。这为袁术做皇帝又增添了一个条件。

兴平二年冬，袁术按捺不住内心的冲动，公然聚众商议做皇帝的事。他说："现在刘氏天下很微弱，国家动荡不宁，我家四代居三公高位，为天下百姓归心，我想应天顺民做皇帝，不知大家的想法怎么样？"

袁术一向骄横，部下不敢忤逆他，所以都不吭声。只有主簿阎象站出来说："从前，周王朝从后稷到文王，积累了很多功勋恩德，拥有天下三分之二的面积，仍然以臣子的身份尊奉殷王朝。将军的家世虽然几代显达，也不如周文王强盛，汉代虽然微弱，也不似商纣王那么残暴无道。"言外之意是不应该称帝。

袁术听后很不高兴，只得暂时搁置此事。稍后，袁术不甘心，希望得到孙策的支持。孙策此时渐渐占有江东，羽翼既成，非袁术所能控驭。孙策得知袁术想要称帝的消息，不仅不支持，还通过张纮写信责备袁术，并申明与袁术断绝关系。

此时，袁术应该打消念头的，但是，欲望一旦上来，是很难遏制的。特别是曹操迎献帝都许之后，他急不可耐，甘冒天下之大不韪，于建安二年（197年）正月，在寿春正式称帝。

皇帝拥有至高无上的权力，充满诱人的光环。在天下分崩的当世，想做皇帝的人的确不少。但是，皇帝这东西不是谁都做得了的。在局势不明朗、实力不足以威慑天下时，没人敢越雷池一步。这是因为，在正定名分的专制时代，在原有皇帝尚在的情况下，谁称帝，谁就是乱臣贼子，就会遭到天下人的攻击，而且这攻击还是名正言顺的，正所谓"诛乱臣贼子"。袁术无德无势，妄自称帝，是自取灭亡。

曹操此时正忙于征伐张绣，不便调转兵锋征讨袁术。当然，曹操不可能对袁术的胆大妄为无动于衷。事实上，在此之前，曹操就从"上兵伐谋"中得到启示，对袁术采取了孤立、围困、间或打击的策略。

袁术的北面是曹操，西面是刘表，东边是吕布，南面是孙策。刘表是袁术的宿敌，他们不可能联手。曹操就在袁术的东面、南面做文章。他捐弃前嫌，化解与吕布的矛盾，离间和分化袁术与吕布的关系。笼络孙策，对孙策加官晋爵，借以分化袁术、孙策。

袁术在称帝之前曾打过吕布的主意，希望拉拢吕布共同对付曹操和刘备。

袁术与吕布联手后，吕布自觉有了依靠，便反客为主，将刘备赶出了徐州。刘备无处落脚，便投奔到了许都。袁术称帝后进一步拉拢吕布，希望实行政治联姻，形成扬州和徐州联合的局面，共同对付曹操，便以韩胤为使者，向吕布通报自己称帝的情况，并让自己儿子迎娶吕布的女儿。

吕布是个目光短浅的人，见袁术称帝，就觉得女儿嫁过去或许将来能够成为皇后，就答应了袁术的要求，并派兵送其女儿去淮南。这件事被其下属陈珪听到了，陈珪早已倾心曹操，他担心吕布与袁术联姻，将造成徐、扬二州合纵的局面，给国家带来更大灾难，便赶紧求见吕布，对吕布讲：

> 曹操奉迎皇上，辅佐国政，威武英明举世闻名，将要征服天下，将军应该与曹操同心协力，使自己安于泰山。现在与袁术结成亲家，将承受大逆不道的名声，必定危于累卵。

吕布本是一个没有主见之人，一听便犹豫起来。他想到当初从关中逃出来时袁术不肯收留的情形，心中来气，连忙派人把已经打发上路的女儿追了回来，并将袁术的使者韩胤用刑具套住，押往许都，交由朝廷发落。曹操正顾忌袁术与吕布联合，所以，吕布的使者将韩胤押往许都后，曹操立即将韩胤处死。

为了进一步拉拢吕布，曹操奏请献帝任吕布为平东将军，还亲自给吕布写信，对吕布厚加抚慰，并对吕布检举揭发袁术表示肯定，希望吕布再上一份奏章给朝廷，以表明忠心。

吕布得到诏书和曹操的亲笔信后，非常高兴，立即派陈珪之子陈登去许都向献帝谢恩，同时，带去了一条上好绶带答谢曹操。吕布在给献帝的上书中写道：

> 臣下本来应该迎奉天子的（但是因缺粮没有成行），知道曹操对皇上忠心仁孝，将皇上接到了许都。臣下此前同曹操交过兵，现在曹操保护着陛下，臣下作为外将，想带兵相随，又担心生出误会，所以，只好待罪徐州。是进是退都心不自安。

在给献帝上书的同时，也给曹操写了一封信，信中写道：

> 吕布是有罪的人，应当斩首。承蒙您亲自写信慰劳，厚加奖赏，又见到要求捉拿袁术的诏书，吕布当尽心竭力，以身报国。

功夫不负有心人，曹操稳住了吕布。

曹操在稳住吕布的同时，刻意拉拢江东的孙策。

这时的孙策已与袁术断绝了关系，占有江东六郡，为后来的东吴打下了基业。

建安三年，孙策派张纮到许都进献地方特产。曹操利用这个机会，表荐孙策为讨逆将军，由乌程侯晋封吴侯，将自己弟弟的女儿许配给孙策的弟弟孙匡，为自己的儿子曹彰迎娶了孙策堂兄孙贲的女儿，还礼召孙策的弟弟孙权、孙钢。又命扬州刺史举荐孙权为茂才。对孙策的使者张纮也委以侍御史的职务。曹操这样做，自然是为了利用和控制孙策。

很明显，礼召孙权、孙钢，实质上是想将他们当人质。孙策自然不会上当。但曹操这么做，至少可以阻止孙策同袁术任何可能的重新联合。使袁术陷入孤立无援的境地，不得不坐困愁城。

曹操拉拢吕布、孙策，孤立袁术的策略取得了效果，袁术陷入了四面楚歌的境地。

袁术并没有意识到自己的困难处境，因吕布断绝婚姻，将使者押送许都斩首，蠢血立即沸腾起来，派大将张勋、桥蕤等，联合杨奉、韩暹等部，出动步骑数万，攻打吕布，直扑下邳（今江苏睢宁西北）。

当时，吕布兵力弱小，袁术又来势汹汹，担心抵敌不住，便埋怨陈珪说："你要我断绝婚姻，招致袁术的进攻，都是你造成的，现在怎么办呢？"

陈珪说："韩暹、杨奉和袁术的军队是仓促之间拼凑起来的，他们不是一条心，不能相互支援，我儿子陈登把他们比作一群鸡，势必不能同栖一处。我们可以设法离间他们。"

于是，吕布依陈珪之计，给韩暹、杨奉写信，信中说：

两位将军护卫大驾东归，有大功于国家，这功绩应当书写在史书上，永垂不朽。现在袁术大逆不道，大家应当共同征讨，怎么反而与贼臣一道来进攻我呢？我有杀董卓的功劳，与两位将军同为功臣，可以趁现在的机会，一起讨伐袁术，为天下讨贼立功。现在正是时候，不要错过。

除写信外，吕布还许诺给韩暹、杨奉等部军用物资。

韩暹、杨奉收到吕布来信后，临阵倒戈，同吕布合兵一处将袁术打得惨败。袁术10个重要将领被杀，军士死亡不计其数。最后，袁术只带着5000余人逃回寿春。

袁术败回寿春后稍微休整了一段时间，又打算重整旗鼓再与吕布决战。他派人到陈国筹措军粮，陈国相不给，袁术一怒之下杀了陈国相和陈王刘宠。

陈国靠近许都，袁术这个不知死活的东西居然捋起虎须来了。曹操利用征张绣的间隙，于建安二年九月，宣布袁术的罪状，发兵征讨。袁术自知不敌，仓皇南逃。曹操引兵追击，大败袁术，斩其大将桥蕤、李丰、梁纲等人。

此时袁术气息奄奄，或许在曹操看来，袁术已不足为虑，也就没有再行追击。

古人云："生而富者骄，生而贵者傲。"袁术就是典型的骄傲公子。其人德不足以服人，才不足以自立。骄纵奢淫，贪求无厌。南阳本是东汉开国皇帝刘秀的发迹之地，达官贵人历代都有，境内户口百万，财富充裕。可是袁术横征暴敛，挥霍无度，弄得老百姓穷困潦倒，怨声载道。到淮南后也不稍加收敛，称帝后为了撑门面，更加荒淫奢侈。称帝当年，江淮一带闹灾荒，颗粒无收，百姓挨冻受饿，甚至到了人吃人的悲惨境地，袁术却在宫中养着数百妃嫔，依然过着醉生梦死的生活。等老百姓榨干了，袁术再也混不下去了。

建安四年，袁术放火烧了宫室，厚着脸皮投奔自己的部下陈简、雷薄，被陈简、雷薄拒绝。粮食吃光了，士卒也逃走了，袁术这才觉得这个皇帝做不下去了，考虑来考虑去，决定将"传国玉玺"送给哥哥袁绍，派人给袁绍送了一封信，信中说：

> 汉王朝失掉天下已经很久了，天子被人掌控，政令出自私门。豪强竞相角逐，国家四分五裂，这与周代末期的形势没有什么区别，最后将由最强大的人来统一。我们袁家应当君临天下，符瑞图谶已经显示得非常清楚。现在你已经有了四州之地，民户达到百万。论力量没有谁比你更强大，论德望没有谁比你更崇高。曹操想拯救衰微，又怎么能够把断绝了的天命重新挽救回来呢？

建安四年（199 年）三月，袁绍拿下易京，灭公孙瓒，占据青冀幽并四州，势倾天下。自此之后，供给朝廷的贡品越来越少。收到袁术的信后，当皇帝的想法越来越强烈。他私下指使主簿耿苞当众向自己启奏："代表赤德的汉朝已经衰亡，代表土德的袁氏应当即位，顺天应民。"

袁绍将耿苞的启奏予以公开，让群下讨论。可手下的人不知底细，不仅不赞成，反而说耿苞妖言惑众，应当斩首。袁绍没有办法，只得将耿苞斩首，以此洗清自己。

袁术毕竟是自己的弟弟，袁绍还是打算将他接到冀州来。就让长子袁谭从青州派人前去迎接。袁术得到消息后，打算经过下邳北上青州。曹操闻讯后，派刘备、朱灵等人到下邳截击。袁术难以通过，只得退回淮南。

袁术回到淮南，又怄气又担心，终于一病不起。这时，袁术粮食耗尽，只有麦屑30斛，袁术怎么也咽不下去。时值六月，烈日当空，酷热难耐，袁术想喝一口蜜水，却怎么也找不到。袁术独自坐在床上，叹息良久，突然大叫："我袁术怎么到了这个地步啊！"叫完栽倒在床下，吐血一斗多后死去。

骄狂不可一世的袁术死了。袁术之死，是他骄狂任性、造次行事的结果。有道是不作死就不会死，袁术偏要自己作死，连上天都保佑不了他。

当然，曹操孤立、围困、打击的策略加速了袁术的死亡。袁术死后，曹操的势力扩展到了长江沿线。

袁术宫中那块传国玉玺在混乱之中被徐璆得到。徐璆是广陵（今扬州）人，当地名士。曾做过荆州刺史、汝南太守等职。献帝都许以后，征他为廷尉，但被袁术拦下。袁术称帝后想任他为三公之职，他宁死不从。袁术败亡后，徐璆来到许都，将传国玉玺上交了朝廷。


## 二、擒杀吕布

曹操为孤立袁术，一度捐弃前嫌，与吕布和好。但是，曹操内心仍然对吕布怀有戒心。毕竟，吕布是自己的宿敌，这种敌对的情结不是说放下就能放下的，况且吕布素无信义，是一个反复多变的小人，曹操在厚接吕布的同时不能不多留一点心眼儿。

正因为如此，曹操在联络吕布孤立袁术的同时，也对吕布进行了必要的防范。

建安元年（196 年），刘备被吕布打败后投奔许都，曹操没采纳程昱的建议铲除刘备，反而厚待刘备，给刘备补充兵员和粮草，让刘备依然屯驻小沛（今江苏沛县）。目的就是让刘备牵制吕布，在东部前线为自己设置一道屏障。

此外，让陈珪、陈登父子做内应，在吕布内部安插钉子。

吕布的部下沛相陈珪，倾心朝廷，在拆散袁术、吕布之间的联合方面立了大功。吕布后来接到献帝的诏书和曹操所赐印绶、书信，非常高兴，就让陈珪之子陈登去许都向献帝谢恩，同时带上一条上好绶带答谢曹操。

陈登来到许都后，对曹操说："吕布有勇无谋，轻易反复，是靠不住的，应当尽早除掉他。"

曹操这时才亮出底牌，说："吕布，狼子野心，诚难久养，除了你别人很难看透他。"

曹操非常看重陈珪、陈登父子。因为陈氏是当地世家大族，陈珪与袁术是故交，又是吕布的部属，要离间、分化袁术和吕布，陈珪父子是最理想的人选。曹操正好把陈珪父子当作楔子，揳在袁术和吕布之间，使袁术、吕布不得亲近。

于是，增陈珪的俸禄为 2000 石，任命陈登为广陵太守，并让陈登暗中集合部队做内应，以对付吕布。临别时，曹操紧握着陈登的手，动情地说："东方的事就拜托你了！"

陈登回到徐州后，吕布见朝廷没有满足他做徐州牧的要求，大怒，拔出戟使劲砍在桌子上，指着陈登说："你父亲劝我同曹操合作，断绝了与袁术的关系，而我现在什么也没有得到，可你们父子都显达了，我岂不是被你们卖了？你给我说清楚，曹操到底是怎么说的？"

吕布杀气腾腾，气氛紧张到了极点。可陈登不动声色，镇定自若。他缓缓地说："我见到曹公后就跟他讲：'对待吕布就要像养虎一样，应当用肉将他喂得饱饱的，不然，他就会吃人。'可是，曹公却说：'不是像你说的那样，我看倒是像养鹰，让他饿一点就能加以利用，真要是吃饱了，那他就会飞走。'曹公就是这么说的。"

这段话颇值得玩味。陈登临危不惧，反应敏捷。说起话来不卑不亢，底气十足。意思是：我为你争取了的，态度十分坚决，而且话中有话，如果不满足你吕布的要求，可能要倒大霉；但是，曹操有曹操的想法，担心满足了你的要求后你就不受控制了。潜在的意思是，曹操并没有放弃你，还是很想利用你，你急什么呀？

吕布本来没什么主见，听了这话，信以为真，慢慢消了气。

曹操让刘备进驻小沛、让陈珪父子做内应，成功地在袁术和吕布之间打进了一个楔子，使这二人不仅不能联合，反而兵戈相见。结果，袁术、吕布两败俱伤，曹操则坐收渔人之利。

建安三年（198 年）夏，吕布趁袁术坐困愁城、曹操第三次征讨张绣的机会，在徐州扩大势力，派中郎将高顺和鲁相张辽进攻小沛刘备。因担心曹操来救，又派人到寿春，企图与袁术重新修好关系。

曹操派夏侯惇援救刘备，被高顺打败。于是，曹操决定东征。

东征之前，曹操内部有过不同意见，刘表、张绣在后，东征吕布很可能面临两线作战。

荀攸说："刘表、张绣刚刚遭受打击，势必不敢再动。吕布骁勇，又依仗袁术相助，如果让他纵横淮水、泗水之间，一些豪杰必然响应。现在趁吕布刚刚反叛、众心不一时前去攻打，一定能够成功。"

曹操认为荀攸说得有理，便于建安三年九月，亲率大军东征吕布。

部队刚刚出发，就传来消息，说吕布已经拿下小沛，刘备单身逃走。原来在泰山一带活动的臧霸、孙观、吴敦、尹礼、昌豨等地方实力人物，都归附了吕布。曹操便加速进兵，行进到梁国，遇到刘备，于是一同东进。

吕布见曹操势大，赶紧收缩战线，退到彭城，打算在此停留固守。十一月，曹操进抵彭城。

吕布手下谋士陈宫说："我们应该趁曹军远来疲惫的机会，迎头痛击，一定会取得胜利。"吕布却不同意，说："不如让他们前来进攻，等他们横渡泗水时，我们发起突击，把他们困在水中。"

但吕布没有想到，曹军攻势凌厉，吕布来不及反击，曹军已经渡过泗水，并很快就拿下了彭城，俘获吕布所置彭城相侯谐。吕布只得率败军仓皇逃往徐州治所下邳。

曹操攻下彭城后下令屠城。初平四年，曹操攻陶谦时，彭城被屠城过一次，短短几年，彭城再次遭受屠城，可见，军阀混战给人民带来多大灾难！如果讲曹操的污点，屠城才是他最大的污点。

曹军向下邳挺进途中，广陵太守陈登也起兵配合，曹操以陈登为先锋，挥军直指下邳。

吕布一面紧急派人向袁术求救，一面带领千余骑兵迎战。

曹军士气高涨，一鼓作气，将吕布打败，并俘获吕布部将成廉。吕布只得退回下邳。曹军攻到下邳城下，将下邳团团围住。

下邳城池坚固，一时难以攻下。为减少部队伤亡，曹操给吕布写了一封信，讲明利害关系，敦促吕布缴械投降。

吕布自感不敌，打算投降。陈宫竭力反对，他说："曹操劳师袭远，军粮补给肯定会发生困难，其势不可能长久。不如将军带一部分人到城外，我带其余兵力守城，敌人进攻将军，我就从背后攻击敌人，敌人如果攻城，将军可以在外接应，这样不出 10 日，敌军粮食耗尽，我们再乘胜追击，肯定能够取胜。"

吕布听取了陈宫的意见，准备出城。这时，吕布的妻子却出来反对，她说："陈宫、高顺素来不和睦，将军一走，他们肯定不会同心守城。万一有差失，将军何以立足呢？况且曹操过去像对待骨肉一样对待陈宫，他却离开曹操投奔我们，可现在将军对待他并没有超过曹操，却要将城池和妻儿交给他，孤军外出，万一发生变故，我还能够做将军的妻子吗？"

吕布一听，又没有了主意，只等袁术来救。

吕布的使者许汜、王楷到寿春见到袁术后，袁术生气地说："吕布不肯将女儿嫁给我儿子，理应失败，今天怎么还来求我呢？"

使者说:"明上现在不救吕布等于自取其败。因为吕布一破,明上也不能自保。"

袁术此时已经称帝,所以称他为"明上"。袁术觉得有理,答应出兵。但此时,袁术已经气息奄奄,没有多少兵力可派,只是象征性地做做声援而已。

吕布见救兵不至,以为袁术还在生断绝婚姻的气,于是用锦缎将女儿缚在马上,准备趁天黑亲自把女儿送出去。但是,曹军戒备森严,根本出不去。吕布只得退回,艰难度日。

这时,曹军久攻不下,士卒疲惫已极,曹操便动了撤军的念头。荀攸、郭嘉劝阻道:"吕布有勇无谋,现在屡战屡败,锐气尽失。三军以将为主,将衰则军无斗志。陈宫有智谋,但见事迟,我们应该趁吕布元气还没有恢复,陈宫的计谋还没有出台的机会,加紧进攻,下邳城一定可以拿下。"

曹操听后,加紧攻城,并引泗水、沂水灌城,使下邳浸泡在一片汪洋之中。

吕布部众人心浮动,上下相离。部将侯成与宋宪、魏续密谋,趁陈宫、高顺不备,将二人捆绑起来,私开城门投降了曹操。吕布再也坚持不下去了,只得出城投降。

曹操在下邳城白门楼召集文武,公开处置吕布、陈宫等人。

吕布被押解上来,他一见到曹操,主动说:"明公怎么这么瘦呢?"

曹操虽与吕布打过交道,但是不觉得吕布对他很熟分。反问道:"你怎么认识我呢?"

吕布说:"以前在洛阳温氏园见过。"

曹操若有所思,说:"啊,大概是我忘了。我之所以这么瘦,是因为一直不开心没能把你早早捉住。"

吕布窘迫极了,不知怎么回答好。这时感觉身上的绳索绑得太紧,疼得受不了,就央求说:"绳索绑得太紧了,请松一松。"

曹操说："捆绑老虎，不能不紧一些。"

吕布说："齐桓公放弃射钩之仇而任管仲为相，明公所顾虑的就是我吕布，现在我已经服了，天下不足为虑。明公统领步军，我来统领骑兵，天下不难平定。"

吕布希望用齐桓公舍弃射钩之仇而任管仲为相的历史典故，诱导曹操宽恕他，重用他。曹操听后有些动心，便犹豫起来。

这时，吕布又央求刘备，对刘备说："玄德，你为座上宾，我为阶下囚，你就不能为我说上一句好话，以求得宽解吗？"

刘备默不作声。曹操笑着说："怎么不直接对我讲而去求刘使君呢？"说完，就让人松绑。看来，曹操有些心软了，想宽恕吕布，又不想让刘备落了人情。

主簿王必见状，赶紧上前劝阻，说："吕布是个强虏，其部下就在附近，不能轻易松绑！"

曹操听了，把手一摊，说："我本想松绑，可主簿不同意，怎么办呢？"

曹操说这话显然是搪塞。但是，态度确实有些缓和。一直在一旁一言不发静观事态发展的刘备，再也沉默不下去了，赶紧站起身来，向曹操进言道：

"难道明公没有看见吕布是怎样对待丁建阳和董卓的吗？"

这是一句至关紧要的话，它提醒了曹操，使曹操想起了吕布卖主求荣、朝秦暮楚的一幕幕往事，感到吕布确实可憎可恶，留下来绝没有什么好处，便决定将吕布处死。

刘备的一句话要了吕布的命。吕布临死前大骂刘备："大耳儿最不是个东西！"

据说刘备"双手过膝，目能自视其耳"，所以称他"大耳儿"。

下面轮到陈宫。曹操不无讥讽地说："公台平生自以为智计有余，今天怎么到了这个地步？"

陈宫用眼睛瞪着吕布，说："只因此人不听我的话，以致弄到了这个地步，如果他听了我的话，不一定能让你捉到。"

曹操笑着说："你看今天这事怎么办呢？"

陈宫平静地说："我作为人臣不忠，作为人子不孝，死是当然的。"

曹操说："你死了，你的老母怎么办呢？"

陈宫长叹一声，回答说："我听说以孝治天下的人，是不会加害他人的父母的，老母是死是活，由你决定。"

曹操又问："那么，你的妻子、孩子怎么办呢？"

陈宫回答说："我听说施仁政以治天下的人，是不会断绝别人的后代的。我的妻子、孩子是死是活，也由你决定。"

曹操听了不再说话。陈宫说："请把我拉出去处死，以彰明军法。"

说完就向外疾走，军士拦都拦不住。曹操百感交集，流着泪在后面送行，陈宫竟头也不回。

曹操下令将吕布、陈宫、高顺一并缢死，将首级送往许都示众，然后安葬。不仅没有杀陈宫老母和妻儿，还特地将他们接到许都，奉养陈宫老母到去世。陈宫的女儿长大成人后，曹操还为她操办了婚事。

以上不厌其烦地将曹操处置吕布、陈宫的过程详细叙述出来，是因为这段文字值得玩味，对我们全面审视曹操有所帮助。从中不难看出，曹操作为一个胜利者，其骄矜和狡黠不言而喻，但多少有些人情味，尤其是与陈宫的对话，令人荡气回肠。

吕布的勇武是出了名的，当时就有"马中赤兔，人中吕布"的说法。曹操又极具爱才之心，在吕布表示臣服，尤其是吕布提到齐桓公舍弃射钩之仇而重用管仲之后，确有存用吕布的想法。只因刘备的提示，曹操才想起吕布的斑斑劣迹，为避免重蹈丁原、董卓的覆辙，才将吕布处死。

陈宫是著名的才智之士，曾为曹操做兖州牧立有大功。尽管他后来迎吕布袭兖州背叛了曹操，曹操因爱才，更念及旧情，还是准备捐弃前嫌留用他。陈宫表示就死的意向后，曹操又希望用亲情打动他，使他回心转意。但陈宫不以老母和妻儿为念，执意就死，曹操无法挽留，就在后面流着眼泪为他送行。陈宫死后，能够厚待他的家人，说明曹操胸怀是宽广的，度量是大的。曹操虽然没有挽留住陈宫，但是，或多或少留下了爱才的名声。

陈宫的死令人痛惜。按说，陈宫是个正直而有本事的人，他觉得曹操奸诈狠毒，背叛了曹操。但是，他偏偏选择了吕布。事实上，无论从哪方面看，吕布与曹操都相差甚远。在择主而事这一人生关键问题上失败了，这是他的悲剧所在。陈宫有活下去的希望，偏偏不愿活下去，或许不愿像吕布那样朝秦暮楚，怕遭人唾骂，想保持自己的名节。但是，他不理解择善而从的真谛，不知道什么是识时务者为俊杰，因而表现得很不明智。

陈宫蔑视曹操的为人，宁愿去死也不愿与曹操为伍，可是，他的死，却成就了曹操，让曹操获得了人们的好感，这不是讽刺么？

中国古代，谋士对其主子具有浓厚的人身依附关系，在内心深处把自己绑定在主子身上，对主子忠心耿耿，甚至肝脑涂地都在所不惜。陈宫就是以这样的心态跟定吕布的，最终，他为一个不值得为他而死的人死了，这是典型的士人的悲剧。

曹操这次东征徐州大获全胜，擒杀了吕布，消灭了一个强大的对手，将势力拓展到东海之滨。

我们认为，曹操胜利的原因可以归纳为以下几点：

第一，具有"奉天子以令不臣"的政治优势。曹操东征吕布，是代表朝廷诛乱臣贼子，因而师出有名，名正言顺。陈珪父子倾心曹操，甘心做曹操的内应，并在关键时候出兵相助，除钦佩曹操的雄才大略外，主要是因为曹操具备了这样的优势。

第二，采取了行之有效的斗争策略。首先是拉拢吕布，分化吕布与袁术的关系，在孤立袁术的同时也孤立了吕布；其次，让刘备进驻小沛，制约吕布；最后以陈登为内应，在吕布和袁术之间打进一个楔子，进一步制约吕布。以上三招结成一个无形的巨网，罩在吕布的头上，让吕布动弹不得。吕布一反叛就收网罗雀，吕布插翅难飞，束手就擒。

第三，曹操善于听取部属的意见。东征的决策就是听取了荀攸的意见。战斗到最关键的时候，攻下邳不下，士卒疲惫，准备撤军时，又是听取了荀攸、郭嘉的意见，避免了半途而废。

　　吕布的失败，主要有两条，一是反复多变，不得人心。吕布生逢乱世，毫无政治头脑，朝秦暮楚，不得人心。陈登说他"勇而无计，轻于去就"。"譬如养虎，不饱则噬人。"曹操说他"狼子野心，诚难久养。"陈寿在评语中说："吕布像老虎一样勇猛，却没有出色的谋略，轻浮狡猾，反复无常，见利忘命，这样的人，从古到今，没有不失败、灭亡的。"点中了吕布的要害。可惜吕布至死不悟，被曹操捉住后还摇尾乞怜，幻想活命，无半点骨气，实在令人作呕。他虽然仪表堂堂，只不过是"金玉其外败絮其中"。

　　二是暴戾自负，不纳忠言。程昱说他粗鲁不近人情，自负不讲礼义。部将侯成派人买来15匹良马，没想到那人却将马拐走送给刘备，后被侯成追了回来。诸将听说后买来礼物表示祝贺，侯成就备了些酒菜招待大家。侯成事先送了一些酒菜给吕布，并向吕布讲明了情况。没想到吕布大怒，说："我下令禁酒，你们却在一块儿吃吃喝喝，称兄道弟，是不是要谋害我？"说得侯成面如土色。这样处置问题，无疑会让部下寒心。一些将领心不自安，干脆倒戈。

　　陈宫本来很有谋略，多次给他提出有价值的建议，但是他很少听进去。陈宫临死前就倒了苦水，讲了这方面的情况。手下将领高顺曾规劝过吕布，对吕布说："大凡亡国的君主，并不是没有英明智慧的忠臣，只不过有忠臣而不被重用罢了。将军您一言一行都不认真思考，突然之间就办错事，动不动就说错话，犯的错误简直数不过来。"

　　这是推心置腹的倾诉，任何人都应该有所触动，但是，吕布不仅听不进，甚至人为地疏远高顺。像吕布这样的人，在大浪淘沙的东汉末年，是注定被淘汰的。

　　徐州是一个大州，有不少杰出人才。曹操占有徐州后，将这些人才一一收罗到自己的身边，为自己所用。其中著名的有：

　　陈纪、陈群父子。陈纪是许都人，与父陈寔、弟陈谌俱为著名党人，号曰"三君"。董卓为祸时，他们来到徐州避乱。曹操迎献帝都许以后，奏请献帝任袁绍为太尉，袁绍就把太尉让给陈纪，陈纪没有接受。陈纪投归曹操后，被任命为大鸿胪，位列九卿。陈群字长文，少有才名。刘备为徐州刺史时，任陈群为别驾（别驾是州牧或州刺史的行政副官，常随州牧、刺史出行，另乘车驾，故名）。吕布败亡后，经荀彧推荐，被曹操任命为司空西曹掾属，负责人事工作。陈群竭忠尽智，颇有建树，为曹魏名臣。

陈珪、陈登父子。曹操铲除吕布后，封陈登为伏波将军，任广陵太守。在发展农业生产、抵御孙权扩张、稳定江淮一带政局等方面做出了突出贡献，受到当地人民拥戴。

张辽。张辽字文远，雁门马邑（今山西朔县）人，生在边郡，长于骑射，勇武过人。他与吕布的经历大致相同，先从丁原，后依董卓，再随吕布。但他的为人是吕布不能比的。吕布败亡，他投降曹操，被任为中郎将，封关内侯。后随曹操南征北战，是曹魏名将。有人说曹操"谋臣之首当推荀彧，猛将之雄则为张辽"。

臧霸等人。臧霸、孙观、吴敦、尹礼、昌豨等人原是陶谦部将，陶谦死后，便在泰山一带占山为王。后归吕布。吕布败亡后，臧霸躲了起来。曹操找到后让他去招降孙观等人。这些人都被任为太守之类的职务。

曹操专门划出青州、徐州一带靠海的地方交由臧霸治理，并让臧霸招降徐翕和毛晖。

徐翕、毛晖在兖州叛乱时背叛曹操。曹操让刘备给臧霸带话，要臧霸把徐翕和毛晖两人的人头割下送去。臧霸对刘备说："我臧霸之所以能够立于人世，就是因为我不干这样的事。但我受到曹公保全性命的大恩，不敢违反他的命令。然而，建立王霸之业的君主是可以用情义去说服的，请你帮我说一说。"

刘备将臧霸的话转告曹操，曹操立即召见臧霸，说："这是古代贤人才能做到的，你却做到了，这正是我的希望啊！"

于是，曹操不再追究徐翕、毛晖的罪过，还任命他们为郡守。

我们敬佩臧霸的操守，我们更敬佩曹操的大度。

曹操将徐州善后事宜处理完毕之后，任车胄为徐州刺史，管理徐州，自己带着大军，连同刘备一起回到许都。

### 三、败走刘备

东征吕布的战役结束后，曹操即把刘备带到许都。

按理说，刘备曾经执掌过徐州，曹操可将徐州交由刘备治理。但曹操不可能这么做。因为，曹操深知刘备素有大志，且深得人心，在徐州有相当的基础，如果让刘备继续执掌徐州，很可能导致尾大不掉的局面。把刘备带回许都，避免放虎归山、横生枝节，是有利于他削平军阀割据、促进国家统一的。车胄虽是曹操的心腹，但曹操也没有任他为徐州牧，而是任他为徐州刺史。由此可以看出，曹操削平割据的决心。

曹操将刘备带回许都后，即奏请献帝任刘备为左将军。左将军位列上卿，主征伐。平时虽不掌兵权，但是，战时却是朝中领兵大将。曹操对刘备格外亲善敬重，外出同车，入座同席，并任刘备的部属关羽和张飞为中郎将。

曹操这样厚待刘备，主要出自战略考虑。当时四海分崩，军阀各拥兵自重，征伐不已。曹操就是希望通过厚待刘备为军阀树立一个样板，以期他们放弃兵权到朝中任职，共同辅佐朝廷，达成国家的统一。

曹操一方面致力于国家的统一，另一方面强化个人的权威。或许在他看来，这二者并不矛盾，甚至相辅相成。

作为权臣，曹操置身于嫌疑之地，在上下相疑的当时，曹操不能不加强防范。为此，他加强了对献帝及群臣的监控。在献帝和群臣的周边遍插亲信，使献帝和群臣的一举一动尽在掌握之中。同时，对一些不亲附于自己的朝中旧臣进行过打击和迫害。

迎献帝都许的当年，议郎赵彦为献帝进言，被曹操杀害。

据《后汉书·杨彪传》记载：太尉杨彪是朝中仅存的元老重臣，又出自名门之后，自曾祖杨震以来，四代显贵，为国人所仰重。曹操忌刻他，在袁术称帝以后，因杨彪与袁术有姻亲关系，就诬陷他想废帝另立，将他逮捕下狱。

细察此事，《后汉书》的记载可能有问题。杨彪既然与袁术有姻亲关系，袁术称帝是大逆不道之罪，当诛灭九族，按当时的法律，杨彪受连坐很自然，曹操没有必要诬杨彪欲废帝另立。因为杨彪无权无势，根本没有能力行废立之事，明眼人都看得出来。曹操或许只是借机整一整他。后来荀彧特别是孔融反对，曹操就把杨彪放了出来。

曹操诛杀赵彦、整治杨彪，意在向还没有亲附于自己的朝中旧臣示警。

曹操在一定程度上达到了目的。建安元年被任命为辅国将军的伏完（汉桓帝的女婿、汉献帝岳父），因身为贵戚，恐位尊招忌，便屈尊降志，上交印绶，改做了中散大夫这一闲官。杨彪经过打击后，不再过问政事。朝中大臣看到政归曹氏，于是倾心曹操，乐为曹操所用。

当然，曹操为人深沉老辣，对朝中大臣并非一味逞凶，更多的是蓄意笼络，以收揽人心。

建安三年（198年），也就是曹操惩治杨彪一年以后，袁绍因过去与杨彪、大长秋梁绍、少府孔融有矛盾，要曹操找借口将他们除掉。曹操自然不会干替袁绍杀人而自己落骂名的蠢事，就致信袁绍：

> 现在天下土崩瓦解，英雄豪杰纷纷兴起，朝中大臣和各州郡首领都心情沉重，各有各的打算，这是上上下下相互猜忌的时候，即使真心待人，还担心别人不相信。如果无故杀人，那么还有谁会安心呢？过去，汉高祖赦免雍齿背叛自己的罪过而使群臣心安，您怎么忘了？

曹操这番话说得冠冕堂皇，事实上他本人也没有完全做到。

在专制社会，权臣的日子一般都不大好过，容易受到皇帝和群臣的猜忌。不加强防范和控制，自己很可能身首异处。防范和控制过严，容易遭到反弹，同样把自己置于危险的境地。曹操就是处于这样的位置，个中的分寸实在难以拿捏和把握。总体看，曹操还是相当成功的，他尽可能站在道义的高度，对群臣刻意笼络，只要不对他构成直接的现实的威胁，他就力求以德服人。

不料，建安四年（199年）春，发生了"衣带诏"事件，这件事让曹操背负了不忠的骂名。

范晔《后汉书·董卓传》说："帝（献帝）忌操专逼，乃密诏董承，使结天下义士共诛之。"意思是说，献帝不堪忍受曹操的操控、威逼，以赠送服饰的形式，将密诏藏在衣服里，让岳父董承联结天下义士，共诛曹操。

其实，这件事疑窦颇多。吕思勉在《三国史话》中就对此表示了怀疑。我们知道，《后汉书》成书较晚，其史学价值远不如陈寿的《三国志》和袁宏的《后汉纪》。《三国志·先主传》在讲到这件事时说"献帝舅车骑将军董承辞受衣带中密诏，当诛曹公"。这里的"辞"是宣称的意思，是董承自己在说，这当然不可信。《资治通鉴》则干脆将"辞受"改为"称受"，意思更加明确董承是在自说自话。袁宏的《后汉纪》更是直接表示否定，甚至连"衣带诏"也只字未提。

我们认为，刘协此时已经19岁，正值青春逆反期，他想亲政的愿望肯定是有的，一时冲动想通过"衣带诏"诛杀曹操也不能完全排除，但这种可能性很小。曹操将汉献帝接到许都的初期，他们之间的关系总体看是说得过去的。献帝刘协既然聪明，他就应当明白，当时的曹操在大节上是说得过去的，是曹操让他有了安身之所，是曹操让他享受到富贵尊荣，如果没有曹操，他刘协被饿死、困死、虐死也未可知。如果觉得自己这个皇帝有名无实，就想铲除曹操，直接执掌政权，也只能说明此时的献帝显得愚妄、浅薄和狂躁。事实上，在当时除了曹操还有哪一个能够掌控局面的实力派人物是值得信赖的忠臣呢？当然没有。既然没有，他就不该也不会贸然与曹操翻脸。

再来看看董承。董承原本是董卓女婿牛辅的部将。董卓的西凉军为害匪浅，这一军团的文化造就不出忠贞之士，连贾诩这样的文士都罔顾社稷，在关键时刻为李傕、郭汜之流出歪主意，何况他人？如果严苛一点说，董承本是西凉军团的残渣余孽，属于应该惩治的漏网之鱼。因此，我们没有理由把他看作是什么忠臣。再说，东汉后期，除了宦官当权之外，就是外戚干政。董承或许也想重温外戚干政的旧梦也未可知。

曹操对外戚干政深恶痛绝，自然不得不对握有一定权力的董承刻意防范和控制，这种防范与控制很可能让董承如芒在背。因此，不能排除是董承自导自演了"衣带诏"事件。

此外，我们不能够想象，如果"衣带诏"事件真是献帝所为，以曹操的性格和为人，他怎么能够与献帝和平共处？纵然不杀他，又怎么能够不废他，还一如既往辅佐他？

"衣带诏"事件看来是董承设的局，但曹操因此饱受责难和非议。

刘备因与皇室有些瓜葛，又不是曹操亲信，董承就把他拉了过来。

史书上都说刘备素有大志，这是一种褒义的说法，其实，在乱世，这"大志"往往意味着野心。

正因为刘备野心大，所以，尽管曹操厚待他，他也不甘心归顺曹操。现在，他参与了"衣带诏"密谋，因而处处小心谨慎。为此，他深居简出，在后园种菜，以打发时光。意在韬光养晦，麻痹曹操。

但曹操慧眼识人，认定他是个英雄。一次，曹操前往探视，与刘备一起，边喝酒边谈论天下英雄。刘备装傻充愣，言辞闪烁，一连数了当时好些个军阀，曹操一一否认。刘备露出一脸茫然的样子，意在表示自己肉眼凡胎，看不出谁是英雄。

曹操爽朗地说："天下英雄，只有你刘备和我曹操二人，袁绍之流是排不上号的！"

刘备听到后，惊慌失措，连筷子都掉在了地上。此时天空中正好传来霹雳声，刘备便说："这雷声也太大了，吓了我一大跳，连手中的筷子都掉在了地上！"巧妙地将自己的惊慌掩饰过去了。

刘备听到曹操说自己是英雄，就惊慌失措，是担心曹操不能容他。事实上，曹操知道刘备饶有雄图，是一个不甘屈居人下的人，依然对他非常亲近，并委以重任。由此看来，曹操的胸襟格局远大于刘备。世人受《三国演义》的影响，总以为刘备厚道，曹操心胸狭隘，事实并非如此。

建安四年（199 年）六月，许都传来淮南袁术因穷途末路将北投袁绍的消息。因军情紧急，曹操来不及聚众商议，就派刘备会同朱灵等率兵到下邳拦截。

困顿已久的刘备觉得机会来了，赶紧带着部队东进。

刘备离开许都后，程昱和郭嘉才得到消息，他们立即跑去见曹操，说："明公前段时间不杀刘备，我们实在没有明公考虑得那么深远。但今天把兵权交给刘备，他肯定会产生异心。"

董昭也跑过来说："刘备勇猛而志向远大，又有关羽、张飞为羽翼，恐怕我们难以预料他的心思。"

曹操听了他们的意见，后悔起来，就派人前去，想把刘备追回来。但刘备已经走远，也就不了了之。

刘备还没有到下邳，袁术就死了。

曹操派刘备领兵而出就是为了拦截袁术，现在袁术已死，曹操就让刘备带兵回许都。刘备以主将的身份打发朱灵回许都，然后发动突然袭击，斩杀徐州刺史车胄，公开背叛曹操。

徐州原是刘备的地盘，刘备在此有相当大的影响力，一打起反叛的旗号，立即引起了连锁反应。不少郡县归附刘备，刘备实力大增，部队迅速发展到几万人。刘备预感到曹操不会善罢甘休，就派孙乾前往冀州，联络袁绍共同对付曹操。

曹操得到刘备反叛的消息，立即派司空长史刘岱、中郎将王忠前去征讨，但被刘备打败。

建安五年（200年）正月，"衣带诏"阴谋泄露，董承等人被诛。

这时，曹操与袁绍的关系已经非常紧张，双方陈兵官渡一线，战争有一触即发的态势。曹操此时非常被动。内部有颠覆他的阴谋，虽然处置了，但是人心惶惶，局势还不够稳定。北面与袁绍处于剑拔弩张的对峙状态。东面，刘备又生患于肘腋。军事斗争最忌讳的是两线作战，而曹操恰恰面临两线作战的危险。

此时，曹操异常冷静，他说："刘备是一个豪杰，现在不打垮他，将来肯定会成为我们的后患。袁绍虽然有大志，但是见事迟，肯定不会立即采取行动。"

平常，曹操遇有大事总是聚众商议，这一次，军情紧急，他直接把自己的意图和盘托出，不给大家讨论的空间，目的是争取时间，而时间对曹操来说实在是太珍贵了。

曹操的决定得到了郭嘉的支持。郭嘉说："袁绍迟钝而多疑，即使发兵前来攻打也不会那么快。而刘备刚刚反叛，人心还没有完全归附，迅速出兵攻打，一定能够将他打败。这是事关成败的关键时刻，千万不要错过。"

郭嘉的话进一步坚定了曹操的信心，同时也打消了部分将士东征刘备，袁绍可能从背后攻击的顾虑。

身在徐州的刘备满以为曹操正忙于对付袁绍，不可能抽出身来东征徐州，因而放松了戒备。等曹操以强行军的速度抵达小沛时，刘备已来不及组织有效的抵抗。刘备见势不妙，丢下军队，独自逃奔青州袁谭。

曹军一鼓作气拿下小沛，活捉了刘备的部将夏侯博等人，收编了刘备在小沛的军队。之后，进围下邳，迫降关羽，并俘获刘备的妻子、儿女。

曹操重新收复了徐州，之后，率军回到官渡。果不出曹操所料，袁绍在曹操东征徐州期间，始终没有采取任何军事行动。

总的看，曹操根据具体情况，对刘备采取了适宜的对策。刘备被吕布打败后投奔许都，他拒绝程昱杀刘备的建议，显示了宽广的胸怀，为自己树立了为国惜才、广纳英雄的形象。既而表荐刘备为豫州牧，给刘备增添兵力和粮草，让刘备驻屯小沛，是因为刘备与吕布、袁术已成宿敌，刘备暂时可作为自己的屏障。剿灭吕布之后，把刘备带回许都，更是一步稳妥的好棋。

曹操让刘备带兵截击袁术是出于对刘备的高度信任，刘备出于自己的野心，偏偏辜负了曹操的信任。由此看来，曹操想致力于国家的统一，是多么的艰难。事实证明，让刘备邀击袁术是明显的失误。可贵的是，他能立即采取行动，利用袁绍见事迟和刘备缺乏戒备的有利时机，击败刘备，避免了两线作战的危险。

曹操用了两年不到的时间，采取分化瓦解、先弱后强、各个击破的方针，困死袁术、擒杀吕布、败走刘备，使自己的势力扩充到徐州、扬州广大地区，一跃而成为与袁绍相颉颃的强大军事集团，为夺取官渡之战的胜利创造了条件。

# 第十一章
# 决胜官渡

　　官渡之战是东汉末年曹操和袁绍两大军事集团进行的一次战略决战。战争以曹操胜利、袁绍失败而告终。此战奠定了曹操在北方的统治基础。

　　曹操临机决策，变化万千。袁绍却非常呆滞，本来战略上处于进攻态势，但战术上却陷入了被动的局面。

　　张良、陈平之类的谋士就在袁绍身边，可袁绍有眼无珠，不识泰山，以袁绍这样的资质，在汉末大乱之际，他的失败是注定的，没有人能够挽回。


## 一、袁绍的兴起

　　曹操在黄河以南忙于征战张绣、袁术、吕布等割据势力的时候，袁绍也在黄河以北发展自己的势力。

　　袁绍，字本初，汝南汝阳（今河南上蔡）人。出身于世家大族。自曾祖袁安以后，有四代人做过三公的高官，人称"四世三公"。

　　袁绍是凭借世资步入仕途的，20岁就做了濮阳长。袁绍沽名钓誉。东汉讲究孝道，所以，他在孝上做文章。大概在濮阳长的任上，其母亲去世，他辞官回老家，为母亲服丧三年。三年结束后，又为其父服丧三年。其实，袁绍小时，其父已经去世，他这样做显然是为了猎取名誉。

　　六年期满，袁绍回到洛阳，过着类似隐居的生活，不轻易与人交往，也不应朝廷和州郡的征辟。袁绍这样做意在引起更多的人关注，以抬高自己的身价。宦官赵忠对诸黄门讲："袁本初故作声价，喜好豢养杀手，不知这小子想干什么！"

当时宦官势大，叔父袁隗不无忧惧地责备袁绍："难道你想让袁氏灭门吗？"袁绍才出仕做了大将军何进的掾属。

袁绍凭家世很快升到中军校尉，成为西苑新军副统帅。何进诛宦官要依靠他，董卓欲废少帝也同他商量。袁绍反对废立，与董卓闹翻，董卓不敢加害。袁绍逃出洛阳，董卓收回缉拿袁绍的成命，还任他为渤海相，封邟乡侯，就是顾忌袁氏的势力。关东联军讨伐董卓，推袁绍为盟主，也与他的家世分不开。

袁绍起兵讨伐董卓后，身在洛阳、长安的袁氏家族包括太傅袁隗在内 50 多人都被董卓杀戮。董卓残忍对待袁家，使袁绍更具号召力，天下人都想着为袁家报仇，纷纷以袁绍为旗帜，把他看作反对董卓暴政的领袖。袁绍本应乘势将讨伐董卓的战争进行到底的，但他私心自用，导致讨伐董卓的战争半途而废。

关东联军散伙以后，袁绍在黄河以北发展势力。先是以武力胁迫的手段攫取了韩馥的冀州。冀州是一个大州，人口和粮食都比较充裕，号称"带甲百万，谷支十年"。袁绍的势力骤然强大起来。接着与公孙瓒争夺河北广大地区。

初平四年（193 年）春，袁绍打败黑山农民军，杀死于毒及部众 1 万多人，接着镇压了左髭丈八、刘石、青牛角等农民军，大量收编了投降的农民起义军部队，进一步增强了自己的实力。

兴平二年（195 年），袁绍联络幽州刺史刘虞的旧部鲜于辅，又通过乌桓司马阎柔招来乌桓、鲜卑人，联合攻打公孙瓒，将公孙瓒击败。公孙瓒退守易京（今河北易县）。

建安三年（198 年），袁绍大举进攻公孙瓒。公孙瓒派其子公孙续向黑山军求救。黑山军张燕领兵 10 万，分三路援救公孙瓒，公孙瓒派人给援兵送信，约定以举火为号，夹击袁绍，不料，信被袁绍截获。袁绍将计就计，如期举火。公孙瓒领兵而出，被袁绍打得大败。公孙瓒退守城里，杀死自己的家人后引火自焚。

至此，袁绍尽有冀、青、幽、并四州之地，以长子袁谭为青州刺史，以次子袁熙为幽州刺史，以外甥高干为并州刺史，自己以大将军兼冀州牧，坐镇邺城，成为北方最大军事集团。

## 二、战前态势

曹操迎献帝都许之前，曹操和袁绍分别在黄河南北发展各自的势力，彼此相安无事，甚至还保持着友好关系。但随着双方实力的增长，利害冲突随之而来。袁绍显得跋扈一些，而曹操多取隐忍的态度，尽可能将矛盾控制在一定范围，不让其激化。

袁绍从来没有把曹操当成一个重要的角色，也从来没有以平等的身份对待过曹操。在曹操与吕布、张邈争夺兖州最困难的时候，袁绍不仅不派兵支援，还向曹操索取人质，做出过伤害盟友感情的事。

曹操也从来没有服气过袁绍。关东联军解体的时候，曹操就产生过铲除袁绍的想法。

建安三年春，曹操第三次征张绣期间，得知袁绍将要兴兵犯许，只得中途退兵，风急火急赶了回来。其后不久，曹操收到袁绍一封言辞傲慢的书信，心中非常恼怒，又产生了讨伐袁绍的想法，只是因为由近及远、先弱后强的方针已经确立，要解决张绣、袁术、吕布等亟待解决的对手，才没有腾出手来付诸实施。

建安三年十二月，曹操擒杀了吕布，取得了徐州；次年三月，袁绍消灭了公孙瓒，取得了幽州。袁、曹两大集团的矛盾和斗争才发展到了尖锐的程度。

在袁绍看来，他已拥有青冀幽并四州之地，具备了争天下的实力，因而把战争的矛头指向曹操。

其实，袁绍内部在这个问题上是有矛盾的，而且分歧非常严重。

沮授说："战争连续打了好几年，百姓疲惫，粮食短缺，这种状况很令人担忧。当务之急是向天子上奏平定公孙瓒的捷报，致力于发展生产，减轻百姓负担。如果上报受阻，我们可以称曹操隔我王路，然后进屯黎阳（今河南浚县东北），逐渐经营黄河以南地区。多造战船，修缮器械，派骑兵骚扰曹操边境，让曹操不得安宁，而我们以逸待劳，这样，三年之内，局势就可以平定下来。"

沮授内为谋士，外为监军，是袁绍集团的重要成员。从当时的情况看，他着眼发展生产，稳定后方，寻机再与曹操一决雌雄，不失为一个稳健的办法。

可是，与袁绍私下关系更好的两个谋士郭图、审配不同意，提出了相反的意见："兵法讲到，十则围之，五则攻之，敌则能战之。凭袁公的神武，加上黄河至大漠广大区域的强大民众，用来讨伐曹操，易如反掌，这时不攻取，将来就很难办。"

郭图、审配的话显然有些迂阔，只是泛泛谈了兵法，过分强调了军队人数的作用，没有其他实质性内容，且有拍马屁的嫌疑。

沮授听后不以为然，担心袁绍被误导，赶紧说："大凡挽救乱局、诛除残暴，才称得上是义兵，依仗人多兵广而逞强，那就是骄兵。义兵没有对手，而骄兵必先灭亡。姓曹的迎奉天子建都许昌，我们向南进攻就违背了君臣大义。再说，战争的胜负主要在谋略的得失上，而不在于兵力的多少。曹操法令严明，士卒精练，与公孙瓒坐以待毙不同。现在放弃万全之策，而兴无名之师，我私下里为袁公感到担心。"

沮授从道义、曹军的实际情况出发，做了精到而具体的阐述，道理已经讲得很明白，袁绍却偏偏听不进去。郭图、审配见袁绍不吭声，赶紧出来唱反调："武王伐纣，不为不义，何况加兵于曹操，怎么能说师出无名？袁公部众精勇，谋臣竭力，将士用命，不早定大业更待何时？正所谓'天与不取，反受其咎'。监军之计，在于过分保守，却不是见时知机，临机制变的好办法。"

郭图、审配议论虽恢宏，但虚言少实，可取的成分少，却迎合了袁绍好大喜功、期望早定大业的心理，终于被采纳。

袁绍以审配、逢纪统军士，以田丰、荀谌、许攸为谋主，以颜良、文丑为将帅，挑选10万精兵，准备伺机南下，与曹操逐鹿中原。

当时的情形对曹操显然是不利的。曹操所占兖州、豫州、扬州、徐州大多饱经战乱，残破不堪。袁绍所辖四州，尽管也受到战争的破坏，但程度要稍微轻一些。袁绍所控制的地区，西边、南面濒临黄河，东临大海，北面的乌桓又素受袁绍笼络，较少牵挂拖累。而曹操，西南有刘表，南面有孙策，后顾之忧较重。

正因为袁绍占据明显优势，所以，大战之前曹操营垒中不少人心存疑虑，有的人甚至与袁绍暗通款曲，以求托身自保。

孔融就曾私下对荀彧讲了自己的顾虑，他说："袁绍地广兵强，又有田丰、许攸这样的人为他出计谋，有审配、逢纪这样的人为他处理政务，有颜良、文丑这样勇冠三军的将领为他统率军队，我们要同他们较量恐怕很难取胜。"

荀彧不以为然，说道："袁绍的军队虽多，但是法纪不严整。田丰个性刚强，容易触忤袁绍；许攸贪财而不能自我约束；审配专横独断而没有智谋；逢纪果断却刚愎自用。如果审配、逢纪留在后方处理政务，万一许攸的家属犯了法，他们是肯定不会放过的。如果不放过，许攸一定会反叛袁绍。至于颜良、文丑，不过是匹夫之勇，一交手就可以把他们捉住。"

这段引语译自《三国志·荀彧本传》。荀彧在指出袁绍法纪不严的同时，着重分析了袁绍主要谋臣和将领的特点和不足。荀彧的分析大体符合实际，给人的印象就是，这帮人凑在一起，不会有什么作为。

这段引语与后来的事实相吻合。我们不怀疑荀彧的智谋，但要说荀彧能够未卜先知，甚至预料到许攸的家人犯法、审配法不徇情导致许攸叛逃曹操这类细节性问题，我总觉得不大可能。这或许是《三国志》作者陈寿的附会。

但不管怎么说，荀彧、郭嘉毕竟都是从袁绍的营垒里走出来的，他们之所以弃袁绍而投曹操，就是因为他们把袁绍看穿了。

曹操第三次征张绣回许都不久，收到了袁绍一封骄横傲慢的来信，不禁大怒，想出兵征讨，又担心力量不够，以致举止失常。荀彧料定曹操是在为对付袁绍犯难、生闷气，就对曹操讲道：

"自古以来较量胜负的人，的确有才能的，即使开始弱小，最终一定会变得强大。如果不是那样的人，即使开始强大，最终也会变得弱小。刘邦、项羽的存亡足以看出这一点。当今与您争天下的人，只有袁绍。袁绍表面宽仁，内心猜忌，用人而疑。您明智通达，不拘小节，只要是有才能的人就放手使用，这是在气度上超过了袁绍。袁绍处事迟疑不决，往往错失良机，而您能决断大事，随机应变，不守陈规，这是在智谋上胜过了袁绍。袁绍治军松弛，不立法令，士兵虽多，实际上难以有效使用，您法令严明，奖罚必行，士兵虽少，却能拼命作战，这是在勇武上超过了袁绍。袁绍凭借世资，一举一动装得富有谋略，只是为了收取名誉，所以，缺少才能喜好声誉的人大都归附于他，而您用仁义之心待人，推心置腹，不图虚名，自己谨慎勤俭，对有功之人的赏赐毫不吝惜，所以，天下忠心正直有真才实学的人都愿为您效力，这是在德行上超过了袁绍。您凭着这四个方面的优势辅佐献帝，征讨四方，有谁敢不服呢？袁绍一时强大又有什么作为呢？"

荀彧从气度、智谋、勇武和德行四个方面对袁曹进行对比，得出了袁劣曹优的判断。此后不久，郭嘉更是从 10 个方面对袁曹进行了对比，得出了与荀彧大体一样的结论。

荀彧、郭嘉对曹操的评价多少有些拔高的成分，尤其是郭嘉所列10 条，似有生拼硬凑之嫌，所以在这里没有一一列出。但他们都对袁曹有深刻的了解，并非无稽之谈。在袁曹决战的前夜，他们作这样的分析，对坚定曹操战胜袁绍的信心和激励军心士气是大有帮助的。

像荀彧、郭嘉一样，在曹操与袁绍还没有开战就料定曹胜袁败的人还有不少。贾诩就是料定袁绍必然失败才鼓动张绣投奔曹操的。刘表的别驾刘先、从事中郎将韩嵩都料到了，凉州牧韦端的从事杨阜说得更为精辟：

"袁绍宽厚但缺乏决断，喜欢谋划却很少下过决心。不能决断就没有权威，不能下决心就会错失良机，眼下虽然强盛，但最终不能成就大业。曹操有雄才远略，遇事当机立断，没有疑虑。法令划一，士卒精练，能够破格用人，所用的人都能各尽其力，是一定能够办成大事的。"

这段话基本上与荀彧的看法相吻合，正所谓英雄所见略同。

大战之前关键看主帅，主帅就是主心骨。

身为主帅的曹操从小就与袁绍有过密切的交往，在西苑新军和关东联军还共过事，他对袁绍其人是非常了解的。针对部属中的惧敌情绪，他信心十足地说：

"我了解袁绍的为人，志向远大但才智短浅，外表严厉而内心胆怯，妒忌刻薄而缺少威信，兵士虽多，但指挥不当，将领骄纵而政令不一。土地虽广，粮食虽丰，正好是为我准备的。"

曹操从大处着眼，着重指出了袁绍的不足。寥寥数语，入木三分。说明他平常就对对手袁绍进行了深入的观察和研究，简直把袁绍看透了。值此关键时刻，曹操以不屑的口气讲出来，他那份镇定、自信、乐观的情绪，无疑会对稳定军心、激励士气产生积极的影响。

当然，曹操绝非一个坐而论道的人。他虽然在战略上藐视袁绍，但是他深知袁绍是他最强大的对手，绝不能掉以轻心，因而在战术上高度重视，并采取了一系列行之有效的措施。

首先，进取河内，牵制袁绍右翼。

河内是黄河以北的一个郡，北靠太行，南依黄河，是一个战略要地。有了它，不仅可以阻止袁绍大军在并州东南地区南下，而且可以阻止袁绍大军沿黄河北岸自东向西机动。

河内原来被张杨占据，曹操征吕布时，张杨打算派兵牵制曹操，但张杨部将杨丑倾心曹操，在当年（198 年）十月杀死张杨，响应曹操。其后不久，张杨的另一个部将眭固又杀死杨丑，投靠了袁绍，屯兵射犬（今河南沁阳东北）。

建安四年（199 年）四月，曹操进抵黄河，派史涣、曹仁、徐晃渡河攻打眭固。眭固自知难以抵抗，于是让张杨长史薛洪和河内太守缪尚守射犬，自己率军北迎袁绍。史涣带兵前往截击，在射犬北面将眭固杀死。曹操率兵渡过黄河，亲自指挥围攻射犬。薛洪、缪尚无法据守，率部投降。曹操回军敖仓（今河南荥阳东北），任魏仲为河内太守，把黄河以北地区交由魏仲管理。

其次，袭扰青州，牵制袁绍左翼。

建安四年八月，曹操派臧霸率部入侵青州，利用他们在当地的影响进行袭扰。青州是袁绍集团力量最薄弱的地区。臧霸等人顺利地攻占齐（王国名，在今山东临淄）、北海、乐安（今山东乐昌）等郡。这样，将青州方面的袁军吸附在本地，使之不能沿黄河西进，配合其主力从正面进攻。

再次，经营中部，实施梯次配置，形成大纵深防御体系。曹操亲率大军进占黎阳（今河南浚县）。黎阳地处黄河北岸，与袁绍的大本营邺城较近，是袁绍南下的必经之地。曹操占据黎阳这一战略据点，在此建立前哨阵地，既可与西面的射犬相呼应，又可迟滞袁军南下。

随后，派东郡太守刘延守白马（今河南滑县）、于禁守延津、程昱守鄄城。延津是古黄河渡口，是袁绍大军渡河的理想位置。于禁表现积极，立功心切，曹操就把扼守咽喉要地的重任交由他来负责。守鄄城的程昱手上只有七百士兵，曹操觉得太少了，准备给他增加两千兵马，但程昱不同意。他说：

"袁绍拥有精兵 10 万，自以为所向无敌，看到我们兵少，一定不会把我们放在眼里，不会来进攻。如果给我们增加兵力，袁绍就一定会前来进攻，鄄城就会被攻破，这会白白地让我们受到损失。"

曹操觉得有理，就没有给程昱增加兵力。后来，袁绍听说程昱所在的鄄城兵少，果真没有进攻鄄城。

延津、白马、鄄城都位于黄河南岸，从西向东一字摆开，成为抵御袁军南下的前沿阵地。

最后，曹操布重兵于官渡。官渡在今河南中牟东北，位于延津与许都之间，是袁军南下进攻许都的要冲。曹操在这里重点设防，形成纵深防御阵地。

曹操除在前线积极做好迎战袁绍的准备外，还采取有效措施，稳定后方。

此时，东南扬州方向很不稳定。袁术死后，曹操任严象为扬州刺史，但是不久严象就被孙策所置庐江太守朱述所杀。庐江梅乾、雷绪、陈兰等纵横江淮间。大战在即，后方不稳，这可要不得。曹操立即任命刘馥为扬州刺史。刘馥果不负曹操所望，他单枪匹马进入合肥空城，建立扬州治所，安抚雷绪等人，迅速稳定了局势。不仅如此，还源源不断地向官渡前线运送物资。

为了防备刘表，曹操还派遣卫凯出使益州，让益州牧刘璋出兵牵制刘表。卫凯到了关中后，因道路不通，就留了下来。后来，他建议朝廷实行盐铁官营，以盐铁官营的收入安置流民，帮助购买耕牛等农具，恢复生产，为稳定关中做出了贡献。

从以上我们可以看出，曹操在开战前就进行了精心筹划和布置。他放眼全局，通盘谋划，形成了积极防御的战略方针。在战略上取防御态势，在战术上机动灵活，攻防结合，显得非常老到。

相比之下，袁绍的弱点在战前即充分暴露了出来。

建安四年（199年）三月，袁绍剿灭了公孙瓒，那时他就产生了南征曹操的想法，可是，半年多时间过去了，没有见他有什么实质性动作。

当然，袁绍为剿灭曹操也动过一些脑筋，特别是在外交上，比如，派人联络刘表、张绣，希望他们从西南开辟第二战场，共同夹击曹操。但是这一想法没有取得实际效果。刘表忙于在江南长沙、零陵、桂阳等地平定叛乱，根本无力北顾。他表面上答应了袁绍的请求，实际上没有发一兵一卒。张绣不久以后又在贾诩的劝导下投靠了曹操。

就在大战即将爆发的前夜，刘备在徐州发动叛乱。这对袁绍来说就是难得的机遇，他理应出兵配合，让曹操面临两线作战的窘境，但他还是没有采取行动。

此后不久，曹操为了摆脱两面作战的不利局面，率兵亲征刘备，这时，袁绍手下谋士田丰建议：

"与您争天下的人是曹操。现在曹操东征刘备，两军打起来后不会很快脱身，我们应该调动大军袭击其背后，这样可以一战而定天下。用兵讲究伺机而动，现在正是一个难得的机会。"

袁绍的小儿子正生着病，他愁眉不展、茶饭不思。田丰给他提建议，他表现得很不耐烦，根本听不进田丰的劝导。

田丰气得用拐棍敲击地面，愤愤地说："唉，大事完了，遇到这样难得的机会，却以小孩有病而白白失去，可惜呀，实在是可惜呀！"

郭嘉曾说袁绍"妇人之仁"，在这里我们找到了答案。小孩生病与出征有什么联系？袁绍却偏偏将它们扯到一起。曹操说袁绍见事迟，优柔寡断，一点儿也没有说错，在这里得到了充分的应验。作为一方统帅，袁绍根本不知道什么是"战机"，什么叫"机不可失，时不再来"。如果换作曹操，根本用不着谋士的提醒，早就果断利索地率部出击了。

曹操、袁绍素质的强弱高低，已经预示着大战的胜败。

### 三、声西击东袭白马

建安五年（200年）正月，曹操击败刘备，回师官渡。

袁绍此时真的开始行动了。谋士田丰看到机会已经错过，慌忙出来劝阻："现在曹操已经击败了刘备，许都不再空虚。曹操善于用兵，变化无穷，兵虽少，但不可轻视，不如作长期打算。将军凭借地利优势，手握重兵，对外联结英雄豪杰，对内发展生产，加强战备。然后挑选精锐部队，分兵乘虚袭扰黄河以南地区。曹操救右我们就击其左，救左我们就击其右，使他们疲于奔命，老百姓也不得安居乐业，这样不出三年，我们就很容易取得胜利。现在放弃克敌制胜的谋略不用，指望一战而定成败，如果事与愿违，那后悔就来不及了。"

田丰这段话与沮授先前的意见大抵相似，但袁绍还是听不进去。田丰觉得事关重大，心不能忍，再三苦谏。袁绍认为田丰涣散军心斗志，竟然将田丰囚禁了起来。

田丰秉性刚直，袁绍平常并不待见他，但为了表示宽仁，为了表示惜才爱士，也没有为难他。这一次却不一样，或许在袁绍看来，我不发兵，你田丰要我发兵；现在，我要发兵，你田丰却偏要出来阻止，是不是存心跟我作对？不听你也就罢了，你还要胡搅蛮缠，惑乱军心，不惩治惩治，你是不会长记性的。

一向高高在上而又自以为是的领导往往就是这样，他没有本事对部下的意见做出正确的判断，却跟着感觉走，凭借自己的直观印象去揣度部下的动机。要么因人废言，要么因言废人。如果平常对这个部下印象不错，那么他很可能会听取这个部下的意见，哪怕是盲从；相反，如果平常觉得这个部下比较刺头，他不仅不会听取这个部下的意见，甚至会怀疑这个部下的动机，然后采取情绪性的举措，对这个被认定为"刺头"的部下予以惩处，以显示自己的权威。袁绍就是这样，因为平时不待见田丰，不仅听不进田丰的意见，甚至怀疑他的动机。像小孩斗气一样，对田丰施以情绪性惩罚。

为了制造舆论，壮大声威，袁绍命主簿陈琳写了一篇讨伐曹操的檄文。这篇檄文以铺张扬厉的笔触，对曹操进行政治攻击和人格污辱，骂及曹操三代，把曹操描绘成了一个十恶不赦的人间恶魔。

三月，袁绍亲统大军进占黎阳。同时派大将颜良先行渡河，进攻曹操所置东郡太守刘延于白马，拉开了官渡决战的序幕。

此前，沮授曾向袁绍提出建议，说："颜良性格急躁，遇事沉不住气，虽然勇武过人，但是不可以让他独当一面。"

袁绍没有同意，还是让颜良担任了进攻白马的主将。

沮授本不同意急于同曹操决战，现在，袁绍又刚愎自用，不听他的劝告，因此对这场战争充满忧虑。出发前，他与宗族中人聚会时散发了资财，心事重重的他非常感伤地说："一个人有势时可以威风八面，一旦失势连自身都难以保全。"

沮授的弟弟沮宗不知内情，劝慰哥哥说："曹操的军马敌不过我们，有什么好担心的呢？"

沮授回答说："曹操英明有谋略，又有天子在手这一政治优势，我们虽然灭了公孙瓒，但是士卒非常疲惫，而上面的主将又是那样骄纵任性，看来军队在这场战争中注定是要失败的。扬雄说过：'六国沸沸扬扬，表面上是为了姬姓的周天子，实际上是在为赢姓的秦国做准备。'说的大概就是今天的情形。"

这是家人内部聚会，说的是真心话，流露的是真感情。在沮授看来，这是一场没有希望的战争。

颜良渡过黄河后，立即对白马发起总攻。刘延见袁军势大，一面奋力抵抗，一面派人向曹操告急。曹操担心袁绍主力过河进攻延津、官渡，没有调兵增援白马，以致白马被围一个多月，士卒死伤不少。到了四月，曹操见袁军没有渡河南下的迹象，这才派兵增援白马。

从这一战况可以看出，袁军虽然声势浩大，但是战斗力并不强。刘延的部队并不多，且位置前出，袁军理当一鼓作气，拿下白马的，但就是没有拿下。原本应该是一场破袭战或歼灭战的，居然打成了消耗战。说明袁军确实很疲惫，锐气不足。

这时，随军谋士荀攸向曹操献计说："现在我们的兵力少，难以抵挡敌人，应想法分散他们的兵力才可以取胜。您不妨率兵到延津，摆出一副将要渡河攻击他们侧后的架势，袁绍一定会分兵向西阻挡，然后，我们率领轻装奇兵奔袭白马，乘其不备，可以将颜良捉住。"

这是一个用军事佯动调动敌人，寻找战机的好办法。曹操非常高兴，立即依计而行。袁军看到曹军将要渡河，果然分兵向西应战。

曹操见已经调动了袁军，立即掉头东进，带领轻装奇兵日夜兼进，直奔白马。曹操行进到离白马10多里路程，颜良才得到消息，慌忙摆出阵势准备迎战。曹操派张辽、关羽率先出击。

此时关羽身在曹营，曹操待之甚厚。关羽曾承诺，一定要立功以报答曹公，然后方才离开去追随刘备。

关羽远远望见颜良的旗帜和车盖，便单刀匹马出阵。只见他奋力抽打坐骑，那赤兔马箭也似的向前奔去，转瞬间来到颜良面前。颜良猝不及防，被关羽手起一刀，斩杀于万军阵中。关羽飞身下马，割下颜良首级，再转身上马，奔回本阵。袁军被关羽的威猛气势所震慑，呆在那里，竟无一人上前阻挡。

曹操乘势挥军掩杀，袁军阵势大乱，纷纷溃逃，曹军大获全胜，白马之围遂解。

## 四、悬饵诱敌战延津

曹操自知虽解了白马之围，但在袁绍大军压迫之下，白马终究难以保全，于是决定向官渡方向转移，令白马居民携带辎重等物资，随军队沿黄河向西南撤退。这样，缩短战线，便于集中力量加强延津方向的防御。

袁绍见曹操解了白马之围，并斩其大将颜良，心中十分恼怒，便下令全军渡河追击。

这时沮授出来劝谏说："军事上的胜负变化不能不详加考虑。现在我们最好还是留在黄河以北，只分出部分兵力去攻打官渡，如果能够攻下，再率大军过河也不迟。如果仓促南下，遇有困难，大军就不能安全返回。"

袁绍正在盛怒之下，哪能听得进沮授的意见？沮授心情异常沉重，临渡河时，不禁仰天长叹："上面的主将志骄意满，下面的战将贪功图名，悠悠黄河水呀，我们还能够安全返回吗？"

沮授知道事情已经变得不可收拾，自己已无能为力，就借口生病，向袁绍提出辞职。

开战前，沮授既是谋士，也是监军。监军的权力是相当大的。郭图等人见沮授势大，就在袁绍面前进谗，说沮授势大，威震三军，恐难制驭。袁绍采纳了他们的意见，将沮授的权力一分为三。

按说，监军可以制约将帅，但不能直接指挥军队，不存在难以制驭的问题。袁绍竟听信谗言，做出了这样的处置。

沮授大概因为袁绍削了他的权，又拒不采纳他的意见，所以心灰意冷，才提出辞职的。此时撂挑子，显然不应该，这是任何一个领导者都不能容忍的。所以，袁绍没有同意沮授辞职，再一次削了沮授的权，将沮授本已有限的权力又分出部分给郭图。

战争的胜负还没有分晓，但是，袁绍的内部已经七拱八翘，与曹操这边精诚团结、勠力同心形成鲜明对比。

第十一章　决胜官渡

曹操知道斩杀颜良后袁绍不会善罢甘休，一定会派兵来追。一面组织部队撤退，一面派于禁过河，从侧后袭击袁绍，以减轻延津方面的压力。

于禁从延津西南北渡黄河，深入敌后，在汲县、获嘉等地焚烧袁绍营垒30多座，斩获数千人，招降袁绍部将何茂、王摩等20余人。接着进击原武，袭击了袁绍在杜氏津的营地。于禁的军事行动在一定程度上牵制了袁绍，有力地配合了曹操在正面战场的行动。

在正面，曹操按照既定的计划，向西南撤退，一直撤到延津以南。已经投靠袁绍的刘备接受袁绍的派遣，与袁绍另一大将文丑一起率领五六千骑兵紧追不舍。

曹操率部撤退到白马山南坡时，停顿下来，安营扎寨。命人登上高处瞭望袁军情况并随时报告。

一会儿，瞭望哨兵跑来报告，说敌人有五六百骑兵追了过来，曹操不予理会。过了一会儿，又听到报告，说袁绍的骑兵越来越多，步兵也多得数不清。

曹操听了，吩咐不用报告。然后令骑兵解下马鞍，就地休息，装出一副疲惫不堪、懒散懈怠的样子。同时，让民众把携带的各种物资凌乱地散弃在地上。

曹操手下诸将不明白曹操的用意，见袁军人多势众，来势汹汹，而自己的部队散漫不整，都非常恐惧。纷纷要求曹操集合兵马，回营自守。

只有荀攸明白曹操的用意，慢条斯理地说："这正是诱敌上钩、擒杀敌人的好时机，怎么可以回营自守呢？"

曹操听了，不禁与荀攸相视一笑。诸将见曹操、荀攸这么悠闲，似乎感觉到他们之间已经有了某种默契，也就安下心来。

这时，刘备、文丑带着五六千骑兵赶到。诸将还是沉不住气，要求上马迎战。曹操认为还不是时候。又过了一会儿，袁军骑兵越来越多，看见地上散落了许多遗弃物，纷纷下马抢夺，部队秩序顿时大乱。曹操见时机已到，果断命令将士上马出击。

曹军当时骑兵不过 600 人，但以逸待劳，趁袁军混乱之际迅猛出击，很快将袁军打败，并在混战中斩杀大将文丑。

白马、延津两场战役，只是官渡会战这一战争活剧的一个序曲，虽没能从根本上改变战争态势，却显示了战争胜败的端倪。曹操慎重初战，在总体防御的过程中，积极谋求主动，制敌而不制于敌。在防御中有进攻，在退却中设玄机。机智果断，先声夺人，机动歼敌。斩颜良、诛文丑，极大地鼓舞了军心士气，为官渡决战的胜利打下了初步基础。

## 五、持重待机拒官渡

白马、延津战役之后，曹军与袁军进入战略相持阶段。

曹操虽然取得了白马、延津之战的胜利，但是并没有从根本上改变敌强我弱的态势，还不能急于同袁绍决战。于是，按照原先计划，退到官渡，加紧构筑防御工事，做好打持久战的准备。

白马、延津两战失利后，袁绍恼羞成怒，迫不及待地要与曹操决战。七月，袁绍进驻官渡北面的阳武，摆出一副决战架势。这时，沮授又跑出来劝阻："我们的军队人数较多，但是果敢强劲不如曹军；曹军粮食较少，物资储备不如我们。曹军利在速战，我们利在迟缓。我们应持久作战，从时间上把他们拖垮。"

沮授这段话应该说有一定道理，至少比急躁冒进要稳妥一些。袁绍还是听不进去。

八月，袁绍步步为营，渐次推进至官渡。袁军背靠沙滩，安营扎寨，长达数十里。曹操为摆脱被动局面，曾率部主动出击过一阵子，但没有取胜，又退回营垒自守。双方形成对峙局面。

袁绍见曹军坚壁自守，便命士兵在曹营外围堆起土山，并架起一座座望敌楼，居高临下向曹营射击。袁军箭如飞蝗，曹军伤亡不少，军士往来要靠盾牌护身，或低下身子匍匐前进。这一招给曹军造成很大精神压力。

曹操针锋相对，连忙赶制发石车。发石车是用机械原理制造的一种抛发石头的器械。这东西很管用，袁军望敌楼悉数被摧毁。这种器械声音很大，袁军称为"霹雳车"。可见，发石车又给袁军造成心理上的震恐。

袁绍一计不成，又生一计。他命士兵暗中挖地道，想直通曹营，以便对曹营发动突袭。曹操因敌制变，命士兵在营垒的周边挖堑壕，以断绝袁绍的地道。袁绍的计划又被挫败。

袁绍毕竟势大，尽管一再受到挫折，但是并没有丧失对曹操的优势。本来，曹操最擅长打运动战，在运动中歼敌，但是袁绍依仗兵多将广，采取步步为营的战法，硬是将曹操拖入了阵地战之中，曹操的长处和优势难以发挥出来。

当然，客观上讲，迫于袁军的压力，曹操没有余力腾出手来主动出击，运动歼敌。主观上，曹操唯恐官渡有失，并进而危及许都的安全，所以，也没有做主动出击的努力。尽管曹操因敌制变，取得了一些成效，成功遏制了袁军的进攻，但是并没有摆脱坚壁固守的被动局面。并且，随着时间的推移，曹操的问题和困难逐渐暴露了出来。

一是军需物资尤其是军粮供给有些紧张。尽管此前已经开始实行屯田，但是范围狭小，收获有限。徐州、扬州等新附地区财力枯竭，难以维持长期战争的需要。

二是士卒过于疲劳。史书上讲袁军有 10 万人，而曹军不满 1 万人，这是不可信的。但从总体上讲，袁军人数要大大多于曹军人数则是没有问题的。人数少却要对垒，付出的辛苦必然要多。曹操有一次看到转运粮食的士兵非常辛苦，就对他们说："再过半个月，我们就可以打败袁绍，到时你们就不用这么辛苦了。"

其实，曹操也没有把握在半个月之内打垮袁绍，曹操这么说是给那些士兵一种心理安慰。

更为严峻的是，后方不稳。由于战争加重了人民的负担，反抗事件不断发生。汝南是袁绍老家，袁氏门生故吏遍布境内，他们大多有私人武装，乘机起兵反曹。曹操的部将刘辟也公然反叛曹操，使局势更加恶化。

刘辟原是黄巾军首领，先依袁术和孙坚，建安元年二月被曹操打败后投降曹操。官渡之战爆发，他觉得袁强曹弱，就反叛曹操，在许都附近抢掠骚扰，引起不少郡县响应。袁绍趁机派刘备进入许都以南地区，与刘辟配合。许都以南地区人心惶惶。

曹操一向通达乐观，敢于藐视困难，善于克服困难。但是，或许这一次所承受的困难和压力实在太大了，以至于产生了退兵许都的想法。为慎重起见，他特地给留守许都的荀彧写了一封信，希望听取荀彧的意见。荀彧立即回了信，信中说：

> 现在军队粮食少是事实，但是并不像项羽和刘邦在荥阳和成皋时那样严重。那个时候，刘邦和项羽谁都不敢先退，先退的人就会失势。明公以十分之一的军士，据守官渡，扼其咽喉使其不能前进，已经有半年时间。敌人已经显示出衰败的情形，情况一定会发生变化。这正是用奇制胜的好时机，千万不要错过。

真是当局者迷，旁观者清，远在许都的荀彧抓住了问题的症结，在关键的时候给了曹操信心和力量。

战略决战是双方赌前途、赌命运的较量，成者王，败者寇。为争取胜利，彼此都倾全力，务求毕其功于一役。尤其是在决战的相持阶段，双方胶着在一起，相互制约，彼此动弹不得。这不仅是力的较量，更是意志的较量，胜利往往存在于再坚持一下的努力之中。谁都不能轻易示弱，否则将给对方可乘之机。假设曹操不能坚持，主动从官渡撤军，袁绍士气就会重新振作起来，乘势进攻，长驱直入，而曹军必然士气低落、军心涣散，陷于全面被动。后方叛乱的势头必将更加猖獗，甚至会波及其他郡县，后果不堪设想。

曹操在去信征询荀彧意见的同时，也问过随军谋士贾诩。贾诩对曹操说："明公智慧胜过袁绍，勇武胜过袁绍，用人胜过袁绍，果断胜过袁绍，有这四个方面的优势，却花了半年还不能使局势平定下来，是因为明公想做得万无一失的缘故。必须等待有利时机，当机立断，要不了多长时间就可以平定。"

曹操是何等精明之人，他稍经点拨就改变了先前的想法，决心继续坚守官渡，与袁绍周旋到底。他采取了一些积极主动的举措，改变被动局面。

一是稳定后方。一方面，武装平叛。他接受曹仁的建议，趁刘备立足未稳，派曹仁率兵南击刘备和刘辟。曹仁战事顺利，打败了刘备和刘辟，平定了先前叛乱的几个郡县。之后，顺手牵羊，回兵将袁绍派来包抄后路的韩旬打败，很快稳定了后方局势。

刘备被曹仁打败之后回到袁绍大营，此时他隐约感到袁绍大事不妙，不宜在此久留，便向袁绍建议应该派得力的人前往荆州，动员刘表开辟第二战场，并自告奋勇前往说服刘表。袁绍正想开辟第二战场，就答应了刘备，刘备得以顺利离开袁绍。

另一方面，尽可能减轻农民负担。如果说武装平叛是治标的话，那么减轻百姓负担则是治本。为了支付战争的需要，各郡县普遍加重了老百姓的负担，使本已贫困的百姓无法生活，这是各郡县反叛的主要原因。

刘辟背叛曹操后，引起连锁反应，不少郡县响应。只有阳安郡还比较平静。阳安是从汝南分出来的一个小郡。袁绍派来使者，拉拢都尉李通，并任李通为征南将军。

李通不为所动，杀了袁绍的使者，并派人将袁绍所授征南将军印绶上交曹操。李通为支援前线，强迫老百姓交人头税（绢帛、丝绵）。郎陵县长赵俨就此事特地赶来面见李通，对李通讲：

"现在天下还没有平定，不少郡县都叛变了，归附的人还征收他们的赋税，小人们喜欢趁机作乱，怎么能够指望没有遗憾的事发生呢？而且远近还有不少的麻烦，不能不仔细考虑呀。"

李通说："袁绍和曹公相争非常激烈，左右郡县都背叛了朝廷，到了这个地步如果我们赋税不送上去，旁边的人一定说我们在观望。"

针对李通的顾虑，赵俨写信给荀彧，向荀彧讲明在非常情况下，应权轻重，计成败，着意安抚百姓，防止百姓因不堪重负而生出祸患的道理。

荀彧及时请示曹操，曹操觉得赵俨说得有道理，立即下令停止收缴，已经收缴上来的，全部退还回去。百姓无不感恩戴德，局势很快平定下来。

我们敬服赵俨的胆识，我们同样敬服曹操的开明。

二是相机出击。袁绍处在外线作战，其后勤补给线相对较长。九月，袁绍派韩猛押送数千车粮草到官渡以北数十里的故市（今延津）。曹操得到情报，接受荀攸的建议，派徐晃、史涣率兵进击，打败韩猛，尽烧袁军军粮。

经过一系列努力，曹操的形势有所好转。

这时，镇守关中的司隶校尉钟繇又送来 2000 多匹战马。当时曹操骑兵不多，这些战马来得正当其时，大大增强了曹军的战斗力。曹操的信心也随之大增，他在坚守中等待战机。


## 六、釜底抽薪烧乌巢

十月，袁绍派人又从各地转运来上万车粮食，囤积在官渡东北 40 里的乌巢，派淳于琼等五个将领率万余人把守。沮授鉴于上次粮食被焚烧的教训，向袁绍建议："可派将军蒋奇带一支部队驻守在淳于琼的侧翼，形成掎角之势，以防曹军偷袭。"

但袁绍觉得守粮将士不少，可保安全，没有理睬沮授的建议。

自田丰被囚禁以后，袁绍身边谋士除沮授外，其他的人如许攸、郭图等都没敢轻易提出一个建议。这时，许攸实在憋不住了，觉得长时间与曹操这么对峙下去不是办法，不如出奇制胜，尽快结束战斗。就向袁绍建议：

"曹操兵力少，并且全部用来同我军对峙，许都守军一定少而弱。如果派一支轻骑，利用夜晚，快速奔袭许都，许都一定能够拿下，曹操也会因此而被我军捉住。即使许都一时拿不下来，也会使曹操首尾不能相顾，来回疲于奔命，一定能够将他打败。"

大将张郃也附和说:"袁公虽然连着取得了一些胜利,但还是不要一味与曹操正面接战。我们可以秘密派一支轻骑包抄曹操的西南去,那么,曹操必然会不战自败。"

许攸、张郃这一避实击虚,攻其所必救的建议应该说是很有道理的。如果实施,可有效调动曹军,从而掌握战争主动权,比一味拼消耗要高明得多。

从当时情况看,袁绍要做到这一点似乎并不太难。但是,袁绍刚愎自用,根本听不进这一意见。他固执而自负地说:"我一定要在这里捉住曹操!"

许攸其人一向贪财,袁绍没能满足他的要求,心里一直不高兴。现在,他的建议又不被采纳,因而更加恼火。

正在这时,从邺城传来消息,说许攸亲属在邺城犯法,被留守邺城的审配抓了起来。许攸一听,又惊又气,连夜投奔曹操。

曹操与许攸是老相识,年轻时过从甚密。听说许攸来了,喜不自胜,来不及穿鞋子,光着脚跑出帐外迎接,一边跑,一边鼓掌,高兴地说:"子远!您过来了,我的大事就成功了!"两人手拉着手走进营帐,一落座就切入正题。

许攸问:"袁绍兵力强盛,明公打算怎么对付他呢?"

不等曹操回答,许攸又问:"您军中现在还有多少粮食?"

曹操略一思考,随即回答说:"粮食还可以支持一年。"

许攸盯着曹操,沉静地说:"不对,您再说说看。"

曹操只得改口,但仍以一本正经的口气说:"还可以支持半年。"

许攸见曹操没有说实话,心中不快,不由得大声说:"您是存心不想打败袁绍吧,为什么不跟我说实话?"

曹操见瞒不过许攸,只得尴尬一笑,说:"刚才不过是跟你开了个玩笑。说实话,军中存粮只够维持一个月。你看怎么办呢?"

许攸这才和盘托出自己的想法:

"明公孤军坚守,外面没有援军,并且粮食将要用尽,这真是危险之时。现在袁绍有一万多车粮食囤放在乌巢,防守并不严密。如果派一支轻骑前去袭击，出其不意，将粮草统统烧掉，不出三天，袁绍自然会崩溃。"

曹操立即抓住这个难得的机会，连夜整顿兵马，命曹洪、荀攸守好官渡大营，自己亲率五千步骑兵，向乌巢进发。

为了达成袭击的秘密性、突然性，曹军全部打上袁军旗号，士兵每人背一捆干柴，口中含一根小棍儿，叫"衔枚"，用绳子将马嘴捆上，即"缚马口"，趁黑夜抄小路向乌巢挺进。

在行进路上，遇到袁军盘问，军士回答说："袁将军怕曹军袭击我粮草，派我们到乌巢加强防守。"

袁军信以为真，不再盘问。天色微明时，曹军到达乌巢，立即围住粮囤，放火焚烧。守军见大火四处燃烧，喊杀之声震耳欲聋，顿时乱作一团，不敢出战。等到天明时，淳于琼等见曹军人数不多，方才出营作战。曹军攻势凌厉，淳于琼抵敌不住，只得退回营寨自守，等待援军。

此时袁绍得到曹军突袭乌巢的消息，不仅不派重兵前往救援，反倒认为这是攻陷曹军官渡大营的好机会，对其长子袁谭说："就算曹操攻破了淳于琼也没有关系，只要我们拿下了曹操的大营，他就死无葬身之地了。"

于是，派张郃、高览进攻曹操的官渡大营。张郃觉得这样做很危险，急切地说："曹操率精兵去攻打乌巢，淳于琼一定抵敌不住。淳于琼等人如果被攻破，将军的大事就算完了，应当赶快派兵去救援。"

这时，郭图跑出来说："张将军所说并不是好办法，不如攻打曹军大营。曹军势必回来救援，这样，乌巢的危急不用援救将自然解除。"

张郃仍然坚持自己的意见，说："曹操营寨坚固，一定打不下来。如果淳于琼等人战败被擒，那我们这些人就都要当俘虏了。"

袁绍是一个没有主意的人，为了照顾双方的意见，只好派少量人员去援救乌巢，仍派重兵攻打曹军大营。

果如张郃所料，袁军虽然猛攻曹操大营，但就是攻不下。曹操得到袁军攻打大营的消息也没有回救，而是加紧进攻淳于琼。

救援乌巢的袁军陆续赶到。左右的人向曹操报告，说敌人增援的骑兵越来越近了，赶快分兵阻挡。

曹操正心无旁骛、集中精力攻打淳于琼，因而很不耐烦地说："敌人到了背后再报告！"

这时是不容分兵的。一分兵就麻烦了，前攻不下营寨，后抵不住援军，反使自己腹背受敌。曹操只有集中力量攻打淳于琼。在曹操的督率下，将士无不拼死向前，终于将淳于琼击败。

在混战中，曹军杀死袁军督将睦进元，骑将韩莒子、吕威璜、赵睿等人。焚烧粮食等辎重1万多车。

曹军将被杀袁军将领的头和鼻子割下来，连同死伤战马的舌头抛到袁绍援兵的面前。袁军见了，无不大惊失色，纷纷溃逃。

淳于琼被俘后也被割下了鼻子，被军士押送到曹操面前。曹操得意地问："你怎么弄到了这个地步？"

淳于琼不看曹操，只是高声说："胜负由天定，这还用问吗？"

淳于琼是当年西苑新军首领之一，任右校尉，与典军校尉曹操是同事。因有这段旧情，曹操想释放他。这时，许攸在旁边说："他明早照镜子，一定不会忘记自己是一个掉了鼻子的人。"

这是一句很阴损的话，与刘备在徐州阴损吕布差不多。言外之意就是如果不杀他，他一定会记仇、报仇的。曹操只得将淳于琼斩首。


## 七、大获全胜献捷报

张郃、高览按照袁绍的旨意率军攻打曹操官渡大营，遭到守将曹洪的奋力抵抗，营寨一时攻打不下来。

这时，传来曹操斩杀淳于琼、尽烧乌巢屯粮的消息，袁军顿时人心浮动。先前反对派兵增援乌巢的郭图感到形势不妙，内心既惭愧又不安，赶紧在袁绍面前进谗言，说张郃对乌巢之失幸灾乐祸，并且出言不逊。张郃知道后，既愤怒又害怕，就与高览一起，烧毁用于进攻的望楼，跑过阵来，投靠曹军。

这时曹操还没有回到大营，守将曹洪怀疑有诈，不敢接受。荀攸对曹洪说：

"张郃的计策没有被袁绍采纳，气愤之下前来归附，您还怀疑什么呢？"

曹洪这才接纳了张郃、高览二人。

张郃、高览投靠曹军后，袁军前线失去指挥，上下离心，顿时大乱。曹军乘势出击，袁军狼奔豕突，仓皇逃命。跑不动的则跪地求饶，缴械投降。

袁绍和他的长子袁谭丢下部队，只带领800多名随从渡河北逃。曹军追赶不上袁绍及其随从，却缴获了袁军的全部辎重和图书、珍宝。

袁绍的重量级谋士沮授因来不及逃跑，被曹军俘虏了。军士将沮授带来见曹操。沮授大叫："我不投降，我是被他们抓来的。"

曹操早就钦佩沮授的才能，想收归己用，就对沮授讲：

"本初无谋，不肯用您的计策。现在战乱已经10多年，国家还没有安定，这正是我要与您共商大事，共创大业的时候。"

沮授说："我的叔父、母亲、兄弟的性命都捏在袁绍的手里，承蒙您行个方便，让我快点去死才是我的福分。"

曹操见沮授不仅有才能，而且有骨气，不禁感叹道：

"如果我能早些时候得到您，天下大事就不值得忧虑了。"

于是，曹操宽恕了他，并且待他很厚道。沮授暂时留了下来。但没过多久，他企图逃归袁氏。曹操得知后，感到沮授终不肯为自己所用，下令把他杀了。

对袁绍重要将领张郃的来归，曹操十分高兴。他对张郃讲：

"以前伍子胥侍奉吴王夫差，不早些觉悟，结果使自己丧失了性命，哪里比得上微子去殷、韩信归汉高明呢？"

意思是说，张郃投归自己是正确的，正如微子去殷、韩信归汉一样。立即任他为偏将军，封都亭侯。

张郃是河间郡鄚县（今河北任丘）人，早年应募镇压黄巾军，先随韩馥，后依袁绍，被袁绍任为校尉。从征公孙瓒有功，升为宁国中郎将。投归曹操后，屡立战功，成为曹魏名将。

　　曹军在打扫战场时，发现了一捆许都及曹操军中一些人暗中写给袁绍的书信。有人认为，应逐一查实，严格追究。曹操却说："袁绍强盛时连我都感到难以自保，何况其他人呢？"

　　于是下令全部销毁。

　　袁绍一干人狼狈向北逃窜，直到黎阳才停留下来。驻守在黎阳的蒋义渠让出营帐给袁绍歇脚。四处逃散的将士听说袁绍逃到黎阳，又渐渐聚拢过来。

　　官渡大战之前，谋士田丰因反对袁绍急于出战而被袁绍关进大牢，大战的结果证明当初田丰的意见是正确的。因此，袁绍失败的消息传来之后，有人对田丰讲："这回你一定能得到袁公的重用了。"

　　田丰深知袁绍外宽内忌，因此，不无忧虑地说："袁公外表宽和内心忌刻，他不体谅我的忠心，我几次因进献忠言而触犯了他。如果他得胜回来，心中高兴，或许可能赦免我；现在战败而回，又气又恼，心中的妒恨将向我发泄，我是没有指望再活命了。"

　　袁绍败回以后对逢纪讲道："冀州的老百姓听说我失败，大都会念叨我，只有田别驾会与众不同。先前他劝阻我，我没有听，现在我也很惭愧，怕见到他。"

　　逢纪揣摩袁绍的意图，趁机进献谗言："田丰听说将军败绩，拍手大笑，庆幸他先前的话应验了。"

　　袁绍听后不加分辨，脱口而出："我不用田丰的计谋，果然遭到他的耻笑！"于是，立即下令将田丰处死。

　　经过这次战略决战，袁绍的主力基本被消灭，曹操的军事力量大大增强，为日后统一北方奠定了坚实的基础。

　　战争结束后，曹操向献帝上了一份告捷表文，表文大意是：

　　　　大将军邺侯袁绍，以前和冀州牧韩馥，阴谋立前大司马刘虞当皇帝，刻了皇帝的金印，派遣原任县县长毕瑜往见刘虞，劝他称帝，说是上天的意旨。袁绍又给我写信说，"可以建都邺城，当有所拥戴"。他擅自铸造了金印、银印。孝廉、计吏都到袁绍那里去钻营。袁绍的堂弟济阴太守袁叙给袁绍写信说："现在国家丧乱败坏，上天的意旨确实在我们袁家，神灵也有了应验，当皇帝应在老兄身上。至于南兄（指袁术），他的臣子想拥戴他当皇上，南兄说：'按年龄说北兄（指袁绍）大，按地位讲，北兄高'。便想把金印送上，正碰上曹操的军队截断了道路。袁绍的家族世代受国家的厚恩，却大逆不道，竟到了这样。我就率领兵马，与袁绍在官渡决战。凭借朝廷的威望，斩了袁绍大将淳于琼等 8 人的首级，把袁绍全军击溃，袁绍和他儿子袁谭空身逃走，共斩获 7 万余首级，缴获粮食、军械、财物等在 10 万以上。

曹操在表文中历数袁绍种种罪恶，为自己征讨张本。最后罗列战功。全文用事实说话，无浮夸之弊，无自矜之嫌。语言简洁，义利兼备，气势恢宏，是一篇献捷表文的珍品。

## 八、才智高下定成败

官渡大战的历史烟云早已湮灭。但是，千百年来，人们尤其是军史学家仍对此津津乐道。因为，这是一座蕴量富繁的宝藏，挖掘它，探究它，可以受用无穷。

人力物力是战争赖以进行的基本条件，也是事关战争成败的重要因素。从官渡之战的实际情况看，在人力物力方面，曹操与袁绍相比是处于劣势的。

从人力方面讲，曹操军队的人数要少得多。《三国志》《后汉书》都讲到，袁绍拥有步兵 10 万，骑兵 1 万，而曹操却不满 1 万人。这种说法源于曹魏官方记载，恐不属实。主要的问题是把曹军说得过少。为《三国志》作注的裴松之就提出过质疑，认定这样的记载是"欲以少见奇，非实录也"。我们认同这一说法。那是在冷兵器时期，真正少到这个程度不可想象。

当然，因为资料缺乏，曹军的人数具体是多少不得而知，但肯定少

第十一章 决胜官渡

很多，当事双方的谋士和将领都认同并讲到了这一点。

在物力方面，曹操与袁绍也有一定差距。袁绍有战马万匹，曹操起初只有 600 多匹，加上钟繇从关中送来了 2000 多匹，也不足 3000 匹。曹操屡遭缺粮的困扰，为征集粮秣等军需甚至导致部分郡县的反叛。袁绍的境况要好得多，如果乌巢屯粮不被烧毁，是足可支持战争需要的。

曹操人力、物力都不如袁绍，却取得了辉煌胜利，个中原因很值得探讨。

我们认为，曹操取得胜利的原因很多，但最根本的原因是曹操的个人素质明显高于袁绍。要说明的是，我们强调曹操个人的作用，并非与唯物史观相抵牾。我们绝不否认人力、物力的基础性作用。倘若曹操没有兵，纵然有三头六臂也无济于事，假如曹操一点儿粮草也没有，他也会不战自溃。

历史经验反复证明，在特定时期，特定的历史条件下，个人尤其是个别领袖人物的确能够起到决定性作用。人们常说，"乱世出英雄，英雄造时势"，讲的就是这个道理。一句名言说得好，一头狮子带领一群绵羊，可以打败一头绵羊带领的一群狮子。在官渡之战的战前和战中，在讨论谁胜谁败的问题时，曹操的谋士荀彧、郭嘉、贾诩，刘表的部属刘先、韩嵩，袁绍的谋士沮授等，无不通过对曹操和袁绍两个领袖人物的强弱对比来判断战争的胜负，就很能说明问题。

官渡之战结束后不久，诸葛亮在著名的"隆中对"中讲道：

"与袁绍相比，曹操名气小，军队人数也少。但是曹操能够战胜袁绍，由弱小变得强大，不只是天时，也靠人的智谋。"

"人谋"，应该包括主帅和谋士的计谋。当然，谋士的计谋只有被主帅采纳才算数。因此，诸葛亮在这里实际上肯定了主帅曹操的谋略作用。

《吴子兵法·论将第四》讲道："凡战之要，必先占其将而察其才。"下面，就依据官渡之战的史实，从三个方面对曹操、袁绍素质的高下做一管窥：

一是曹操的智计胜于袁绍。应该说，在相当长的时间里，曹操和袁绍都把对方看作争天下的对手。为此，曹操进行了长期打算和苦心经营，采取了一系列正确的方针、政策和措施。但袁绍却没有采取什么实际的步骤。

在政略上，曹操捷足先登，迎献帝都许，在政治上占据主动地位。在迎献帝的问题上，袁绍先失一招。"不谋万世者不足谋一时，不谋全局者不足谋一域"。袁绍失去这一招，牵动全局走向被动。袁绍原本想联合张绣对付曹操，结果贾诩劝张绣投靠了曹操。沮授建议袁绍暂缓进攻，说向南进攻违背君臣大义，这些都与曹操迎奉献帝有关。

曹操听从毛玠的建议兴办屯田，既解决了流民问题，又有利于恢复经济，积谷供军。曹操在官渡之战中尽管仍感粮食匮乏。但是，如果不实行屯田，那后果更不堪设想。袁绍初平二年（191 年）即占有冀州，但从来没有采取类似的制度，而放任豪强兼并，贵戚恣肆，反映出目光短浅，理政能力弱。虽然缺粮的情况没有曹操那么严重，主要是因为控制的地盘大，且受战争的破坏相对较少。

在战略上，曹操以袁绍为对手，采取远交近伐、先弱后强、分化瓦解、各个击破的方针，困死袁术、擒杀吕布、接纳张绣，目的是先易后难，减少与袁绍决战时可能出现的羁绊。派司隶校尉钟繇镇守关中，免去西顾之忧；趁刘备刚刚反叛，人心未附而果断亲征，解除了两线作战的危险。曹操一直在从容不迫、有条不紊地做着迎战袁绍的准备。相比之下，袁绍只有"南向以争天下"的笼统目标，而缺乏具体措施。

在战术上，曹操更是临机决策，变化万千。战前立足于积极防御，主动出击，以达成两翼牵制、中间固守的防御态势。战初，为解白马之围，声西击东，集兵延津，向北佯动，迫使袁绍分兵应对，而后掉头东进，奔袭白马；解白马之围后，又故意示弱，并且不失时机以辎重诱敌，乱中取胜。在相持阶段，用发石车击破袁军瞭望楼，掘堑壕以断绝袁绍的地道，又派兵平定后方。最后抓住战机，火烧乌巢屯粮，最终将袁绍打败。袁绍却显得非常呆板。本来在战略上处于进攻态势，但是在战术上却陷入了被动的局面，漏洞百出，让曹操钻了空子。

二是曹操的果断胜过袁绍。曹操善于捕捉战机，果断行事。征刘备、袭白马、烧乌巢，无不危急万状，但是曹操全无惧意，亲自出马。在关键时候，沉着冷静，意志坚定，表现出无坚不摧的英雄气概。

相比之下，袁绍则要怯懦得多。他遇事迟疑，好谋而无断。"好谋"是好事，但是"无断"则为害深重。一方面，无断容易失机。战场上，战机不可多得，稍纵即逝，永不再来；另一方面，无断容易挫伤部下的积极性。部下正确的意见如得不到及时肯定和采纳，心中必生怨气。更为严重的是，如果部下之间的意见相左，在这种情况下无断，任他们去争论不休，必伤和气，影响团结，甚至形成窝里斗。袁绍在讨论是否兴兵以及是援救乌巢还是进攻曹操官渡大营时，就出现过这种情况。

智慧的"金三角"告诉我们，进取精神—机智多谋—果断作风，只有在等边的情况下才是最健康的军人气质。曹操兼具三者之长，因而可以称得上是一个成熟的军事家。袁绍则徒具进取精神，既缺乏机智多谋，又缺乏决断能力，因而充其量只是一个蹩脚的军事指挥员。

三是曹操的用人胜过袁绍。曹操对人才的重要性有比较深刻的认识，非常看重人才在事业中的作用。袁绍则不同，他把地利优势放在了最为突出的位置。还是在关东联军讨伐董卓临近散伙的时候，曹操与袁绍之间有一段对话：

袁绍问曹操："如果（讨伐董卓）大事不能成功，哪里可以作为据守之地呢？"

曹操问："您的意见以为如何？"

袁绍说："我想南据黄河，北面背靠古燕国、代国的广大地区，兼收戎、狄兵众，面向南方争夺天下，大概可以成功吧。"

曹操说："我任用天下有智谋、有勇力的人，用适宜的办法统率他们，在哪里都可以（取胜）。"

从这段对话中可以看出他们不同的价值取向：袁绍重视地利，曹操重视人和。重地利者并不自信，重人和者信心满满。从官渡之战的过程可以清楚地看出，曹操在关键时候、在重大问题上，总是主动听取部属意见，并且对这些意见择善而从。在战前，曹操因对决战没有把握，而问计于荀彧、郭嘉；开战后，听取荀攸的意见而解了白马之围；听取荀彧、贾诩的意见而坚守了官渡；听取曹仁的意见而平定了后方；听取荀攸的意见而派徐晃、史涣焚烧了韩猛的粮草；听取许攸的意见而偷袭了乌巢。

曹操不仅善于听取意见，而且善于用人。因程昱有胆有识而让他据守孤城远悬的鄄城；因张辽、关羽勇猛过人，就让他们突袭恃勇而骄的颜良；因于禁战前主动要求承担重担，就让他跨河袭击袁绍的后方；因曹仁最先提出平定后方，就让他带兵讨平刘备、刘辟。让荀彧留守许都，让钟繇镇守关中，让荀攸、贾诩、郭嘉随军参赞军务，无不是知人善任的表现。正因为曹操善用人，谋臣武将的长处得到发挥，整个集团的凝聚力大大增强，表现出众志成城、一往无前的气势。

正因为袁绍看重地利的作用，因而在骨子里并不像曹操那样重视人才，所以，荀彧、郭嘉、董昭等智士离他而去。但是，袁绍凭借世资和声望，帐下还是会集了不少谋士和武将，算得上人才济济。可惜的是，袁绍智术浅短，不辨忠奸、不明贤愚。外表虽温雅宽和，内心却忌刻少信。遇有大事，有时也煞有介事召集谋士议论一番，却不知取舍，形成不了正确的决策。个别投机分子甚至趁机发难，对他人进行人身攻击和政治陷害，造成窝里斗。事实上，袁绍好谋无断造成的内耗相当严重，使得上下离心，军无斗志，对本集团构成极大杀伤。

沮授、田丰对袁绍忠贞不贰，且智谋高超，算无遗策，只因不善迎合袁绍，加之郭图、逢纪的陷害而被疏远。田丰、沮授多次因机献策，但没有哪一次被袁绍采纳。田丰在开战之前就被袁绍打入大牢，官渡之战的结果已经证明田丰的意见是正确的，袁绍不仅不认真反省，重用田丰，反而听信谗言将其杀害，实在让人可惜可叹。

曹操曾对沮授讲："我如果早得到你，那天下是不足虑的。"

官渡之战刚爆发那会儿，曹操听说田丰被袁绍关了起来，他说："袁绍一定会被我打败的！"

等到官渡之战结束，他又说："如果袁绍当初听取田别驾（田丰）的计谋，那胜负还不一定呢！"

这反映了两个问题，一是曹操的情报工作做得非常出色，二是曹操对袁绍帐下谋士比袁绍本人更加了解。

张良、陈平之类的谋士就在袁绍身边，可袁绍有眼无珠，不识泰山，以袁绍这样的资质，在汉末大乱之际，他的失败是注定的，没有人能够挽回。

# 第十二章
# 进取四州

　　袁绍一死，袁氏集团失去重心，顿时分崩离析。曹操正好利用矛盾，从中渔利，采取各个击破的斗争策略，将他们逐个击败，再一次显示出雄才大略和从谏如流、知人善任的领导风格。

　　曹操是个感情丰富的人，在袁绍已死、恩怨已了的情况下，睹墓思人，以致百感交集，涕泪涟涟，当是一种真情的流露。

## 一、进占黎阳

　　袁绍狼狈北逃黎阳的时候，曹操没有急于追击。一方面，部队过于疲劳，需要休整；另一方面，曹军粮食匮乏，后勤补给跟不上，无力追击。

　　就在曹操与袁绍在官渡一线相持那段时间，许都以南地区不太稳定。刘备、龚都在汝南一带袭扰。瞿恭、江宫、沈成、张赤等人又集众起义，在淮河、汝水一带闹腾。这些都对曹操向北追击袁绍起着牵制作用。曹操不得不将注意力暂时转移到内部安定上来。

　　曹操率部在官渡一带就地休整了一段时间，到建安六年（201 年）三月，又将部队开往东平。这期间，阳安都尉李通镇压了瞿恭、张赤等农民义军，张辽也平定了鲁国各县。

　　曹操见内部形势渐渐稳定，袁绍败退河北，无力南下进犯，便产生了南征刘表的想法，但被荀彧劝阻。荀彧说：

　　"现在袁绍刚刚被打败，他的部下离心涣散，应当趁他处于困境，顺势将他平定。可一旦离开本土远征江汉，如果袁绍收罗残部，乘虚从后面跟进，那么，您的大事恐将不妙。"

荀彧的分析是符合实际的。袁绍、曹操决战官渡期间，刘表趁机平定了长沙、桂阳、零陵三郡的叛乱，此时实力大增，士气正旺。如果贸然南进，仓促之下很难结束战斗。如果袁绍重整旗鼓，从背后发起攻击，那么，曹操就陷入了两线作战的困境，后果可能相当严重。曹操觉得荀彧所言有理，欣然接纳。

四月，曹操将大军列于黄河岸上，炫耀武力，威慑袁军。随后率军渡河，直扑仓亭（古渡口，在今山东阳谷）。袁军抵挡不住，溃败而逃。到九月，曹操因粮食紧缺，没有向纵深攻击，率部回到许都。

其后不久，先前被曹仁击溃的刘备又在汝南骚扰，与农民义军龚都部相呼应。许都以南地区受到影响。曹操随即南征刘备，刘备自知不敌，赶紧投刘表去了。刘备走后，龚都所部独木难支，纷纷逃散。曹操基本上没有遇到大的抵抗，顺利收复了汝南。之后，回到许都。

袁绍逃到黎阳之后，稍作停留，便回到邺城。袁绍兵败官渡之后，黄河以北不少郡县背叛袁绍，响应曹操。袁绍回到邺城后，收集散卒，派兵平定叛乱的郡县，势力有了一定程度的恢复。

不过，官渡一战让袁绍败得实在是太惨了。此前，袁绍基本上顺风顺水。因为太顺了，所以心气儿就比较高，意志反倒比较脆弱。这次，袁绍遭遇到前所未有的巨大挫折，内心创伤深重，以致忧郁成疾。建安七年（202 年）五月，袁绍吐血而死。

袁绍的死，使集团内部面临严重的危机。因为，袁绍死前没有解决好继承人问题。

在我国古代，法定继承人必须遵循世袭制和长子继承制。通常的做法是立嫡以长。首先考虑是不是嫡传，然后考虑长幼。袁绍三个儿子都是嫡子，那么就要考虑长幼了。袁谭是嫡长子，理应继承袁绍的职位。但是，袁绍因幼子袁尚貌美，就钟爱他，私下欲立他为继承人。于是将袁谭过继给他的兄长袁遗，并让袁谭出任青州刺史。

沮授早就告诫过袁绍，他说："袁谭是长子，应该为继承人，现在排斥他，让他驻在外地，祸患将从这里开始。"

袁绍辩解说："我想让儿子们各领一州，以考察他们的才能。"

拿下幽州、并州后，袁绍以中子袁熙出任幽州刺史，以外甥高干为并州刺史，而将幼子袁尚留在身边，住邺城。

袁谭与袁尚的矛盾就此产生。袁绍的部属也分为两派，审配、逢纪素来骄奢，为袁谭所痛恨，便倾心袁尚，结为尚派；辛评、郭图因袁谭是长子，便倾心袁谭，结为谭派。两派为权力明争暗斗。袁绍在世时还有所忌惮，袁绍一死，两派矛盾便白热化了。

审配等人担心袁谭继位以后日子不好过，便根据袁绍的固有想法，伪造袁绍遗嘱，拥立袁尚为继承人。袁谭心中恼怒，便自号车骑将军，引军屯黎阳，企图以武力解决问题。袁尚担心生变，就以少量军队给袁谭，并派逢纪为监军，挟制袁谭。袁谭要求袁尚增加军队，袁尚不同意，袁谭一怒之下就把逢纪给杀了。

袁谭、袁尚兄弟反目，给曹操吞并河北提供了绝好机会。九月，曹操率兵渡过黄河，攻打驻守黎阳的袁谭。袁谭迫于曹军压力，急忙向袁尚求救，袁尚本想分一部分兵支援袁谭，但又担心袁谭趁机吞并部众，于是让审配留守邺城，亲自带兵协助袁谭，与曹操在黎阳城外大战了好几个回合。袁谭、袁尚兄弟二人抵挡不住，退守城里，曹军久攻不下。

这期间，袁尚派他所任命的河东太守郭援，与并州刺史高干一道，联络驻在平阳（今山西临汾）的南匈奴单于呼厨泉，大举进攻河东，从西南牵制曹操。郭援还派人前往关中联络马腾等人。马腾起初暗中同意配合。这时，镇守关中的钟繇发挥了重要作用。他在进围平阳呼厨泉的同时，派人说服马腾，使马腾转变了态度，马腾派长子马超率部支援钟繇，打败郭援军。马腾部将庞德斩杀郭援，南匈奴随之投降。

刘表也趁曹操在黎阳与袁谭、袁尚对峙之机，派刘备率部北犯，进抵叶县。曹操派李典、夏侯惇前往抵御，刘备不敌，退走。

曹操解除西面、南面威胁后，于建安八年（203年）二月猛攻黎阳城。袁谭、袁尚弃城北逃。曹操进占黎阳。

黎阳是冀州南部重要门户，曹操费了好大气力终于将其拿下。曹操占据黎阳，进可攻，退可守，从而取得了战略优势，为进一步扫清袁氏势力创造了条件。

## 二、隔岸观火

袁谭、袁尚丢下黎阳，向北逃窜。曹操紧追不舍，一直追到邺城。

时值四月，正当麦熟。曹操命军士趁机收麦。不久攻下阴安县城（今河南清风县北）。

这期间，袁尚组织部队进行过一次反扑，曹操吃了一次败仗。诸将不服气，意欲回军反击并趁机拿下邺城。

但是郭嘉不同意，他说："袁绍生前最喜欢这两个儿子，只是没有确定谁当继承人。现在有郭图、逢纪作为他们的谋臣，一定会在他们中间挑起争议和冲突，造成他们相互离心。我们如果急于进攻，他们就会相互支持，我们暂缓进攻，他们就会争权夺利。不如假装南下荆州进攻刘表，以等待他们的变化。"

这是一个利用敌人内部矛盾，坐收渔人之利的好主意。袁谭、袁尚兄弟不睦，且党羽之间互不相容。"急之则相救，缓之则相图"，自在情理之中。况且曹军自上年九月进军黎阳，至今已经有半年时间，没有来得及休整，在这种情况下勉强进攻，不一定能够占到什么便宜。

曹操攻黎阳就用了近半年时间，邺城是袁绍的老巢，经营多年，攻占更加不易。此外，刘表的势头正旺，此前已派刘备进犯叶县，如果长期滞留河北，难保南线不出问题。曹操暂缓进攻，掉头南下，对刘表不失为一种威慑，使之不敢贸然北犯。

曹操经过权衡，认为郭嘉分析有理，就愉快地接受了。于是，留下贾信守黎阳，自己于五月回到许都。

果不出郭嘉所料，曹军刚一撤军，袁谭、袁尚立即内讧起来。

袁谭见曹操退走，就对袁尚讲："我的部队铠甲不好，因此上次被曹操打败。现在曹操败退，人人都想活着回去，我们可以趁他们还没有渡过黄河，出兵掩袭，千万不可以失去这一机会！"

袁尚对袁谭的用意感到怀疑，对他的要求不予理睬，既不更换部队的铠甲，又不给他增加军队。袁谭大怒。这时郭图、辛评趁机火上浇油。袁谭于是引军攻打袁尚。双方在邺城外展开激战。袁谭战败，引部众退往南皮（今河北沧州）。

这时，袁谭的别驾王修带领一部分人马从青州赶来援救袁谭。袁谭见王修带来了一些人马，又要去攻打袁尚。王修规劝袁谭，要他保持兄弟左右手关系，恢复兄弟之间的亲睦，不要听信谗言。但是，袁谭听不进去。

不久，袁尚又兀自带兵前来攻打袁谭。双方在南皮城外大战，袁谭被打败，只得退入城内固守。袁尚将南皮围定。袁谭见势不妙，撤军逃奔平原。袁尚紧追不舍，围困平原。

远在荆州的刘表见袁谭、袁尚兄弟萁豆相煎，担心曹操趁火打劫，在消灭袁氏的同时损害自己的利益，便以长者的身份分别给袁谭、袁尚写了一封信，劝他们不要"忘先人之仇，弃亲戚之好，而为万世之戒，遗同盟之耻"。希望他们同心协力，共同对付曹操，等事定之后再理论是非曲直。但是，袁谭、袁尚都听不进去。

袁尚加紧进攻平原，袁谭越来越感到难以支撑。这时，袁谭的谋士郭图建议说："现在将军所占地盘狭小，兵力不足，粮食缺乏，势力孤弱。袁尚率兵而来，时间长了我们可能支持不住。愚意以为，可吁请曹操前来攻打袁尚，袁尚必定回师救援。将军可引兵向西，那么，可全部占有邺城以北的地区。如果袁尚被曹操打败，其士兵将奔散，我们可以接收过来，用以抗衡曹操。曹操远道而来，粮饷不济，一定会自行逃走。到那时，冀州以北都会落入我们的手里，我们也足可以与曹操抗衡了。如果不这样，事情将很难办。"

袁谭起初不想采纳这一建议。因为这毕竟是一个引狼入室的馊主意。但后来实在是想不出更高明的办法，只得采纳，就派辛评的弟弟辛毗去向曹操求救。

辛毗到达西平，面见曹操，说明来意。曹操一听非常高兴，打算答应辛毗的要求。为慎重起见，曹操特地征询部属的意见。部属中绝大多数人认为刘表实力强大，应当首先平定荆州，解决刘表，袁氏兄弟不值得忧虑。

荀攸却提出了不同的主张，他说："刘表坐保江、汉之间，我们攻打吕布和袁绍时他都没有做出任何反应，很明显，他没有经略四方的志向，不妨从缓对付他。袁氏拥有四州之地，兵力也不算少，如果兄弟和睦以守成业，天下是很难平定的。现在兄弟交恶，势不两全，应该趁机攻取，到时天下就不难平定了。这个机会千万不能失去。"

荀攸的意见比较中肯，将刘表和袁氏兄弟两个方面的情况都分析透了。曹操觉得有理，便采纳了。

可是，过了两天，曹操因心存顾虑，又想起兵攻打刘表，想让袁谭、袁尚兄弟自相残杀下去。

辛毗觉得情况有变，赶紧找郭嘉帮忙。郭嘉同辛毗一起见曹操时，曹操这才将心中的疑虑说出来。他问辛毗："袁谭求救可是诚心？袁尚一定可以打败吗？"

辛毗回答说："您不要问是诚心还是欺诈，只应分析一下形势。袁氏本来是兄弟相互攻伐，不认为别人能在他们中间插手，只认为天下可由他们来定夺。现在有了向您求救的一天就可以知道了，袁尚眼见袁谭困顿却不能攻下，说明他已筋疲力尽……现在您带兵去攻打邺城，袁尚不回救就不能自守，如回救，袁谭必然从后面追击。凭借您的威望，对付走向穷途末路的敌人，无异于秋风扫落叶……"

辛毗是阳翟（今河南禹县）人，曹操任司空时征召过他，但他因故没能应命。从这段话可以看出，他早已倾心曹操，他名义上是充当袁谭的使者前来搬救兵，实际上是在游说曹操攻二袁。这段话打消了曹操的疑虑，曹操不由得高兴地说：

"您说得好啊，我攻吕布时，刘表不侵犯我们，官渡大战他又不救袁绍，这是一个画地自守的贼子，应该放在以后考虑。袁谭、袁尚狡猾得很，应趁他们内乱而攻取之。纵使袁谭心怀诈术，不一定真心投降，我如能攻破袁尚，尽占其地，获利自然很大。"

于是，下令挥师北进。十月，曹操率军进抵黎阳。袁尚闻讯，立即解除对平原的包围，回师保卫邺城。撤围时，部将吕旷、吕翔趁机叛离袁尚，投奔了曹操。

就在这时，袁谭暗中给吕旷、吕翔送来了将军印绶，企图拉拢二人。吕旷立即报告曹操，并将印绶上交。曹操听到报告后说：

"我早就知道袁谭在打自己的小算盘。他想让我去攻打袁尚，而他自己却趁机掠民聚众。袁尚败亡后，他得以强大起来，并趁机钻我的空子。可是，袁尚破灭后我军更加强大，哪有空子可钻呢？"

可见，曹操早已洞悉袁谭的阴谋。但是，他却不动声色，仍然煞有介事地为自己的儿子曹整与袁谭的女儿定亲，以笼络袁谭。此时，曹操军粮缺乏，他没有急于同袁尚决战，暂时将部队带回河南休整。

## 三、攻拔邺城

建安九年（204 年）正月，曹操率军北渡黄河，在淇水上筑起大坝，导淇水入白沟，以便运输军粮。

二月，袁尚不知自己败亡就在眼前，却留审配、苏由守邺城，再次统率大军进攻袁谭据守的平原。曹操大军进抵洹水的时候，苏由打算做曹操内应，因阴谋泄露，就出奔曹操。曹操遂进抵邺城城下，向邺城发起猛烈进攻。

曹操采取官渡之战时袁绍所用办法，一面筑起土山，让士兵在土山上居高临下朝城中射击，一面朝城内挖掘地道，想直通邺城内部。审配针锋相对，在城边挖深沟以断绝曹军的地道。双方在邺城城下展开了激烈的战斗。

这时，袁尚任命的武安县县长尹楷，驻军毛城（今武安县西），负责保护通往上党（今山西长治）的粮道。曹操留下曹洪继续攻打邺城，自己亲率一部分部队攻打尹楷，很快将尹楷击败，拿下毛城，接着引军进攻沮授的儿子沮鹄据守的邯郸，又将邯郸拿下。

曹军攻势凌厉，易阳县（今河北永年）县令韩范、涉县（今河北磁县）县令梁歧献城投降。

韩范起初有些犹豫，假装投降，后又抗拒固守。曹操派徐晃进击。徐晃赶到易阳，向城中射去一封箭书，对韩范陈说利害，韩范这才开门投降。

曹操早有"围而后降者不赦"的法令，按照法令，韩范当斩首，易阳县当屠城。徐晃对曹操说：

"二袁还没有消灭，那些没有被攻克的城池都在侧着耳朵听，今天屠灭易阳，明天他们就会拼死据守，恐怕河北没有平定的时候了。希望您招降易阳以晓谕其他城池，他们就会望风而降。"

曹操觉得徐晃说得有理，不仅没有屠城，还赐给韩范、梁歧关内侯的爵位。

这期间，邺城正在进行惨烈的战斗。一次，审配的部将冯礼暗中投靠曹操，把邺城城门打开，放进曹军士兵300多人。不料被审配发现，审配命士兵用巨石从城上砸向城门，城门立即关闭。突入城门的300多名士兵全部被杀。

五月，曹操亲自督战邺城。他改变先前的战术，铲平土山，填满地道，另行挖掘壕沟，把邺城围绕一周，长达40里。最初挖得很浅，给人可以涉水而过的假象。审配在城墙上看到，纵声大笑，并没有出兵破坏。

曹操下令连夜奋战，一夜之间，挖出一条宽深各两丈的人工河床，然后决漳河水灌入，邺城遂与外界完全隔绝。从五月到八月，邺城被整整包围了4个月。城中粮食接济不上，有一半的人被活活饿死。

袁尚得知邺城被围，于七月撤平原之围，率兵1万多人回救邺城。为了让守城的审配知道援军将到，先派主簿李孚入城报告。此时邺城被曹军围得水泄不通。

李孚见硬闯不行，于是冒充曹军督将，削制三根指挥棒，挂在马鞍之旁，戴着武官头巾，一路装腔作势，不断呵责围城将士，来到邺城南门对面，对守护营门的将士大发雷霆，把他们捆绑起来，随即打开营门，跑到城下，向城上呼喊，守军放下绳索，把李孚吊了上去。

审配看到李孚，悲喜交加，高呼万岁。围城将士知道上当，赶紧报告曹操。曹操笑着说："他有办法入城，也会有办法出城。"

李孚知道曹军加强了戒备，不能再行冒险。他请审配把城中老弱全部驱逐出城，以节约粮食，自己也好乘便出城。审配依计而行。李孚果然混在人群之中，逃了出去。

袁尚率军行进在回救邺城的路上，曹操部下将领认为，这是一支归师，应当避开。

《孙子兵法》云："归师勿遏，围师必阙，穷寇勿追。"意思是返回营地的军队不要加以阻截；包围敌人的军队一定要留下一个使敌人可以逃生的缺口；走投无路的军队不要紧追不舍。因为，对方在危急关头都将殊死作战，进攻的军队纵然取胜，也将付出很大代价。诸将就是存有这样的顾虑。曹操说：

"袁尚如果从大路来，就应当避开；如果他沿西山小路来，那他就将被我们活捉了。"

军队如果从大路来，说明援救的决心很大，不顾胜败，势必死战；如果从山间小路来，可以前进，也可以后退，说明有依险自保的愿望，没有死战不退的决心。曹操没有机械地搬用兵法，而是从实际出发进行科学判断，从而定下正确决心。说明曹操善于观察判断敌情，比起诸将的确要高明得多。

为了弄清楚袁尚的归路，曹操派了侦察人员前去侦察。侦察人员回来说，肯定从西山来，先头部队已进到邯郸地面了。

曹操大为高兴，对诸将讲："我已经拿下冀州了，你们知道吗？"

诸将都感到莫名其妙，回答说不知道。曹操说："要不了多久，你们就知道了。"

袁尚果然从西山小路南下，到达距离邺城17里的地方，靠近滏水（滏阳河）扎营，夜间燃起烽火，向城里发出信号。城中也燃起烽火呼应。审配打算里应外合，夹击曹操。

曹操已预有准备，审配刚出城就遭到曹军的迎头痛击，审配抵敌不住，只得退回城里。曹军同时猛攻袁尚。袁尚大败，撤退到漳水的拐弯处扎营。曹操率兵赶到，下令将袁尚的大营包围。曹军包围圈还没有合拢，袁尚心胆俱裂，不敢再战，忙派人往见曹操，要求投降。曹操不允，加紧围攻。袁尚趁夜逃走。曹操紧追不舍。袁尚的部将马延、张顗等阵前投降。袁尚军队霎时大乱，土崩瓦解。袁尚带着残部逃往中山（今河北定县）。

曹操缴获了袁军的全部辎重和官印、绶带、符节、斧钺等物品。曹操命人拿着这些战利品向邺城士兵展示，守军士气顿时低落。审配仍想作垂死挣扎，对将士讲：

"大家要坚守死战，曹军现在已经疲惫不堪。幽州刺史袁熙将军的援军马上就要到了，何愁没有人领导我们呢？"

一次，曹操在阵前巡视，审配令弓弩手向曹操射击，差一点将曹操射中。

八月二日夜，审配的侄儿审荣私开邺城东门，投降曹操，引曹军入城。审配在巷战中被俘。

先前，辛毗家人被审配囚禁在监狱里。破城之后，辛毗赶紧驰往监狱解救，不料早已被审配屠杀，全家老幼无一幸免。

悲痛欲绝的辛毗返回大营时，正碰上军士捆绑着审配，押往大营。辛毗见后怒火中烧，用马鞭狠抽审配的头，骂道："奴才，你今天死定了！"

审配回过头，也瞪着辛毗骂道：

"狗辈，正是你们这帮人毁我冀州，我恨不得杀了你！再说，你有权叫我活、叫我死吗？"

不一会儿工夫，曹操命人将审配带进去。曹操问审配："你知道是谁把城门打开的吗？"

审配并不看曹操，说："不知道。"

曹操说："就是你的侄儿审荣打开的。"

审配仍不看曹操，愤愤地说："就怪小儿辈不成器，把事情弄到这个地步。"

曹操又问："前天我在城外巡查，你射出的箭可真多啊！"

审配咬牙切齿地说："只可惜太少了！"

曹操欣赏他的骨气，有意让他活下来，说："你忠于袁氏，不得不这样。"

但是，审配没有屈服的表示，辛毗又在一旁号哭不已，曹操只好将他杀掉。

审配死前还呵斥行刑手，说自己的主人在北方，于是面北而死。

在这里，我们不避烦絮地讲一讲有关审配的话题。《三国志·袁绍传》注引《先贤行状》称审配"忠烈慷慨，有不可犯之节"。裴松之也说审配是"一代之烈士，袁氏之死臣"。审配临死前的表现也证明了这一点，而且给人印象深刻，令人顿生敬意。

但是，审配作为谋主，却没有为袁绍出过什么有价值的主意，似乎处处都在挖袁氏的墙脚。官渡决战最关键的时候，他逮捕许攸的亲属，立即通报前线，为的是打击异己，邀功请赏，结果导致许攸投奔曹操，向曹操贡献火烧乌巢的主意，给本集团造成毁灭性打击。我们不是说审配逮捕错了，贪赃枉法应该逮捕，但在非常时期，根本不能让此事张扬出去。审配应该有这个意识、能力和手段。他深受袁绍信任，却没见他匡正过袁绍的过失（也许正是没有匡正其过失才获得信任），还热衷于搞窝里斗。如果他真正忠于袁氏，他就不应该这么做。看来他的品行并不高尚。

台湾作家柏杨在评点时有一段文字值得一看：

> 审配先生斥责辛毗先生："正是你们这些东西，使冀州破碎！"似乎理直气壮。可是，如果深入考察，使冀州破碎的，并不是辛毗，而恰恰是审配这些东西。审配以智囊闻名于世，却向主子袁绍层出不穷地贡献一些最坏的策略，打击唯一可以拯救冀州的沮授先生，而又违背当时长子继承的宗法制度，排斥袁谭，拥立袁尚，掀起严重的夺嫡斗争。假如不是他阁下如此努力，岂能有以后的发展？他却倒打一耙，希望留下英勇忠贞的形象。
>
> 审配先生不过一个私欲如火的小政客而已，屠杀辛姓全家，证明他表面上虽然文质彬彬，实际上却是一个暴徒。当然，总比被俘

后摇尾乞怜，要高一级，但也不过高一级而已，不能抵消他颠覆冀州、颠覆他主人的罪行。(《现代语言版资治通鉴》第 17 册）

这段文字虽然有些偏激，但对居上位者如何考察和任用好自己的部属有所启迪，有所帮助。

现实生活中的确不乏审配这类人物，他们千方百计地讨好上峰，或为了提携，或为了邀宠固位，绝少考虑上峰的事业，甚至为了个人的私利，不惜损害上峰的事业。而上峰并不觉察，甚至还感念他们的"忠贞"，对他们恩宠有加。直至自己的事业受到无法弥补的损失时，才后悔不迭。居上位者理当引以为戒。

曹操处置审配以后，亲自到袁绍墓前祭奠，不禁情动衷肠，痛哭流涕。之后又到袁绍的府邸，慰问袁绍的妻子，送还袁家的仆人及珍宝物品，特地赠送了一些各种颜色的丝绸等纺织品，还决定让官府负责袁家的粮食供应。

对曹操的这种做法，一些人提出过非议。有的人认为，曹操此举是猫哭耗子假慈悲，怀疑其感情的真实性；有的人认为，既然袁绍是乱臣贼子，哭祭袁绍，厚待其家人，就是不明大体。晋代史学家孙盛就说曹操"尽哀于逆臣之家，加恩于饕餮之室"，是"百虑之一失"。

其实，曹操此举不难理解。曹操与袁绍小时候就是好朋友，交往密切。在西苑新军时，他们共过事。讨伐董卓时他们又是战友。军阀混战开始时，他们还是盟友。虽说他们之间有矛盾，但是不能说就没有感情、没有值得珍视和怀念的东西。曹操是个感情丰富的人，在袁绍已死、恩怨已了的情况下前往拜祭，体现了他的胸襟和格局。在祭拜过程中，睹墓思人，百感交集，涕泪涟涟，当是一种真情的流露。

至于讲到逆臣，当时谁又是忠臣？曹操想做忠臣，但是又有谁认账？他那么厚待刘备，不就是希望众军阀能够像刘备那样，放弃兵权到朝廷任职，共同尊奉朝廷，维护国家的统一吗？但是刘备还是叛逃了。刘表呢，身为王室宗亲，不照样与朝廷离心离德吗？

袁绍是有野心，这也是曹操最为痛心的。曹操在其墓前哭诉，想必有念及旧情时的伤感，有对其叛逆的数落和埋怨，有朋友反目成仇、兵戈相向的无奈和悲凉，甚至还有尊奉王室不被理解的惆怅和悲哀，以及平定天下艰难备尝的孤寂和痛苦。这些一直在曹操内心纠结着，现在，就着祭奠，来一番排遣和宣泄，任感情的闸水酣畅淋漓地流淌，不是很自然的吗？

曹操诸事处置停当，便依例向献帝上了一份奏表。献帝接到表文，于九月下诏任曹操为冀州牧。

冀州是一个大州，其地理位置非常优越。南界黄河，西傍并州，东连青州，背靠幽州，经济实力也非常雄厚。在战争频仍、人口锐减、十不存一的当时，仍可以征召 30 万人的军队。州治所邺城是一座古城，始建于春秋齐桓公时，到战国时为魏国所有，改称魏，后又改称邺。汉高祖设魏郡，邺城就是魏郡的郡城。到东汉后期，邺城是河北地区政治经济中心和战略要地。曹操占据邺城，大大加速了统一北方的进程。

曹操攻拔邺城不久，袁绍的外甥高干献出并州，归降曹操。曹操仍任高干为并州刺史。

这期间，曹操又网罗了一批人才，其中著名的有陈琳、崔琰、牵招等人。

陈琳，字孔璋，广陵人。初为何进主簿。何进采纳袁绍建议召外将进京诛杀宦官时，陈琳进行过规劝，但何进没有听，以致酿成董卓之乱。后避乱冀州，投靠袁绍。曾为袁绍写了《讨曹孟德檄》。袁绍死后，从袁尚，袁尚败走后即投归曹操。曹操不念旧恶，任他为军谋祭酒。

崔琰，清河东武（今河北清河）人，年轻时质朴少言，好击剑，崇尚武事。23 岁始发愤读书，29 岁师从经学大师郑玄。未满一年，遇到黄巾起事，中断学业，过着流离漂泊的生活。33 岁回到家乡，以读书弹琴自娱。袁绍听说他有些才气，征他为骑都尉。袁绍死后，袁谭、袁尚都想得到崔琰，崔琰以有病为由相推脱。结果被袁尚关进大牢。幸有阴夔、陈琳营救，才保全性命。曹操平定邺城后，招为别驾从事。

牵招，字子经。初为袁绍督军从事兼乌桓突骑。袁绍死后，从袁尚。曹操围攻邺城时，牵招正在上党督运粮草，还没有返回，邺城已被曹操攻破。牵招就到并州，劝说并州刺史高干把袁尚接来，凭借地理优势，抗击曹操。高干不仅不听，还想谋害牵招。牵招偷偷逃走，想追随袁尚，但是路不通，就转投了曹操。曹操任他为冀州从事。

## 四、剿灭袁谭

曹操率军围攻邺城的时候，已经投降曹操的袁谭趁机反叛，出兵夺取甘陵（今山东清平县）、安平（今河北安平）、渤海（今河北南皮）、河间等郡县。袁尚逃往中山（今河北定县）时，袁谭又攻击中山。袁尚抵敌不住，逃奔固安（今河北易县东南），投奔其二哥、时任幽州刺史的袁熙去了。袁尚仅存的一点军队也被袁谭接收了，袁谭的势力迅速扩展。他料定曹操不会对他坐视不管，就回军龙凑（今山东德州东北），准备应对曹操。

曹操立即做出反应。他写信谴责袁谭，并宣布断绝儿女之间的婚姻关系。然后，挥军北上，进攻袁谭。

建安九年十二月，曹操进抵其门（其门地址不详），袁谭自知不敌，赶紧撤出平原，退守南皮，沿清河布防。曹操兵不血刃占领平原，并趁机夺占附近各县。接着率兵进攻袁谭所居南皮。

这期间，曹操采取了军事打击和政治瓦解两种手段，一方面加紧进攻南皮，另一方面鉴于袁氏与乌桓保持着密切的关系，为防止乌桓增援袁谭，派袁绍时曾任过乌桓突骑的牵招前往柳城（今辽宁朝阳市东南），安抚乌桓部落。

牵招来到柳城时，正遇上乌桓峭王准备行装，将派五千骑兵援助袁谭。这时，辽东太守公孙康也派使者韩忠拿着"代理单于"的印绶，企图拉拢峭王。峭王犹豫不决，于是聚众商议，并请牵招、韩忠入座。

峭王问牵招："从前，袁绍说奉天子之命，叫我代理单于。而今，曹操却说要奏请天子让我当真单于。辽东方面，又派人送来代理单于印绶。大家都理直气壮，究竟谁才是真的？"

牵招说："过去袁绍秉承皇帝的旨意，有权封爵任官。中间犯有过失，天子命曹操接替他。曹操说奏请天子封你为真单于，这不会有错。辽东不过一个小小的郡，哪有什么资格颁授朝廷的命令呢？"

辽东使者韩忠说："我们辽东在大海之东，拥有百万军队，又有扶余王国（今辽宁昌图县）和濊貊部落的拥戴。现在的形势，强大的才算数，曹操怎敢唯我独尊？"

牵招大声斥责道："曹公英名盖世，保护天子，讨伐叛逆，怀柔抚顺，四海之内一片平静。你们一撮官兵，依仗边疆险地，违抗朝廷，竟打算封爵任官，侮弄天子。依法应该诛杀，怎么敢轻慢朝廷大员（曹操）！"

牵招说着，冲上前去，抓住韩忠的头发，按下头颅，往地上猛撞，并拔出佩刀，将要砍下。峭王十分惊恐，来不及穿鞋子，便跑上前去，抱住牵招，牵招这才松手，回到座位。牵招向峭王陈说利弊得失，峭王被说服，跪下接受了朝廷命令。随即打发韩忠回辽东，并下令援助袁谭的骑兵停止出发。

牵招这次立了大功。如果峭王五千骑兵援助袁谭成为事实，那可真够曹操受的。曹操让牵招去做工作，显然是用对人了。曹操政治上瓦解敌人的目的达到，为顺利解决袁谭创造了条件。

建安十年（205年），曹军与袁谭在南皮城下进行了惨烈的战斗。南皮是渤海郡城，为袁绍发迹之所，城池坚固。袁谭的军队又殊死作战，曹军进攻没有取得胜利，还造成很大伤亡。曹操见硬拼不行，想暂时撤军，以便寻找机会再战。

时任议郎的曹纯建议："我们孤军远征，其势难以持久，如果进攻不能成功，必然影响士气。现在敌人占据地理优势，会逐渐滋生骄傲情绪，我们再坚持一下，一定能够将他们打败。"

曹操觉得有理，于是下令继续攻城。为了鼓舞士气，曹操亲自擂鼓督战。将士无不感奋，拼死向前。袁军抵敌不住，开始溃逃。曹军蜂拥而入，南皮好不容易拿了下来。

袁谭见势不妙，单骑匹马出逃。可没有逃多远，被曹纯的部下追上，一刀砍死。

南皮被拿下后，李孚自称冀州主簿，前来投归曹操，并对曹操进言道："现在南皮城内，强凌弱、弱抗强，人心惶惶。应当任命一位新近归附而又有威望的人前去安抚。"

曹操就派李孚担负这一任务。李孚入城后，宣布朝廷政策，使各安其业，不得相互侵扰。城中秩序很快安定下来。

曹操入城后，处死了郭图及其亲属。郭图与审配一样，极力挑动袁谭、袁尚兄弟之间的内斗，袁谭、袁尚两败俱伤后，他们自己却落到了这样的下场，这可能是他们始料未及的。

曹操攻占南皮，标志着他占有了整个冀州以及青州部分地区。曹操大为兴奋，特地安排鼓乐相庆。在喜庆过程中，曹操心旌荡漾，不禁手舞足蹈。

曹操攻打南皮时，袁谭别驾王修正在乐安筹措粮草。听到曹操攻打南皮的消息，王修赶紧带领为数不多的部队援救袁谭。行至高密时，听到袁谭死讯，王修下马号哭一番后投归了曹操。

这时，袁谭身首异处，暴尸于外，曹操下令说：

"有谁敢哭祭袁谭，就杀死他全家！"

王修置生死于度外，在袁谭的尸首旁号啕大哭。执法官请示曹操，要诛杀王修，曹操觉得王修是个义士，没有答应。

王修又要求收殓袁谭的尸首。曹操想进一步考验王修，故意沉默不语。王修说："我受袁氏厚恩，如果能收葬袁谭的尸首，再引颈受戮，也死而无憾！"曹操深受感动，答应了王修。

曹操攻下南皮、诛杀袁谭后，各地都受到震动，纷纷表示归附。只有东莱太守管统据守乐安，不肯归降。曹操就命王修前去乐安取管统首级。王修觉得管统是个忠臣，将他绑到南皮后，把绳索解开，让管统自己去见曹操。曹操很欣赏王修的做法，也没有加害管统。

袁氏为政尚宽，对贪赃枉法打击不力。曹操拿下邺城时，没收审配的家资数以万计。可是，攻下南皮，检查王修家时，王修家中谷物不足十斛，却有书籍数百卷。曹操不由得生发感叹："这个士人不是虚有其名啊！"

于是，任命王修为司空掾。因为其廉洁，就让他代理司金中郎将，主管铸造钱币、兵器和农具事宜。

## 五、席卷幽并

曹操拿下南皮、斩杀袁谭以后，给涿郡太守王松去了一封信，希望王松归顺自己。

还是在曹操攻打邺城时，归依王松的刘放就曾劝谏过王松，希望他顺应形势，趁早归顺曹操。王松口头答应了，但是没有采取实际行动。王松接到曹操的信后，先让刘放代自己向曹操回了一封信，接着策动雍奴（今天津）、泉州（今天津市武清区）、安次三县归附了曹操。曹操大为高兴，仍任王松为涿郡太守。因鼓动王松归顺有功，且为王松代写的书信颇有文采，曹操征召刘放，任刘放为司空掾。

涿郡位于幽州南部，与冀州接壤。涿郡的内附，引起幽州的震荡。袁熙部将焦触、张南见袁氏大势已去，趁机发难，将袁熙、袁尚赶出了幽州。袁熙、袁尚只得投奔辽西乌桓。

焦触自任幽州刺史，率领幽州各郡县太守、县令投归曹操。曹操兵不血刃占有幽州，非常高兴，封焦触、张南等人为列侯。

四月，黑山郡农民义军首领张燕率 10 余万人归降曹操，曹操又封张燕为安国亭侯。

形势看似一帆风顺，可是，没过多长时间，固安人赵犊、霍奴等发动叛乱，斩杀幽州刺史焦触和涿郡太守王松。住在辽西、上谷和右北平境内的乌桓族，也在逃亡辽西的袁熙、袁尚的教唆下，发兵攻打驻守在犷平（今北京市密云区）的度辽将军鲜于辅。本已归附的幽州又有丢失的危险。

曹操得到消息后挥军北上，杀了赵犊等人，并渡过潞河（今河北白河），援救鲜于辅。乌桓首领自知不敌，在大肆掳掠一番后，迅速北逃。至当年八月，曹操牢牢控制了幽州。

曹操赶走乌桓后于十月回到邺城。这时，先前投归曹操的并州刺史高干又反叛了。

高干，字元才，是袁绍的外甥，颇有才名。曹操拿下邺城后，高干担心曹操将兵锋转向并州，所以投降了曹操。

其实，高干并不甘心。他自恃有精兵5万，并且其地理位置优越，西面、南面有黄河阻隔，北有恒山、东有太行为屏障，仍想待机起事。曹操挥师北击袁熙、袁尚，他就趁邺城空虚，派兵偷袭，被留守邺城的监军校尉荀衍（荀彧三兄）发觉。荀衍将偷袭者全部消灭。

高干见阴谋败露，心不自安，趁曹操增援鲜于辅、北征乌桓时，起兵叛乱。

高干首先劫持了上党太守，率兵据守壶关口。壶关口又名壶口关，在今山西长治境内的壶口山下，因山川险恶、其形如壶而得名。

曹操命乐进、李典前往征讨。李典从正面进攻，乐进则从北面迂回。高干面临前后夹击的危险，只得退回壶关城。

这期间，河内（今河南沁阳）的农民军首领张晟趁机率领1万多人在崤山、渑池一带大肆抢掠，并派人跟刘表勾结；弘农的农民义军首领张琰又起兵响应。河东太守王邑刚被朝廷征召，王邑手下的卫固和范先此时已经与高干通谋，他们表面上想挽留王邑，实际上想把王邑扣作人质，以便趁机起事，局势相当严峻。

曹操想征调关中诸将，但又心存顾虑。他对荀彧讲："关中马腾等人，依仗着险要的地形，拥兵自重，征调他们一定会引起叛乱。河东郡依山靠河，四周很不平静，是当今天下的战略要地。请你为我物色一个像萧何、寇恂那样的人来镇守河东。"

萧何、寇恂，一个辅佐刘邦，一个辅佐刘秀。他们都以镇守一方、安抚百姓、供给军资而功勋卓著。现在河东面临严峻形势，曹操急需这样的人才。

荀彧说："杜畿的勇敢足可抵挡大难，智慧足可应付事变。不妨让他去试试。"

杜畿是杜陵（今西安市东南）人，从小就是孤儿，继母待他很刻薄，但他还是以孝行闻名乡里。20岁时做过郡守属官，后做过县令、郡丞等官。董卓之乱发生后，他避乱荆州。建安初，来到许都，经荀彧推荐，曹操任他为司空司直（司空府佐吏，协助司空惩治不法）。不久任护羌校尉，使持节，兼任西平太守。

曹操对杜畿其人的才干有所了解，就采纳了荀彧的意见，任杜畿为河东太守。

可是，杜畿上任时，卫固派兵把守茅津渡口，不让杜畿过河。曹操大怒，准备派夏侯惇率军征讨，被杜畿劝止。杜畿说："河东有3万户，并不是都想叛乱。现在大军逼迫过急，想从善的人没有依靠，一定会因恐惧而听从卫固的挑唆，卫固的权势就会转趋强大。如果征讨他们不能取胜，四邻就会响应卫固，那么局面就更难以控制。即使征讨胜利，也会伤害河东的百姓。况且卫固没有公开反对朝廷，对外还是用请回原太守的名义，一定不会贸然杀害新任太守。我一个人直接到河东，卫固会表面上接待我。他这个人有谋无断，我只要有一个月稳住他们，就足够了。"

杜畿绕道从另一个渡口渡过黄河。杜畿过河后，卫固想给杜畿一个下马威，在郡政府门前杀死主簿以下官员30多人。但杜畿面不改色，举止如常。卫固见状只得奉杜畿为太守。杜畿用计先稳住卫固、范先等人，又极力笼络当地人士。待站稳脚跟后，突然带领部分兵众到一军营固守，卫固、范先和高干、张晟等联合攻打，都没能取胜，只得转而攻掠诸县。

为配合杜畿的行动，曹操派议郎张既参钟繇军事，与马腾等一起联兵攻打卫固，大破张晟、卫固联军，斩卫固、张晟等人。河东遂平定下来。

杜畿安定百姓，奖励农桑，兴办学校，整饬武备，政绩非常突出，充分显示了他为政理民的才干。

为了彻底解决高干，建安十一年（206年）正月，曹操命崔琰辅佐长子曹丕留守邺城，自己亲统大军西征高干。

时值隆冬，天寒地冻，部队在太行山山间小道上踏雪行军，异常艰辛。曹操触景生情，写了一首名曰《苦寒行》的诗：

北上太行上，艰哉何巍巍！羊肠坂诘屈，车轮为之摧。

树木何萧瑟，北风声正悲。熊罴对我蹲，豺狼夹路啼。

溪谷少人民，雪落何霏霏。延颈长叹息，远行多所怀。

我心何怫郁，思欲一东归。水深桥梁绝，中路正徘徊。

迷惑失故路，薄暮无宿栖。行行日已远，人马同时饥。

担囊行取薪，斧冰持作糜。悲彼《东山》诗，悠悠令我哀。

诗中"太行山"是我国北方著名山脉，是山西高原与华北平原分界线。"巍巍"，指高大的样子。"羊肠坂"，地名，是从沁阳经天井关至晋阳的山间斜坡道路。"诘屈"，曲折不平的样子。"萧瑟"指风吹木叶的声音。"延颈"，伸长脖子。"斧冰持作糜"，用斧子破冰取水煮粥。"糜"，粥的意思。

诗以"苦寒"为名，概括诗的主旨，把在太行山羊肠小道上雪里行军之苦描写得淋漓尽致。先以"北上太行上，艰哉何巍巍"为首句概写，接着写道路的崎岖、环境的肃杀、天气的严寒，中间嵌入"我心何怫郁，思欲一东归"，很自然地抒发了内心的感受。全诗语言简洁，借景抒情，无论是写景还是抒情都恰到好处，浑然天成。风格苍凉悲慨。最后引出《东山》诗，流露对征战将士的关切和同情，还以周公东征自比，表达削平割据、实现统一的愿望。

曹操大军经过艰难行军，好不容易到达壶关城下。稍作休憩，便组织部队攻城。同时，下达命令：城破，皆坑之。

或许是对高干降而复叛的恼怒，或许是因为壶关城久攻不下而心中不快，曹操下达了这样的命令。

壶关地势险要，易守难攻。守城军士又死战不退。所以，尽管曹军奋力攻城，壶关城还是连日不下。

这时，曹仁说："围城一定要让敌人看到逃生的门路。您现在明确地告诉他们只有死路一条，他们就会人人奋勇守卫。况且城池坚固，粮食充足，攻击就会造成将士大量伤亡，围困就会迁延日久。今日陈兵在坚城之下，去攻击拼死作战的敌人，这不是一个好办法。"

《孙子》曰："围师必阙。"意思是说，围困敌人一定要留下一个让敌人逃生的缺口。敌人有逃生的希望，就不一定在一个地方死战。如果没有逃生的希望，战败后又要遭到杀戮，还不如拼死作战以求侥幸取胜。

曹操听了曹仁的话，觉得有理，就取消了这项不明智的命令。

壶关城的守敌果然产生动摇。高干见势不妙，留下部将夏昭、邓升守城，自己逃往南匈奴求救。三月，曹操终于拿下了壶关城。

高干见到南匈奴单于后说明来意。南匈奴单于因害怕曹操，不愿与曹操结怨，没有答应高干出兵援助的请求。

高干没有办法，只得带着几个亲兵南逃荆州，企图依附刘表。逃到上洛（今河南卢氏）时，被上洛都尉王琰捉住杀死。

曹操经过五年的艰苦征战，基本上占有了青冀幽并四州之地。至此，函谷关以东、长江以北广大地区连成了一片。

古人云："百足之虫，死而不僵。"尽管袁绍在官渡决战中被曹操打败，但是，其所统治的四州仍有雄厚的人力、物力基础。如果能够休养生息，整军经武，也还能够有所作为。但袁绍一蹶不振，郁郁而亡。他死后，又没有解决好继承人问题，所以，他一死，袁氏集团失去重心，顿时分崩离析。曹操正好利用矛盾，从中渔利，采取各个击破的策略，将他们击败。在战争过程中，再一次显示出雄才大略和从谏如流、知人善任的领导风格。

曹操占据并州后，任命梁习以别部司马代理并州刺史。

梁习，字子虞。曾任过陈郡主簿。曹操任司空后，招为漳（今山东东平）县长，后转为下邳县令，为政声誉一向很好。

梁习上任之初，正值高干叛乱之后，不少官吏和百姓逃往匈奴，州里空虚。州郡豪强拥兵自重，为害乡里。梁习上任后，文武并用，终于将秩序稳定下来。连一向骄横的匈奴单于也表示归附。出现了边境安宁，百姓安居乐业的良好局面。曹操大为高兴，封梁习为关内侯，并正式任命为并州刺史。

曹操占据并州后，又罗致了一批人才，主要有仲长统、常林、杨俊、王象、荀纬、王凌等人。

## 六、清定海岱

泰山郡以东至海，时称海岱地区。大部属青州，小部属兖州、徐州。由于地处偏远，濒临州界，政治统治一向比较薄弱。此外，这里几易其主，陶谦、田楷以及吕布、刘备、曹操，或部分或全部统领过这一地区。

正因如此，当地的郡守、县令往往恃远而骄，对老百姓横征暴敛。当地的豪强也往往采取骑墙态度，外来势力强盛时，他们就表示归附，外来势力消退时，他们就伺机反叛。

曹操西征高干期间，管承、昌狶相继反叛。

管承是一个海盗，势力并不大，只有几千人。曹操西征高干回到邺城后，稍事休整，于八月率军前往征讨。军队开到淳于（今山东安丘）后，曹操命乐进、李典先行出击，没费多大力气就将管承击溃。管承逃往海岛。

昌狶是一个地方豪强，有相当实力。曾依附吕布，吕布败亡后，他依然拥兵自重。袁曹官渡决战期间，他还趁机扩充势力。官渡之战结束后，曹操于建安六年（201年）派张辽、夏侯渊率兵征讨过。那次征讨，张辽、夏侯渊在东海（今山东郯县）将昌狶包围起来，可是一连数月都没能将其攻下。当时粮食用尽，张辽等准备撤军时，却发现昌狶有归降的念头。于是，张辽孤身一人来到昌狶家，向昌狶陈说利害，劝昌狶投降，昌狶于是投降了曹操。

现在昌狶又反了。曹操派于禁和臧霸前往征讨。起初没能奏效，又加派夏侯渊前往增援，一连攻下昌狶10余座城堡。昌狶渐渐不支，便前往于禁处请求投降。因昌狶过去与于禁有些交情，诸将以为于禁会宽贷他，将他交给曹操发落。

可于禁却说："你们不知道曹公的军令吗？凡被包围之后才投降的

人是不能赦免的。遵守法令，执行命令，是下属侍奉上级应有的气节。昌狶虽是我的朋友，但我怎能失节呢？"

说完就与昌狶诀别，一面流着眼泪，一面命人将昌狶斩首。

曹操是有"围而后降者斩"的法令，但这个法令执行得并不严。从前征袁尚，易县县令韩范就被围过，徐晃在曹操面前求情，曹操就赦免了韩范，还赐给韩范关内侯爵位；西征高干，攻打壶关城时，曹操下过"城破，皆坑之"的法令，但经曹仁劝说后该法令被曹操取消。

于禁完全可以将昌狶交由曹操发落，没必要径直将昌狶处死。此前，已有王修处理管统的成例，于禁是可以借鉴的。但他没有这样做，仍然抱持所谓的法令不放，显然不大合适。所以，听说昌狶死了，身在淳于的曹操说：

"昌狶投降不来找我而去找于禁，这不是命不好吗？"

曹操这样说，表明不认同于禁的做法，意在显示自己的仁慈。事实上，曹操当时不在前线，昌狶不可能直接向曹操投降。曹操说这些，有虚卖人情的嫌疑。如果昌狶真的向曹操投降，以昌狶这样的惯犯，曹操也未必能够容得下他。

于禁也许就是因为昌狶是惯犯，所以径直处死，不愿上交曹操，免得让曹操为难。

曹操或许理解于禁的用心，所以，虽不认同于禁的做法，但也没有责备于禁，还重用他，任他为虎威将军。

平定管承、昌狶的叛乱后，曹操取用何夔、吕虔等干吏前往治理。

何夔，字叔龙，陈郡阳夏（今河南太康）人，少丧父，与母、兄居，以孝悌闻名乡里。曾避乱淮南。建安三年，被曹操任命为司空掾。曹操对部下要求一向严格，办事不力，即遭杖责。何夔自尊心强，不甘受辱，常身带毒药，宁可自杀，也不肯受杖责。也许曹操对此有所耳闻，从来没有杖责过他。将他外放做了城父（今安徽亳州东南）县令，后任他做长广（今山东莱阳）太守。

何夔上任伊始，就主张采取以抚为主、剿抚并用的措施。管承退到海岛，有人主张派兵征讨，他说：

"管承等人并不是天生就喜欢作乱。是因为习惯了作乱而不能自拔，没有机会接受道德教育，所以不知道改邪归正。现在军队进逼得紧，他害怕被消灭，一定会拼死作战，攻打他也不容易取胜，即使取胜，一定伤害官民。不如慢慢用恩德去开导，使他们自己去觉悟，可以不用军队进攻而自行平定。"

于是派遣郡丞黄珍前去招抚，向管承陈说利害，管承表示降服。何夔又派人带着牛和酒到城郊将管承迎到长广。牟平的从钱也聚众数千人为乱，何夔带着长广的部队与张辽一同进剿，将从钱平定。

东牟人王营纠集数千人胁迫昌邑人作乱，何夔派遣王钦前去处置，并给王钦面授机宜。王钦成功分化瓦解了王营部众，用一个月时间肃清了整个长广郡的叛乱。

大军平定以后，曹操制定新的法律下达各地，同时征收租税绢绵。何夔认为该郡刚刚建立，又处于战乱之余，不能操之过急，于是上书：

自丧乱以来，人民流离失所，现在虽然稍微安定，但是受教化的时间不长。所下达的新法，是用来公开惩处犯罪，告诫人民遵守法令，并按照一致的步调实施教化的。但我所管辖的六县刚刚平定下来，加之闹饥荒，如果都按照统一的法令去要求，恐怕有些人不乐意服从。有不服按法令又不得不杀，那么就不是体察民情、实行教化、顺应天时的本意了。从前圣明的君主把京都以外的地区分为九等来收取赋税以区别远近，制定相应的法令来平定动乱。愚以为这个郡应按照边远地区、新封王国的法令对待。至于民间小事，则交由下面小吏便宜处置，对上不违国家法令，对下顺应百姓心愿。等两三年，百姓安居乐业了，再按统一法令要求，就不会遇到什么问题了。

曹操觉得有理，便同意了。作为新附地区，战后余生的老百姓亟待实行教化，休养生息。如果不加区分，一味纠之以猛，竭泽而渔，那只会使情况更复杂。何夔能够把这些讲出来，是需要勇气的。曹操能够采纳，也是有度量的。

何夔不愧为干吏，没用多长时间就将长广郡治理得井井有条。其后，乐安郡不安定，曹操又将何夔调往乐安。

与何夔一起在海岱地区任职的吕虔，是曹操的老部下，曹操深知他的才能，任他为泰山太守。

泰山郡一直比较混乱，吕虔上任之初老百姓四处逃散。袁绍的残余势力郭祖、公孙犊等数十人占山为寇。

吕虔到任后广施仁义，招降了郭祖等人，逃亡的百姓陆续回家。吕虔从中挑选一部分青壮年，组成一支有战斗力的军队，与夏侯渊一起，进剿在济南、乐安一带的黄巾余部，将他们打败。

其后不久，吕虔又奉曹操之命，进讨东来的李条，将李条平定。曹操对吕虔的表现非常满意，特下令嘉奖：

> 有志气的人，就一定要实现既定的目标，这是有气节、有壮志的人不惜牺牲也要追求的。你到泰山郡任职以来，逮捕奸人，打击强暴，百姓得以安居乐业。你总是亲冒箭矢，每次打仗总能取得胜利。过去寇恂治理汝南、颍川出了名，耿弇在青州、兖州一带建立功业，古今都是一样的。

曹操将吕虔比作东汉开国元勋寇恂、耿弇，对他的功绩给予了高度评价。吕虔不负所望，在泰山太守任上工作了10多年。因政绩突出，曹丕即位以后，封他为益寿亭侯。

曹操用人得当，海岱地区平和稳定，百姓安居乐业。

# 第十三章
# 远征乌桓

　　曹操产生远征乌桓的想法是自然的，这与 18 年以后，诸葛亮欲北伐先南征是一个道理。

　　曹操不再犹豫，决计北征了。他明白，军事行动从来都不是四平八稳的，它有时需要冒险。

　　曹操在大胜之后没有沾沾自喜，反而回顾忠言，慷慨施赏，这一举动值得大书特书。

## 一、一项颇富争议的风险决策

　　乌桓，又称乌丸，是我国古老的少数民族之一，因其散居在我国北方的东部，所以，古时内地人称乌桓、鲜卑为"东胡"，以区别于匈奴。

　　春秋战国时期，东胡西邻匈奴，南接燕国。秦汉时，东胡一度与匈奴一样强盛，到后来被匈奴奴役。霍去病打败匈奴后，乌桓才摆脱匈奴的控制。汉武帝将部分乌桓迁往上谷、渔阳、右北平、辽东和辽西五郡。设乌桓校尉，加强对乌桓的联络、保护与监视。

　　到东汉时，王朝与乌桓的关系总体看好，虽有过矛盾但没有演变成大规模的战争。

　　东汉末年，乌桓的势力逐渐强大。中平四年（187 年），中山太守张纯曾勾结乌桓辽西部大人（首领的称呼）丘力居等，反抗朝廷，最后失败。丘力居死后，他的侄子蹋顿"有武略"，被各部推举为辽东、辽西、右北平三郡乌桓的首领。

袁绍征伐公孙瓒，就曾借重过乌桓的力量。袁绍打败公孙瓒后，便假托献帝的名义，封蹋顿为乌桓单于，封辽东乌桓大人自称"峭王"的苏仆延为左单于，封右北平自称汗鲁王的乌延为右单于。不久，上谷的乌桓大人难楼和苏仆延率领其部下，奉丘力居儿子楼班为单于，蹋顿为王。

袁绍死后，曹操与袁尚等人进行战争时，三郡乌桓继续为袁氏出力。曹操围攻南皮时，辽东乌桓峭王苏仆延就准备派遣五千名铁骑增援袁谭，被牵招劝止。曹操率军进攻幽州袁熙、袁尚时，三郡乌桓曾出兵攻打曹操所置度辽将军鲜于辅。

袁熙、袁尚投奔乌桓以后，想利用乌桓的力量卷土重来，乌桓则想趁中原混乱而兴兵入寇。他们纠结在一起，相恃为强，对中国北部构成了一定程度的威胁。

曹操深知，不征服乌桓，不铲除袁氏的残余势力，北部的局势就不可能稳定下来，他也不可能从容南征，更不可能完成统一大业。所以，曹操产生北征乌桓的想法是自然的，这与18年以后诸葛亮欲北伐先南征是一个道理。

但是，征乌桓绝不是一件轻而易举的事情。乌桓地处幽州北部，距邺城1000多里，单是军需物资的转运就相当困难。

人们常说，兵马未动，粮草先行。要北征，首先要考虑军需物资的转运问题。为此，曹操听取董昭的建议，开挖了平虏渠、泉州渠、新渠三条水上通道。平虏渠上自呼沲河（今滹沱河），下入泒河（上游即今沙河，下循大清河至天津入海）；泉州渠上承沟河口，下入潞河（今北运河的前身），因南起泉州县（今天津市武清区西南）而得名。新渠沟通泉州渠和濡水（今滦河）。

现在这些人工河早已湮没，但在当时却是贯通南北的重要水道，为当时的水运和农业灌溉提供了便利。

建安十三年（208年）二月，曹操清定海岱地区以后回到邺城，聚众商议征讨乌桓事宜。

远征乌桓是必要的。不征讨乌桓，中国北部就不得安宁，从而制约曹操统一全国的行动。

但是，远征乌桓的决心却不是那么容易下的。需要着重考虑两个问题：一是乌桓远离本土，且比较强悍，曹操劳师袭远，怎样确保战争的秘密性和突然性，做到一战而胜？这一仗只能速战速胜，不然宁可不打。因为这里实在太远，经不起长时间折腾。二是远征乌桓，黄河以南地区必然空虚，刘表、刘备会不会乘虚袭击许都？

这两个问题都令人纠结。因此，很多人心存疑虑。

史涣听说曹操聚众商议远征乌桓的消息，觉得这不是万全之策，想约韩浩一起向曹操进谏。韩浩却说：

"现在我们兵力强盛，威加四海，战胜攻取，无不得心应手。如不趁此时远征乌桓，除去此患，必将成为后顾之忧。何况曹公神武，一举一动从不失策。我和你都是禁军首领，在这个时候不宜败坏大家的兴致。"

史涣和韩浩没有参加决策会议，他们是在私下议论，但他们的意见具有代表性。赞成远征和反对远征各执一词，莫衷一是。

张辽参与了决策会议。他提出了自己的顾虑，说：

"许都是全国的政治中心，现在天子在许，明公远征乌桓，倘若刘表派遣刘备袭击许都，并据以号令天下，那么，明公的大事可就不好说了。"

张辽把征乌桓与许都的安全联系起来考虑，触及了问题的关键和实质，把问题引向深入。张辽担心许都有失，这种想法反映了不少将领的顾虑。有人就认为，袁尚不过是一个破落户，一个逃亡者，乌桓贪婪成性，六亲不认，不会被袁尚利用。远征乌桓，容易给刘表、刘备以可乘之机。万一许都有失，那后果将非常严重。

曹操既然早就想攻打乌桓，对这些问题不能说没有考虑。但是，既然是让大家讨论，就要让大家把想法都讲出来，所以，即使有人反对，曹操也不便说什么，依然认真地听。

这时，军谋祭酒郭嘉讲了一番话，他说：

"明公虽然威震天下，但是，乌桓依仗地处偏远，肯定不会加以防备。我们趁他们没有防备突然袭击，一定可以将它们歼灭。况且袁绍生前对乌桓胡人和汉人都有恩惠，袁尚兄弟还在那里。现在青冀幽并四州的人民，只是迫于威力才归附我们，我们并没有对他们施以恩惠。如果我们不北征乌桓而南征刘表，袁尚就可以借乌桓的支持，招纳旧部，一呼百应。同时会助长蹋顿南侵的野心。这样的话，恐怕青州、冀州就不归我们所有了。刘表其人，不过是一个清谈家，他自知才能不足以驾驭刘备，如果重用刘备则担心控制不了他，不重用刘备，刘备就不会真心实意为他卖力。因此，即使我们动用全部军队北征乌桓，刘表也不会有什么举动，明公不必多虑！"

郭嘉分析了远征的必要性、可行性，断言一定能够击败乌桓，而且料定刘表是个清谈家，不会乘虚袭击许都。

郭嘉的分析无疑是精辟透彻的，尤其是对刘表心态的分析，不能不令人叫绝！

有人说，郭嘉料事如神，这没有错。其实，事都是人做的，与其说郭嘉料事如神，莫若说他料人如神。从已有的史料看，郭嘉可能连刘表的面都没有见过，在资讯那么匮乏的当时，郭嘉却对刘表了如指掌，甚至到了洞悉肺腑的程度，怎不令人惊叹呢！

尽管郭嘉的分析如此精辟，但事情毕竟没有验证，参与讨论的人心中仍然七上八下。

曹操则不同，郭嘉的话敲在了他的心坎上，他不再犹豫，决计北征了。

曹操做出这一决策是需要勇气的。从当时情况看，这一决策的风险确实比较大，稍有差失，就可能前功尽弃。

曹操就是曹操，他明白，军事行动从来都不是四平八稳的，它有时需要冒险。并且，风险越大，意味着机会越大，这就是军事辩证法。行非常之事，建非常之功，讲的就是这个道理。

## 二、一场出敌不意的闪击战

曹操亲统大军向北进发，五月达到易县（今河北雄县）。这时郭嘉又建议说："兵贵神速。现在我们远行千里袭击敌人，带的军用物资太多，行动迟缓，如果敌人得到消息，一定会预做准备。不如留下物资，轻装兼程急进，出其不意，发动袭击。"

千里赴敌，辎重多，势必延宕时日，很难达成战争的秘密性和突然性。而战争的秘密性、突然性是这场战争取胜的关键。郭嘉的建议非常高明。曹操立即下令丢下辎重，轻装急进，部队很快就到达无终（今河北蓟县）。

曹操原计划到达无终后，沿渤海边取道山海关再向东北行进的，但是，时值七月，正当雨季，大雨连日不止。渤海沿岸地势低洼，积水不退，道路泥泞难行。更为严峻的是，乌桓已得知曹操大举兴兵，于险要处布兵把守。曹操大军无法前进。

曹操不得已让冀州从事邢颙到徐无山（今蓟县东北山地）请田畴出山当向导。

邢颙本是田畴的部下，曾与田畴一起在徐无山避乱。曹操平定冀州后，邢颙觉得乱世就要结束了，经请示田畴同意，回到了故乡。曹操即任命他为冀州从事。曹操征乌桓，邢颙随军充当向导。

田畴，字子泰，无终县人。喜读书，善击剑。董卓暴乱时，田畴接受刘虞的派遣到长安朝见天子，他不辱使命，出色完成了任务。可是，等他回到幽州复命时，刘虞已被公孙瓒所杀。

田畴在刘虞的坟前哭祭一番后离去。公孙瓒大怒，将田畴拘禁起来。后经人开脱，才被公孙瓒释放。田畴遂带着宗族数百人避乱徐无山中，过着隐居生活。远近百姓纷纷前来归附，不几年工夫就发展到5000多家。田畴兴建城邑，建立法度，兴办学校，整顿风气，把这些居民治理得非常好。北面的乌桓、鲜卑也很敬服他，给他送来礼品，袁绍父子也多次派人来请他出山，并给他送来将军印绶，但被他拒绝。

田畴有较强的民族情结，对乌桓此前内侵，杀掠本郡吏民一直耿耿于怀，早就想出兵讨伐，只因力量不够才隐忍未发。所以，曹操派人来请他出山，他爽快地答应了。门生都感到意外，问道："从前袁公仰慕您，曾五次礼聘，您都不肯屈从，而今，曹操第一次派人前来，您却好像迫不及待似的，这是为什么呢？"

田畴笑了笑，说道："这不是你们能够知道的！"

田畴说得玄乎，其实道理很简单。他料定袁绍系无能之辈，不免败亡，而曹操英明盖世，终能成就大业，并深信跟随曹操能够实现平生所愿，所以对袁、曹进行了区别对待。

田畴来到军中，曹操非常高兴，立即任命他为司空户曹掾。当天晚上，曹操与田畴进行了长谈，第二天，就下了一道令，大意是：

田子泰不是我适宜任命的官员。

曹操当时任司空，而司空户曹掾是司空的属官。曹操的意思是，田子泰太出色了，由他曹操来任命田畴为自己的属官不合适，有些委屈他。应该由朝廷来任命他，让他担任更加重要的职务。

于是举田畴为茂才，并任命为蒋（县名，在今河北景县南）令，但暂不到任，随军参赞军务。

田畴是无终人，对当地情况非常熟悉。他对曹操说："沿渤海这条路，夏秋常有积水，浅的地方不能通车，深的地方不能通船，这种情况已经有好长时间了。右北平郡的治所原设在平冈（今辽宁朝阳），此地的人去那里都要出卢龙塞（今河北喜峰口附近），穿过柳城（今朝阳南），然而这条道路桥塌路断，200年来无人行走，但仍有残迹可寻。现在乌桓把主力设防在无终对面，认为那是我们的必经之地，并断定我们不能前进时，必然撤退。我们一撤退他们就会松懈无备。如果我们悄悄地返回，从卢龙塞挺进，越过白檀（今兴隆县古北口东北）险阻，乘虚出兵，蹋顿可一战而擒。"

曹操听后非常高兴，大声说："好计谋！"于是，下令军队往回撤退。为麻痹敌人，又命人在路旁竖起一块大木牌，上面写道：

> 方今暑夏，道路不通，且待秋冬，再行进军。

乌桓侦察骑兵看到后，以为曹军真的退走了，赶紧向蹋顿报告。蹋顿信以为真，于是不加防备。

曹操命田畴率领他的部众充当向导，翻越徐无山，穿过卢龙塞，向北挺进。开山填谷500余里。途经白檀、平冈及鲜卑人居住区，再向东直扑柳城。距离柳城只有200来里的白狼堆（今辽宁建平南面的布右图山）时，蹋顿才得到消息，慌忙与袁尚、袁熙兄弟及辽西乌桓单于楼班、右北平单于能臣抵之等人，仓促纠合数万骑兵迎战。

曹操越过白狼堆来到凡城（辽宁朝阳附近）时，与蹋顿骑兵相遇。当时蹋顿人马众多，而曹军扔下了辎重，身穿重甲（双层铠甲）的人都不多，不少人感到害怕。

曹操沉着冷静。他登上高处，仔细观察敌军形势。见敌军人马虽多，但是阵容不整，精神萎靡，便决定出击。

这时，猛将张辽请求出战。只见张辽精神抖擞，意气高昂。曹操大为赞赏，立即将自己手中令旗交给张辽，命张辽充当先锋率众出击。

张辽得令，立即组织部队发起冲锋。士兵无不感奋，个个拼死向前，喊声雷动，杀声震天，以排山倒海的气势冲向蹋顿联军。蹋顿联军抵敌不住，顿时大乱。军士丢盔弃甲，只顾逃命。蹋顿见势不妙，想趁机逃走，被曹纯部下截获，当即斩首。袁尚、袁熙及乌桓首领楼班等见大势已去，带着数千骑兵仓皇逃往辽东，投奔辽东太守公孙康去了。

这一仗打得非常漂亮。一举歼灭了乌桓主力，斩杀蹋顿单于及其部众数万人，同时，迫使当地胡、汉20多万人内迁。战果之辉煌超过当初预想。

可是，曹操部众并不满足，他们劝曹操乘胜追击，一举拿下辽东，擒杀袁熙、袁尚兄弟，但是曹操没有采纳。他说："我要让公孙康把袁尚、袁熙的首级斩下送来。用不着再烦劳大军远征了。"

曹操不再追击，一方面是觉得没有这个必要，另一方面有后顾之忧。曹操从起兵征乌桓到现在已历时半年，辽东距柳城还有300多里，如果再征辽东，会耗费更长时间，他不能不顾及许都的安全。所以，击败乌桓以后，在柳城稍事休整，便于九月正式班师了。

这次征乌桓大获全胜，曹操把握了两个关键点：一是让田畴做向导，走人迹罕至的山间险道，达成了战争的秘密性和突然性，使乌桓猝不及防；二是在与乌桓相遇将士感到害怕时，曹操能够沉着冷静，见微知著，料敌如神，果断出击，并将令旗交给张辽，让张辽当先锋。当然，从无终折返，在道旁竖木牌出告示以迷惑敌人，也起了一定作用。

### 三、一路悲歌，一路慷慨

曹操自柳城班师后不久，公孙康果然杀了袁熙、袁尚及苏仆延、楼班等人，并特地派人送来了这几个人的首级。曹操属下有许多人大惑不解，禁不住问曹操：

"明公刚刚率大军从柳城返回，公孙康就把二袁的头斩下送来，这是什么原因？"

曹操微笑着说：

"公孙康一向畏惧袁尚等人。如果我们急于向辽东进攻，他们就会联合起来与我们作对，如果我们暂缓进攻，他们就会自相残杀。二袁被杀也就顺理成章了。"

大家听后恍然大悟，无不对曹操的神机妙算佩服得五体投地。

原来，公孙氏居辽东已历二世。其父公孙度原为郡小吏，后升为辽东太守。时值天下大乱，王命断绝，便自恃偏远，不受朝廷控制，自命为辽东侯、平州牧。辽东郡本属幽州管辖，但袁氏始终未能对辽东实施有效控制，辽东成了事实上的独立王国。

曹操攻打冀州时，曾想笼络公孙度，任公孙度为武威将军，封永宁乡侯。公孙度拒不受命。

公孙度死后，公孙康继位。袁尚、袁熙被曹操打败后前来投奔他们时，公孙康担心曹操会乘胜进攻辽东，就暂时收留了他们，希望联合他们共同对付曹操。曹操从柳城撤军以后，公孙康觉得曹操并没有对他们构成威胁，真正对他们构成威胁的是袁氏兄弟。所以，便以请袁氏兄弟赴宴为名，想就席间动手将他们杀掉。

非常凑巧的是，袁尚自恃有数千骑兵，自己又颇有勇力，也想除掉公孙康。还是在前往辽东的路上，他就对袁熙说："我们现在到公孙康那里去，可趁机把他杀掉，然后占据辽东，再慢慢发展。"

现在，他们接受宴请来到公孙康的馆舍门前，袁熙有些害怕，不敢进去。袁尚强拉着他一起进去了。还没有等他们落座，公孙康大喝一声，预伏在里面的刀斧手一拥而上，将袁氏兄弟一举擒杀。公孙康将首级送给曹操，表示归附。

这是远征乌桓的意外收获。至此，中国北部，除辽东的公孙康，关中的马腾、韩遂名义上归附以外，其他地区均置于曹操的有效控制之下。

曹操回师走的是南线。此时雨季已过，天气肃清，曹操心潮澎湃，诗兴大发，一路慷慨悲歌，留下了一组脍炙人口的诗歌——《步出夏门行》。

《步出夏门行》是乐府旧题。组诗共分5个部分，最前面的一部分是乐章的序曲，称作"艳"。下面依次为《观沧海》《冬十月》《土不同》和《龟虽寿》四解。四解就是四章的意思，每一章可独立成篇。

第一部分"艳"，是写进军时众人意见分歧和大雨难行的惆怅。为下面四解做铺垫。

第一解，《观沧海》：

> 东临碣石，以观沧海。水何澹澹，山岛竦峙。
> 树木丛生，百草丰茂。秋风萧瑟，洪波涌起。
> 日月之行，若出其中；星汉灿烂，若出其里。
> 幸甚至哉，歌以咏志。

"碣石"，山名，在今河北昌黎县北15里，主峰娘娘顶695米，离海边约 15 公里。登上主峰向下鸟瞰，湖光山色，尽收眼底。"沧海"，指大海。"沧"通"苍"。海水是苍色（青绿色），所以称"沧海"。前两句交代观景的地点。

"水何澹澹"四句："澹澹"，水波动荡的样子。"竦峙"，高高挺立的样子。前两句概写全貌，海水和山岛一动一静，一柔一刚，相映成趣。后两句写山岛林莽草茂的景色。

"秋风"两句：秋风吹得草木瑟瑟作响，大海卷起狂涛巨浪。"日月"以下四句，是诗人看到海水汹涌澎湃而产生的联想。最后两句是为入乐而加，没有什么实际意义。

这一解通篇写景，是我国文学史上第一篇完整的写景诗。作者用明快的笔触，大笔勾勒出海水、山岛以及草木在有风和无风情况下的不同景致，展现了一幅色调苍茫、气象雄伟、意境深远的图画。寄寓了作者热爱祖国山水的情怀和志在像大海一样吞吐日月、包罗万象的胸襟和气度。通篇无一字抒情言志而情志自现，是一篇脍炙人口的佳作。

第二解，《冬十月》：

> 孟冬十月，北风徘徊。天气肃清，繁霜霏霏。
> 鹍鸡晨鸣，鸿雁南飞。鸷鸟潜藏，熊罴窟栖。
> 钱镈停置，农收积场。逆旅整设，以通商贾。
> 幸甚至哉，歌以咏志。

前八句写天时物候。大意是，孟冬十月，北风吹个不停。天气肃朗清冷，严霜又密又厚，鹍鸡晨鸣，大雁南飞，猛禽藏身匿迹，熊罴入洞安眠，一派肃杀景象。

接下来四句写人事。大意是，农具已经闲置不用了，收获的粮食堆满谷场，旅店整理布置停当，准备接待过往客商。我们认为，这样的场景在战乱之余是不容易看到的，或许寄寓了作者的理想。朱乾在《乐府正义》中说，曹操"虽当行军，而不忘农事"，一定程度上反映了曹操的思想。

第三解，《土不同》：

> 乡土不同，河朔隆冬。流澌浮漂，舟船行难。
> 锥不入地，蘴藾深奥。水竭不流，坚冰可蹈。
> 士隐者贫，勇侠轻非。欣常怨叹，戚戚多悲。
> 幸甚至哉，歌以咏志。

"乡土"，指各地不同风土人情。"河朔"，指黄河以北地区。"澌"，指漂浮的冰块。"蘴"，芜青，俗名大头芥。"藾"，蒿类植物。

诗的前八句大意是，地域不同，河北地区隆冬奇寒难耐。河面上冰块漂浮，以致舟船难以通行。地冻得连锥子都扎不进去。荒地上到处是枯死的芜青和蒿草。积水的地方不再流动，坚冰覆盖，以致可以踏行。极力渲染行军之苦。

接下来四句是叙事兼抒情。大意是，有才能的隐士大多老贫山林，不为世用，而勇武好斗之徒又轻易为非作歹，因而心中常常忧虑怨叹。作者虽功德巍巍，但面对生民凋敝和民风不淳的社会现实，仍不免心事重重，表达了"忧世不治"的情怀。

第四解，《龟虽寿》：

> 神龟虽寿，犹有竟时；腾蛇乘雾，终为灰土。
> 老骥伏枥，志在千里；烈士暮年，壮心不已。
> 盈缩之期，不但在天，养怡之福，可得永年。
> 幸甚至哉，歌以咏志。

"神龟"，传说中的长寿龟。"腾蛇"，传说中一种像龙一样的动物，可腾云驾雾。"骥"，良马。"枥"，马槽。"烈士"，指重义轻生或志在建功立业的人。"盈缩"，指人的寿命的长短。"养怡"，保养身心健康。

全诗的大意是，神龟虽然能活几千岁，但它还是有终了的时候；腾蛇虽然能够乘雾行天，但终究不免死亡，化作土灰。骏马虽然老了，终日伏在马槽旁边，但其心志仍在驰骋千里；烈士即使到了暮年，他的壮志也不会消沉。人的寿命长短不全由上天来决定，只要保养得好，也可以延年益寿。

这首诗与前几首借景抒情、融情入景不同，而是运用托物寄兴的手法，通过对"神龟""螣蛇""老骥""烈士"等的描述和评价，以表达自己老当益壮、自强不息的奋斗精神，使哲理与诗情达到完美统一。尤其是"老骥伏枥，志在千里；烈士暮年，壮心不已"四句，意志轩昂，气冲霄汉，读来惊顽起懦，令人感奋，是传颂古今的名言佳句。

曹操作这首诗时已 53 岁，在寿命普遍较短的当时，算得上是"暮年"。尽管曹操取得了巨大成功，在当时无人能够望其项背，但是，他仍然觉得统一大业任重道远，需要保持永不懈怠的进取精神，而刻意以"老骥""烈士"自勉。这种积极达观的人生态度令人钦佩。

十一月，曹操大军到达易水时，慑于曹军的声威，代郡（今山西大同）乌桓单于普富卢、上郡（今陕西绥德）乌桓单于那楼前来拜贺，表示归附。从此，北部边境出现了相对安宁的局面。

回师途中，年仅 38 岁的郭嘉病逝。真是天妒英才，曹操如失左右臂，感到非常伤感和悲痛。郭嘉病重期间，曹操派去看望的人络绎不绝。郭嘉病逝后，曹操亲临哭祭。他非常伤感地对荀攸讲：

"你们都是我的同辈人，只有郭嘉最年轻，我原想等天下平定以后，将国家大事托付给他，没想到他中年夭折了，这不是命么？"

为了表彰死者，激励后人，曹操特地给献帝上了一份《请追增郭嘉封邑表》，表文的大意是：

> 我听说奖励忠臣，尊崇贤士，不一定限于他本人。追念一个人的功绩，恩惠可以加给他的后代。所以，楚庄王尊崇孙叔敖，尊封他的儿子；岑彭死后，光武帝封爵给予他的长子和次子。这实在是贤君关怀良臣，圣主厚待功臣啊！

> 前军祭酒洧阳亭侯郭嘉，操行卓越，在地方上有很好的声誉，与我共事，能够为国尽职。他忠诚善良，智慧渊深，品性美好，通

达时务。每逢讨论大事，大家议论纷纷，他能恰当处理，而且没有失算。自在军中，十多年来，和我行则同车，坐共帐席。在东方擒获吕布，在西方消灭睢固；斩杀袁谭，平定河北，越过边境，扫荡乌丸。声威震慑辽东，将袁尚悬首示众。这虽然是借助天子的威望，但在具体作战中，宣扬皇命，消灭敌人，功劳实在是郭嘉建立的。我今天能够免于获罪，也有郭嘉的功劳。我正要上书表扬他，使封赏能够酬答他的功劳，他却不幸早死，没有实现这个美好愿望。对上，我为陛下惋惜失去良臣，对下，我为自己痛心丧失极好的助手。

以前，霍去病早死，汉武帝为他哀叹，祭遵（光武帝大将）功业未成，光武帝对着他的灵柩痛哭。这真是仁恩降于臣下，思念之情发自内心。现在郭嘉身死，实在值得怜惜和悲伤。应该追加封邑，和以前所封共一千户。奖励死者是为了鼓励活人，厚赏前人，是为了激励后人啊！

表文共有三层意思。第一层是用历史掌故，阐明奖励功臣、尊崇贤士并不一定限于他本人，还应泽及其后的道理。第二层是极力称述郭嘉的德行、智慧、功绩，极其自然地流露出痛悼之情。第三层是提出增封的具体意见。

郭嘉是荀彧推荐给曹操的。郭嘉死后，曹操给荀彧去过两封信，追忆和怀念郭嘉，对郭嘉的才能和忠诚进行了热情赞扬，对郭嘉的死表示深切哀悼。还间接地对荀彧的推荐之功表示感谢。

田畴在征乌桓的战争中也立下了特殊功勋。大军返回以后，曹操特地上表献帝，封田畴为亭侯，并赐食邑 500 户。但田畴坚辞不受。曹操觉得他出于至诚，没有勉强他。

在奖励郭嘉、田畴的同时，曹操还进行了一次特殊的奖励。

前面已经言及，远征乌桓险象环生，让人一想起来就觉得后怕。曹操作为亲历者，感触尤深。于是，他命人清查从前对北征乌桓提出过反对意见的人，并将这些人集中起来。这些人不知曹操将要干什么，个个紧张得不得了。让他们意想不到的是，曹操并没有责怪他们，反而一一给予重赏，并且动情地说：

"我这次远征乌桓实在是一次冒险行动，虽然侥幸取得了成功，也只能说是上天的保佑，所以，只能偶尔为之，不能成为经验。你们当初的想法才是万全之策。希望你们今后有什么想法和意见都能够讲出来，不要因为这次没有采纳就觉得难以开口！"

众人听了，不但安心，还分外感激。曹操在大胜之后没有沾沾自喜，反而回顾忠言，慷慨施赏，这一举动旷古绝今，反映了曹操虚心纳谏的恢宏气度。

# 第十四章
# 兵败赤壁

赤壁之战是东汉末年继官渡之战之后又一大的会战，曹操在这场战争中遭到惨重失败。国家统一失之交臂，分治已成定局。用兵如神的曹操常能以少胜多，以弱克强，这次却是御众而败，盛强而摧，大出意料。

曹操兵败赤壁，既有客观因素，也有主观因素，是二者交互作用的结果。

## 一、荆州：山雨欲来风满楼

从建安五年（200 年）至十三年（208 年），曹操主要是集中力量对河北袁氏集团用兵，对荆州刘表、江东孙权则采取维持现状的政策。建安十三年，曹操平定三郡乌桓，消灭袁氏残部后，基本上控制了中国整个北部，三分天下有其二，势力变得空前强大。曹操为了平定天下，自然把南征刘表、孙权提上了议事日程。建安十三年（208 年）正月，曹操在邺城开凿玄武池，加紧水军训练，做南征准备。

此时的荆州已面临"山雨欲来风满楼"的严峻局势。

荆州"北据汉沔（汉水的两个源头，合流后统称汉水），南到南海（古代将南岭以南地区都称作'南海'），东连吴会（吴郡和会稽郡，吴郡治所在今苏州，会稽郡治所在今绍兴），西通巴蜀（巴郡治所在今重庆，蜀郡治所在今成都）"，为东西南北的交通要冲，是兵家必争之地。当时镇守荆州的是名士刘表。

刘表字景升，山阳高平（今山东鱼台）人，出身皇室。他身材魁伟，气度不凡，年轻时颇有才名，号称"八俊"之一。曾做过何进的属官，后任荆州刺史。他参与过讨伐董卓的战争。李傕、郭汜专权后，为笼络刘表，任刘表为镇南将军、荆州牧，封成武侯。

刘表初镇荆州时，也显示出了相当才干，曾平定了零陵、长沙、桂阳三郡叛乱，并立学官、求儒士，延聘綦毋闿、宋忠等撰《五经章句》，影响所及，关西、兖州、豫州一带的学者都慕名前来。刘表的文治武功使荆州出现了相对安宁的局面。

但是后来，刘表锐气尽丧，不求进取，在袁、曹之间采取骑墙态度，"欲保江汉间，观天下变"。曹操称他为"自守之贼"。

当时的荆州相对安宁，诸葛亮、庞德、庞统、司马徽、徐庶、孟公威、崔州平等精英人物都在这里，但刘表素无大志，没予取用。

刘备落魄来到荆州时，刘表亲自到郊外迎接，并待之以上宾之礼。但刘表不能放手使用刘备，只是拨出一些军队，让刘备驻屯新野，守护荆州北大门。

曹操远征乌桓时，刘备曾建议刘表趁机袭击许都，但他没有应允。可等到曹操班师以后，他又后悔不迭地说："当初没有听从你的话，失掉了这个大好机会。"

刘备知道刘表没有四方之志，只是应付地说："现在天下四分五裂，每天都有战争，大好的机会多得是，岂会不再来？如果能够抓住下一次机会，则这一次的失误也没有关系。"

刘表曾煞有介事地以长者身份分别写信给袁尚、袁谭兄弟，语重心长地劝说兄弟二人不要自相残杀，可是他在立嗣的问题上又重蹈了袁绍的覆辙。刘琦是刘表的长子，为人"慈孝"，理应继刘表为荆州之主，但是，其次子刘琮娶了后妻蔡氏之侄，刘表便因宠幸蔡氏、信任蔡氏集团而疏远刘琦，并让刘琦出镇江夏。刘表还健在的时候，荆州便陷入了内斗的旋涡，危机四伏，宛如尊俎上的鱼肉，只等他人吞噬了。

刘备投奔荆州时，郁郁不得志。但刘备是一个不甘平庸的人，始终保持着愈挫愈奋的进取精神。此间，他深入思考自己的宦海生涯。就他个人来讲，知名度甚高，形象和名望俱佳。在部属方面，有力敌万人的关羽、张飞、赵云等名将，有忠诚而勤勉的孙乾、简雍、糜竺等文人策士。但是，困顿落魄，连一块地盘都没有，只得寄人篱下。

为了解除心中疑虑，刘备特地拜访了有知人之明、道号水镜先生的司马徽（字德操），请司马徽为他的事业做深度诊断。司马徽直截了当地对刘备讲，孙乾只是儒生俗士，不识时务，识时务的人必须是真正了解天下大势，而且有真才实学的俊杰，并且明确地告诉他，荆州这个地盘上就有这样的俊杰，一个是卧龙诸葛亮，一个是凤雏庞统。刘备素有英雄之名，到荆州没有多久，徐庶就投奔其帐下。后经徐庶的推荐，刘备三顾茅庐，拜访了心仪已久的诸葛亮。

诸葛亮，琅邪阳都（今山东沂水县南）人，汉司隶校尉诸葛丰之后。父圭，字君贡，曾做过泰山郡丞。诸葛亮少年丧父，随叔叔诸葛玄辗转来到荆州。诸葛玄客死荆州后，诸葛亮与其弟诸葛均隐居于襄阳西北20里的隆中，两人相依为命，过着晴耕雨读的生活。闲暇时诸葛亮还去拜访当地名士，与他们切磋学问，使自己的见识日渐增长。诸葛亮亦自命不凡，常自比于管仲、乐毅。正因为他志向远大，所以不肯轻易侍人。刘备三顾茅庐，诸葛亮感其至诚，才肯出来相见。

相见后，刘备说："汉室倾颓，奸臣窃命，主上蒙尘。孤不度德量力，欲信大义于天下，而智术浅短，遂用猖蹶，至于今日，然志欲未已，君谓计将安出？"

诸葛亮在答语中，先用曹操打败袁绍的事例说明，曹操之所以在官渡战胜袁绍，不仅在于天时，也在于人谋。接着指出，曹操已经非常强大，不能同他硬拼；江东的孙权可以为援而不可相图。既而具体分析了刘表、刘璋的情况，断言他们是凡庸之辈，难守基业。最后诸葛亮肯定了刘备所具有的优点，并为刘备提出了先取荆益二州，再图曹操的建议。史家把这段对话称作"隆中对"。

从这段对话中可以看出，诸葛亮具有旺盛的进取心，他对情报的搜集和对天下大势的分析与把握，相当完整和高明，是罕见的战略高手。此后，刘备集团就是实施这一战略规划而逐渐走向强大的。

刘备集团此时虽然弱小，但是对荆州抱有觊觎之心。

江东的孙权则早就开始对荆州蚕食鲸吞了。

荆州位于江东的西部，孙氏集团向北发展已不可能，因为江北已被曹操所有。向西发展，则荆州首当其冲。

其实，比"隆中对"早 7 年时间，鲁肃就对孙权提出过鼎足江东，以观天下之变，趁北方多务，剿灭黄祖，进伐刘表，全部占有长江以南，然后建号帝王以图天下的大战略。孙氏集团后来就是依据这个战略谋求发展的。

刘表的部将黄祖射杀孙坚，这为孙氏的进攻提供了借口。

早在建安五年（200 年）夏天，也就是袁、曹在官渡对峙期间，孙策就率部进攻过刘表所置江夏太守黄祖。但在其后不久，孙策在射猎过程中不意被原吴郡太守许贡的宾客所杀。孙策死前，遗令其长弟孙权为自己的继承人。孙权不负所望，在张昭、周瑜的辅佐下，延揽人才，善待部属，镇抚山越（古代东南少数民族），安定内部，很快度过了瓶颈期，并出现了"国险而民附，贤能为之用"的良好局面。

建安八年（203 年），孙权第一次进攻黄祖。正在胜利进军之际，因内部山越（我国东南少数民族）暴动，不得已而回师。

建安十二年（207 年），孙权再次进攻黄祖，"虏其人民而还"。

其后不久，黄祖的部将甘宁投奔东吴，向孙权献计说："汉朝的国运一天天的衰微，曹操愈来愈骄横，终将篡汉自立。荆州的南部地区，山陵地势便利，江河顺畅，真是东吴西面的好地方。我观察刘表，既无远谋，儿子更加无能，是不能传承基业的人。您应该及早谋取荆州，不可落在曹操的后面。而谋取荆州的办法，以先攻黄祖为宜。黄祖如今昏聩老迈到了极点，左右欺诈弄权，上下离心，军备不振，农事废弛，您可带兵前往，必获全胜。一旦击败黄祖，大张旗鼓向西挺进，西面据有楚地，声势更加浩大，可趁势谋取巴蜀。"

真是英雄所见略同，甘宁所言竟与鲁肃不谋而合！孙权深表赞同。

建安十三年春，孙权第三次进攻黄祖，大破黄祖军。黄祖及其水军都督陈就被斩首。孙权在屠城之后，虏获男女数万口而还。

由以上可以看出，刘表欲保境不得，荆州已岌岌可危。曹操、刘备、孙权各有各的打算。刘备要跨有荆益二州以成鼎足之势；孙权欲进伐刘表，西窥巴蜀，竟长江所极，与曹操对抗，形成南北对峙之势；曹操则欲吞并荆州，逼降孙权，一统天下。

对曹操来说，刘备实力弱小，还不足为虑，孙权倒成了心腹大患。曹操早就想进取荆州，只因北方未靖，无暇南征。曹操在北方迁延日久，致使孙权在江东渐成气候。现在，孙权已破江夏，如果进而占有荆州，则其势更大，将更难制御。

曹操不能对孙权的扩张行为坐视不管。他迅速做出反应，于当年四月"急派军出合肥，以牵制孙权，使不得全力西进。"① 同时，继续做南征准备。

一方面，派出能干的眼线和间谍，分化荆州的各派势力，并密切注意襄阳城内的变化。

另一方面，为了消除关中马腾、韩遂的威胁，派张既前往关中做马腾的工作，让马腾离开部众到朝廷任职。马腾起初答应了，后又彷徨犹豫。张既担心生变，就移书沿途各县做好物资准备，以应马腾途中所需，派 2000 石以上官员出郊相迎，终于将马腾请到了朝廷。曹操上表献帝，任马腾为卫尉，任马腾之子为偏将军，让马超统领马腾部众，留守关中。随后，又将马腾的家眷迁到邺城，实际上做了人质。

此外，为了加强对朝廷的控制，建安十三年（208 年）六月，曹操上表献帝，罢三公之官，重新设置丞相、御史大夫。曹操自己做了丞相，曹操的亲信郗虑做了御史大夫。这样，曹操的权势更大，其对朝廷的控制也更加牢固。

一应准备完毕之后，曹操就出征荆州事宜问计于荀彧，荀彧说："现在中原地区已经平定，南方割据势力已经知道处境困难了。您可先声后实，扬言大军从宛县、叶县出发，而暗地里抄小路轻装急进，出其不意地袭击他们，荆州可一战而定。"

---

① 引自台湾"三军大学"编著的《中国历代战争史》第四册第 120 页。这一情况我们在史书中尚未发现，姑引出备考。

赤壁之战就这样拉开了序幕。

## 二、"旌麾南指，刘琮束手"

建安十三年（208 年）七月，曹操正式起兵南征。曹操这次出动的军队并不多，只有十五六万人。有相当一部分用于后方留守。于禁、李典配合荀攸监守新占北方四州；夏侯惇配合荀彧镇守许都和兖州，臧霸镇守徐州。

曹操南征部队的编组大抵是：

总帅：曹操。

参谋长：贾诩。

参谋：田畴、娄圭。

曹仁军团：率领 2 万曹营直属子弟兵，为主力部队。

曹纯军团：指挥曹操直属轻骑兵——"虎豹骑"。

张辽军团、徐晃军团为先锋部队，各约 5000 人。

厉锋将军曹洪、奋武将军程昱、折冲将军乐进分统袁氏降军共约 13 万人。

淮南太守满宠负责粮秣及补给事宜。[①]

从以上编组可以看出，曹操这次南征所带部队并不多，大部分是袁氏降卒。不过，所取用的将领是跟随曹操征战多年的部将，其忠诚度不用怀疑。军队的战斗力虽不强，但用来对付刘表绰绰有余。

刘表本来就疾病缠身，早已卧床不起，听说曹操率大军南征，猛一惊吓，便一命归阴。刘表死后，其部下拥立刘琮为荆州牧。长子刘琦在刘表重病期间特地从江夏前来探视，但被刘琮亲信所阻，刘琦只得怀着抑郁的心情回到江夏。

还是在官渡之战时，刘表的部下韩嵩、刘先、蒯越等人曾劝刘表归顺朝廷，但刘表没有同意。现在，曹操大军压境，蒯越、傅巽及著名文士王粲力劝刘琮归降曹操。刘琮迫于形势，又经不起威逼利诱，只得投

① 引自《诸葛亮大传》，陈文德著，九州图书出版社，第 91 页。

第十四章　兵败赤壁

降曹操。

刘表的大将兼领江夏太守文聘没有立即投降。他原想依托汉水做一番抵抗，但曹军攻势凌厉，文聘眼看招架不住，才率部投降。曹操没有深究，仍任他为江夏太守。

此时的刘备驻屯樊城，对曹操大军南下的消息尚不清楚，更不知道刘琮这么快就投降了曹操，直到刘琮遣使来告，刘备才知道底细，慌忙渡江南撤。除令关羽率领一支水军乘船数百艘沿汉水南下外，其主力部队则由自己和诸葛亮、张飞、赵云等率领，从陆路向江陵撤退，准备把江陵当作栖足之地。

刘备撤离时，刘琮部属及樊城百姓络绎相随，达十多万人。庞大的军民混合队伍，携带数千辆笨重的辎重，行军速度非常缓慢，一天只能走上十来里。有人劝刘备撤下民众，刘备不肯，说："要成就大事，必以人为本。现在老百姓跟随我，我怎么忍心丢弃他们呢？"

刘备这种民本思想受到后人的高度评价。

曹操在新野接受刘琮投降后，率部来到襄阳。襄阳时为荆州治所，曹操在此稍作停留，处理相关事宜。为控有荆州，改任刘琮为青州刺史，目的是让刘琮离开根基较深的荆州，以免出现不测之祸，并任涿郡人李立为荆州刺史。

曹操知道江陵有许多粮食和军用物资，担心被刘备占有，于是亲率精锐骑兵五千，丢下辎重，轻装急进，一日一夜行 300 余里，到当阳长坂时，追上刘备。刘备仓促之间，抛弃妻儿，与诸葛亮、张飞、赵云等数十骑脱身逃走。如果不是张飞拆桥断后，横矛立马，喝止曹军，为刘备赢得时间，恐怕刘备、诸葛亮等人将被生擒活拿。

在混战中，徐庶的母亲被曹军俘虏，徐庶不得已投归曹操。刘备的儿子刘禅及甘夫人幸赖赵云的保护方免于难。可刘备的两个女儿却被曹纯俘虏了，其糜夫人也死于战乱。

刘备等人急往东南折向汉津（今汉阳），恰好与关羽所率水军相遇。于是一同渡过汉水，与刘琦率领的 1 万多人的队伍来到夏口（今汉口东南）。

曹操入驻江陵以后，论功行赏，封蒯越等 15 人为列侯，并下令：

> 荆州吏民，与之更始。

这与当年平定河北后下令"其与袁氏同恶者，与之更始"如出一辙，目的在于安定人心，恢复秩序。

接着，曹操让主动前来投奔的荆州名士刘巴过江招降长沙、零陵、桂阳三郡，同时，委任京兆人金旋为武陵太守。这样，荆州八郡全部为曹操所有。

曹军以秋风扫落叶的气势席卷荆州，显示了凌厉的锋芒，再次展示了曹操的雄才大略。曹操占有荆州，使刘备集团无立足之地，江东也人心惶惶。益州的刘璋更是心神不安，慌忙派使者向曹操致意。曹操即加刘璋为振武将军。刘璋特派别驾从事张肃送兵贡粮于曹操，曹操的实力达到了前所未有的高峰。国家的统一露出了希望的曙光。

## 三、孙刘联手

刘备逃到夏口之后，倚傍孙吴。

曹操的部众为顺利发展的形势所鼓舞，大多认为孙权会诛杀刘备，纳土归降的。只有奋武将军程昱不以为然。他说："孙权执掌江东的时间较短，并不为天下所畏惧。曹公无敌于天下，刚刚夺取荆州，威震江南，孙权虽有谋略，但也清楚单凭自己的力量还不足以抵挡曹公。刘备素有英雄之名，关羽、张飞都能力敌万人，孙权一定会帮助刘备以抵御我们的进攻，很难解除他们之间的联合。刘备得到帮助后会羽翼丰满，孙权想杀他们也不可能。"

其时，原刘表宾客河东人裴潜在王粲的推荐下被曹操征为"参丞相军事"。其人颇有知人之明，所以，曹操就问他："你以前与刘备一起在荆州，你看刘备到底是什么样的人？"

裴潜说："如果让他处于中原地区，他只能扰乱人心而不能很好地治理。如果让他钻空子占据一方险阻，他足可以成为一方霸主。"

裴潜对刘备的评价相当精准，曹操引为同调。刘备不除，始终是曹操心腹大患。

曹操就下一步行动问计于贾诩。贾诩说："明公过去打败了袁绍，如今收取了汉南，威名远扬，军队势力扩大，如果利用荆州富庶的条件，赏赐官兵，使他们安居乐业，那么不必劳师动众就可使江东归附。"

曹操正欲趁战胜之威，一举剿灭刘备，吞并江东，平定天下，自然听不进贾诩的意见。曹操此时没有更多的参谋人员可供咨询，只得自行安排下一步的行动。

一方面，进一步安抚荆州吏民，以争取人心。刘备在荆州客居多年，颇孚人望，又有刘琦为其羽翼。曹操为了孤立刘备、刘琦，又抬出刘琮，任刘琮为"谏议大夫，参丞相军事"。为此下了一份《表刘琮令》，大意是：

> 楚国有长江汉水为险阻，民风彪悍，天下未乱，此地先乱，天下已安，这里后安，曾经与秦国争锋，荆州就是原来楚国的地方。镇南将军刘表治理这里的百姓很久了，去世之后，他的几个儿子相互对立，虽然最后难以保全，但还可以维持一段时间。
>
> 青州刺史刘琮，志向高尚，心地纯洁，富有智慧，谋虑周全，看轻荣华，看重大义，鄙薄私利，崇尚美德，蔑视万里基业，看轻三军士众，看重正直无私的德操和美好的声誉，上给父亲增添荣耀，下给后世留下福荫。过去鲍永放弃并州，窦融放弃酒泉等五郡归顺朝廷，都是不能与刘琮相比的。最近，接到刘琮来信要求到青州赴任（此前刘琮被曹操任命为青州刺史），现在可以答应他的要求。可是，刺史虽然尊贵，俸禄和官位却不够优厚。因此，上表请封刘琮为谏议大夫，参与军事谋划。

这篇令文言不由衷地对刘琮大加赞赏，目的是利用刘琮的影响，与刘琦、刘备争夺荆州人心。事实上，曹操对刘琮极其鄙视。建安十八年（213年），曹操率军出濡须（今安徽无为北）时，他见到孙权年轻有为，英姿飒爽，禁不住发出感慨，说："生子当如孙仲谋（即孙权），刘景升（即刘表）儿子若豚犬耳。"

另一方面，下战书与孙权，虚声恫吓，希望以武力威慑，逼降孙权，其战书的大意是：

> 最近，我奉皇帝之命讨伐有罪的人，军旗指向南方，刘琮望风归降。现在调动水军80万人，正要同将军在东吴打猎。

接着，重新编组军队，除留一部分步骑兵分守襄阳、江陵外，其主力部队和荆州降军（主要是水军）从襄阳和江陵分别沿汉水和长江向东南进发，直逼江夏。务在剿除刘备，逼降孙权。

各史书均无曹军编组的具体文字记载，其军队人数也不得而知。从零散的史料我们可以看出，曹操进军东南，步骑兵仍以原有部队为主，水军则以荆州降军为主。除去留守襄阳、樊城、江陵的军队外，总共人数有十六七万的样子。战书中号称80万，显然是虚张声势，是信不得的。

还是在刘表刚刚去世的时候，江东的鲁肃就自告奋勇前往荆州，以吊丧为名，观察动静。鲁肃行至夏口，得知曹操已大举进攻荆州，便昼夜兼程，赶往南郡（治所在江陵）。这时听说刘琮投降，刘备南逃的消息，便取捷径往迎刘备，双方在长坂相遇。鲁肃劝刘备退往樊口（今湖北鄂州西），与孙权并力抗曹。

刘备已无立足之地，有人来搭救，自然求之不得。"隆中对"早已明确了东联孙吴、北拒曹操的方针，现在东吴主动示好，刘备当然喜出望外。所以，刘备就派诸葛亮以全权代表的身份与鲁肃一道，前往东吴，拜谒孙权，就联合抗曹事宜进行紧急磋商。

此时，孙权驻军柴桑（今江西九江西），密切关注形势变化。诸葛亮见到孙权时，孙权还在犹豫观望。诸葛亮就对孙权讲：

"国家大难时，将军起兵占据江东，刘备也在汉南召集部众，与曹操并争天下。现在曹操已经消灭了各路割据势力，中原大体平定。如今又趁势破荆州，威震四海。英雄无用武之地，所以刘备退到了这里。请将军量力处事：如果能够凭借吴越之众与中原对抗，不如趁早与曹操断绝关系；如果不能抵挡，何不收起兵器铠甲，向曹操面北称臣呢？现在将军外托服从之名，而内心犹豫不决，事情紧急却不能决断，灾难临头要不了几天了。"

诸葛亮将难题甩给孙权，让孙权自己作答，借以观察孙权的反应。

孙权不动声色，反问道："既然像你说的那样，那刘备为什么不投降曹操呢？"

诸葛亮慷慨激昂地说："田横，不过是齐国的一个壮士，尚且能够坚守节义不肯受辱，何况刘备是皇室后代，英才盖世，众多人士仰慕他就像江河之水流归大海一样，如果事情不能成功，这也是天意，怎么可能屈服曹操呢？"

诸葛亮言外之意是说，刘备英才盖世，是断然不会投降曹操的。你怎么能够同他相比呢？你可能连田横这个壮士都不如！

孙权年值 27 岁，血气方刚，经诸葛亮一激，不禁勃然大怒，高声叫道："我不能拿整个东吴的土地、数十万民众受制于人！我的主意已定！"

这是生死攸关的重大决策，可不是小孩玩过家家那样轻松。孙权话虽这么说，但是内心仍充满了疑惧。过了一会儿，他又自言自语地说："除了刘备，再也没有其他的人能够抵抗曹操，不过，刘备刚刚失败，怎么能够抵挡得住这场灾难呢？"

从这句话可以看出，孙权口头说决心已定，但是底气并不足。

诸葛亮为了打消孙权的疑虑，胸有成竹地说："刘备的军队虽然在长坂吃了败仗，但是，现在失散归来的战士和关羽的水军总共还有精兵 1 万人，刘琦所部也不下 1 万人。曹操的军队经过长途跋涉已经很疲劳，听说追刘备时其轻骑兵一日一夜行 300 余里，这就是'强弩之末势不能穿鲁缟'。兵法上最忌讳这个。况且北方士兵不习水战，加之荆州的吏民依附曹操，只是被兵势所逼罢了，并非心悦诚服。现在将军如果能够命令猛将统兵数万，与刘备同心协力，打败曹操是可以肯定的。曹操如果战败，必然退回北方，这样，荆州和东吴的势力将会增强，鼎足三分的局面就可以形成。成功与失败就在今天。"

孙权听后非常高兴，他决定在内部进行一次讨论，以便统一认识、统一思想。

正在这时，曹操的战书送到。孙权慌忙聚众商议。东吴群臣看到战书后，大都吓得不得了。张昭、秦松等一班文士慑于曹操的威势，都主张迎接曹操。他们说："曹公像虎狼一样，但他凭借汉朝丞相的身份，挟持天子，征讨四方，动不动就以朝廷的名义行事，如今若抵抗他，事情就更加不顺利。况且将军能够抵抗曹操的优势就是长江，现在，曹操已经占有荆州，原刘表所治水军，艨艟斗舰（大型战舰）数以千计，曹操将它沿江摆开，还有步骑兵，水陆并进。就是说，长江天险已经与我们共有了。而我们的兵力还不能与曹操相提并论。我们认为，最好的办法还是前去迎接。"

面对一片降曹声，鲁肃清楚，即使出面相争也无济于事，所以一直静观不语。

孙权听后大倒胃口。但既是聚众商议，就不便发作。倦怠之下，起身上厕所。鲁肃抓住机会，追到屋檐下。孙权知道他的意思，拉着他的手说："你有什么话要说？"

鲁肃答道："刚才我仔细考虑了大家的发言，简直是要贻害将军，不值得与他们商量大事。现在，我可以投靠曹操，像将军您就不可以。为什么这样说呢？我投靠曹操，曹操会把我交给乡里，评定我的位阶，还可以做个小吏，我乘着牛车，带着吏卒，和士人们交游，逐步升官还可以做到州郡一级的长官。将军您要是投降曹操，将是什么结局？希望将军早定大计，不要听取他们的意见。"

鲁肃从孙权个人利害关系出发考虑问题，最容易打动孙权。所以，孙权动情地说："这些人的议论使我深感失望，现在你阐明了大计，正与我的想法相同，真是上天把你赐给我的呀！"

周瑜此时正在鄱阳，鲁肃劝孙权将周瑜召回。周瑜来到柴桑，力主抗曹。

他说:"曹操名为汉相,实为汉贼。将军一代英才,又依仗父兄留下的基业,割据江东,地方数千里,士兵精良,物资充足,英雄之士乐于报效,应当横行天下,为汉家皇朝铲除奸邪,消灭祸患,况且曹操自己前来送死,难道还能够前去迎接他吗?请允许我为将军筹划:如今,即使北方已经安定,曹操没有内顾之忧,可以耗费许多时间与我们争夺疆域,又怎么能够和我们在船舰上争胜负呢?事实上,现在北方并没有完全平定,马超、韩遂尚在关西,正是曹操的后顾之忧。况且曹军舍弃鞍马,依仗舰船,和我们吴越较量,这本不是中原人的长处。现在又是大寒季节,军马没有草料,他们驱赶中原士兵远来江湖之间,水土不服,必然发生疾病,这几种情况都是用兵的禁忌,而曹操都犯了。将军捉拿曹操,现在正是时候。我请求拨给我军队五万人,进驻夏口,保证为将军击破曹操。"

从这段话可以看出,周瑜虽不在前线,但对当时的形势是刻意关注并洞若观火的。别说东吴在前线的官员及将领比不上他,就连身处战场,一向注重情报搜集工作的诸葛亮和鲁肃,其思想也不如他清晰、缜密和完整。

孙权听后,不禁感慨地说:"老贼欲废汉自立已经很久了,只是顾忌有袁绍、袁术、吕布、刘表和我罢了。现在,前面几个强有力的人都被消灭了,只有我还在,我与老贼势不两立!您说可以击破他,正合我的心意。"

说完,孙权拔出佩剑,砍在案桌上,发誓说:"所有将吏,谁敢再言迎接曹操,就如同此案一样!"

前面周瑜说曹操"名为汉相,实为汉贼",孙权就骂曹操为"老贼"。因为要与曹操决战,所以,发誓与曹操这"老贼"势不两立,仿佛他孙权就是汉朝的忠臣。如果真的是这样,11 年以后,孙权袭杀关羽、夺占荆州,担心刘备报复,赶紧给曹操上书,热情歌颂曹操功德,劝曹操称帝,自己情愿称臣,那又作何解释呢?前后对照,让人觉得好笑。

当天晚上，周瑜再次晋见孙权，进一步分析了曹军的强弱，明确指出，曹操南征时只有十五六万人，并且非常疲劳，所得荆州降军最多也只有七八万人，还很狐疑。人数虽多，不足为虑，只需精兵五万，足可制曹。

孙权于是任周瑜、程普为正副都督，以鲁肃为赞军校尉（参谋长），统兵三万，溯江而上，与刘备一同迎击曹操。

## 四、火烧乌林

建安十三年（208 年）十月十日中午，曹操的先头部队与周瑜的先头部队在赤壁（今湖北赤壁市）突然相遇。曹军此时已染上疫病，战斗力受到影响，初一交战便败下阵来。曹军便退到长江北岸的乌林，在此扎下水寨。其步骑兵陆续赶到后，在靠近水寨的江北岸边扎营。周瑜所率东吴兵也在南岸扎寨，与曹军隔江对峙。

曹军大多来自北方，不习水战的弱点充分暴露出来。士兵染上疫病，耐不住风浪颠簸，晕船呕吐严重。曹操别出心裁，命人将战船用铁索连上，让他们首尾相接，以防风浪的颠簸和敌军的偷袭。

周瑜数次率军前往曹营挑战，曹军不出。于是，周瑜带黄盖乘小船前往曹军营寨察看，见曹营将战船连锁为水城，城中以竹筏铺成道路，其军士就在城中操舟竞射。黄盖看到这种情况建议用火攻战术。周瑜采纳了这个建议，令黄盖为先锋，领兵破曹。

黄盖为了麻痹曹操，以便接近曹营，便向曹操上了一份降书。大意是：

> 我黄盖深受孙氏大恩，常常被任为领兵将帅，待遇一向不错。但是，回过头来看，天下事有大势所趋，用江东六郡那么一点儿吴越人去对抗中原百万民众，力量过于悬殊，天下人都看得很清楚。江东将领和官员不论是愚钝还是聪明，都知道不可能成功。只有周瑜和鲁肃，心胸狭窄，不明大体。今日投诚，是顺应天命的真实想

法。周瑜统辖的军队，自然容易被打败。两军交战时，我黄盖为先锋，理当根据形势的变化，相机行事，报效在即。

曹操对黄盖的降书将信将疑，仔细盘问过送信的人后说："只是怕你们心中有诈。如果黄盖真正投降，那他所受到的奖赏将超过先前所有的人。"

但是，曹操终究没有怀疑黄盖而采取有效的防范措施，反而集诸将于中军，置酒高会，以待黄盖来降。

十一月十三日，一大早，江上雾气散开，天气放晴，因为头一天是冬至，有道是冬至一阳生，所以那天天气晴朗，午后很热。傍晚始有微风自南向北吹拂。到半夜时，风势转急。

黄盖事前已准备好十多艘装满干燥芦草和干柴、船舱灌满油脂的快艇。等到东南风刮起，黄盖命快艇先期抵达江心，升起篷帆，其他舰船在后跟进，依次向曹营进发。曹营官兵都涌出大营，挤在岸边，引颈观望，指指点点，欢声雷动，以为是黄盖来降。黄盖距离曹营水寨大概2里时，各艘快艇同时放火。火借风势，风助火威，各艘火势正旺的快艇，像流星一样，快速冲向曹军水寨。顷刻间烟焰张天，曹操水寨成为一片火海，一直烧到岸上陆寨，曹军人马被火烧死和落江淹死的不计其数。

周瑜、刘备乘曹军大乱，水陆并进，擂鼓之声，震天动地。曹军慌忙破坏一些舰船物资，引军从陆路华容道（今湖北监利境）向江陵撤退。华容道近乎沼泽，道路泥泞。曹操命令士兵覆草填路，骑兵才得以通过。兵卒为人马践踏，死伤狼藉。曹军在退却中因饥饿和疾病，死亡大半。

曹操遭此重大败绩，恐中原发生变故，不敢再在荆州停留，便临时改变计划，不去江陵，直接取道襄阳，引军北还。走前，匆忙令曹仁守江陵，乐进守襄阳、樊城，以抵抗孙刘联军的进攻。

## 五、曹操兵败赤壁原因简析

赤壁之战是东汉末年继官渡之战后的又一大会战。曹操在这场战争中遭遇一生征战最惨重的失败。国家统一失之交臂，用兵如神的曹操常能以少胜多，以弱克强，这次却是御众而败，盛极而摧，大出意料。

我们认为，曹操这次失败，既有主观原因，又有客观原因，是主客观原因交互作用的结果。

从客观上讲，有以下几点：

一是遭逢人杰。曹操这次面临的对手与以往不同，可以说不是一个量级。周瑜、鲁肃、诸葛亮都是世所罕见的战争高手。他们都有敏锐的战略头脑，在战前就已对战中及战后的发展趋势有相当准确的认识和把握，并制订了相应的战役计划。在战争过程中，又毫无例外地表现出高超的情报搜集、判断能力，应变能力和组织指挥能力。

赤壁之战由东吴唱主角。从孙权来讲，战前能够广泛听取意见，慎重决策。决策一旦定下来就不再犹疑，以斩钉截铁的态度排除干扰，形成统一的意志和行动。尤其难能可贵的是，他大胆用人，放手让权，让周瑜挑起这副千钧重担，便宜行事。自己甘当配角，负责兵员的补充和物资的供给。这样做，有效地避免了内耗，提高了效率。

赤壁之战由周瑜一手导演。从他战前的分析可以看出，此人豪气干云，胆识超拔，既善于从大处着眼，又心细如发、洞察幽微。在具体的战争过程中，他机智灵活，指挥有方，得心应手，表现出高超的战争指挥艺术。

二是不习水战。曹军主力来自北方，而北方军士不习水战，曹军的固有优势发挥不出来。这一点周瑜在战前的分析中已经讲过。正因为周瑜看清了这一点，所以，在初期遭遇战中东吴军奋力将曹军击退，目的自然是阻止曹操步骑兵登陆江南。曹军的步骑兵不能登陆江南，曹军的优势就被抑制了，就处在了被动的地位。

三是运气太差。按照唯物的观点，"运气"一词似有不妥。但是，那些非人力所能防止、抑制或驾驭，冥冥之中似有定数的东西，用"运气"来解释，又似乎最为贴切。

说曹操的运气太差，主要表现是，战前曹军即遭遇疫病。另外，在隆冬时节偏偏出现东南风，使周瑜、黄盖的火攻得以实施。

裴松之在《三国志·贾诩传》注中写道："赤壁之战，盖有运数，实由疾疫大兴，以损凌厉之锋，凯风自南，用成焚如之势。天实为之，岂人事哉？"

《三国史》的作者马植杰也认为，"曹军失败的原因之一还是先已遇疫"。他还引证了许多因疫致败的战例，并强调说明："在缺少医术和药品的古代，遭遇疾疫，往往是战争失利的原因之一。"

曹操后来在写给孙权的信中，也说"赤壁之役，值有疾病，孤烧船自走"（《三国志·武帝纪》）。

按照常理，隆冬时节，刮西北风正常，刮东南风比较少见。这次偏偏在东吴万事俱备的时候，突然刮起了东南风，使得火攻破曹的计划得以实现。唐朝杜牧在《赤壁》一诗中云："东风不与周郎便，铜雀春深锁二乔。"意思是说，如果不是东南风给周郎提供了便利，那么，不仅江南广袤土地会被曹操占有，就是孙策的夫人大乔、周瑜的夫人小乔这两个绝代美女，也可能会被曹操所虏，安置在铜雀台以娱晚年了。

从主观上讲，曹操也有明显的失误。其主要表现：

一是因胜而骄，麻痹轻敌。曹操变戏法般地轻取荆州，天下震恐。曹操为当时顺利发展的形势所陶醉，因而滋长了骄傲轻敌的情绪。正因如此，所以，他对情急之下可能出现的孙刘联盟掉以轻心；他低估了东吴的实力，以为仅凭一封虚声恫吓的战书就会让东吴上下心胆俱裂，迫使他们缴械投降。他虽然怀疑过黄盖诈降，但是，这种怀疑只是一闪之念，事后就抱着侥幸的心理等待黄盖来降，而丝毫不做任何戒备，这些都是严重失误。

怠慢张松更是铸成了大错。曹操占据荆州后，益州刘璋坐立不安，刘璋除派张肃贡献军用物资外，另派张肃之弟张松为特使，为归降打前站。张松本人夹带着私心，那就是希望曹操能够任用他，给他一官半职。没有想到曹操此时骄矜已甚，根本没有把其貌不扬而又行为放荡的张松放在眼里。不仅没有录用他，反而怠慢了他。

不久，曹操兵败赤壁，张松回到益州后诋毁曹操，劝刘璋断绝与曹操的关系，转而结好刘备。刘备因此有了入川契机。

关羽后来的"大意"，失去了荆州；曹操此时的"大意"，失去的不仅仅是荆州，而是全国的一统！

晋人习凿齿在《汉晋春秋》中发出了这样的感慨：

> 过去，齐桓公刚刚显摆了一下自己的功绩，背叛他的就有九国；曹操只是骄傲了那么一会儿，就导致了天下三分。这些都是勤勤恳恳奋斗几十年（的成果），而在低头抬头之间就丢掉了，这难道不可惜？！

柏杨先生对此事有一段点评，兹录如下：

> 赤壁战役之前，曹操先生有大海样胸襟，气度广阔，礼贤下士，可亲可爱，使人甘愿为他肝脑涂地。以张绣先生的仇恨，一听来归，握手欢宴，封官晋爵。以许攸先生的狂妄，得到投奔的消息，连鞋子都来不及穿，光脚出迎。以陈琳的恶毒攻击，为了爱才，也都宽恕。假使能用待三人者待张松，张松先生一旦倾心，益州天府之国，便入掌握，刘备先生岂有立足之地？

> 胜利能使人头昏，权力膨胀能使大脑像滚水一样沸腾。曹操先生尚且如此，可况泛泛之辈？英雄豪杰，甚至任何一个前程似锦的人，最容易犯的一项致命错误，就是得意忘形。在获得决定性胜利，或掌握决定性权力之后，对自己的智慧或能力，往往作过高的评价——忽然间忘了自己是谁，觉得自己已不同凡品。伟大事业之不能完整，奇迹之不能保持，原因在此，岂止可惜，更为可悲！①

①《现代语文版资治通鉴》第 17 册。

第十四章 兵败赤壁

　　二是智囊团的作用发挥不好，智谋相对不足。曹操一向重视发挥智囊团的作用，但是这一次做得并不好。主要表现是，南征时所带智囊团的班底较弱。荀彧、荀攸没有随行，郭嘉去世。随行的三人智囊团，贾诩堪称谋略高手，但为人谨慎，绝不轻易发表意见。这或许是因为他曾经做过董卓及其部曲的谋主，始终背负着历史包袱的缘故，也或多或少与曹操踌躇满志之时，不大乐意听取部下意见有关。

　　曹操占有荆州后，对下一步行动征求过贾诩的意见（前已述及），贾诩的回答显然很迂阔。刘备和孙权都是一代枭雄，都富有野心，是不可能对任何人表示臣服的。尽管如此，也不能说贾诩的意见完全没有道理，最起码，可以休整一段时间，观察刘备、孙权的动向，并对孙刘之间可能出现的联合拟定合适的应对预案。但是，曹操没有采纳，自此之后，贾诩就缄口不言了。

　　田畴、娄圭只是出色的行政管理人才，并不是出色的谋略人才。赤壁之战中，他们在谋略方面都没有什么建树。

　　因此，曹操的智囊团形同虚设，曹操不得不以主帅的身份，兼掌智囊团工作。尽管曹操智谋过人，但是，以一人而应对江东群英，自然有些相形见绌。

　　在政策和策略方面，对荆州还说得过去，比如下令"荆州吏民，与之更始"，取用荆州文武人才，改任刘琮为谏议大夫，予以旌表的同时，让他留在荆州参同军事，这些做得都很好。但是，对东吴则存在明显失误。比如，占领荆州之后，对待孙权只有高压和恫吓，而没有一如既往地加以笼络和利诱。如果诱之以利，让孙权讨刘备以自效，自己暂在荆州按兵不动，进行休整，静以待变，坐收渔利，则可能是另一种境况。

　　在预测和应变方面，曹操与孙刘方面相比，尤显得迟钝和呆板。黄盖起初提出火攻建议，周瑜立马赞成，并进行认真的筹备，说明周瑜对当地水文、气象相当熟悉，并且相当有把握地认定此段时间必起东南风。水战而用火攻，这是常人不敢想象的。曹操本是用火攻的高手，可惜的是，他及其部众因生在北方，对长江中下游的水文气象资料无从把握，只是出于常识，认为隆冬时节，只会刮西北风，而不会刮东南风，但每年冬至左右，赤壁附近会出现数天晴好天气，因气温回升，还会出现临时性东南风。正因为出乎他们的意料，所以，曹军压根儿就没有把火攻纳入考虑的范畴，自然也不会在这方面做任何防备，以致酿成大错。

由于曹操智囊团的作用发挥不好，在谋略上逊孙刘联军一筹，所以，曹操在逃跑途中追忆起郭嘉来，不禁感慨地说："如果郭奉孝还在，绝不会使我落到这个地步！"

曹操越想越激动，既而悲痛地叫喊道："悲哀啊奉孝！痛苦啊奉孝！！可惜啊奉孝！！！"

三是在组织指挥上也存在明显失误。曹操在下江陵时，重新编组了部队。他以荆州降军为先锋，而把自己原有的部队一部分用于接防襄阳、樊城、江陵等要地，一部分放在降军后面压阵。他这样做自以为稳妥，但是，却使得荆州降军心寒。荆州降军虽不敢公然反叛，但也不甚卖力。赤壁遭遇战时，曹军兵力比东吴兵力多得多，并且占据顺流而下的优势，居然败下阵来，荆州降军士气不高、斗志不旺当是一个重要原因。如果不是这样安排，而是用曹军原有人马进行初次遭遇战，一鼓作气抢占滩头阵地，后续大军随后跟进，过江之后再在江南陆地与吴军较胜负，那可能就是另一番景象。

曹操为了解决士兵晕船问题而将战船连锁起来，这是一种极端保守的做法，说明曹操缺少进攻锐气，只是在那里被动挨打。因为，连锁的战船不便向前进攻。东吴放火焚烧时，想疏散都疏散不开。

曹操安营扎寨也有问题。其陆寨与水寨靠得太近，以致东吴因风纵火时，烧了水寨，延及陆寨。如果陆寨与水寨保持一点距离，纵然烧了水寨，只要保住陆寨，曹操凭借其步骑优势，仍可与东吴军队争锋，绝不会出现全盘崩溃的局面。当然，曹操作为用兵高手，出现这样的失误，还是由于对长江中游的水文气象不了解，根本没想到东吴会用火攻。

还有，更为明显的失误是，曹军在撤退时组织不严密，没有明确撤退线路、撤退次序，也没有明确由谁断后。在突如其来的灾变面前，军队失去统一的组织和指挥，陷入混乱。各部队只顾逃命，慌不择路，误入沼泽，以致撤退中的损失比遭受火攻时的损失还要惨重。

## 六、战后形势的演变和发展

火攻破曹之后，孙刘联军对曹军进行了全力以赴的追击。周瑜率东吴主力围攻曹仁据守的江陵，甘宁又西击夷陵（今湖北宜昌）。一年以后，东吴拿下了江北原荆州大部分土地，包括夷陵、江陵等要地。孙权为了巩固新占地区，以周瑜为南郡太守，治江陵；以程普为江夏太守，治沙羡（今汉口西南），以甘宁为西陵太守，治夷陵。

这期间，刘备除以少数兵力协助周瑜攻打江陵外，其主力过江南下，相继攻占了荆州南部的武陵、长沙、桂阳、零陵四郡，并占有江北枝江、艮山两县（今分为石首、公安、松滋、枝江、宜都、长阳六县），实力大增，成为赤壁之战最大赢家。

当时正值孙、刘两家政治蜜月期。赤壁之战刚结束，刘备就表刘琦为荆州刺史。当时献帝在许都，刘备如何上表？纵然上表了，又如何批复得了？这分明是儿戏，但是，刘备之类的政治人物就是能够把儿戏当真戏来演，目的自然是笼络荆州人心，同时阻遏东吴向西发展。东吴的孙权、周瑜、鲁肃、吕蒙个个都是人精，哪能不知道刘备的用意？只不过有曹操这个强大的对手在而隐忍罢了。孙权不仅忍了，还在鲁肃的建议下，将自己不到 20 岁的妹妹嫁给年已 49 岁的刘备，孙刘两家结成政治婚姻。此外，将南郡借给刘备，这便是"借荆州"的由来。据说曹操听到这个消息时正在写信，震惊得连笔都掉在了地上。

这期间曹操面临相当大的军事和政治压力。在军事方面，赤壁败北之后，荆州大部丧失。孙刘联军尤其是东吴军队转而取攻势，在西面的江陵展开大规模的进攻。曹仁苦撑一年多时间，终因粮食匮乏、救兵不至而放弃江陵，退守襄阳、樊城。

孙权还于当年 12 月，亲率号称 10 万大军从东线进攻合肥。张昭领兵攻打九江郡所属当涂（今安徽怀远）。

此外，政治上出现不稳的苗头，朝中有人对他政治攻讦，与东吴邻近的庐江、六安等地又发生了叛乱。

曹操把军事应对作为首要任务。鉴于战线过长，力量有限，便在荆州方向收缩战线，只保有襄阳、樊城等重要城市。在东线合肥，则全力应对。尽管可供调动的部队并不多，还是紧急派张喜率1000多名骑兵部队驰援合肥。

扬州别驾蒋济见救兵不多，行动迟缓，担心合肥有失，便心生一计，谎称曹操已派四万步骑兵增援合肥，不日将到，并派遣三批使者前往合肥通知守军，让他们坚守城池。使者被孙权所虏。孙权看信后，信以为真，便弃城而走，合肥城得以保全。

东吴的威胁解除后，曹操即着手整顿内部，稳定秩序。

一是武装平叛。派夏侯渊、于禁、张辽及张部征讨庐江、六安等地的雷绪、陈兰和梅成，很快将叛乱平息。张辽在平叛中功劳最大，率部登上天柱山斩杀陈兰、梅成。曹操专门下达了一份《论张辽功》："登天山，履峻险，以取兰成，荡寇功也。"对荡寇将军张辽进行了突出表彰。

二是安抚民心。特地下了一道《存恤吏士家室令》。大意是：

> 近几年来，军队多次出征，有时遇到疫病，官兵有的死亡，有的不能回家，百姓流离失所，这种情况是讲求仁爱的人所不愿看到的，是不得已的。凡死者没有产业，家人不能养活自己的，县官不得停止粮食供给，部队长官要对他们抚恤慰问，以符合我的心意。

这对安定军心、鼓舞士气、唤起百姓支持无疑具有积极意义。

三是加强敏感地带地方政权建设，以巩固统治。赤壁之战期间，极富才干的扬州刺史刘馥病逝。扬州隔江与东吴对望，属前线地区。赤壁之战结束不久，刘备就表奏孙权为徐州伯，意在怂恿孙权向徐州发展。因此，扬州显得特别敏感而重要。

曹操经慎重考虑，以通晓军事的丞相主簿温恢为扬州刺史，并让足智多谋、文武兼长的蒋济为扬州别驾。同时，任命苍慈为绥集都尉，开荒屯田，积谷供军，较好地稳定了淮南的局势。

此外，为了平息政敌的攻讦，曹操还专门召集公卿大臣，当众抒怀，下了一份《让县自明本志令》。在令文里，曹操反复强调自己没有"不逊之志"，以求得大家的谅解。

曹操在稳定内部的同时，有感于孙刘联盟的强大，便假阮瑀之手，分别写信给刘备和孙权，试图拆散孙刘联盟；秘密派遣九江人蒋干过江，以私人之谊往说周瑜，劝周瑜背离孙权，归附他曹操。这两件事均没有取得什么效果。

尽管如此，我们可以看出，经过赤壁之战，曹操变得谨慎稳健多了，再也不以睥睨的眼光傲视对手，而是扎扎实实做着自己该做的事，以期收亡羊补牢之效。

# 第十五章
# 囊括关陇

曹操出征打出的旗号是攻张鲁。关陇诸将清楚，这是曹操假途灭虢之计。

曹操用谋施计高深莫测，以致一些跟随他多年的部属都对他的一些部署百思不得其解。

曹操用不到四年时间，将关陇军阀一一平定，为维护祖国西北边疆领土的统一和完整做出了历史性贡献。

## 一、"引蛇出洞"

赤壁之战后，曹操深感孙刘联盟的强大，非短时间所能强取，便在南线采取积极防御的方针，而将斗争的矛头指向关中、陇右，并进占汉中，西窥巴蜀，以便对孙刘形成大包围态势，最终完成国家的一统。夺取关中便是这一战略构想的第一步。

关中的武装力量，最强的是马超、韩遂。除此之外，还有不少武装力量。这些将帅虽无大作为，但是，兵马还算强悍。

马超，字孟起，扶风茂陵（今陕西兴平）人，马腾之子。韩遂，字文约，金城（今甘肃兰州）人。灵帝末年，马腾同边章、韩遂在凉州起兵反叛朝廷。初平三年（192年），马腾、韩遂又归顺朝廷，带兵到长安勤王。献帝封马腾为征西将军，封韩遂为镇西将军。

曹操迎献帝都许以后，对马腾、韩遂进行笼络和利用。官渡之战前，派钟繇以司隶校尉持节都督关中诸军，使关中诸军保持了中立，曹操因此免去了西顾之忧。曹操平定河北期间，还借马腾之力，打败了袁氏任命的河东太守郭援、南匈奴单于呼厨泉，粉碎了高干等人向河东发展的图谋。

马腾、韩遂等人各拥兵自重，欲趁乱世雄踞一方，对朝廷并非真心归附。曹操对此非常清楚，所以一直放心不下。尽管曹操下荆州之前，将马腾赚到朝廷做了卫尉，并将其家属迁到邺城，但仍心存顾虑。赤壁战前，曹操留重兵江陵和樊城，多少有些担心马超、韩遂生变。江东的周瑜就看到了这一点。他在分析曹军的弱点时，就曾说过："马超、韩遂尚在关西，为操后患。"所以，曹操稳定了南部局势之后，就把解决关西问题列入了议事日程。

但是，当时马超、韩遂等人毕竟表面上臣服朝廷，要解决他们必须要有冠冕堂皇的理由才行。因为，曹操代表朝廷出征，必须占据道义高地，以便师出有名。这是关系曹操政治声誉的大事，不能不引起曹操的高度重视。

正在这时，司隶校尉钟繇向曹操请示，希望增兵3000人，"外托讨张鲁，内以胁取（马超、韩遂）质任。"[1] 曹操从这一建议中得到启示，决定以讨张鲁为名，进兵关中，欲以此激变关中诸军。

但此举到底能不能激变关中诸军尚不得而知。如果不能激变关中，曹操只能勉为其难去远攻关山重重的汉中张鲁，那有违曹操的初衷。于是，曹操把钟繇的建议交由荀彧、卫凯、高柔等人讨论。

卫凯和高柔因不知内情，认为钟繇的建议容易激变关中诸军，卫凯、高柔所担心的，正是曹操所希望的。曹操觉得这正是引蛇出洞的好办法。建安十六年（211年）三月，曹操命钟繇进兵关中，扬言讨伐张鲁，并命夏侯渊出河东，与钟繇会师。

需要说明的是，无论是《三国志》还是《资治通鉴》，都明确记载曹操遣钟繇攻张鲁，并没有明言攻马超、韩遂等。这大概是史书作者的一种误解。

曹操出征打的旗号是攻张鲁，而人为地将攻马超、韩遂的意图隐藏

---

[1]《三国志·卫凯传》注引《魏书》。

起来。其时马腾在朝廷为卫尉，曹操对如此重大军事机密自然慎之又慎，丝毫不能外泄。所以，除曹操极少心腹知道内情外，绝大多数是不知道的，以为真的要起兵攻打占据汉中的张鲁。后人相沿成习，便有了这样的记载。

从当时实情分析，在马超、韩遂各拥强兵的情况下，曹操是不可能毫无顾忌，越过他们去进攻路途遥远、关山阻隔的汉中张鲁的，这于情于理都说不过去。

事实上，钟繇、夏侯渊大军出动之后，关中诸将非常清楚，这是曹操假途灭虢之计，矛头是指向他们的。于是，马超、韩遂、侯选、程银、杨秋、李堪、张横、梁兴、成宜、马玩十部一起反叛，共十万人，向东开进，据守潼关，阻止曹军西进。

曹操引蛇出洞的计划即刻实现。


## 二、"暗度陈仓"

关陇十部兵马反叛后，曹操急调襄阳、樊城守将曹仁，任曹仁为代理安西将军，都督关东诸将在潼关与马超等关陇诸将对抗，并且告诫曹仁："关西士兵精锐强悍，一定要坚守壁垒，不要轻易与他们交战。"

七月，曹操留长子曹丕守邺城，自己亲率大军西征。

这时，不少人向曹操建议："关西兵马强悍，习惯于用长矛作战，非选精锐不可，否则不可以与他们相对抗。"

曹操说："战争的主导权在我，并不在贼。贼虽善用长矛，我将使他们的长矛没有用处，你们等着瞧吧！"

八月，曹操抵达潼关，与马超等隔关对峙。曹操清楚，潼关天险，强攻是不可能的，必须出奇兵制胜。于是，曹操采用韩信明修栈道，暗度陈仓的办法，从正面向马超等施加压力，摆出一副与马超在潼关全力决战的架势，以吸引马超等的注意力，暗中派徐晃、朱灵率步骑4000多人渡河北上，进入河内蒲板津（今山西永济市蒲州镇风陵渡）而后西渡黄河，在黄河西岸的西河（今陕西朝邑东）扎营。

其实，曹操的先头部队还在蒲坂时，马超就料定曹军会在此西渡黄河，便与韩遂商量，对韩遂讲："应该在渭北分兵抵抗曹操，使曹军不得西渡。这样，不出 20 天，曹军粮尽，必然退走。"

韩遂虽然认同曹军会在蒲板津渡河，却说："可以让他们渡河，等他们渡到一半时，我们再发起进攻，将他们困在河中，岂不更好？"

可是韩遂的计划落空，曹军先头部队已经过河，并且抢占了滩头阵地，马超、韩遂发起进攻已经无济于事了。

后来，曹操知道马超的建议后，非常吃惊，说："马儿不死，我无葬身之地。"

闰八月，曹军主力陆续北渡黄河，进入河内郡（今山西南部），随徐晃、朱灵之后跟进。

曹操亲自率领虎贲百人断后。马超率领步骑 1 万余人发起攻击。当时，箭如雨下，曹操仍坐在小凳上，一动不动。许褚见状，赶紧扶曹操上船。此时水手被流箭射死，船无法开动，马超的追兵又追了过来，情况十分危急。只见许褚奋其神武，左手拿起马鞍，掩护曹操，右手执篙撑船，将船驶入中流。

身在南岸的丁斐见情势危急，赶紧将曹操用于运输辎重的牛马放出，以吸引马超军的注意力。马超部众大多放弃追赶曹操，转而夺取牛马，只有少数骑兵仍沿河追赶。曹操的压力大大减轻，所乘坐的木船，向下游斜漂了四五里，才靠上了对岸。

先期过河的曹军见对岸负责断后的部队被马超冲散，曹操又不知下落，都非常惊恐。等见到曹操，又转恐为喜，激动得连眼泪都掉下来了。曹操却十分镇定，以调笑逗乐的口气说："今天差一点被小贼给困住了。"

曹操随后也从蒲板津向西渡过黄河，进入今陕西地界，然后南下，沿黄河修筑一条甬道，将粮食和辎重自北向南运抵渭水北岸，做南渡渭水的准备。

曹军的主力因此绕到了关西诸军的侧后，马超、韩遂依据潼关天险抵御曹操的图谋遂告破产，不得不从潼关后撤至渭水南面的渭口（今陕西华阴东北）。

曹操为了渡过渭水，在渭水北面多处设置疑兵，暗地里在渭水上架设浮桥，将主力渡过渭水，并在渭水南面扎下营寨，同时，伏重兵于营旁，以待马超来攻。

马超等于当晚想趁曹军立足未稳之机，突袭营寨，结果遭到曹军迎头痛击。

马超等见曹军已渡过渭水，马超等关西诸军已无险可守，便遣使求和，曹操拒绝。九月，曹军全部渡过渭水。

## 三、离间马、韩

曹军渡过渭水后，马超数次率兵在阵前挑战，曹军坚守营垒，拒不出战。马超、韩遂见形势不利，又派使者向曹操求和，并表示愿派儿子充当质任。曹操听从随军谋士贾诩的建议，假装允许，暗中对马超、韩遂实施离间之计。

其实，曹操早就明白，要夺取关中，最好的办法就是拆散马超和韩遂之间的联盟关系。还是在建安十五年（210 年）冬，曹操就采取了争取韩遂、孤立马超的策略。当时，韩遂派其心腹阎行到邺城公干。曹操热情款待阎行，并表阎行为犍为太守。阎行返回时，曹操让阎行给韩遂带去了一封信，信的大意是：

> 敬告文约：您开始起兵反叛朝廷，本来是受到别人的逼迫，这我完全清楚。您应当早点来，共同辅佐朝廷，治理国家。

曹操信中对韩遂早年的反叛行为进行了开脱，表明了既往不咎的态度，还敦请他到朝廷任职，与他本人一起辅佐朝廷。

阎行返回后，对韩遂讲：

"将军起兵 30 多年，军民都非常疲惫，所占地盘又狭小，我认为还是早日归顺朝廷为好。我在邺城时已表示，要将我的父亲送到朝廷去，希望将军能送一个儿子去，以表明自己的诚意。"

韩遂当时犹豫不决，表示等几年再说。但是没有过多久，他还是把自己的一个儿子同阎行的父亲一起，送到了许都。

这说明，曹操拉拢韩遂取得了一定成效。现在，曹操要实行离间之计，就在韩遂身上打主意。

正好，关中诸将推韩遂为代表，负责与曹操交涉。韩遂便约定与曹操在阵前谈话。

曹操与韩遂是同年孝廉，又与韩遂年龄相当，少年时还在一起交游过，彼此算是老相识。曹操与韩遂见面后便利用这层关系与韩遂套近乎，二人交马而语，不谈军事，只讲京都旧谊，彼此谈得非常投机，以致拍手欢笑。

曹操这样做，显得非常自然，但是，有深意存焉。目的是做给马超等人看的。

果然，马超见韩遂与曹操在阵前谈话时间很长，又很亲切，心中犯疑。会谈结束后，马超问韩遂："你们谈了些什么？"

韩遂说："没有谈什么。"

马超等人的疑心更重了。

几天后，曹操又主动约韩遂、马超在阵前谈话。诸将对曹操说："主公在敌阵前谈话，不应大意，可放一些木行马横在前面，以防万一。"木行马就是用木头交叉成栏杆状的障碍物。曹操听后采纳，并吩咐办理。同时挑选五千铁骑，分成 10 队，在阵后整齐排列。

曹操在阵前出现后，关西诸将不由得在马上行起礼来，其部众，无论羌胡，相互拥成一团，伸长脖子，想一睹曹操风采。

曹操自然会意，笑着对他们说："你们想看一看我曹操是不是？我也是一个人，并没有四只眼睛、两个嘴巴，只不过智慧多一点罢了。"

各部见了曹操，都啧啧称奇。又见曹操身后五千铁骑，军容严整，威风凛凛，又都心惊胆战。

这时，马超见曹操身后只有一个卫士，便欲自恃勇武，突入阵前捉拿曹操，但又顾虑这个卫士就是许褚，因而没敢造次。于是，他问曹操："你身边有一个叫虎侯的人在哪里？"

虎侯就是许褚。因许褚力大，似虎而痴，所以军中人叫他"虎痴"。曹操听后，转过头用手指了指许褚，意思是此人就是许褚。只见许褚正怒目圆睁，逼视马超，马超不敢动弹。

不久，曹操给韩遂写了一封信，信中故意涂抹圈点，好像韩遂自己改动的样子。信送达后，又故意让马超知道韩遂收到了曹操的来信。马超本来怀疑韩遂，就到韩遂处索信来看，看后更加狐疑。

曹操做了以上动作之后，知道离间马超、韩遂已收到成效，便与马超等人约期会战。马超、韩遂知道曹操不同意和解，只得如期应战。

会战那天，曹操先以轻兵挑战，目的是把马超、韩遂军吸引过来。然后纵骑兵出击。关中诸军原本互不隶属，属典型的乌合之众，加上曹操的离间，使得他们不能很好地协同和照应，因而大败。成宜、李堪被斩，马超、韩遂奔凉州，杨秋奔安定（今甘肃镇原县）。

曹操在渭南大败关西联军，充分显示了其卓越的军事才能。

战前，他采取打草惊蛇、引蛇出洞的策略激变关西诸军，使自己师出有名，从而较好地赢得朝野的理解和支持。河东太守杜畿在后勤补给方面予以全力以赴的支持，不仅满足了西征部队军粮供应，而且在战争结束之后还剩余 20 万斛。

战初，双方对峙于潼关，曹操在不能强攻的情况下，采用韩信"明修栈道，暗度陈仓"的策略，在正面虚张声势，另出奇兵入河东，再西渡黄河入河西，从北面南下渭水，对关西诸军形成侧后包抄的态势，迫使关西诸军放弃潼关天险，退守渭口。

在相持阶段，巧施离间之计，使原本形同乌合的关西诸军更加离心离德，从而轻易将他们击败。

综观战争全过程，曹操无所不用其谋，始终牢牢掌握战争主动权，使关西诸军善用长矛的战术长处和依托潼关、黄河、渭水等地理优势发挥不出来，处处受制，疲于应付。

曹操用谋施计高深莫测，以致在战争已经取得胜利的情况下，一些跟随曹操多年的部将对他的一些部署仍百思不得其解。

一些将领问曹操："起初马超等守潼关，渭北的敌人不多，我军不从河东渡河西击冯翊，却反而集中于潼关，几天过后才渡河而西，这是什么道理？"

曹操回答说："开始时敌人守潼关，渭北的敌人虽不多，如果我们出兵河东（河东郡，今山西南部），敌人势必会增兵把守各渡口，这样，要渡河取西河（今陕西朝邑东）就很困难了。所以，我们集中兵力到潼关，把敌人全部吸引到潼关一线，敌人在西河的防御就更空虚了。这样，徐晃、朱灵就能够轻易地攻取西河。因为有这两股兵力的牵制，敌人便无法在西河拦阻我军继续渡河。接着，我军又以兵车相连，立木为栅，建起一条甬道，使粮食和辎重得以安全南运，一方面创造了敌人无法进攻的条件，另一方面，又故意向敌人示弱，渡过渭水后，我们修筑了坚固的营垒，敌人挑战，我们坚守不出，是为了骄敌。所以，敌人不修筑营寨就同我们硬拼，失败之后，谋求割地求和，我顺佯敌意，目的是为了使他们放松戒备，我军士兵又能够得到及时休整，最后，时机到了，我军集中力量展开攻击，就达到了迅雷不及掩耳的效果。用兵之道，千变万化，是不能机械单一的。"

另外，战事刚开始那会儿，曹操得知关西各部兵马陆续开往潼关的消息，喜形于色。对此，一些将领也觉得奇怪，怎么敌人来得愈多愈高兴呢？战役结束后，曹操揭开谜底，他说：

"关中地域辽阔，如果敌人凭险据守，要一个一个平定他们，没有一两年时间是办不到的。现在，他们倾巢而出，集中在一起，人数虽多，但没有统一指挥，我们一举可以将他们消灭，这比一个一个地吃掉他们要容易得多，所以我非常高兴。"

由此我们可以看出，曹操不只是从战役的角度考虑问题，而且是从全部消灭关中敌人的战略角度考虑问题，目光相当远大。

当然，在战争过程中，曹操也有小小的失误。这个失误表现在他亲率百余名虎贲断后，使自己陷入险境。曹操的乐观、镇定和临危不惧值得肯定，但是，曹操似乎做过了头，而使自己险遭不测，这是为将者应该重视和借鉴的。

关西联军失败其原因有二：

一是缺乏统一的组织和指挥。他们互不隶属，是在危难来临时临时拼凑起来的乌合之众，没有统一的意志、统一的行动，在战斗中不能很好地协同和照应，甚至相互猜忌，为曹操实施离间之计提供了条件。因此，关中诸军人数虽多，但形成不了战斗力。

二是关西军缺乏谋略。其主将马超等人，只知恃勇，不知用智，联军又缺乏高质量的谋士，这就使他们在战争中既不能主动施计用谋，又不能识破对方的计谋，处处受制，被动挨打。其失败也就势在必行。

## 四、乘势收陇右

曹操在渭南大败关西联军后，标志着他已占有整个关中地区。曹操欲乘势收取陇右地区。

陇右是指陇山（今六盘山）以西地区。古时，以西为右。汉末的陇右，相当于现在的青海北部、甘肃大部。

当年十月，曹操从长安西讨驻守在安定的杨秋。杨秋不战而降。曹操恢复了杨秋的官职，仍让他留守安定，并让他安抚所辖民众、部属。

曹操本想继续西进，追击马超、韩遂，不料此时传来河间田银、苏伯等人鼓动民众暴动的消息。因这一暴动发生在他的大本营冀州地区，他唯恐后方有失，便命夏侯渊镇守长安，自己率部东归。

建安十七年（212年）正月，曹操回到邺城。这时田银、苏伯所领导的农民武装已经被平息。曹操将有关事宜处理完毕以后于当年5月，以献帝名义处死了马腾及其在邺城的亲属，同时处死了韩遂的儿子。因阎行曾劝阻过韩遂，曹操没有杀他的父母，只是将他们投入了监狱。

还是在曹操从安定撤军时，凉州刺史韦康的参军杨阜就曾向曹操提出建议：

"马超像韩信、吕布那样英勇，在羌胡民众中享有很高威望。如果大军回撤后不做好防备，陇上诸郡恐怕就不属于国家了。"

果不出杨阜所料。马超见曹操大军返回，于建安十八年（213年）

重新纠集羌胡等部，袭占陇右。围攻汉阳郡治所冀城（今甘肃省甘谷南），时间长达 8 个月。

冀城粮食乏绝，外无救兵，凉州刺史韦康不忍生灵涂炭，决定开城投降。杨阜流着眼泪苦劝，韦康不从。

马超入城后，立即杀死韦康和太守。马超自称征西将军，兼并州牧，督凉州军事。氐王千万也占据兴国（今甘肃庄浪西南），起兵响应马超。陇右局势变得严峻起来。

曹操因东面有事，未便亲征，征马超的任务就在了夏侯渊的肩上。

夏侯渊曾领兵前去解冀城之围，被马超击败。这时又传说关中开县氐人造反，夏侯渊只得退回长安。

身在冀城的杨阜对马超痛恨至极，想伺机反马超，便以为亡妻办理丧事为名向马超告假。杨阜来到历城。时历城守将抚夷将军姜叙是杨阜的表兄，其母是杨阜的姑母。杨阜就在姜叙及其母亲的面前谈了冀城的情况和自己想反马超的想法，姜叙在其母亲的支持下与杨阜一起举起了反马超的大旗。

马超听到消息后非常愤怒，就率兵攻打杨阜、姜叙。马超刚一出城，受到杨阜、姜叙等人拉拢的赵衢等人，紧闭城门，将马超的妻室儿女全部杀死。杨阜、姜叙等人在西县将马超打败。进退失据的马超转攻历城，杀死姜叙的母亲后，投奔汉中，向张鲁借兵，企图反攻凉州，结果被张郃打败。

马超在陇右已不能立足，只得投汉中张鲁，后又投奔占据益州的刘备。

曹操对在平定马超过程中的有功人员进行了及时封赏。封侯者达 10 多人。其中，杨阜被封为关内侯。杨阜上书辞让，曹操给他写了一封信，信中说：

> 你与众多的忠臣将士共同建立大功，西土（陇右）之人传为佳话。过去子贡辞让封赏，孔子说他是在阻止别人行善。你现在应该诚心诚意服从国家的命令（即接受封赏）。姜叙的母亲，劝姜叙早

日起兵，是这样的明智。就是杨敞的妻子，大概也不能超过。真是贤惠啊！好的史官会记下这件事，一定不会埋没的。

《说苑》记载，鲁国法律规定，凡从诸侯国赎回奴隶，都可以从政府领取赏钱。子贡从诸侯国赎回了奴隶，却不到政府领赏钱。孔子认为子贡的做法不对，如果那样的话，今后鲁国人就不会从诸侯国赎回奴隶了，客观上阻止了人们行善。曹操在信中把辞赏看作"止善"的行为，希望杨阜接受封赏，并对姜叙的母亲给予了高度评价。

杨阜接到信后，不再辞让。

马超在陇右起事时，韩遂驻扎在金城（今甘肃兰州）。曹操为了进一步争取阎行，就派人给阎行送去了一封信，信中说：

> 看韩遂的所作所为，让人觉得好笑。我先后给他写过信，什么话都说了，他还执意反叛，叫人怎么再迁就忍耐呢？你的父亲谏议大夫，自然是平安的。但是，牢狱之中不是养亲的地方，再说，官府也不能老是替他人养老呀。

从这封信中可以看出，曹操为争取韩遂是费过心思、下过功夫的，但是没有什么效果。曹操写此信的目的是劝阎行脱离韩遂的羁绊，归顺朝廷。言外之意，如果不这样做，非要死心塌地追随韩遂，那么，老父的性命将不能保全。

韩遂知道阎行的父亲并没有被曹操处死，便强行将自己的小女儿嫁给阎行，以此笼络阎行，根本不顾及阎行老父的死活，甚至希望曹操处死其父，使得阎行嫉恨曹操而追随自己。阎行不敢违拗，只好违心照办。

不久，韩遂命阎行守西平（今青海西宁）。阎行便趁夜率兵攻韩遂，但未能取胜，便带着家人东归，受到曹操的厚待。

此事发生后，韩遂自觉在陇右无法立足，就想南投巴郡，被其部下成公英劝阻。

马超投奔张鲁后，夏侯渊乘势肃清关中和陇右的反叛势力。这时韩遂又联合氐王千万，拼凑羌胡骑兵一万多人。夏侯渊率兵进剿，先打败韩遂，韩遂逃往西平，为其部众所杀。韩遂死后，氐王千万独木难支。夏侯渊乘胜包围兴国，氐王千万的部下纷纷投降。氐王千万见大势已去，乘乱逃走。后随马超投奔益州。

陇右除马超、韩遂、氐王千万外，还有一个土皇帝，名叫宋建。他纠结一些军队，驻屯枹罕（今甘肃临夏东北），自称"河首平汉王"，擅置百官。此人力量并不大，但是统治时间却长达30多年。夏侯渊平定氐王千万后，又消灭了这个土皇帝，招降了河西诸羌。

至此，曹操用了将近四年时间，将关陇诸军阀割据势力一一平定，并将这片辽阔的疆域纳入了自己的统治之下，为维护西北边疆做出了历史性贡献。

夏侯渊为平定陇右立了大功，曹操听到夏侯渊平定枹罕的消息后，非常高兴，立即下了一道嘉奖令，大意是：

> 宋建作乱30多年，夏侯渊一举将他消灭了，虎步函谷关以西，没有人能够阻挡。孔子曾说："我和你都不如他。"

曹操在这里借用孔子称赞颜回的话，意思是说，他和他的将领都不如夏侯渊，对夏侯渊平定陇右给予了高度评价。

陇右平定后，曹操任张既为雍州刺史。此时凉州已撤，三辅直至西域都归雍州管辖。张既是冯翊高陵人，临上任时，曹操对他讲：

"你回故乡做州官，可以说是锦衣昼行了。"《史记·项羽本纪》中有"富贵不归故乡，如衣绣夜行"的话，意思是说，富贵后不回到故乡，就像穿着绣衣夜间行走一样（没人知道，不够风光）。曹操借用此语，说张既回故乡做大官，可夸耀乡里了。

张既是本土人，对关陇的情况比较熟悉，又有相当的行政才干，让他当雍州刺史是合适的。事实上，张既不负曹操所望，为稳定关陇，推动关陇经济的恢复和发展做出了贡献。

# 第十六章
## 交兵汉中

曹操囊括关陇期间，刘备也趁机进占蜀郡。张鲁所据汉中便成了两大势力的真空地带，宛如一盘香喷喷的肥肉，诱来曹操、刘备两只猛虎竞食。

审时度势，有所为是英雄，有所不为同样是英雄。

汉中之役，刘备下了大赌注，几乎倾其所有。曹操的本钱虽大，但是，赌注却下得很小，丧失了早年一拼到底的锐气。

## 一、"妖妄之国"

曹操囊括关陇之后，就将斗争的矛头指向张鲁所据汉中。

张鲁字公祺，沛国丰县（今江苏丰县）人。祖父张陵，汉顺帝时学道鹤鸣山（今四川大邑县），以道术迷惑百姓。跟他学道的人要出五斗米，所以被称为"五斗米道"。张陵死后，其子张衡继续传授五斗米道。黄巾起事以后，张衡和另一名五斗米道首领张修在巴郡率领道徒响应。张衡死后，其子张鲁继续传道。

汉灵帝中平五年（188 年），刘焉为益州牧。张鲁母亲因传道数次来到刘焉家，刘焉即以张鲁为督义司马，张修为别部司马。使二人率部往攻汉中太守苏固。

攻杀苏固后，张鲁断绝汉中通往关中的谷道，袭杀张修，吞并张修部众。

刘焉死后，张鲁脱离刘璋，独树一帜，在汉中、巴郡一带建立了自己的政权，在巴山、汉中一带称雄30多年。东汉末年，朝廷力量弱小，无力征讨，就任张鲁为镇民中郎将兼汉宁太守。

这期间，有人从地下挖出一颗玉印，部下怂恿张鲁称汉宁王。张鲁接受阎圃的建议，没有称王。这在人自为王的时代难能可贵。

汉中、巴郡在当时隶属益州，张鲁建立自己的政权使刘璋大为恼怒，刘璋就杀死了张鲁在蜀中的母亲和其他亲属。张鲁与刘璋便结下了深仇大恨。

张鲁在汉中建立的政权别具一格。它是一个政教合一的政权，所以，曹操称它为"妖妄之国"。意思是说这是一个信奉妖术的地方。

五斗米教的教义是有鬼论。认为人无时无处不被鬼所监管，鬼能够根据人的行为降灾或赐福。

张鲁打破旧的行政体制，自称"师君"，一般道徒称"鬼卒"，信道较深的称"祭酒"，高一级的称"治头大祭酒"，负责部门事务的称"都讲祭酒""好令祭酒"。和黄巾信奉太平道一样，五斗米教也提倡诚信，反对欺诈虚妄。主张废除一切严刑峻法，务行宽惠，实行先教后刑。有小过者，先促其反省，服罪后罚修路百步的劳役。犯重法者，先原谅三次，然后行刑。

祭酒辖区内在交通要冲设义舍，备有义米义肉，供过往行人享用。境内禁止造酒、喝酒，物价平稳。在天下大乱的汉末，这里算得上是一片乐土。当地的人民过着比较安宁和睦的生活，关中人民从子午谷投奔到此的多达数万户。

汉中地理位置非常重要，介于关中、蜀中之间，为群山所环抱，中间是汉中盆地，土地肥沃，物产富饶。张鲁依恃险要的地理环境，雄踞汉中近30年之久。当然，他与一般割据势力有所不同，他是以农民起义的面貌出现的，又信奉道教。因而其政权性质有其特殊的一面。

## 二、侥幸取汉中，无意占蜀地

曹操囊括关陇期间，刘备也趁机进占了蜀郡。张鲁所据的汉中便成了曹刘两大势力之间的真空地带，宛如一盘香喷喷的肥肉，诱来曹操、刘备两只猛虎竞食。

曹操抢先下手。建安十九年（214年）十月，夏侯渊平定陇右的消息传到合肥，曹操迅疾脱离处于胶着状态的淮南战场，留下密教给合肥守军，动身回到许昌。十一月，杀伏皇后，将自己的二女儿曹节立为献帝皇后。于建安二十年三月，亲自引军西征张鲁。

行前，黄门侍郎刘廙上书说：以前，周文王三次讨伐崇国，都没有征服，后来"归而修德"，崇国才降服。希望曹操在要害地区取守势，潜心治理国家，发展生产，厉行节约，这样就可以达到富国安民的目的。曹操对刘廙的论调进行了委婉的批评：

> 不但君主应当了解臣下，臣下也应当了解君主。现在想让我坐而论道，推行周文王的德政，我恐怕不是那样的人。

刘廙的建议显然有些迂腐。在兵戈不息的战争年代，一味推行德政是不现实的。曹操对此提出了批评，语气虽然很委婉，但出征的态度却非常坚决。

三月底，曹操从武都（今甘肃成县）西上，进入氐族地区。氐族部落得到消息，立即封锁道路。曹操命张郃、朱灵进击，击破氐族部落抵抗，扫清了前进道路。

四月，曹操经陈仓（今陕西宝鸡），出大散关（今宝鸡市西南大散岭），进抵河池（今甘肃徽县）。氐族部落酋长窦茂，率1万多人凭险据守。曹操派张郃、张既前往征讨，攻陷河池。

曹操平定河池氐王窦茂后，附近地方受到强烈震动。逃往西平的（今青海西宁）的韩遂被部下麹演、蒋石杀死，其首级被送来献给曹操。

原来追随韩遂的人大都转投了曹操。

七月，曹操大军进抵阳平关。阳平关在今陕西勉县西北白马河入汉水处。地势极为险要，为汉中盆地西边门户，系川陕交通要冲。曹操大军来到时，张鲁即打算献出汉中，归降曹操，但为其弟张卫所阻。张卫和张鲁大将杨昂率领数万人马赶赴阳平关，拦山筑起10多里长的石墙，全力阻挡曹操前进。

起初，凉州从事和武都人都对曹操讲，张鲁容易攻破，阳平关南北山峰距离遥远，不容易防守。曹操便信以为真。可是，曹操领兵来到阳平关前，实地察看后，觉得不是这么回事。于是感叹地说："别人那些无根据的说法，很少令我满意的。"

阳平关上，山陡如削，难以攀登。曹操大军进入后，不能展开机动，虽多次发起进攻，但毫无进展。士兵伤亡惨重，粮草也因转运困难而越来越少。曹操倍感艰难，不禁灰心丧气，说：

"这是一个信奉妖术的地方，我们来到这里有什么好处呢？军粮不多了，还不如赶快退去。"

于是，下令切断山下通道，以防张卫追击，另派夏侯惇、许褚传唤已攀登上山的部队撤退。就在这时，情况发生了逆转。

曹操的先头部队在夜里迷失方向，闯入张卫另一个营寨。营中大哗，霎时陷入混乱。张卫部队以为曹操攻入营寨，四散而逃。

侍中辛毗、主簿刘晔得知这一情况，立即报告夏侯惇和许褚。夏侯惇亲自前去察看。情况得到证实以后，赶紧报告曹操。曹操当机立断，迅速组织部队向张卫发起攻击。张卫抵敌不住，弃关逃往汉中。

曹操夺取阳平关纯属侥幸。但是，曹操能够把握契机，及时调整部署，转退为攻，一举拿下阳平关，其反应是迅捷的，仍不失军事家本色。

曹操拿下阳平关后，汉中已无险可守。张鲁又打算投降，其功曹阎圃劝阻道："现在我们迫于压力去投降，没有什么分量，不如投杜濩（宗部落酋长）、朴胡（板盾部落酋长），抵挡一阵子，然后相机行事，会增加自己的身价。"

张鲁听从了阎圃的建议，逃向南山，进入巴中地区。手下的人打算焚烧金银财宝和仓库，张鲁不同意，说：

"我本来打算归顺朝廷，但未能如愿。我现在逃跑，是想躲避曹操的兵锋，并没有什么恶意。宝货仓库应当属于国家所有。"

于是，下令将仓库全部封存，然后撤退。

曹操率部进入汉中治所南郑，接管了张鲁留下的财物。对张鲁保护国家财产的做法深表赞许。因张鲁心存善意，就派人前往巴中抚慰，以期张鲁早日来降。

九月，巴族部落酋长杜濩、朴胡、任约等相继率部投降曹操。

曹操分巴郡为巴东、巴西和巴三郡，任朴胡为巴东太守，杜濩为巴西太守，任约为巴郡太守，三人都为列侯。

十一月，张鲁举家来到南郑，向曹操表示归附。曹操亲自出城相迎。接着，任张鲁为镇南将军，封阆中侯，食邑1万户。张鲁的5个儿子也都被封为列侯。曹操还让自己的儿子彭祖娶了张鲁的女儿。

曹操对张鲁的封赏的确够丰厚了，对此，裴松之提出过异议。他说，张鲁虽有善心，但毕竟是在战败之后才归降的，曹操给他这么丰厚的封赏，实在有些过分。我倒觉得，裴松之作为史官说这话显然欠妥。张鲁虽雄踞一方，但并没有作恶。他拒绝称王、封存府库，这在当时是难得的善举，不是一般人能够做到的，应该得到礼遇。更为重要的是，张鲁在汉中的根基牢固，有崇高的威望。厚待张鲁，有利于曹操对汉中的统治。

曹操不仅厚待张鲁，对张鲁的部属也很优待。张鲁的功曹阎圃曾劝阻张鲁称王，曹操也封其为列侯。

对刘雄鸣、程银等人也是一样。刘雄鸣是蓝田人，年轻时以采药为生。常出入山中，从不迷路。时人盛传他能兴云吐雾。李傕、郭汜扰乱关中时，不少人追随刘雄鸣。建安初年，刘雄鸣率领部众归顺州郡，州郡表他为小将。马超反叛曹操，他不肯相随。马超失败后，他投奔曹操。曹操大为高兴，拉着他的手说："我刚到关中时，梦见一个神人，难道就是你吗？"于是，任他为列侯，让他回去招揽部众。

刘雄鸣回去以后，部属不从命，反而逼着他反曹。刘雄鸣不得已，只好率众据守武关道口，抗拒曹操。后被夏侯渊击败，逃到汉中。曹操平定汉中，刘雄鸣无处可逃，只得再次投降曹操。

曹操非常气恼，拉着他的胡须说："老贼，可把你给逮着了。"

但曹操到底没有杀他，反而让他官复原职，后将他调往渤海。

程银、侯选曾随马超一起反曹，兵败后逃往汉中，这时也来投降曹操。曹操既往不咎，仍让他们担任原来的官职。

庞德字令明，是马腾、马超亲信爱将。马超兵败后南投刘备，庞德因病不能相随，便留在了汉中。这时也来投降曹操。曹操任他为立义将军，封关内侯，食邑300户。

曹操拿下汉中之初，丞相府主簿司马懿建议道："刘备以阴谋手段取刘璋基业，蜀中人并不服气。现在刘备又率军东下，与孙权争夺荆州，这对我们是一个绝好的机会。我们拿下汉中后，益州一定受到震恐，如果乘胜进军，益州势必瓦解。圣人不能违背时机，但也不可丧失时机啊。"

刘晔也建议道："刘备是人中豪杰，有王霸的气度，但见事迟，得到蜀地时间短，蜀人并没有真心归附他。现在明公攻占了汉中，蜀中人都很震恐，按情势推断，他们会自行倾覆。以您的圣明，凭借有利形势而出军逼迫，没有什么不可以攻克的。如果迟缓进攻，诸葛亮通晓治国之道而为相，关羽、张飞勇冠三军而为将，蜀中百姓安定，凭险据守，将很难进攻了。现在不出兵，将来一定成为后患。"

司马懿、刘晔是曹操谋士中第二代精英，他们都有过人的胆识和智慧。他们对情报的搜集和判断的确非常迅速、缜密和准确。从汉中对蜀作战的局部来看，是非常有见地的。

刘备是建安十九年（214年）五月进入蜀中的，距离曹操进占汉中仅有一年零两个月。曹操进占汉中，对蜀中造成的震恐可想而知。曹操进占汉中的第七天，就传来消息，说蜀中一日发生数十次惊扰，当局虽采取武力镇压的手段，也不能使局势平定下来，由此可见一斑。更为严重的是，此时，刘备与孙权为争夺荆州而剑拔弩张，蜀中较为空虚。在这种情况下，曹操进兵蜀地，似乎有利可图。

但是，曹操否定了司马懿和刘晔的建议。他说：

"人苦于不知足，我们既然得了陇地，还希望得到蜀地吗？"

"得陇望蜀"这个成语出自《后汉书·岑彭传》。光武帝曾致信岑彭，希望他得到陇地后继续前进，挥师南下，进占蜀地。曹操在这里反其意而用之，表示占有陇地后，并没有进占蜀地的欲望。

曹操做出这样的决定使得不少史家为之惋惜。裴松之在《三国志·贾诩传》注中讲道：

> 魏武后克平张鲁，蜀中一日数十惊，刘备虽斩之而不能止，由不用刘晔之计，以失席卷之会。

意思是说，曹操因不用刘晔之计，失去了吞并蜀中并进而统一全国的机会。这一意见很有代表性，不仅裴松之同时代的人这样看，就是现代的人也有这么看的。

那么，曹操为什么做出这样的决定呢？

从主观上讲，曹操的心境已老，对战争多少有些厌倦。八年前，他率军北征乌桓时，可谓气冲霄汉，而现在似乎丧失了先前的锐气。这或许是因为当年的曹操事业上一帆风顺，蒸蒸日上，因而雄心勃发，甚至产生了几分骄矜；而经赤壁重大失败后的曹操，事业坎坷困顿，因而暮气渐长，甚至有几分沮丧。这是促使曹操放弃进攻蜀地的主观原因。

从客观上讲，曹操的后顾之忧尚多，对内要应对拥汉派的攻讦甚至政变；对外要应对孙权的进攻，这是曹操决定放弃进攻蜀地的根本原因。关于应对政敌的事，留待以后再叙，这里着重讲应对孙权的事。

建安十七年（212年）正月，曹操将留守关中的任务交给夏侯渊，自己率部东归，在淮南与孙权进行了拉锯式的战斗。十月，曹操亲率号称40万大军进攻孙权。第二年正月，曹军进抵濡须口（今安徽含山县西南），攻破孙权长江江北大营，生俘孙权所置都督公孙阳。

孙权亲率7万人前来应战。曹军一部趁夜乘船进驻一个小沙洲，被孙权部队包围打败，3000 人被俘，数千人落水而亡。曹操遭此挫折，便坚守营垒，拒不出战。

一次，孙权亲自乘坐战船察看曹操营寨。曹军弓弩齐发，箭如雨下，不多时，孙权的战船射满了箭，因受箭的一面偏重，船身倾斜，眼看将要倾覆，孙权便命掉转船头，以船的另一面受箭。等两面箭均船平后，从容退去，这便是"草船借箭"的真实来历。《三国演义》的作者移花接木，把它加在了诸葛亮的身上。

还有一次，孙权乘轻船接近曹营。曹操知道孙权又来察看曹军营寨，便吸取上次教训，令军士不得放箭，孙权巡视一番后从容退去。曹操见孙权队伍整肃，进退自如，不禁感叹地说："生儿子就要像孙权一样，刘表的儿子就像猪狗一样。"

建安十九年（214 年）闰五月，孙权亲率大军进攻皖城，俘获曹操所置庐江太守朱光。七月，曹操出动大军攻孙权。但是，这次军事行动雷声大，雨点小，没有什么结果。孙权严阵以待，曹操无隙可乘。正在这时，传来夏侯渊平定枹罕的消息。曹操便引大军攻张鲁去了。行前，考虑到孙权可能会利用他进攻汉中的机会派兵攻合肥，于是留下一道密教，放在一个封套内，在封套上写上"贼至乃发"四字，交给护军薛悌带到合肥。

当时，合肥张辽、李典、乐进三将守军共 7000 人，到底能不能抵挡孙权的进攻，曹操心中没底。他身虽在汉中，心却记挂着合肥。这是他拒绝司马懿、刘晔建议的根本原因。

曹操于是以夏侯渊为都护将军，都督张郃、徐晃等镇守汉中，自己率主力回到中原。行前将汉中大量居民迁往关中。

从感性上讲，曹操不乘胜进兵蜀中是令人惋惜的，但是，从理性上讲，我们认为曹操此举不失为一个稳妥的决策。

当时的蜀中的确非常空虚，并且人心惶惶，曹操进兵蜀中，短期内可能占到便宜。但是，蜀中道路崎岖，地域辽阔，攻占蜀中非短时间所能奏效，特别是刘备听到曹操进攻汉中的消息后，主动向孙权求和，暂时化解了与孙权的矛盾，迅速从荆州脱身，率主力回守蜀中。

此时，刘备跨有荆益二州，士气正旺，谋臣有诸葛亮、法正，武将有关羽、张飞、赵云、马超、黄忠、魏延等人，曹操纵然拿下蜀中，恐怕食之而不得下咽，必然陷入旷日持久的争斗之中。这种局面是曹操不愿看到的。曹操不可能让自己的主力长期陷入蜀中而不能自拔。因为，曹操的战线过长，如果主力陷入蜀中，襄阳、樊城一带必然空虚，倘若荆州的关羽捣其腹，江东的孙权击其尾，则曹操首尾不能相顾，必陷被动。因此，曹操不能不从全局考虑问题而采取谨慎持重的措施。

事实上，曹操的顾虑并不是多余的。孙、刘两家平分荆州后，双方又恢复了同盟关系。孙权于当年八月，也就是曹操占据南郑一个月以后，就亲率10万大军进攻合肥。幸亏曹操此前留有密教，合肥守军根据密教"若孙权至，张、李将军出战，乐将军守，护军勿得与战"的旨意，在孙权立足未稳之机主动出击，取得了合肥之战的辉煌胜利。当时，合肥守军只有7000人，以7000人对10万人，力量过于悬殊，纵然取得了胜利，也难长保无虞。

当时的曹操与孙、刘任何一方的力量相比都占有优势，但是，与孙刘联盟的力量相比，则明显不足。曹操是否进兵蜀中，表面上看是与刘备争高低，实质上是在与孙刘联盟较胜负。曹操能够从全局上、从长远上考虑问题，能够从顺境中看到潜在的危机，不因一时的胜利而冲昏头脑，说明经赤壁败北之后，曹操变得相当谨慎了（当然，也有保守的成分），比起司马懿、刘晔这些初生牛犊，毕竟要老辣些。

审时度势，有所为是英雄，有所不为同样是英雄。


## 三、刘备进兵，夏侯殒命

益州地域辽阔，土地肥沃，物产富饶，素有"天府之国"的美称。相继统领益州的刘焉、刘璋父子，未能处理好与土著豪强地主之间的矛盾，加之"德政不举，威刑不肃"，北面又有张鲁的威胁，因此政权并不稳固。境内有识之士已预感到潜在危机，欲另寻新主，以求托身自保。

还是在赤壁大战之前，刘备和孙权两大集团就有进攻益州的企图。刘备想依据隆中对策，占据益州，实现横跨荆益，以成鼎足之势的战略构想；孙权则想占据益州，进伐张鲁，竟长江之所极，以形成与曹操南北对峙的局面。赤壁大战之后，曹操败退北方，一时无力南下与孙、刘联军争锋，这就为孙、刘两家争夺益州提供了战略空间。

建安十五年（210年），周瑜特地从江陵面见孙权，向孙权提出进伐益州的建议。孙权深表赞同。但是，当时刘备为荆州牧，占据荆州大部分地盘，又处在孙吴的上游，孙权要进攻益州，是不可能绕过刘备的。

孙权不得已派使者表达进攻益州的意图。刘备正打算自己单独进占益州，当然不同意孙权这么干。孙权当时的兵力明显强于刘备，便不听刘备劝告，径自下达进攻蜀地的命令。刘备也不甘示弱，便以武力干涉，派关羽、张飞等将领沿江防守，禁止孙权部队通过。孙、刘两家的关系骤然紧张起来。

孙权见势不妙，便紧急刹车。其后不久，孙吴集团对刘备持强硬态度的大都督周瑜死去，由一向主张孙刘结盟的鲁肃接任大都督，孙吴进取益州的意念便烟消云散。

相对孙吴来说，刘备进取益州有地利之便。赤壁大战期间，曹操轻慢张松，张松怀恨在心，回到益州后在刘璋面前诋毁曹操，并劝刘璋接好刘备，刘备进取益州便有了得力的眼线。

建安十六年（211年），曹操进攻关中马超、韩遂时，声称进攻张鲁，益州的刘璋深感不安。张松乘机劝刘璋请刘备入蜀，协助刘璋攻张鲁，并建议派与自己相好的法正前去迎接刘备。此建议被刘璋采纳。刘备入蜀便有了绝好机遇。

刘备立即抓住这个机遇，令诸葛亮、关羽、赵云守荆州，自己则以庞统为军师，都督黄忠、魏延等将领进入益州。

刘备沿长江、嘉陵江西进北上，到达涪县。刘璋从成都前来迎接刘备。庞统、法正劝刘备乘机除掉刘璋，刘备觉得时机不成熟，没有同意。双方在一起欢宴百余日。刘璋举刘备为大司马，并兼任司隶校尉。

刘备表刘璋为代理镇西大将军，兼任益州牧。刘璋、刘备的"举""表"当然没有什么实际意义，只是相互取悦对方而已。这期间，刘璋拨给了刘备一些军队，并让他都督在白水关的益州守军，请刘备向北进攻张鲁。之后，刘璋回成都。

刘备继续北上，达到葭萌关（今四川省广元市西南）便停留下来，等待时机。

一年以后，曹操大军进攻孙权，攻破孙权江北大营，俘获其都督公孙阳。孙权吃紧，赶紧求救刘备。刘备向刘璋表明要回军荆州，并乘机向刘璋提出借兵一万并索要军用物资。刘璋只同意拨给 4000 人，军用物资减半。刘备就在军中散布对刘璋的不满情绪。

这时，成都的张松以为刘备真的要撤军，便写密信给在刘备军中的法正，希望法正阻止刘备东归。不料，密信被其兄长广汉太守张肃发现，张肃担心连累自己，便向刘璋举报。刘璋如梦方醒，始知刘备包藏祸心，便收杀张松，急下书各关隘，令守将不得让刘备通过。刘备遂彻底撕下伪装，举兵攻下涪县、绵竹，进围雒城。庞统在督战中中流矢而死。刘备急招诸葛亮入川。诸葛亮留下关羽守荆州，率张飞、赵云沿江西上，与刘备会攻成都。

建安十九年夏，刘璋投降。刘备进入成都，自任益州牧，大封功臣，很快使益州局势平定下来。

刘备占据益州后，孙、刘之间的矛盾又突出起来。孙权原本想取益州，刘备不同意，甚至以武力相威胁。刘备单独进占益州后，孙权感到受了愚弄，便派使者周善到公安，接回已嫁给刘备的妹妹，并以母亲的名义让妹妹带回刘备的嫡长子阿斗，目的是想把阿斗当作人质，增加同刘备交涉的筹码。阿斗被赵云截住，孙夫人则回到了东吴。

孙权又派诸葛亮之兄诸葛瑾入蜀，往见刘备，要求归还荆州。刘备推说，等取了凉州之后，再归还荆州。孙权大怒，派吕蒙袭占了荆南长沙、零陵、桂阳三郡。刘备获悉紧急军情后，将益州事务交给诸葛亮和法正，自己亲统 5 万大军下公安，与孙权争夺荆州。孙、刘双方剑拔弩张，大战一触即发。正在这时，传来曹操进攻汉中的消息，刘备唯恐蜀中有失，主动与孙权和解，双方以湘水为界，平分荆州，刘备得以从荆州脱身，率部回到蜀中。

汉中对刘备而言，其重要性怎么说都不为过。时任蜀郡从事的杨洪说过："汉中是益州的咽喉，是存亡的要害之处，如果没有汉中，也就没有蜀郡。"因此，曹操进占汉中，对刘备来说是家门之祸，刘备势必倾力来争。因此，刘备回到蜀中之后，对占据汉中的曹操不是加强防守，而是采取了积极进攻的方针。

刘备任黄权为护军，进兵巴中，将曹操所置巴东太守朴胡、巴西太守杜濩、巴郡太守任约赶走，控制了巴中地区。

曹操得知朴胡等被刘备赶走，就派张郃进兵巴中，准备将巴中居民强行迁往汉中。张郃进抵宕渠（今四川渠县），刘备任命巴西太守张飞出兵阻截，战争即成胶着状态。这时，曹操率主力返回中原，刘备也回到成都。

建安二十二年（217年），法正对刘备讲：

"曹操一举平定汉中，但是没有乘胜攻取巴、蜀，留下夏侯渊、张郃守汉中，自己仓促之间返回北方，并不是他的计谋不及或力量不足，一定是有内顾之忧。现在可以料定，夏侯渊、张郃的才能谋略还不如我们的将领。如果您亲率大军前去征讨，一定可以攻克。"

刘备非常赞同，于是，让诸葛亮守成都，负责处理蜀中政务和后勤保障工作，让法正参赞军务。自己亲统蜀中几乎所有能够机动的部队，进兵汉中，显示出志在必得的决心。

刘备大军进抵汉中前线后，即分兵两路，一路由自己率黄忠直接从正面进攻汉中，另派张飞、马超、吴兰向北攻打武都，进屯下辨（今甘肃成县），意在切断汉中与关中的联系。

曹操获悉刘备倾巢而出，即派镇守长安的都护将军曹洪领兵增援汉中。并让曹休、辛毗襄赞军务。

建安二十三年（218年）三月，曹洪准备出击驻扎在下辨的吴兰。张飞唯恐吴兰有失，就扬言将切断曹洪的归路，想以此阻止曹洪进兵。曹洪部众满腹狐疑，曹洪本人也没了主张。曹休却说：

"敌军如果真想截断我们的退路，就应当秘密行动，现在他们大肆张扬，说明他们并没有能力这么干。我们应趁他们还没有集中兵力的机会，抓紧进攻吴兰。只要打败吴兰，张飞自然退走。"

曹洪觉得有理，率军进攻，果然大败吴兰，并斩其部将任夔。吴兰逃到阴平时，被氐人杀死。张飞、马超见势不妙，赶紧退去。

四月，刘备主力部队因在阳平关前遭到夏侯渊、张郃、徐晃的顽强抵抗，毫无进展，便派陈式居高临下猛攻马鸣阁栈道（今四川广元市利州区宝轮镇境内）。徐晃迅速率军前去守护栈道，将陈式打败，保护了栈道的安全。曹操闻讯后，及时下达了嘉奖令：

> 此阁道，汉中之险要咽喉也，刘备欲断绝内外以取汉中。将军一举克夺贼计，善之善者也。

张郃也在广石（今陕西勉县）击败刘备的进攻。刘备感到兵力不足，派人持信往成都，让诸葛亮增兵。

这期间，代郡、上谷的乌桓起兵反叛，曹操派其子曹彰率兵征讨，于当年十月讨平。

七月，曹操见汉中战事吃紧，便亲统大军从邺城出发，九月进驻长安，为汉中将士遥做声援。

建安二十四年（219年）正月，刘备见在阳平关正面强攻不行，便改变策略，南渡沔水（汉水），沿着定军山山麓慢慢向前推进，而后在山上扎寨。

夏侯渊就在本寨外围筑起鹿角（军中障碍物，将带枝树木削尖，埋在地上以阻挡敌兵），严加防备。命张郃守护东围，自己守南围。

刘备令军士趁夜烧毁鹿角，而后组织重兵攻打张郃，张郃抵挡不住。夏侯渊唯恐东围有失，赶紧分兵增援张郃。夏侯渊所部兵力就更加薄弱。法正敏感地看出夏侯渊的弱点，建议黄忠出击。

黄忠字汉升，南阳人，早年为刘表中郎将，与刘表侄子刘磐一起守长沙。曹操下荆州时，被封为偏将军。刘备收江南四郡时，归附刘备，被刘备封为讨虏将军。

黄忠接受法正建议，立即带领部属，击鼓呐喊，居高临下向夏侯渊发起猛攻。曹军猝不及防，大败。夏侯渊及曹操所置益州刺史赵颙被斩首。

主帅被杀，曹军军心立即浮动起来，陷入一片混乱之中。这时，驸马都尉、督汉中军事的杜袭和夏侯渊的司马郭淮赶紧收集部众，并通令各军："张郃是国家名将，最为刘备所忌惮，今天事情紧急，非张将军不能领导。"

张郃临危受托，号令诸军加强戒备，并亲自巡视战地，诸将接受调遣，曹军军心才安定下来。

第二天，刘备欲乘胜渡过汉水发起攻击，张郃部众都认为敌众我寡，无力抵抗，准备沿汉水构筑阵地。郭淮不同意，他说："这只能暴露我们的弱点，不是好计策。不如远离汉水，引诱刘备渡河，等他们渡过一半，我们再发起攻击，可以将他们击破。"

张郃表示赞同。于是远离汉水布阵。刘备没敢轻易过河。郭淮遂坚守营寨，不再后退，并将详情报告了身在长安的曹操。曹操对郭淮的处置表示满意，并派使者授予张郃以假节的权力，统领汉中部队，仍任郭淮为军司马。

## 四、"曹公虽来，无能为也"

汉中主帅夏侯渊战死，使曹操不得安坐长安了。三月，曹操亲统大军出长安，出斜谷，入褒谷，进抵阳平关。守军见曹操亲率大军前来，欢声雷动，士气大振。

对岸的刘备见了，却并不在意，自信地说："曹公虽来，无能为也，我必有汉中之地！"于是，下令诸军恃险而守，不得主动出击。

曹操来后，以曹真为征蜀护军，督徐晃等人打败刘备的部将高祥，取得了一次小胜。但战局没有明显的进展，刘备坚守不出。曹操欲战不能，双方陷入僵局。

随着时间的推移，曹军粮食补给出现困难，使曹操大伤脑筋。

刘备已看出曹操的弱点，在坚壁固守的同时，还伺机出兵断绝曹军的粮道，使曹操更为头疼。

一次，曹操大批粮队从北山上经过。黄忠立即率部前往抢劫，不料陷入曹军埋伏，黄忠苦战不得脱身。赵云见黄忠逾时不归，就留下张翼守营，自己亲率数十骑前去察看情况，中途突然与大股追击黄忠的曹军相遇。赵云毫不畏惧，奋其神勇，冲入敌阵，将曹军击退，救出黄忠，然后且战且退。曹军败而复合，追至赵云营寨。

曹军大兵压境，守护营寨的张翼本想紧闭营寨拒敌，不料赵云逃回营寨后，反而令军士大开营门，偃旗息鼓，并亲率数十骑立于营门之外，摆出一副决战的架势。曹军追上来之后，看到这种情况，以为有伏兵，赶紧退去。赵云在后面擂响战鼓，军士用弓箭猛射曹军。曹军惊恐万状，自相践踏，只顾亡命，落汉水而死的不计其数。

第二天，刘备来到赵云营寨，巡视战地，感叹地说："子龙一身都是胆啊！"

《三国演义》的作者据此铺张演绎成"空城计"，并把它加到了诸葛亮的头上，以表现诸葛亮大智大勇。

曹军丧失了这一次击溃刘备军的绝好机会，反而遭到失败，士气因此转趋低落。曹操与刘备对峙一个多月，丝毫没有转机，粮食补给越来越困难，不少士兵还开了小差。曹操欲进不能，欲退不忍，内心非常矛盾。

一天傍晚，领班将领前来领取口令，此时曹操正在喝鸡汤，便信口答道："鸡肋。"

这个口令是曹操下意识说出来的，一般人难于领会。主簿杨修却独自整理行装，做启程开拔的准备。大家惊问杨修，杨修说："夫鸡肋者，弃之如可惜，食之无所得，以比汉中，知王（曹操此时已经为魏王）欲还也。"

五月，曹操果真下令放弃汉中，撤军回长安。

退军前，曹操考虑到武都郡所治下辨地处偏远，终难保全，就让曹

第十六章 交兵汉中

真前去通知曹洪，让他收缩到陈仓，并着手移民，在雍州刺史张既和武都太守杨阜的主持下，将武都郡 5 万户居民（大多是氐人）迁到京兆、扶风、天水一带。

刘备进占汉中后，派兵攻占了下辨。随后，派刘封、孟达、李平等攻取了汉中东面荆州所辖房陵、上庸等地，打通了与荆州关羽的联系。至此，刘备已占据荆州一半、益州大部，诸葛亮的隆中对策已大体实现。

争汉中，曹操食之而不得下咽，刘备却靠信心、意志和勇气，硬是将这块肥肉吞了下去。

争汉中，曹操得而复失。从主观上讲，曹操没有意识到汉中的重要地位和作用，因而缺乏志在必得的决心和毅力。汉中处于关中和蜀中的缓冲地带，进，可以南下蜀中，把蜀中置于无险可守的境地；退，可以防卫关陇，使关陇拥有可靠的屏障。这个自古以来的兵家必争之地，在曹操眼里居然成了"鸡肋"，认为丢了有些可惜，但无碍大局。

事实上，汉中是一块肥肉，刘备集团占据以后，就以此为基地，频频向关中和陇右进犯，成为曹魏帝国无止无休的后患。

从当初的情况看，曹操进攻蜀地的力量可能不足，但是保守汉中的力量则有余。正因为曹操看轻了汉中的分量，所以没有充分估计到刘备会倾力来争，反而率大军北还，将留守汉中的任务交给"白地将军"（曹军中人送给夏侯渊的绰号，意思是没有才能的将军）夏侯渊。曹操本来知道夏侯渊其人缺谋少智，并且有恃勇而骄的毛病，将重任交给他后，又没能安排富有远见卓识的智囊，如刘晔、司马懿之类的人物为他出谋划策。

在汉中交兵的前两年多时间里，曹操虽密切关注汉中形势，甚至于夏侯渊战死的前一年九月已经率大军进驻长安，但也只是遥做声援，等到夏侯渊战死，他才亲临汉中。纵观汉中之役的全过程，可以清楚地看出，夏侯渊的死是转折点，曹军士气受到打击，形势急转直下。刘备得以据险而守，置曹军于被动地位，更因粮食缺乏，使曹操大为头疼，只得退兵。如果曹操早来一步，情况可能会大不一样。

前面已经言及，曹操的暮气已深。英雄已老，不复当年。汉中之役，刘备下了大赌注，几乎倾其所有。曹操的本钱虽大，但是，赌注却下得很小，丧失了早年一拼到底的锐气。

这或许是因为曹操所背负的历史包袱太沉重了。他统兵近30年，好不容易取得了中国北部的统治权，三分天下而有其二，辉煌的成就使他刻意守成而不愿意冒险。当初，他进兵汉中攻打张卫因山势险要而进攻受挫时，他就说过："我带兵30年，如果一朝之间葬送敌手，那会是什么结局呢？"因此而动了撤军的念头。这种趋全求稳的心理，使他不能竭尽全力与刘备在汉中缠斗下去。

客观上讲，曹操内忧频频，压力大增，使他不能专心致志地在汉中与刘备长期对垒。建安二十三年（218年），少府耿纪、太医令吉本发动政变，阴谋推翻曹操；四月，代郡、上谷的乌桓反叛；十月，宛城爆发农民起义，守将侯音乘机反叛，拘禁太守东里衮，并与关羽联合，使曹操的心腹地区出现骚乱；冬季，辖区内出现大面积疫情，不少百姓死亡，这些都需要曹操去处理，曹操不免心力交瘁。

曹操的地盘大，战线也长，需处处分兵把守，可资机动的部队并不很多。淮南前线虽自建安二十二年春稳定下来，但是，曹操仍不敢有丝毫的懈怠，更不敢将淮南之兵轻易调往西线汉中战场，汉中之失也就无可避免。

曹操丢失汉中无疑是一个重大损失，不过，曹操在撤退时，将武都郡5万多户居民迁往关中。在战乱、瘟疫频繁发生，人口锐减的东汉末年，人力资源是最为宝贵的战争潜力。曹操虽失去汉中，却得到了大量移民，这也算是一种补偿。

刘备虽得到汉中，却失去了人口，这在一定程度上给蜀国的国力造成了影响。诸葛亮北伐，人力不足就是一个经常让他头疼的问题。

此外，汉中之战的结果，使曹操、孙权和刘备之间的关系出现戏剧性的变化。

战前，孙、刘基本上属联盟关系。战后情况就不一样了，曹操给人以盛极而衰的印象。刘备夺取汉中，客观上给人以转趋强盛的印象，这是孙权所不愿看到的。于是想方设法维持与曹操的睦邻关系，而把刘备作为对手。曹操更是把刘备作为主要的对手，想方设法改善与东吴的关系，甚至在随后到来的襄樊战役中遣使东吴，促成曹魏与孙吴联手对刘备的战略格局。

后来，关羽攻打襄樊，就是因为被汉中胜利的形势所鼓舞。孙权乘虚而入，袭占荆州，也是不愿看到刘备过于强大。

历史就是这样吊诡。刘备刚刚跨有荆益二州，在三方争斗中初步显示出强势的苗头，就让孙吴坐不住了。随后发动偷袭，吞并荆州，刘备盛极而衰，原本是三方中最弱的一方，此后更弱了。

# 第十七章
# 鏖兵襄樊

    刘备集团夺占汉中，呈现出一派兴旺的景象。关羽被这种乐观形势所鼓舞，贸然发动了襄樊战役。

    刘备、诸葛亮清楚关羽的弱点，却让他担负留守荆州的重任，这在用人上是明显的失误。

    曹操始终关注着战事的发展，明智而果断地采纳司马懿、蒋济的建议，遣使东吴，借东吴之力袭关羽之后。同时陆续调动军队增援襄樊前线，并对战斗中的相关事宜做出周详而恰当的安排，反映出敏锐的战略眼光和高超的战争指导艺术。

## 一、襄樊告急

    刘备夺取汉中并进占荆州北部的房陵、上庸两郡以后，势力大增，呈现出一派兴旺的景象。关羽被这种乐观形势所鼓舞，即贸然发动了襄樊战役。

    关羽字云长，河东郡解县（今山西临猗县西南）人。早年逃命涿郡，正碰上刘备招兵买马，自此追随刘备。

    建安四年（199年），刘备背弃曹操，袭杀徐州刺史车胄，夺取徐州，令关羽守下邳。不久，曹操东征徐州，击败刘备，生俘关羽。曹操待关羽甚厚，任关羽为偏将军。关羽斩杀颜良之后，曹操奏请献帝封关羽为寿亭侯，对关羽极尽笼络之能事。但是，关羽身在曹营，心在刘备，挂印封金，修书拜别，带着刘备的家小，不辞辛苦，不避凶险，往河北投奔刘备。后随刘备到荆州投刘表。赤壁之战后，刘备略有荆南四郡，以关羽为襄阳太守、荡寇将军，驻扎江北。

建安十六年（211年），刘璋邀请刘备入川共攻张鲁，刘备遂带着庞统、黄忠、魏延入川，让诸葛亮带着关羽、赵云守荆州。

后来，庞统死，刘备令诸葛亮入川。诸葛亮带着赵云入川后，留守荆州的重任就落在了关羽的肩上。

建安二十四年（219年）七月，刘备称汉中王，任关羽为前将军，并授予关羽符节黄钺，让他统领荆州各路军马，继续镇守荆州。

关羽勇武过人，节义可嘉，声望极隆。但是，他的政治视野却极狭隘。对内常居功自傲，恃才放旷，与群僚的关系并不亲睦；对外，不懂得联吴的重大意义，在与东吴的交往中往往流露出霸气来，使双方的关系一直比较紧张。只是因为东吴方面负责西部防御的是鲁肃，常以孙刘联盟的大局为重，委曲求全，才使双方的关系不至于破裂。

建安二十二年（217年），鸽派都督鲁肃死，由吕蒙继任，孙刘之间便蕴藏着巨大危机。当然，吕蒙上任伊始，没有立即与关羽翻脸，而是基于策略考虑，对关羽采取"笑脸攻势"，用以松弛关羽的戒备心理。

或许在关羽看来，东吴鲁肃已死，东吴碌碌余子不足为虑，本集团又新得汉中，声势大振，曹操心胆俱裂，自己又久未征战，思欲一逞，以报刘备信重之恩。于建安二十四年（219年）八月，也就是刘备称汉中王之后一个月，命南郡太守糜芳屯江陵，保护后方最重要的军资宝库，命傅士仁镇守公安，以防东吴偷袭。自己则亲率荆州主力，攻打曹仁据守的襄阳和樊城。

襄阳、樊城处于桐柏、武当两大山脉的交界处，汉水从中间流过。自秦以来，以汉水为界，汉水南岸的襄阳属南郡，以北的樊城属南阳郡。所以，襄阳、樊城跨连荆豫，扼控南北，为荆豫咽喉要道（现在，襄樊更名为襄阳，为湖北省地级市）。

东汉时期，荆州的治所在武陵郡的汉寿。刘表为荆州牧后，鉴于南荆州动荡不宁，就将荆州治所由汉寿迁到襄阳。赤壁之战后，曹操就着手经营襄阳、樊城，把该地作为战略据点，派亲信大将曹仁据守。曹操征关陇、汉中期间，将可资机动的部队大多带走，曹仁只带数千人的部队驻守襄樊。

曹仁得知关羽大军北上的消息后，感到襄阳城位于南岸平原上，无险可守，于是下令将部队渡过汉水，集兵于樊城，仅留将军吕常带少数人马维护襄阳城的秩序，并封锁对外交通，使襄阳成为非军事重区。目的是要将关羽的注意力吸引到樊城来。

果然，关羽只派少数人马包围襄阳，主力渡过汉水，攻打樊城。相信只要拿下樊城，襄阳就是瓮中之鳖。

身在长安的曹操得到消息，紧急调派于禁率七支部队3万多人增援曹仁。曹仁见关羽围攻甚急，就命于禁、庞德在樊城以北10里扎营，与樊城形成掎角之势。

正值八月汛期，樊城地区一连下了10多天暴雨，汉水暴涨，溢出堤外，以致平地水深数丈。于禁所率七军被淹。于禁见势不妙，便率部登高避水。关羽率众乘大船向于禁发起猛攻，于禁所部不习水战，抵敌不住关羽的进攻，伤亡惨重。于禁只得率余部向关羽投降。

庞德却在堤上坚持战斗。关羽乘着大船，将庞德围住，庞德自早上战至午后，箭用完了，就短兵相接。这时，大水已淹没大堤，庞德手下或战死或投降，身边只剩下三名军士。庞德打算带着他们乘小船逃回曹仁营寨，不料水势太大，小船翻覆，被关羽擒获。

庞德见了关羽，立而不拜。关羽对他说："你的哥哥庞柔在汉中受到重用，我也想用你当将军，你怎么不投降？"

庞德说："你这小子，什么叫投降？魏王（曹操）带领百万人马，威震天下，你们刘备不过是个庸才罢了，怎能抵挡？我宁愿做国家的鬼，也不愿做贼兵的将！"

关羽只好将他杀掉。

曹操得知于禁投降，庞德不屈被杀，感慨地说："我信用于禁30年，没有想到他的表现反不如庞德！"

于是，下令抚慰庞德的家眷，封庞德的两个儿子为列侯。

樊城内的曹仁眼睁睁地看着于禁、庞德所部溃败，自己却不能相救。此时，樊城四周被洪水淹没，城墙浸水日久，逐渐坍塌。形势非常危急。有人向曹仁建议："现在的危急不是人力所能克服的，还不如趁关羽的包围圈还没有合拢的机会，乘小船连夜逃走，这样，丢了城池，却可以保全性命。"

汝南太守满宠却不同意，他说："山水来得快，退得也快，这种情况不会持续多久。听说关羽已分兵北上，进抵郏县，许都以南地区扰攘不宁。关羽之所以不敢继续向北进攻，就是担心我们抄他的后路。现在我们如果弃城而逃，那么，许都以南就不再归国家所有了。将军应该在这里坚持到底。"

曹仁觉得有理，便将自己心爱的白马沉入水中，以示不退的决心，并与城中军民歃血盟誓："我等受魏王重托，共守此城，当全力以赴，至死不渝，有复言弃城者，斩！"而后，动员军民修补城墙。坚守十数日，洪水退去，樊城的危急才稍有缓解。

襄阳城的情况却更糟，因无险可守，加之守军力量薄弱，被关羽攻克。将军吕常、曹操所置荆州刺史胡修、南乡太守傅方全部投降。

## 二、遣使联吴

关羽的攻势咄咄逼人，坐镇长安的曹操接连不断地收到紧急军情报告，心中不安，便从长安东进到洛阳，以便就近指挥襄樊战事。

这时，许都以南出现严重骚乱。陆浑（今河南嵩山北）、郏县、梁县（今河南临汝北）等地豪强武装甚至公开反叛，响应关羽。关羽的声势响震中原，曹操甚至考虑把献帝迁往黄河以北，以躲避关羽的锋芒。

丞相府军司马司马懿，西曹掾蒋济不同意。他们认为，关羽得志，孙权一定很不情愿，可以派使者出使东吴，向孙权许诺割让江南之地，让他偷袭关羽的后方，这样，襄樊之围将自行解除。

曹操觉得很有道理，于是，一面派徐晃率军增援曹仁，一面派人出使东吴。

徐晃所部都是新兵，战斗力并不强，觉得难以与关羽争锋。部队从宛城出发，进抵杨陵坡后，就驻扎下来。

曹操考虑到这一情况，又命徐商、吕建率军协助徐晃，并派快马送信给徐晃，要徐晃等大军会合以后再行进兵。

徐晃军推进到关羽驻扎的郾城（襄阳市北），遂迫近扎营，通过侧翼小道，挖掘壕沟，故意显示将挖到郾城之南，切断关羽退路。驻守郾城的关羽军果然害怕，赶紧烧掉营寨逃跑。

徐晃进占郾城后，采取步步为营的战法，逐步向前推进。此时，各路援军还没有会齐，单凭徐晃的军队还无法解樊城之围。但是，徐晃的手下将领却沉不住气，大呼小叫，催促徐晃进兵。曹操刚刚派来以议郎身份参曹仁军事的赵俨说：

"现在敌人的包围圈很坚固，水势还很大，而曹仁又被隔断消息，不能与我们一同行动，如果贸然进攻，只会使我们内外都受到损失。现在最好是让前锋逼近敌人的包围圈，并派人偷偷地入城送信给曹仁，使曹仁知道外有救兵，以便激励士气。估计大批援军不出 10 天就可到达，曹仁守军完全可以坚持下去。到那时，我们里应外合，一定能够将关羽打败。如果因为没有及时进攻而遭受杀身之祸，我替大家担着好了。"

大家听了都很高兴。于是，徐晃督率军士挖掘地道，逼近城墙，用箭将书信射向城里，城内曹仁因此得到城外援军的消息，军士更加坚定了守城的信心。

东吴自建安二十二年（217 年）主动向曹操请和以后，双方维持现状，没有发生任何冲突，这使曹操遣使东吴成为可能。

当年十月，一直为维护孙刘联盟倾注心力的东吴战略家、军事外交家鲁肃死，著名的鹰派将领吕蒙继任。

吕蒙字子明，汝南人，少年时南渡长江，随姐夫邓当追随孙策南征北讨，屡立战功。他虽出身行伍，却能接受孙权的劝告，折节勤学，留下了"士别三日，当刮目相看"的千古佳话。是东吴继鲁肃之后的杰出军事家。

吕蒙上任后，表面上继续维持与关羽的睦邻关系，背地里却积极着手谋取荆州的各项准备。

关羽发动襄樊战役之后，东吴进取荆州的愿望变得更加急切。吕蒙考虑到关羽为防东吴的偷袭，在江陵等地仍留有重兵。就给孙权写了一封信，信中说：

> 关羽进攻襄樊而在后方留下不少军队，一定是怕我袭击他的后方。我时常生病，请允许我以治病为名，带一部分兵回建业（今江苏南京）。关羽听到后必定会把后方留守部队全部调往襄樊前线。这样，我军可溯江而上，昼夜急进，袭其空虚，南郡就可拿下，关羽就可俘获了。

吕蒙于是声称病重，孙权接信后更是公开召吕蒙回建业养病，而后暗中与吕蒙商议谋取荆州的计策，并让名气还不大却非常有才干的陆逊接替吕蒙。

陆逊到达陆口（今湖北嘉鱼县陆溪口）后，以非常谦卑的口气给关羽去了一封信，信中对关羽伐曹之功大加称赞，然后，以非常关切的口吻劝关羽小心提防曹操。说曹操为人非常狡猾，一定不会甘心失败，可能暗中增兵，希望关羽不要掉以轻心。

关羽接信后非常高兴，觉得陆逊不过是一个奶油小生，态度极其谦卑友善，于是完全消除了对东吴的戒备心理。高兴之余又从为数不多的后方留守部队中抽调一部分开赴襄樊前线。这样，留守荆州的兵力更加空虚。

就在这时，曹操的使者来到东吴，向东吴转达了曹操的意见。孙权自然乐于接受。他立即给曹操去了一封信，表示将尽快派兵西上，袭击关羽的后方。并请求曹操保守秘密，免得关羽戒备。

曹操收到孙权的信后立即聚众商议。大家表示，应该接受孙权的意见。董昭却说：

"我们应该表面上答应保守秘密，而暗中将信的内容泄露出去。关羽听到消息后，或许会回兵自救，樊城之围就可迅速解除，我们就先得到实际利益。同时，可以让孙刘两家对垒下去，我们坐等他们的失败。

保守秘密，让孙权得志，不是上策。再说，被围的将士不知道有救兵，担心粮食尽了而引起恐慌，万一产生别的想法，那后果就不堪设想。"

董昭的意见考虑得很全面、很深刻，被曹操采纳。他命人将孙权的信抄录下来，而后用箭分别射往曹仁守军和关羽军中。

守军得到消息，信心高涨。关羽得到信后，满腹狐疑。他一方面疑心是曹操的离间之计，不愿意上当受骗而功亏一篑，另一方面又觉得孙权不那么可靠，或许真的会在背后动手，关羽左右为难，最后还是决定继续围攻樊城，同时等待江陵方面的消息。

## 三、关羽走麦城

身在洛阳的曹操见军情险恶，打算亲征关羽。臣僚们也一个劲地催促曹操速行，担心去晚了樊城失守。这时，侍中桓阶却不同意，他认为曹操没有必要亲自前往，只要遥做声势，曹仁和徐晃诸军就能获得信心支持，最终战胜关羽。

曹操觉得有理，就将行营驻扎在摩陂（今河南郏县东南），先后派殷署、朱盖等人率 12 营将士前往增援徐晃。

各路援军会齐后，徐晃就向关羽发起了攻击。此时，关羽将围城部队总指挥部设在一个较高的土丘上，而将 4 个分指挥部设在另外 4 个土丘上。徐晃扬言攻打关羽总指挥部，却在暗中集结兵力，攻击 4 个分指挥部，4 个分指挥部不能阻挡徐晃的进攻，关羽只得亲率 5000 步骑兵前去应战。

关羽与徐晃曾经有过一段交情，两人在阵前见面以后禁不住叙起旧来，并不提当日战事。聊了一会儿过后，徐晃突然下马宣布："谁能砍下关羽的头颅，赏金千斤！"

关羽大惊，脱口说道："大哥，你这是什么话？"

徐晃答道："这是国事，哪里容得下私情？！"

徐晃突然发起进攻，关羽抵挡不住，忙往营中退去。徐晃军士紧追不舍，直接冲入关羽营寨。当时关羽营寨设有十重鹿角，十分坚固。由于徐晃追击迅猛，关羽军士来不及关闭寨门，鹿角形同虚设。两军遂在营中混战。关羽军大败。刘备所置南乡太守傅方、荆州刺史胡修等人被斩首。关羽只得撤了樊城之围，向南撤退。

进驻摩陂的曹操听到前线捷报，立即下达了对徐晃的嘉奖令：

> 贼兵营寨有十重鹿角，将军进攻大获全胜，攻陷敌营，斩杀和俘虏了很多敌人。我用兵30多年，以及听说古代善于用兵的人，没有这样长驱直入敌营的。况且樊城、襄阳被围的危急情况远远超过了被燕人围困的莒县和即墨，将军的功劳超过了孙武、司马穰苴。

春秋时，燕将乐毅领兵伐齐，连下70余城，只有莒县和即墨（今山东平度）两个弹丸小城在齐将田单的坚守下得以保全。后来，田单组织反攻，收复了齐国全部失地。孙武和司马穰苴是春秋时代的两位大军事家。孙武为吴将，先后打败过楚、齐、晋等国，使吴国称霸诸侯，著有《孙子兵法》。司马穰苴，齐国名将，本姓田，因做过司马，所以又称司马穰苴。曾领兵打败过燕军和晋军，使齐国盛极一时。曹操在令文中极力称赞徐晃，说徐晃用兵超过了自己和所能听说到的古代名将，甚至连孙武和司马穰苴都比不上。

关羽在樊城与徐晃对峙期间，江东的孙权正以吕蒙为主帅乘机向西进兵。吕蒙到达陆口后，为麻痹关羽留守部队，把战船伪装成商船，将军士藏在舱中。摇橹的人扮作商人，穿着白色的衣服。在西进的过程中，顺手牵羊，将关羽沿江哨所的守军一一收拾干净。不几日工夫，就来到南郡（今湖北荆州）城下。

直到这时，荆州守军方觉大难临头，但时间仓促，兵力又少，来不及作有效的抵抗。更因留守公安的傅士仁和留守江陵的麋芳对关羽早已心存不满（关羽平时轻慢他们，大军北伐后让他们留守后方，并供应军资。他们虽竭尽全力，但仍不能满足前线战事的需要，关羽扬言回军之后，惩罚他们）。在东吴的威逼利诱之下，傅士仁和麋芳举城投降。东吴几乎兵不血刃，袭取了荆州。

关羽在樊城被徐晃打败，紧接着又听到东吴偷袭了荆州，不禁大惊失色，赶紧回军自救。

曹仁集众商议，众将大都主张乘胜追击，擒获关羽。参军赵俨不同意，他说："孙权趁关羽围攻樊城不得脱身之机，袭击了关羽的后方。他担心我们在关羽回救后，趁他们之间相斗而双方疲惫的时候从中取利，所以，来了一封非常客气的信，表示要讨伐关羽，报效朝廷。只不过要趁机钻空子罢了。现在关羽已势弱逃窜，应当保留他，让他对付孙权。如果对关羽穷追猛打，孙权就会起疑心，转而同关羽取和，共同对付我们，那将对我们十分不利。魏王肯定也很担心我们乘胜追击。"曹仁也就没有展开追击。

果然，曹操听到关羽逃走的消息后，下令不让追击。

吕蒙入据江陵以后，对荆州吏民实行抚慰政策。他严令军士不得扰民，尤其厚待关羽军士的家属，有病送医，缺衣少食的就送衣送食，秩序很快恢复正常。

关羽南撤途中，不断派人往江陵等地打探消息。吕蒙允许来人自由进出，并允许他们将亲属的信带回军中。吕蒙的攻心术非常灵验，关羽军中将士得知家中一切平安，日子过得比先前还好，立刻丧失了斗志，不少士兵还开了小差。关羽知道大势已去，只得带着为数不多的军士，向西逃往麦城（今湖北当阳市东约 50 里），想在那里坚守一段时间，等待刘备来援。

孙权立即派兵将麦城围住，并派出使者游说关羽投降。关羽表面应允，却趁夜在城头上遍插旌旗，树立稻草人，希望转移东吴军队的视线，暗中开城门向西逃窜。这时，关羽身边只有数十名亲信骑兵。孙权早就料到关羽会这么干，此前已安排朱然、潘璋切断了关羽西逃蜀中的道路。关羽一干人逃到章乡（当阳东北）时，被潘璋的部将马忠擒获。关羽及其子关平被斩首。

孙权杀掉关羽以后，以诸侯之礼将身躯安葬，而后，将首级送给曹操。一方面是向曹操表示归顺，另一方面是想嫁祸于人。

曹操自然深知孙权的用心，便命人补做关羽的身体及全副衣冠，并以诸侯之礼隆重地将关羽安葬于洛阳。

战事结束后，曹操兑现了先前的承诺，特表孙权为骠骑将军，假节兼任荆州牧，封南昌侯。骠骑将军是仅次于大将军的一种封号，规格非常高。此时的孙权已大体拥有江南之地，实力较以前大为增强。曹操卖个顺水人情，承认孙权对江南的统治权，这对于继续保持和改善与孙权的关系自然是有好处的。

从当时的情况看，曹操这样做确有其必要。相比较而言，曹操与刘备的嫌隙更深，曹操理当把孙权争取过来，共同对付刘备，不能让孙权与刘备抱成一团而与自己为敌。

孙权深知袭占荆州之后刘备不会善罢甘休，为避免陷入两线作战，受封之后，立马派校尉梁寓答谢曹操，向朝廷奉送贡品，并送还先前俘获的庐江太守朱光。甚至上书曹操，称说天命，劝曹操即皇帝位，自己情愿称臣。

曹操没有心血来潮而称帝，但对孙权的来使给予了相当的礼遇，任梁寓为掾属。

襄樊战役及由此引发的孙权袭占荆州的战争，对当时的政治军事形势产生了重大影响。曹操解了襄樊之围，其内部局势也因外患的消除而归于平静。孙权从中获取了巨大利益，将势力延伸到三峡以东广大地区。天下三分的局面正式形成。

刘备的损失最为惨重。隆中对策跨有荆益二州的战略构想遭到破坏，蜀汉从东线北伐，进取宛、洛的基地丧失。更为直接的恶果是，刘备为报关羽之仇，克复荆州，于两年后东征东吴，被陆逊在夷陵用火攻打败，蜀汉不仅没能收复荆州，反而在人力物力上均受到重大损失，造成"益州疲弊"的严重局面。

尽管后来诸葛亮惨淡经营蜀国，但也无法挽回其颓势。因东线基地丧失，诸葛亮不得不采取安全的方式，绕道陇右作为北伐的主要线路，进行隔山打牛式的战斗，旷废时日，劳民伤财，竟无尺寸之功。终致积劳成疾，病逝于五丈原，演成"出师未捷身先死，长使英雄泪满襟"的悲剧。

夷陵之战后，吴蜀之间虽经和谈，重建联盟，但彼此心态上的裂痕已深，较先前冷淡得多。最终被魏、晋逐个击破。

关羽是襄樊之战的发动者，又是受害者，终致身首异处，令人叹息。柏杨有一段评述关羽的文字，值得一看，兹录如下：

> 关羽先生实在没有资格在历史上占有一席之地。他虽然英勇，但事实上不过一个莽汉，既缺谋略，又缺修养，而且心胸狭窄，不识大体。他眼里只有一个主子，和一个小圈圈。一开始就排斥诸葛亮先生，是刘备把他说服；既而排斥黄忠先生（刘备自立汉中王后，以关羽为前将军。关羽听说黄忠为后将军，说："大丈夫终不与老兵同列"，不肯接受前将军印绶。——笔者注），如果不是费诗能言善道，谁都不能逆料它的演变。那就是，刘备如果不支持关羽，关羽可能生出二心（这种可能性不大，关羽对刘备的忠诚不用怀疑——笔者注）；如果支持关羽，黄忠可能背叛——糜芳、傅士仁就是例证。
>
> 效忠，必须使被效忠的对象受益，才是真正的效忠。如果只能对自己有益——教头目瞧瞧，俺可是为你使出吃奶的力气啦。那不是真正的效忠，而是蠢血沸腾的表态。结果往往使被效忠的对象受害，替被效忠的对象，把天下人得罪精光，关羽先生之对待孙权跟鲁肃，就是如此。本来可以亲密相处的至亲和盟友，却用粗暴愚妄的手段，硬生生地逼成死敌（这段话言重了。关羽的确未能处理好与东吴的关系，孙权曾派使者为自己的儿子娶关羽的女儿，遭到关羽的辱骂，这固然给双方的关系带来消极影响，但不足以使对方反目成仇。东吴君臣自然知道"主不可以怒而兴师，将不可愠而致战"的道理。如果仅仅因为关羽的强横无理，东吴就做出剧烈的反应，亦显得东吴君臣小肚鸡肠。说到底，还是因为孙刘之间的根本利益无法调和。一个硬要索还荆州，一个偏又赖着不还，这道死结非要诉诸战争不可。孙刘双方可以通过互谅互让，淡化或推延这种

矛盾，但无论如何不能从根本上消除这种矛盾——笔者注）。陆逊先生一封谦卑的信，关羽竟会心花怒放，说明他只是一个浅薄的人。而在失败之后，又派人跟吕蒙交往，使节遂被利用，作为敌人的传信鸽，遂使全军瓦解。公元前482年，吴王夫差先生在黄池，探马驰报首都姑苏城陷落，夫差先生立即诛杀探马灭口，为的是怕走漏消息，军心动摇。关羽先生如果稍有头脑，封锁都来不及，何致使节往返，而且不断往返？不知他希望获得什么。大军撤退之日，曹仁先生没有追赶，情势跟当年彭越落入刘邦之手，项羽先生回军一样。项羽一举击溃刘邦军队，关羽大军却边走边散，这是什么样的统帅？

关羽先生从没有指挥过大兵团作战，突然发动灭国性攻击，乘人不备，创造了震惊全国的奇迹，但徐晃先生不过二流角色，都无法抵挡，不得不解除樊城之围。吕蒙背后还没有下手，关羽已在疆场上战败。即令战胜，大军北进，跟沙场老将曹操先生面对，我们没有理由相信关羽定会获胜。更显得低能的是，他把基地托付给恨他入骨而又被他轻视的两位将领。刘邦先生成功，靠萧何主持关中；刘秀先生成功，靠寇恂主持河内；曹操先生成功，靠枣祗主持的许县屯田。只有关羽先生的基地建立在沙滩上。刘邦先生对萧何先生加官晋爵，为的是把萧何套牢，免得他发生变化，关羽先生却宣称回军要惩处两位留守主官，不像是一个历经沧桑的大将，反而像一个纵情任性的暴发户。（《现代语文版资治通鉴》第17册）

柏杨的话虽有些尖刻，甚至让一向钦敬崇拜关羽的人难以接受，但总体来看，并不离谱。

关羽失荆州，固然咎由自取，罪责难逃，但是，身在益州的刘备、诸葛亮也应负相当的责任。刘备和诸葛亮不是不识人，他们非常清楚关羽的弱点，却偏让关羽负责镇守一方的重任。让关羽镇守荆州之后，又没能派遣有威望有胆识的谋臣襄赞军务。如果诸葛亮或者法正有一人前来，情况可能就不一样。这是用人上的明显失误。

关羽从发动襄樊战役到丢失荆州，有近半年时间，刘备却没有派兵增援，像是坐观成败一样。当时西线并无战事，刘备完全有条件将西线部队东移，以应荆州之急，但刘备没有这样做。荆州丧失，关羽败亡也就不在话下。假如刘备像全力争夺汉中一样，全力确保荆州，那孙权未必敢轻举妄动。

刘备没有这样做的原因，恐怕过高地估计了关羽的实力，过分相信了与孙权的联盟关系。人们常说关羽大意失荆州，我倒觉得，还不如说刘备大意失荆州更为确切。

两年之后，刘备亲率大军征吴，欲收亡羊补牢之效。但是，势变时移，被陆逊击败。英雄饮恨，病逝于白帝城。

此战役中的曹操多少有些老态龙钟，暮气横秋。以往遇到这样紧急军情，曹操必然火速往救。这次他虽从长安东进到洛阳，却迟迟不肯南下。后经群僚的劝说，好不容易动身南下，但一听桓阶的"高论"之后，立即驻屯下来。在襄樊战事吃紧，内部出现动荡的紧急关头，甚至动了迁都的念头。这与曹操以往的行事作风判若两人。

不过，曹操始终关注着战事的发展，明智而果断地采纳司马懿、蒋济的建议，遣使东吴，借东吴之力袭关羽之后。同时陆续调动军队增援襄樊前线，并对战斗中的相关事宜做出周详而恰当的安排，反映出敏锐的战略眼光和高超的战争指导艺术。

第十八章
# 曹操之死与曹魏代汉

"曹操高陵"引起巨大争议。国家文物部门的认定固然有其权威性，但是，也不能无视"反曹派"的声音。

如果曹操晚死两到三年，中国的历史或许将要重写。

曹操虽具备代汉的一切条件，但他到死都没有代汉。在这个问题上表现出了惊人的自制力。

既然众军阀都不是忠臣，单单要求曹操是忠臣是不现实的，单单指责曹操不是忠臣，也是不公平的。

## 一、巨星陨落

建安二十五年（220年）正月，襄樊战事结束，曹操从摩陂返回洛阳。不久，曹操就病倒了。曹操早年就患有一种头疼病，经常受到病痛的折磨，加之年岁又高，一年来东征西讨，无片刻休息，最终累倒了。

曹操自知将不久于人世，陆陆续续留下了一些遗嘱。这些遗嘱散见于各种书里，已不那么完整，现被整理成《遗令》，收录于《曹操集》。《遗令》的大意是：

> 半夜里我觉得有点不舒服，到天明吃粥出了汗，服了当归汤。
> 我在军中实行依法办事是对的，至于因小事发怒和大的过失，不应当学。天下还没有安定，不能遵守古代丧葬制度。
> 我有头痛病，很早就戴着头巾。我死后，穿的礼服就要像活着

时一样，别忘了。文武百官应当来殿中哭吊的，只需哭十五声就行了。安葬以后，便脱掉丧服。那些防卫各地的将士，都不要离开驻地；官员们都要各守职责。入殓时，穿当时所穿的衣服，埋葬在邺城西边的小山上，跟西门豹的祠堂靠近，不要用金银珠宝陪葬。

我的妻妾和歌舞艺人都很勤苦，把他们安排在铜雀台，好好地对待他们。在铜雀台的正堂上安放一个六尺长的床，挂上灵幔，早晚供上干肉、干饭之类的祭物，每月初一、十五两天，从早到晚向着灵幔歌舞。你们要常常登上铜雀台，看望我的西陵墓田。我遗留下的熏香可分给诸位夫人，不要用香来祭祀。各房的人没有事做，可以学着编织丝带子和做鞋子卖。我一生历次做官所得的绶带，都放到仓库里。我遗留下来的衣服、皮衣，可放到另一个仓库里，不行的话，你们兄弟就分掉。

这篇《遗令》不大连贯，或许是被病痛折磨而断断续续口述的。但脉络清晰，大体有以下几层意思：

一是对自己依法治军表示肯定。曹操一生大都是在军旅中度过的，在他看来，依法治军是他军旅实践的集中体现。对此，他颇感欣慰。但是，他也认识到，自己并非完人，在依法治军的过程中，有时因小事而发过脾气，甚至犯过大的过失，这些都不值得效法。希望后来人实事求是，从中吸取教训。

二是要求丧事从简。曹操一生崇尚节俭，并且以俭率下。死后也不愿意厚葬。一方面是因为，国家饱经战乱、瘟疫，社会生产遭到严重破坏，物资原本就很匮乏，曹操不愿意因自己的丧事而造成浪费。

还是在一年以前，曹操下了一篇《终令》，令文的大意是：

古代的墓葬，一定安置在贫瘠的土地上。现在规划邺城西门豹祠西面的高地作为寿陵，依照原有高度作为圹基，不堆土，不植树。《周礼》规定，冢人（周代掌管墓葬的官员）掌管国家的墓地，所有诸侯都葬在王的左右靠前，卿大夫在后面，汉朝的制度，也把他叫作陪陵。凡是公卿大臣和诸将有功的，死后应陪葬寿陵。要扩大墓地范围，使它能够容纳得下。

曹操在这篇令文中就他死后的墓葬等问题进行了交代。从《终令》《遗令》可以看出，一生节俭的曹操，不愿死后大操大办，奢侈浪费。

需要指出的是，在汉代，由于统治阶级极力提倡，儒家孝道观念深入人心，厚葬风气盛行，成为继商周之后第二个厚葬高峰期。上至皇帝，下至平民，无不倾尽财力物力，大肆厚葬。徐州狮子山楚王陵发掘出玉器、青铜器、银器多达 2000 多件（套）。一个诸侯王的墓葬就达到这个程度，让人触目惊心。

当时社会普遍认为，人虽死，但灵魂不灭，应当"事死如生"。因此，在营造墓室时，有前室、中室、后室、侧室、耳室，甚至连厨房、厕所也一应俱全。随葬品更是包罗万象，应有尽有。

一生节俭的曹操对此痛心疾首。他以令文的形式，将自己的主张提出来，并身体力行，表达了曹操移风易俗的决心。

当然，曹操主张薄葬，还有一层意思不便明说，那就是担心厚葬引发盗墓。可引以为参证的是，曹丕登基两年后，也就是黄初二年（221年），为自己预设寿陵时，特地颁布了一份名曰《终制》的文告。文告中要求他的寿陵"因山为体，无为封树，无立寝殿"。在他看来，"自古及今，未有不亡之国，亦无不掘之墓也。丧乱以来，汉室陵寝无不发掘，至乃烧取玉匣金缕，骸骨并尽，是焚如之刑，岂不重痛哉？祸由于厚葬封树"。

当时天下纷争，董卓、袁绍等人就为了战争的开销而干过盗墓的勾当。陈琳在替袁绍所作《讨曹操檄》中，也指斥曹操盗窃过西汉梁孝王（汉景帝刘启同母弟刘武）的坟墓。需要说明的是，陈琳的指斥并不确切，曹操为此背了 1700 多年的黑锅。1991 年 6 月 29 日，《文汇报》载，国家文物局在对河南永城县（今永城市）芒山的梁孝王墓进行发掘时发现，墓中葬品惊人，可分为金缕玉衣、鎏金车马等几大类，仅汉代"半刀刃"币就多达五吨半。这清楚地表明，梁孝王墓并没有被盗过。

三是对妻妾和歌舞艺人作了安排，对一些遗物做了处理。要求后人将他们安置在铜雀台上，善待他们。自己一生做官所得印绶，存放在仓库里；遗留下来的衣服，或放在库中，或让子桓兄弟们分掉。

这些看似琐事，曹操却一一交代清楚，于琐碎中见拳拳深情。尤其是"熏香可分给诸位夫人"，叮咛各房"学着编织丝带子和做鞋子卖"，这类话都是别人不敢说或不会说的，曹操却讲了出来，反映出曹操率直的性格和朴素的作风。

建安二十五年（220年）正月二十三日，曹操病逝于洛阳。

此时，魏太子曹丕在邺城，还没有得到消息。在洛阳的官员大多担心发生变乱，主张秘不发丧。

谏议大夫贾逵认为，如此大事，是不可能保守秘密的，主张立即发丧。丧事由贾逵、军司马司马懿主持。

贾逵将在洛阳的文武百官召来，要求大家按照曹操的《遗令》办事，各尽其职，不得轻举妄动。

曹操去世前征召过领兵镇守长安的曹彰，曹彰还没有到，曹操就去世了。曹彰赶到洛阳，见到贾逵就问："先王的印绶在哪里？"

贾逵严肃地说："魏国已有法定继承人，先王的印绶不是你应当问的！"

作为政治人物，曹操临终召见曹彰，想必不会仅仅为了亲情，一定是有什么交代。不过，到底要交代什么，已无从得知。从前后情形可以看出，曹操召见曹彰，可能是要他安守臣节，尽心辅佐曹丕。

曹彰却有自己的想法。他私下对曹植讲："先王召见我，是要立你为嗣。"

曹植此时异常冷静，他说："不能这样啊，你不见袁氏兄弟内讧的事吗？"

由于贾逵仗义执言，加上曹植的克制，才没有引发事端。

这时，青州兵认为天下即将大乱，纷纷离散。有人主张制止，不服从的就用武力镇压。贾逵认为，此时正值大丧，太子还没有到来，不可这样做，应当采取安抚措施。于是向沿途各县发布文告，要求各县负责安排离散军人食宿，避免了矛盾激化。

有人建议撤销各郡县长官，全部任用沛国或谯县的人去接替。这是一个极端愚蠢的主意，被魏郡太守陈矫厉声制止，说："如今远近一体，每个人都有效忠之心，如果专用沛国或谯县人，将伤害所有忠臣的心。"

曹操逝世的消息传到邺城，曹丕痛哭不已。曹丕的随从官司马孚（司马懿的弟弟）规劝说："大王去世，天下依靠殿下做主，应当上为祖宗祭庙，下为万民节哀，哪能像小民一样沉溺于哀痛呢？"曹丕这才没有再哭泣。

群臣听到噩耗传来，也都聚在一起抱头痛哭。司马孚又厉声说道："现在大王去世，天下震动，应当尽早立嗣君以镇抚国家，哪能只是一个劲地哭泣呢？"群臣这才抑制住悲痛之情。

在场的一些文武官员认为，魏太子继位魏王，应有汉献帝的诏令。陈矫不同意，他说："大王在外去世，天下恐惧，魏太子应克制悲痛，立即登基，以保持人心稳定。而且，大王的爱子曹彰、曹植正守候在灵柩旁，万一发生变化，国家就会陷入危局。"

陈矫就是担心身在洛阳的曹彰、曹植在关键时刻横生枝节。大家觉得陈矫说得有理，立即筹办曹丕继位的有关事宜。只花了一天时间，一切准备停当。第二天，以王后的名义下令曹丕继魏王位。

在黄门侍郎夏侯尚及司马懿的陪奉下，曹操的灵柩运抵邺城，于二月二十三日安葬在邺城西面的高陵。

曹植作了一篇诔文，文中有一段描述了曹操下葬时的情况：

> 如何不吊？祸钟圣躬。弃离臣子，背世长终。兆民号咷，仰诉上穹。既以约终，令节不衰。既即梓宫，躬御缀衣。玺不存身，唯绋是荷。明器无饰，陶素是嘉，既次西陵，幽闺启路。群臣奉迎，我王安厝。

"吊"，哭吊的意思；"圣躬"，指曹操；"号咷"，大哭的意思；"约"，节约；"令节"，美好的节操。"梓宫"，以梓木做的棺材；"缀衣"，裹尸的衣服，一边缝合，一边不缝；"绋"，指官印的丝带；"明器"，陪葬的器物。

这段文字的大意是，叫人怎么能够不悲伤呢？父王驾崩，离开了他的儿臣和子民，永世长辞了。（临葬时）哭声如潮，哀痛至极。下葬时，身上穿着缀衣，不佩珠玉，所用明器，都是不加雕饰的陶器，一切从简。

这篇诔文说明，曹操的丧葬是严格按照《遗令》来办的。

## 二、高陵今何在

史书明载曹操丧事从简，葬于邺城西面的高陵。但具体在哪个位置，快 1800 年了，无数人为之寻觅考证，但都没有一个明确的结论。曹操墓葬如曹操本人一样，似乎是一个解不开的谜团。

历史上，有关于"七十二疑冢"的说法。这种说法显然是齐东野语，是以讹传讹的结果。

北宋王安石在《将次相州》诗中有"青山如浪入漳州，铜雀台西八九丘"的诗句，这可能是最早言及曹操墓葬的文字。到南宋时，作为正面人物的曹操转而成为负面人物，成了奸贼。范成大在《七十二疑冢》一诗中，明确提到曹操有"七十二疑冢"，后代的文人罗贯中、蒲松龄等在小说、笔记中对此加以渲染，使"七十二疑冢"得以广泛流传，并且疑冢的位置有了邺城、许昌、亳州、漳河河底等多个版本。

近代较为流行的曹操"七十二疑冢"所指今河北省磁县北朝墓群。经考古发现，这些墓葬，为北朝东魏、北齐时期帝王及皇族墓群，1988 年被国务院列为重点保护单位，与曹操墓毫无关系。

2006 年除夕之夜，河南省安阳县安丰村西高穴村村头发生一声巨响，一块空地被炸出一个直径约 80 厘米的大洞，有村民发现这是一个墓葬的盗洞。文物部门称这座陵墓为"东汉大墓"。

从 2006 年至 2007 年，这里一共被盗挖了 5 次。2008 年，安丰乡派出所侦破了一桩盗墓案，缴获了一块石枕，上面刻有"魏武王御用慰项石"字样。时任安丰乡党委书记的贾振林拿着这一石枕，找到当时正在进行"南水北调"考古工作的河南省文物考古研究所副研究员潘伟斌，让他"鉴别"。潘伟斌一看，觉得这个石枕的级别很高，立即上报。

据说，潘伟斌 2006 年就开始留心这个东汉大墓，石枕的收缴让他倍添信心。河南省文物局老局长常传俭力挺发掘该墓。河南省文物局于是向国家文物局申请进行抢救性发掘，得到国家文物局的批准。

2008 年 12 月，考古队进驻西高穴村。

发掘发现，墓地平面为甲字形，坐西向东，占地约 800 平方米，是一座带斜坡墓道的双室砌券墓，规模宏大，结构复杂，主要由墓道、前后室和四个侧室构成。通过一个 39.5 米斜坡墓道直接通到墓室门口，墓室距地面 15 米。

墓室分为前室和后室，中间有甬道，前后室顶部为四角攒顶，甬道为砖砌拱形顶。前后墓室两侧各有一个耳室。

该墓尽管多次被盗，仍然出土各类器物 250 多件，有金、银、铜、铁、玉等多种质地。器类主要由铜带钩、水晶球、玛瑙珠、石圭、石璧、石枕、刻铭石牌、陶俑等。其中，以刻铭石牌和遗骨最为重要。

此次出土刻铭石牌 59 件，有长方形、圭形等，铭文记载了随葬品的名称和数量。其中，8 种圭形石牌极为珍贵，分别刻有"魏武王常所用格虎大戟""魏武王常所用格虎大刀"等铭文。

在墓室清理中，发现有人头骨、肢骨等部分遗骨，专家初步鉴定为一男两女 3 个个体，其中，墓主为男性，年龄约 60 岁，与曹操死时 66 岁相距不远。

经权威考古学家鉴定和历史学家根据考古资料和现场考证研究，认定这座东汉古墓就是文献中记载的曹操高陵。

2008 年 12 月 7 日，河南省文物局在北京公布了对曹操高陵的考古成果确认。

此消息一出，立即引起轰动，质疑之声随之铺天盖地。河南省文物局多次召开新闻发布会予以说明，国家文物局的专家也出面对质疑之声予以回复。顿时，全国不少专家学者卷入了这场争论，形成了"拥曹派"和"反曹派"两大阵营。两派各执一端，争论不休，煞是热闹。

2009年12月27日，国家文物局认定，经考古发掘位于河南省安阳市安丰乡西高穴村南的东汉大墓，就是曹操墓。2013年5月，安阳曹操高陵成为第七批全国重点文物保护单位。2013年6月，河南安阳曹操高陵及所在的邺城遗址入围国家文物局和财政部批准的《大遗址保护"十二五"专项规划》。

既然是最权威的国家文物局认定，安阳县安丰乡西高穴村这座汉代大墓就是曹操之墓，那么，千百年来的聚讼纷纭应该到此为止。但是，质疑之声仍不绝于耳。

2011年6月7日，在"苏州全国三国高层文化论坛"上，来自北京、河北、陕西、山东的8位专家，他们各自以论文的形式，分别从印学、文献学、史学、金石学、民俗学等方面联合提交新证，揭示"曹操墓"造假真相。

金石学家李路平在《揭开"曹操墓""神秘印符"的造假面具》一文中，用"以印证史"的研究方法，认为，"印符"一词纯属臆造。印是印，符是符。从印章的形制包括印纽、材质、印绶看，根本不符合曹操的官位身份，最多是县级人物佩戴的。该"印符"的印纹图案，根本就是传统民俗中最忌讳入印的"辅首衔环"图案。从制作工艺上看，此印有明显凿痕，属于凿印，但汉代肖形印从来都是铸造的。因此，仅凭这一条就可一票否决该印来自于汉代。

社科院历史所所长吴锐与邯郸市历史学会会长、国内研究曹操墓的权威刘心长不谋而合，他们认为，"魏武王"的称谓与汉代的礼制不合。按照汉魏君主的丧葬礼制，其随葬品上书写格式应该是谥号加身份，绝不会加上国号。曹操生前被封为魏公、魏王，死时得到"武王"的美谥，这都发生在汉代，均没有"魏武王"的称呼；死后被追尊为武皇帝，发生在魏朝。下葬时断然不会出现"魏武王"的称呼。

他们认为，办理丧事的是司马孚，而司马氏是河内郡温县著名的儒学世家，司马孚深得家学熏陶，服膺的是儒家名教，直接办理丧事，绝不会通融"魏武王"的称谓。刘心长还特别指出，魏公、魏王、武王都是汉帝加封给曹操的爵位，如果要加上前面的副词，应该加大汉或汉，不能加魏。如果真的是埋葬了标有"魏武王"字样的石牌，就意味着曹操真的篡汉了，这就构成了重大政治问题，是不可能发生的。

古文字学者王显春直言，不能把"曹操墓"当成造假实验室。他认为，汉礼是严谨的、严肃的。依据汉礼，谥号在谥册，命谥在葬后墓地，谥册藏于庙，（大丧之内）神主不书谥。谥号没有机会也不可能随葬品入墓。

中国科学院古人类考古所卫奇研究员毫不讳言"曹操墓"考古队在考古的方法上存在问题。他认为，"魏武王"石牌非原生埋葬。所谓"魏武王"石牌，不仅不利于"曹操墓"的推定，反而为否定"曹操墓"提供了有力证据。

开封市文联的历史学者林奎成提出了 10 点疑问，质疑"曹操墓"系伪造。他从潘伟斌发表的文章和考古发掘的石牌文字进行比较分析，认为石牌造假是经历了三个阶段逐步完成的。如果否认造假，那就必须拿出"武王家用"和"魏武王家用"的两块石牌以正视听。

我们认为，国家文物部门的认定固然有其权威性，但是，也不能无视"反曹派"的声音。

事实上，安阳县安丰乡西高穴村所谓"高陵"确有许多疑点没有解开，正因为没有解开，所以值得怀疑。

其一，墓中出土一男两女尸首，他们是谁？当时已不存在殉葬的问题，怎么会有两个女的？据说一个 40 岁左右，一个 20 来岁。她们分别是谁？据史料记载，曹操的继室卞夫人，也就是曹丕的母亲，后来的卞太后死后与曹操葬在一起。卞夫人只小曹操 5 岁，比曹操晚死 10 年，死时年龄应该是 71 岁，与那具 40 岁左右的女尸相距甚远。

其二，曹操在其《终令》中明确讲到，寿陵选在贫瘠的岗地上，并且要扩大墓基，以便容纳得下将来公卿大臣和诸将有功的人陪葬。从河南安阳方面提供的情况，我们看不出西高穴村大墓墓基是贫瘠之地，也没有发现他人的陪葬。魏国立国 45 年，这期间有一批元老重臣死去，按说其中的一些人死后应该陪侍曹操葬于高陵的。

其三，曹操在其《遗令》中明确交代，他死后"无藏金玉珠宝"，可是，据说安阳这座大墓墓主嘴中含有一颗价值不菲的珠宝。到底是曹操言而无信，还是他的后人抗命不遵？这些都是不容忽视或需要解答的疑点。

有的专家认为，以斩钉截铁的口吻认定安阳县安丰乡西高穴村的这座汉代大墓就是曹操高陵为时尚早，并不妥当，如果折中一下，将西高穴村的汉代大墓认定为"疑似曹操高陵"，或许要稳妥一些。这不失为一种聪明的办法。现在这么认定，万一将来哪一天发现了真正的曹操高陵，岂不是要贻笑子孙？

历史人物往往很复杂，曹操则是最为复杂的一个。他生前死后都富有争议。生前忠奸难辨，死后连墓葬都莫衷一是。正因为如此，曹操的身上充满了神秘的光环。这份神秘，让人着迷。

## 三、曹丕登基

在专制时代，像曹操这类集大权于一身的人一旦死去，往往意味着血腥和动荡。但曹操对其身后之事考虑得早，他死后，政权的过渡还算平稳。

建安十二年（207年），曹操北征乌桓回师途中郭嘉去世，曹操在悲痛之余，对荀攸等人讲："你们年龄与我差不多，只有郭嘉年纪最轻，我原本想等天下平定以后将国家大事交给他，没想到郭嘉英年早逝，这难道不是命吗？"这说明，曹操很早就考虑到了身后之事。

曹操对继承人的考虑非常慎重，在相当长的时间里没有做出明确的决定。

曹操共有25个儿子、7个女儿。长子曹昂，庶出，由曹操原配丁夫人所养。年轻时曾举孝廉，为张绣所杀。

曹丕，字子桓，曹操为魏王后，被立为太子。曹操死后，继任魏王。同年，受禅登基，为魏文帝。

曹彰，绰号黄须儿，为勇将，曾大破代郡乌桓。黄初四年（223

年）被封为任城王。

曹植，擅长文学，黄初六年（225 年）被立为陈王。

曹熊，早薨；曹冲，历史上著名神童，13 岁薨。

曹铄，早薨；曹据，太和六年（232 年）被封为彭城王。同年被封的还有：曹宇（魏元帝曹奂之父）被封为燕王，曹霖被封为沛王，曹衮被封为中山王，曹干被封为赵王，曹彪被封为楚王（嘉平三年（251 年）与王凌一起反司马氏，被赐死），曹徽被封为东平王，曹茂被封为曲阳王。曹铉，建安十六年（211 年）被封为西乡侯；曹峻，被封为陈留王；曹矩，早薨；曹勤，早薨；曹上，早薨；曹乘，早薨；曹整，建安二十二年（217 年）被封为郿侯；曹京，早薨；曹均，建安二十二年（217 年）被封为樊侯；曹棘，早薨。

按照专制时代宗法制度，妻所生之子为嫡子，妾所生之子为庶子。嫡子是正统，庶子为旁支。这就决定了继承权的顺序是，嫡长子、嫡次子；庶长子、庶次子。

曹操的结发妻子是丁夫人，但她没有生子。刘夫人，生下曹昂、曹铄及清河长公主之后死去，曹操就将曹昂交由丁夫人收养。这样，原本是庶长子的曹昂变成了嫡长子。按照当时的世袭制，曹昂就是当然的继承人。

但不幸的是，曹昂在征张绣的战争中死亡。丁夫人没有生育，曹昂就成了她的心尖肉，曹昂一死，她失去了精神寄托，整天号哭不已。曹操本是一个儿女情长的人，曹昂之死，让他既伤心又惭愧。丁夫人毫不节制的哭泣，对曹操来说是无止无休的精神折磨。曹操实在受不了，就废掉丁夫人，将其送回娘家，而立卞夫人为正室。

这样，曹丕、曹彰、曹植、曹熊就成了嫡子。曹丕是嫡长子，按说最有希望成为继承人。

但是，曹操是一个锐意革新的人，他似乎不在乎"立嫡以长"之类的陈规旧习。不然的话，他就不会在选择继承人的问题上迁延日久。

需要说明的是，袁绍、刘表似乎也没有按照"立嫡以长"的宗法制度办事。但他们与曹操相比，表象一样，实则不同。他们都受到后妻的影响而对幼子有所私爱。曹操却不同，他是想出以公心，从诸子中挑选一个合适的继承人。

从已有的史料看，曹操首先看中的是曹冲。这是因为：

一方面，曹冲非常聪明。五六岁时，其智力就跟一般成年人相当，7岁时就解决了称象的难题。

其二是非常仁慈。曹操律下甚严，部属往往因犯过失而受到责罚。曹冲曾利用自己的特殊身份和过人的智慧保护了不少人。

一次，曹操的马鞍在仓库里被老鼠咬破，仓库保管员诚惶诚恐，担心受到严厉的责罚。与人商量之后准备把自己绑起来向曹操请罪，但仍担心不能免死。曹冲听说后，就对仓库保管员说："你等三天后再去请罪。"曹冲于是用刀子将衣服戳破一个小洞，像是被老鼠咬破一样，然后愁眉苦脸地去见曹操。曹操见曹冲郁郁不乐，就关切地问他怎么回事，曹冲说："大家都说，谁的衣服被老鼠咬了，谁就会不吉利，所以，我很难过。"曹操听后，安慰他说："那都是瞎说，你不要担心。"事后，那位仓库保管员为马鞍被咬的事向曹操请罪，曹操听后笑着说："我儿子的衣服穿在身上还被老鼠咬了呢，何况马鞍放在仓库里！"

此外，曹冲长得也很俊美，很招人疼爱。

曹冲才、德、貌俱佳，因而受到曹操的特别疼爱，却于建安十三年（208年）患重病夭折，年仅13岁。曹操异常悲痛。曹丕前去安慰时，曹操说："这是我的不幸，却是你们的大幸啊！"一说就流下眼泪。曹操亲自为曹冲料理后事。他先求与邴原已死的女儿合葬，邴原以生前未婚、死后合葬不合古礼为由拒绝。曹操后求得甄氏同意，与甄氏亡女合葬。还授曹冲骑都尉的印绶。

10年后，曹操把曹冲的弟弟曹据的儿子曹琮立为曹冲的后嗣。并封曹琮为邓侯。

曹丕当了皇帝后还说："家兄曹昂为长子，20岁举孝廉，做皇帝是他的本分（可惜早薨），若仓舒（曹冲的字）还在，我也不会有天下。"

曹冲死后，曹操将目光锁定在曹丕、曹植两人身上。

曹丕，字子桓，中平四年（187年）冬生于谯县。在曹操的刻意培养下，五岁即学击剑、骑马，八岁即能骑射，同时兼学诗文。稍长，又熟读古今经传及诸子百家，是一个文武兼长的人物。

因为是嫡长子，曹操对他特别关爱。建安十六年（211年），曹操封诸子为侯，曹丕虽没有被封侯，却被任命为五官中郎将、副丞相，在名分上仅次于曹操。这应该说是曹操立嗣的信号。

但是，直到建安二十一年（216年）曹操做魏王时，曹操仍没有明确立嗣。曹操迟迟不立曹丕，并不是说曹丕有什么过失，而是想让曹丕接受更多的考验，同时，也为了给自己留下可供选择的余地。

这期间，曹植作为曹丕一个强有力的对手凸显了出来。

曹植，字子建，是曹丕同母弟，小曹丕5岁。其人才思敏捷，才华过人。谢灵运曾说："天下才一石，曹子建独占八斗。"

曹操看曹植文章写得非常好，竟不敢相信出自他本人的手笔，于是想对他进行一次面试。铜雀台建成之后，曹操率诸子登台游览，兴之所至，要求诸子各赋一篇，以观其文采。

曹植略思片刻，深思飞扬，立马写就一篇名为《登台赋》的精美小赋：

> 从明后之嬉游兮，登层台以娱情。见太府之广开兮，观圣德之所营，建高殿之嵯峨兮，浮双阙乎太清。立冲天之华观兮，连飞阁乎西城。临漳川之长流兮，望园果之滋荣。仰春风之和穆兮，听百鸟之悲鸣。天功恒其既立兮，家愿得而获逞。扬仁化于宇内兮，尽肃恭于上京。虽桓文之为盛兮，岂足方乎圣明。休矣美矣！惠泽远扬。翼佐我皇家兮，宁彼四方。同天地之矩量兮，齐日月之辉光。永尊贵而无极兮，等年寿于东王。

此赋风格豪迈慷慨，语言朗丽明快，对曹操的文治武功给予了热情的赞扬，很对曹操胃口。曹操看后，喜形于色，神采飞扬。曹丕虽富有文采，但是到底不如曹植迅捷，不免稍逊一筹。

曹植不仅有文采，知识面也很宽广。对古今人物优劣、为政得失都能指画了了，对治军用兵也多有研究。同时代的邯郸淳称他为"天人"。

曹植的抱负也很宏大，并不以文章为能事，而是志在"戮力上国，流惠下民，建永世之业，流金石之功"（见《与杨德祖书》）。在性格方面，为人谦逊随和，不尚华丽，爽朗豪迈，言议风发，有如其父，因而受到曹操的钟爱。

正因为曹操对曹丕、曹植不忍偏废，所以，在立嗣的问题上犹豫不决，迁延日久，这就给曹丕、曹植兄弟之间争夺继承权留下了空间。

曹丕、曹植各有心腹。曹丕作为嫡长子，为他出谋划策的人自然很多。曹植因为才华出众，又谦逊随和，所以身边也有杨修、丁仪、丁廙等。

杨修，字德祖，是杨彪之子。生于汉灵帝熹平四年（175 年），大曹植 17 岁，他们以才情相交。

丁仪，字正礼，是丁冲之子。其人才干非凡，但长相丑陋，一个眼大，一个眼小。曹操原想把一个女儿嫁给他，因他长得丑，遭到曹丕的反对。丁仪因此怀恨在心，而与其弟丁廙厚结曹植。

一次，曹操出征，曹丕、曹植及文武百官送别，曹植歌功颂德，文采飞扬，令大家瞩目相望，曹操也大为高兴。曹丕才思不及曹植敏捷，不免怅然若失。这时，吴质悄悄对曹丕说："大王即将出征，你只要流着眼泪送就行了。"

曹丕依言而行，临别时，曹丕跪在路上，一言不发，却泪流满面。曹操及群臣见了，都很伤感。于是，大家都认为曹植辞藻虽然华丽，但不及曹丕忠厚实在。

还有一次，丁廙向曹操进言："临淄侯（曹植）天性仁孝，发于自然，而又聪明博学，文章绝伦。当今天下的贤人君子，无论老少都乐于同他交往，愿意为他而死。这实在是上天降给大魏的福气啊！"

曹操说："我是很喜欢子建，但哪能像你说的那样呢？我想立他为嗣，你看怎么样？"

丁廙赶紧说："明公今天发明达之令，吐永安之言，可谓上应天命，下合人心。得之于顷刻之间，却可垂之于万世。我不避斧钺之诛，哪敢不尽言呢？"

曹丕的耳目灵敏，很快就侦得了这一消息，急忙去找朝歌令吴质商量。为掩人耳目，曹丕命人用牛车拉上一车废木箱，将吴质藏在箱子里拉入宫中。按当时规定，以曹丕这样的身份是不能交结外臣的。

这件事被杨修知道了，赶紧报告曹操。曹操很生气，但还没有来得及派人查验，又被曹丕知道了。曹丕非常着急。吴质却胸有成竹地说："这没有什么大不了的。明天，您再拉一车木箱到宫中，箱内装上锦帛之类的东西，杨修肯定又会去报告，报告后大王一定会派人查验，查验后情况不实，杨修就会背上诬陷好人的罪名。"

曹丕依计而行。果如吴质所料，曹操派人查验后情况不实，从此对杨修产生了疑心。

曹操对二子之间的争斗已有所觉察。他必须将此事及早定下来，免得夜长梦多。为慎重起见，曹操秘密征求了一些大臣的意见，而一些大臣大都遵守立嫡以长的成规，倾向于曹丕，舆论上形成了一边倒的局面。

崔琰说：《春秋》大义，法定继承人应该属于长子，而且五官中郎将（指曹丕）仁爱、孝顺、聪明，应该继承正统，我誓死捍卫这一原则。"

曹植是崔琰的侄女婿，崔琰在立嗣的问题上不徇私情，给人以公正的印象，这不能不给曹操带来影响。

主管人事的毛玠也说："就在当代，袁绍不立嫡长子而立庶子，使家族覆灭，政权消失。立嗣是大事，不是我应该参与讨论的。"

毛玠表面说立嗣之类的大事不是他应该参与讨论的，但是，他列举袁绍的事例，实际上是希望曹操吸取袁绍的教训，立嫡长子曹丕为继承人。

与毛玠一样，邢颙也说："用庶子代替嫡子，是古代最大禁忌。请大王多多考虑。"

曹操还特地征询过贾诩的意见。贾诩为人机智多谋，但因不是曹操旧部，所以行事非常谨慎。曹操询问他时，他沉默不语。曹操不快，生气地说:"跟你说话,你不吭声,为什么?"

贾诩说:"我心中正在想一事,所以不能回答。"

曹操追问:"你在想什么?"

贾诩说:"我正在想袁绍、刘表父子!"

曹操会意而大笑。贾诩表面上什么也没有说,但实际上是要曹操不要重蹈袁绍、刘表废长立幼的覆辙。

贾诩的话是相当有分量的,促使曹操下定了决心。曹丕念念不忘贾诩之恩,称帝之后,任贾诩为太尉,位在百官之上。

曹丕身为嫡长子,有特殊的优势。他本人行事又非常谨慎,因而赢得上下的欢心。而曹植,书生气较重,缺乏心计,行事率直,甚至有些任性而为。特别是在立嗣的关键时刻,犯了一个重大错误。

一次,他趁曹操不在,私自乘车在帝王专用的驰道上奔驰,并打开王宫的司马门,一直驰到金门。这是曹操不能容忍的。

曹操在盛怒之下,斩杀了守护宫门的司马令,并下令(大意):

> 开始(我)认为,儿子中子建(曹植)是最能够成就大事的人。自从临淄侯曹植私自出去,打开司马门,从驰道中跑到金门,我就对这个儿子另眼相看了。

曹操觉得曹植胆大妄为,字里行间流露出对他极度失望的情绪。这是曹植由宠到疏的转折点,立嗣当然没有指望。

曹操因此加强了对儿子们的管束,他重申诸侯科禁,并给诸侯长史(诸侯府总管)及军中相关人员下了一道手令,意思是说:

> 你们知道我外出总是带着诸侯(指封侯的儿子)同行的用意吗?自曹植私开司马门后,我就不再相信诸侯了。恐怕我刚一出去,他们又要私自乱跑,所以我才带着他们,以便严加管束。不能让人觉得我总是把谁当成心腹啊!

建安二十二年（217年）10月，曹操终于下了《立太子令》：

> 子文：你等都被封为诸侯，唯独子桓没有封，而被任为五官中郎将，这就是立太子的明确信号啊。

这道令，实际上是写给曹彰（子文）的信。曹操着重对曹彰讲明立曹丕为太子，是有深刻用意的。曹彰是武将，手握重兵，曹操的目的是要遏制曹彰的野心，让他将来尽心辅佐曹丕，以保持政权的稳定。

曹植的命运从此发生逆转，他开始饮酒不节，自暴自弃。曹操不忍心自己的爱子就这么颓废下去，做了一些安抚工作，立曹丕为太子不久，又给曹植增食邑5000户，加上以前所封，达1万户。

建安二十四年，关羽大举进攻襄樊。前线战事吃紧，曹操特命曹植为南中郎将，兼征虏将军，让他率军增援襄樊。没有想到，曹植竟然酩酊大醉，不能受命。曹操大为震怒，对曹植彻底失望。

据说这件事曹丕做了手脚。他得知这项任命后，以饯行为名，硬是将曹植灌醉。这种可能性是存在的，或许是曹丕担心曹植由此掌握军权，不利于他日后的统治，就故意陷害。

事实上，曹丕对曹植进行过多次迫害。登基不久，曹丕就以"醉酒悖慢，劫持使者"的罪名差一点将曹植处死，幸得卞太后营救，方免于难。

黄初六年（225年），曹植遭人诬陷，曹丕将曹植拘禁于邺城，又是卞太后从中回护，才没有被处死。

《世说新语·文学》中记载了一则故事，说曹丕不认为曹植是捷才，怀疑曹植的很多诗作是他人代笔。要曹植当众在七步之内赋诗一首，不成将治罪。曹植应声而作，诗云：

> 煮豆持作羹，漉菽以为汁。萁在釜下燃，豆在釜中泣；本是同根生，相煎何太急！

这就是"七步成诗"的故事。诗中以其豆相煎喻兄弟相残，与曹丕、曹植之间的关系相契合，虽不一定可信，但也并非无稽之谈。

曹植失宠之后，连遭打击，内心创伤深重，因而不假天年，41岁就去世了。

曹植的心腹也受到拖累。杨修在曹操死前3个月被杀，丁仪、丁廙兄弟在曹丕登基之后，也做了曹丕刀下之鬼。

曹操大丧不久，汉献帝派御史大夫华歆前来下诏，授给曹丕丞相印、绶，魏王玺、绶，仍命曹丕兼任冀州牧。

曹丕尊其母卞王后为王太后，并改建安二十五年为延康元年。以太中大夫贾诩为太尉，以御史大夫华歆为相国，王朗为御史大夫，建立了自己的班底。

由于曹操生前的精心安排和周密布置，曹丕很快就度过了瓶颈期，并且好运一个接着一个撞上门来。

四月，曹丕所置魏国大将军夏侯惇死，这有利于曹丕对政局的直接掌控。

七月，孙权遣使朝贡。

不久，蜀将孟达率部来降。孙权偷袭荆州期间，刘备养子刘封与孟达驻守上庸，拒绝发兵援救关羽。关羽败亡之后，孟达因惧怕刘备治罪，便向魏国投降，这给魏国带来了新气象。曹丕不胜欢喜，立即任命孟达为新城太守，让孟达会同征南将军夏侯尚、右将军徐晃进攻刘封，刘封败归成都。刘备所置上庸太守申耽也背叛刘备，投降魏国。

十月十三日，汉献帝刘协见大势已去，在魏国群臣逼迫之下，祭告汉高祖庙，命代理御史大夫张音，持节奉玺绶禅位于曹丕。

曹丕依例上表三辞，而后在许都南面的繁阳，升坛受玺绶，即皇帝位。改延康元年为黄初元年；封献帝为山阳公；追尊曹嵩为太皇帝，曹操为武皇帝，庙号太祖；尊王太后为皇太后。

曹魏代汉在当时是人心所向，代汉的过程超乎寻常的顺利。

不过，也有一个小小的插曲。

建安十八年（213年），曹操进封魏公不久，就将自己的三个女儿曹宪、曹节、曹华嫁给献帝。建安十九年，曹操诛杀伏皇后，不久，献帝擢升曹节为皇后。

曹丕称帝就遭到了献帝皇后曹节的反对。曹丕代汉的一切准备都做齐全了，但曹节就是不交出献帝的玺绶。使者连续去了几次，曹节实在没有办法，才将玺绶交了出来。最后还怒骂曹丕说："上天不会保佑你的！"这是曹魏代汉过程中唯一的抗争，而这抗争恰恰是曹丕的亲妹妹曹节！

曹丕称帝的第二年（221年）四月，刘备在成都称帝，到229年，孙权也在武昌称帝。历史从此正式走进三国时代。

曹操精明一世，却难保子孙贤。他的后代耽于享乐，没有跳出"其兴也勃焉，其亡也忽焉"的历史周期律。曹魏王朝从曹丕登基（220年）算起，到司马炎以晋代魏（265年），共享国45年，是一个短命的王朝。

## 四、忠奸莫辨

曹魏代汉经历了相当长的历史过程。前面已经言及，自董卓作乱时起，东汉王朝已名存实亡。

起初，曹操志在兴亡继绝。他不受董卓笼络，潜出京师，逃归故里，散资财、举义兵，率先发动了讨伐董卓的武装斗争。

但是，诸军阀各怀鬼胎，"军合力不齐"，"嗣还自相戕"，很快陷入了空前的军阀大混战。时局的发展使曹操通过勤王戡乱实现国家统一的愿望落空。他不得不走上一条积极发展个人实力，依靠自身力量剪除群雄，实现国家统一的艰难道路。

当时，"尺土一民，皆非汉有"，"家家欲为帝王，人人欲为公侯"。曹操就是在这种情况下厚接皇室琅邪孝王刘容，并进而迎献帝都许的。

从史实可以看出，起初，曹操是希望通过尊崇汉室，达成全国一统的。为此，他迎献帝都许，恢复东汉王朝的宗庙制度，使东汉王朝得以续存。

曹操知道，复兴王室，再造乾坤，不是一个人的力量所能完成的，需要众多贤达共同努力。因此，他奏请献帝，任袁绍为太尉（后改为大将军），封邺侯；任吕布为平东将军，任刘备为镇东将军，封宜城亭侯；任孙策为讨逆将军，封吴侯。征召孔融为将作大匠，王朗为谏议大夫，徐璆为廷尉，华歆、杨修为议郎，此外，还征召过许靖、邴原、张纮、辛毗等。视野所及，无不刻意搜罗，人数多得简直不胜枚举。这些人或为掌兵大将，或为知名人士。曹操这样做，固然有战略利害考虑，但目的还是希望他们共赞王室，重建天下秩序。

曹操迎献帝都许以后就开始掌握政权，但他并不因献帝在手就肆无忌惮。他行事特别谨慎，往往出于公理，因而受到群臣的拥戴。对于代汉之类的言议，曹操连听都不愿意听。

献帝都许之初，太史令王立多次跟献帝讲："天命有去就，五行不常盛，代替火德的是土德，继承汉位的是大魏，能安定天下的是曹姓，只要委任曹氏就行了。"

当时人们普遍信奉天命，而有关天命的议论出自太史令之口，应该是相当权威了。王立本不是曹操亲旧，按照常理，曹操正好可以利用这些言论为自己搞宣传、造舆论。但曹操没有这样做，相反，听到这种言论后立即让人传话给王立："知道你忠于朝廷，然而天道深远，希望你不要多说！"对王立提出了警告。

这期间，献帝先后封曹操为武平侯，任曹操为司空。曹操连上了几份奏章，言辞极为谦卑恭谨。

在《上书让增封武平侯》中，曹操讲道：

> 我恭敬地再三考虑，天资愚蠢，才志低下，对朝廷没有辅助的功劳，只起到提点建议的作用。虽有犬马奔走的微小功劳，也不是我个人的力量，都是部下将校的帮助。皇上以前追念我先辈的微功，让我承袭祖先的爵位和封邑，祖、父都蒙受皇恩，得到荣耀，我得到无法计量的重赏，自己还没有丝毫贡献报效朝廷。从前，齐景公要更换晏婴的住宅，晏婴说："那是我先辈住过的房子，我够

不上先辈的功德。"终于违背了齐侯的命令，实现了自己的愿望。我私下考虑，不能承受新的封赏，能够享受原来的俸禄已很荣幸。虽然皇恩浩大，而作为臣下的还有取舍。我家三代多次受到皇上的褒赏，都占有极高的爵位，按道理应该以身报国，怎么敢说假话粉饰自己呢！

在《上书让增封》中，曹操说：

　　没有特殊的功劳，而享受到特殊的富贵，因此使我忧愁难解。一次接一次地上表陈述我的心情，可是陛下恩德无量，没有允应。我虽然愚笨，也还知道让不过三。所以，仍然把内心的话表达出来，以至于四次五次，对上，是想让陛下的封赏不致超越实际，对下，是使自己免于获得不应有的封赏。

为了励精图治，曹操以条陈的形式给献帝上了一份《陈损益表》，提出了14条建议。这些建议的具体内容已经佚失，前言部分留有这么几句：

　　臣以区区之质，而当钟鼎之任；以暗钝之才，而奉明明之教。顾恩念责，亦臣竭节投命之秋也。

意思是说：我以小小的资质担任国家的重任，以愚笨的庸才奉行清明的政治。思念皇上的厚恩，考虑重大的责任，应该是我尽力献身的时候了。

曹操在上述奏章中极尽谦恭之能事，把对献帝的忠心、对国事的尽心都淋漓尽致地表达了出来。读其文，思其人，令人废书而叹。历史上有像曹操这样把一个乞丐似的"皇帝"接到自己身边而对他礼敬有加的奸臣么？

孔融那么爱挑剔的人，那时也对曹操抱有好感。他在其《六言诗》

中写道："从洛到许巍巍，曹公辅国无私"；在《与曹操论盛孝章书》中写道："惟公匡复汉室，社稷将绝，又能正之。"

荀彧是拥汉派代表，他也认为曹操起兵之初就是为了辅佐汉室。正因为这样，他才脱离袁绍，追随曹操，希望依仗曹操实现平生抱负。

曹操当时的对手也是这么认为的。

还是在兖州时，黄巾军给他写信，说道："汉行将尽，黄家当立。天之大运，非君才力所能存也。"

袁术在穷途末路之时，写信给其兄长袁绍，信中也说道："汉之失天下久矣……曹操欲扶衰振弱，安能续绝命，救已灭乎？"

从以上两封信可以看出，当时社会上不少人认为，汉家王朝已无法拯救，但曹操却痴心不改，做着复兴汉室的迷梦。

形势的发展不以人的意志为转移。尽管曹操"推诚杖信以招俊杰"，但是，各军阀依然拥兵自重，不肯臣服王室。曹操只得一个一个地去征讨。随着对手一个一个被消灭，曹操的权势和地位也一步一步地上升，代汉已是大势所趋，势所必然。他的意志也慢慢滋长起来，他开始铲除异己，排除阻力，从而慢慢完成代汉的一切准备。

曹操权力和地位的上升，其大抵脉络是：

建安九年（204 年）八月，曹操攻拔邺城。九月，献帝下诏让曹操以司空兼任冀州牧。曹操辞去兖州牧职务，开始在邺城建立自己的霸府。

建安十三年（208 年）元月，曹操以献帝名义废除三公职位，而设丞相、御史大夫。献帝任曹操为丞相，八月，任曹操的心腹郗虑为御史大夫。

西汉初年，以丞相、御史大夫、太尉为三公；西汉末年三公为大司马、大司徒、大司空。汉代的三公多为虚职，并无实际权力，实际权力在尚书台。曹操恢复丞相，目的是要将朝中权力直接收归自己掌控。说明此时曹操对忠于汉室的荀彧（时为尚书令）已不那么信任和倚重了。

建安十五年（210 年），献帝封曹操采邑四县，食邑 3 万户。曹操为了减轻政治压力，让还三县，只食武平县 1 万户。

建安十七年（212 年），曹操打败马超，回到邺城。献帝诏令曹操参拜不名、入朝不趋、剑履上殿。意思是说朝拜时，司仪唱礼，只呼官名，不呼姓名。上朝时，不必小步快走。此外，还可以佩剑穿鞋上殿。这三项是皇帝给予权臣的特殊礼遇。一般大臣没有资格享受到，连汉初的萧何也只享受后两项。

参拜不名、入朝不趋、剑履上殿这三项特权，可以看作是献帝受到有形或无形压力的情况下授予的，客观上体现了曹操的意志。曹操通过此举，公开显示出取代汉王朝的决心。

建安十八年（213 年）正月，汉献帝下诏将全国十四州合并为九州。十四州分别是司、豫、冀、兖、徐、青、荆、扬、益、凉、雍、并、幽、胶。合并时，撤销幽州、并州并入冀州；撤销司州、凉州并入雍州；撤销胶州并入荆州、益州。形成兖、豫、青、徐、荆、扬、冀、益、雍九州。九州的面积约略吻合上古"禹贡九州"。曹操所领冀州面积大增，其权势也随之大增。

五月，献帝派郗虑持节以冀州的河东、河内、魏郡、赵国、中山、常山、巨鹿、安平、甘陵、平原等 10 郡作为曹操采邑，称为"魏国"，擢升曹操为魏公，仍任丞相，冀州牧，并加九锡。

九锡分别是御车（大辂）、警卫车（戎辂）各 1 辆，黑色雄马 8 匹；龙袍龙帽、附带红色木屐；封国国君专用音乐，跟六佾舞蹈（佾舞是一种方阵舞，纵横人数相等。纵八横八称"八佾舞"，天子专用。纵六横六称"六佾舞"）；朱红色大门；从斜坡台阶登堂；武装卫士（虎贲）300 人；象征权威的大刀巨斧各 1 个；红色弓 1 把，黑色弓 10 把，黑色箭 1000 支；美酒（秬鬯）1 坛，附带舀酒用的白玉杓瓢。

封国备锡往往是改朝换代的信号。说明此时曹操代汉的意志愈来愈坚定，并且步伐加快。

七月，曹操在邺城建立了魏国的宗庙社稷。

十一月，魏国设置尚书、侍中和六卿。以荀攸为尚书令，凉茂为仆射，毛玠、崔琰、常林、徐奕、何夔为尚书，王粲、杜袭、和洽、卫凯为侍中，钟繇为大理，王修为大司农，袁涣为郎中令、代理御史大夫，陈群为御史中丞。魏国开始有了自己的班底。

建安十九年（214 年）三月，献帝授给只有诸王才有资格佩用的重质玉玺、红色印绶和远游冠。此时，曹操不是王，但已享受了王的待遇。

十二月，献帝诏命曹操设置旄头，在宫殿中摆置钟虡。旄头是从禁卫军中挑选出来的武士，皇帝出行时披头散发在前面开道。钟虡是一种悬挂乐器，上面饰有猛兽图案。

建安二十年（215 年），献帝授予曹操分封诸侯，任命郡太守、王国相的权力。

建安二十一年（216 年）五月，献帝进封曹操为魏王，仍以丞相兼冀州牧，并命曹操的女儿为公主，同时赐给她们汤沐邑（收取租赋的私邑）。

建安二十二年（217 年）四月，献帝命曹操设置只有天子才可以使用的旌旗，出入如同皇帝，气派宏大，警戒森严。

十月，献帝命曹操官帽上佩挂 12 个旒穗（玉石串珠），乘黄金装饰的车辆，驾 6 匹马，以及各种颜色的 5 辆副车。以上是皇帝特有的威仪，说明曹操的地位上升到极点，与皇帝相比只是缺少一个名号。

尽管曹操地位和权力的上升是客观形势造成的，但也不是一帆风顺的，仍受到方方面面的阻挠和制约。

曹操对各种阻挠和制约采取了高压政策，表现出了铁的手腕。

一是弹压后族的反抗。曹操迎献帝都许以后，便以周公自居，开始执掌朝政。为防不测之祸，他派 700 多名亲信精兵守护皇宫，在护卫献帝的同时，客观上对献帝及群臣进行了密切的监视。这自然引起一些人的不满。当时刘姓皇室宗亲无人出头，倒是后族浮出台面。

建安四年（199 年）底，董承导演的"衣带诏"阴谋泄露。建安五年正月，曹操将参与密谋的董承、王服、种辑、吴硕处死，并夷三族。董承的女儿身为贵妃，当时身怀有孕，也未能幸免。

董贵人的死，给伏皇后以极大刺激。她写信给其父伏完，让伏完设法除掉曹操。但伏完胆小怕事，直到建安十四年（209 年）死去也没有采取行动。但不知什么原因，到建安十五年十一月，这一阴谋败露了。曹操大为震怒，命御史大夫郗虑持节收缴伏皇后印绶，并命尚书令华歆为副手，带兵入宫，逮捕伏皇后。曹操还以献帝的名义下了一道《策收伏后》的诏令，诏令的口气显得义正词严。大意是说：

> 伏皇后由贱而尊，自立皇后至今已 24 年了，既没有周文王母亲太任、周文王妻子太姒那样美好的德行，又没有谨慎立身安享尊荣的福分，却暗怀嫉恨，包藏祸心，不配承受天命，祭祀祖宗。现在派御史大夫郗虑带着符节和诏令，让她交出皇后印绶，离开正宫，迁往他处。伏皇后咎由自取，没有依法治罪，也就很幸运了。

我们没有发现正史对处置伏皇后细节的记载。一般视作野史甚或看作笔记类小说的《曹瞒传》倒有以下记载：

> 伏皇后知道华歆带兵入宫后，急忙紧闭宫门，躲进内侧的夹壁之中。华歆令军士捣坏宫门，径直入内，将伏皇后从夹壁中拖了出来。伏皇后披头散发，赤着脚，流着泪，哀求献帝：
> "皇上，你就不能救救我么？"
> 献帝神情黯淡，凄厉地说：
> "我连自己都不知道能够活到哪一天啊！"
> 说着，又回过头来对郗虑说：
> "郗公，天下难道有这样的事吗？"
> 郗虑默不作声。伏皇后随即被押送暴室，幽闭而死。伏后所生两个皇子也被毒死。伏后的兄弟及亲信因此事牵连而死的多达上百人。

以上所记可谓令人发指，人神共愤。尽管《曹瞒传》历来被视作是对曹操的谤书，这样的记载或许有渲染、夸张的成分，但不能否认曹操的雷霆之怒和铁的手腕。

二是铲除拥汉派大臣的阻挠。

曹操迎献帝之初，一些具有忠君思想的士人投奔许都，希望借助曹操的力量，恢复汉室。但是，随着形势的发展，曹操代汉的意图明显，意志愈来愈坚定，于是这些士人出现分化。一部分人看到政归曹氏，汉室不可复兴，于是转而投靠曹操，唯曹操马首是瞻，如郗虑、董昭、华歆、王朗等人；也有一部分人仍然忠于汉室，企图阻遏曹操的野心，形成死忠派，如荀彧、孔融等人就是这方面的代表。

孔融在建安十三年（208年）被曹操斩首示众。他的情况留待以后再叙。这里着重讲一下荀彧。

荀彧是曹操的首席谋士。作为谋士，荀彧是最出色的一个，为曹操统一北方立有大功。所以，连曹操都说："天下之定，彧之功也。"

起初，曹操对荀彧非常信任和倚重。甚至将自己的女儿、后称安阳公主的，嫁给荀彧的儿子荀恽，两人结成了儿女亲家。

曹操迎献帝都许以后，荀彧担任了尚书令。这时，荀彧的身份发生了变化。作为谋士，就要绝对忠诚于自己的主人，以主人的恩仇为恩仇，以主人的好恶为好恶，真正的是非曲直是不能够去顾及的。但做了尚书令之后，他就是朝廷的官员，一向尊崇汉室的荀彧，自然呈现出吃汉家饭，穿汉家衣，为汉家办事的姿态。

曹操统一北方之前，心在朝廷，志在统一，荀彧为他出谋划策，殚精竭虑。但后来，曹操的野心逐渐暴露，荀彧就不再那么配合了，成了事实上的拥汉派代表。

建安九年（204年），曹操任冀州牧。有人向曹操提议，应当恢复九州，扩大冀州的领地，认为这样就容易制服天下。曹操征询荀彧的意见，荀彧反对，说这样做反而使人心不安，增加统一天下的难度。荀彧此语实际上暗含抑制曹操野心的用意。

建安十三年（208年）正月，曹操以献帝名义废三公，而设丞相和御史大夫，献帝任曹操为丞相。曹操恢复丞相之职，目的在于将朝中权力直接收归到自己手中，说明对荀彧已不那么信任了。

建安十七年（212年）正月，曹操享受参拜不名、入朝不趋、剑履上殿三种特权，已公开显示取代汉室的决心，荀彧虽不敢公开站出来反对，但内心无疑是不满的。

其后不久，董昭倡议曹操晋爵国公并加九锡，特来征求荀彧的意见，荀彧再也沉默不下去了。他说：

"曹公当初起兵的目的，就是为了辅助朝廷，安定国家，对朝廷怀有忠贞不贰的诚心。君子爱人以德，我们不应当这样做。"

从这段话可以看出，荀彧表面上是在维护曹操的政治声誉，使他免陷不忠，实际上是反对曹操晋爵魏公和享受九锡。

曹操闻讯后大为不满，必欲除之而后快。其后不久，曹操亲征孙权，上表请荀彧到前线劳军。荀彧到达谯县后，曹操又上了一份《留荀彧表》，表文大意是：

> 我听说古代派遣将帅出征，在上面设置监督的重任，在下面设置辅佐的助手，这是尊重国家明令，而又谋划周全少犯错误的原因。我现在正要渡江，奉令讨伐有罪的孙权，应该有大臣恭敬地宣示君王的命令。文武并用，自古以来就是这样。使持节侍中守尚书令（"节"是古代出使时所持凭证。"使持节"可以杀两千石官员，"假节"可以杀违反军令的官员，"持节"可以杀无官位的人。"侍中"，皇帝的侍从顾问官。"守"，主管的意思）荀彧，是国家有威望的大臣，德行遍及全国，既然停留在大军驻地，便应同我一起前进，宣布国家的命令，用威力使敌人顺服。军队的行动贵在迅速，来不及预先请示，我就留下荀彧，依靠他来建立威势。

曹操的表文冠冕堂皇，实际上是故作姿态，其目的是将荀彧羁留于军中，便于就近控制。

荀彧之死，内情非常隐秘。裴松之注引《献帝春秋》中记载：

> 伏皇后给她的父亲伏完写信，指斥曹操欺君罔上，要伏完设法除掉曹操。荀彧知情不举，后事败露。曹操追问荀彧为什么知情不

举，荀彧说先前已经禀报过。曹操说，这么重大的事，如果禀报了，能够没有印象？荀彧说，可能当时主公正与袁绍决战官渡，担心主公分心，所以没有禀报。曹操问，既然如此，那之后呢，怎么也没有报告？荀彧不能自圆其说，因此遭到了曹操的忌恨。曹操要荀彧带兵去杀伏皇后，荀彧不从，于是自杀。这一说法被裴松之否定。他说，荀彧是一代贤哲，不可能这么不智，以至于不能自圆其说。事实上，曹操也不可能愚蠢到让荀彧去杀伏皇后，曹操对荀彧的秉性是清楚的，如果强迫荀彧，必然导致荀彧不从而自杀，那社会影响就更恶劣了。

《三国志·荀彧传》载："太祖（曹操）军濡须，彧疾留寿春，以忧薨。"这一记载失之简略，且有为曹操曲笔的嫌疑。

裴松之注引《魏氏春秋》载："太祖（曹操）馈彧食，发之乃空器也，于是饮药而卒。"这一记载倒还合情合理。

荀彧德隆望尊，名重天下，时人奉之为楷模，海内英俊贤达都崇拜他。钟繇甚至认为，自孔门中以德行著称的颜回死后，能够具备很高德行、不重复过失的人只有荀彧。司马懿说荀彧是百数十年来难得一遇的贤才。荀彧的功劳特别大，又为曹操推荐了大批人才，如：戏志才、荀攸、郭嘉、钟繇、华歆、王朗、陈群、司马懿、郗虑、杜畿、杜袭、辛毗、赵俨、荀悦、仲长统等。

正因为荀彧功劳大、地位高、声望隆，又不能与曹操相始终，所以遭到曹操的忌恨。曹操产生除掉他的想法是自然的，且方式又不能太暴露。曹操喜欢用供食喂养来表示对部属的养育之情。送给荀彧一个空盒，就是表示不再供养他，荀彧于是会意而自杀。

有学者认为，曹魏代汉大势所趋，荀彧阻止是不明智的。在常人看来，这话似乎有些道理。不过，荀彧不是常人，不能以常人之心度之。要看到，荀彧的明智世所罕见，他之所以这样做，是在表明心志，以身殉道，正所谓死得其所。

赵翼在《廿二史札记》中讲道："献帝遭董卓之乱后，四海鼎沸，

第十八章　曹操之死与曹魏代汉

强藩悍镇，四分五裂。或计诸臣中，非操不能削群雄以臣汉室，则不得不归心于操而为之尽力。为操即为汉也。其劝操迎天子之论，可知或欲借操臣汉之本怀，且是时操亦遽未有觊觎神器之心。及权势已极，董昭等欲加以上公九锡，则非复人臣之事，或亦明知操之怀叵妄而终不肯附和，姑以名义折之，卒见忌操，而饮药以殉，其为刘之心亦可共白于天下矣！”这段话可谓入木三分。

荀彧“言为士则，行为世范”，他的死令人痛悼。曹植写了一篇《光禄大夫荀侯诔》，大意是：

> （荀彧）有冰雪一样清莹的人格，有白玉一样高洁的品性。遵循法度而不乱用权力，友善谦和却不放浪形骸。（他死后）百官的哭声不绝于耳，天子落泪沾湿了冠缨；织布女子望着机杼发呆，耕田的农夫停耕叹息。车轮原地打转不前，马儿紧靠着辕木悲鸣。

荀彧这么贤能的人，被曹操当作绊脚石给踢出了，说明曹操为代汉铺平道路的意志不可回转。只要是违拗他，不管是谁，也不管以前功劳多大，也不管以前是怎样的亲近和倚重，曹操都不会手软，断然予以制裁。

荀彧死后第二年，曹操进封魏公，并加九锡。第三年，也就是建安十九年（214 年），曹操晋爵魏王。

三是武装平暴。

自从曹操称魏公之后，公开站出来阻挠和反对曹操的朝中大臣没有了，但是，私下的反抗和暴动还是有的。

建安二十三年（218 年）正月，京兆人金祎、少府耿纪、司直韦晃、太医令吉本及吉本之子吉邈和吉穆等在许都发动叛乱。

金祎是西汉武帝时的大将金日磾的后裔，耿纪是光武帝大将耿弇的后裔，他们以汉室旧臣自居，志在兴复汉室。吉邈、吉穆则想扶持献帝以攻曹操，并南引关羽做外援。

当时负责留守许都的是曹操亲信、丞相府主簿王必。金祎与王必志向不同，但私交甚好。起事前，金祎就派人到王必军中做内应。起事那天，吉穆率勤杂人员及家僮千余人趁夜火烧王必军营。内应人员也趁机起事。王必受到内外夹击，仓促应战，但抵敌不住，肩部受伤之后逃往南城。

天亮后，叛军见王必没死，又受到颍川典农中郎将严匡的攻击，纷纷逃散，一场叛乱就这样收场。耿纪、韦晃及吉本等被屠灭三族。

十余天后，王必因伤重不治身亡。曹操对王必十分欣赏，称他"忠能勤事，心如铁石，国之良吏"。

王必之死让曹操大为恼火。据裴松之《三国志》注引《山阳公记载》，曹操将嫌疑人员召到邺城，让那些在王必军中起火时参加救火的人站在左边，没有参与救火的人站在右边。不少人以为参加救火的人肯定不会治罪，就纷纷站在左边。没有想到，曹操突然宣布："没有参加救火的人，没有帮助造反，参加救火的，统统是助纣为虐的强盗！"于是，将站在左边的人全部处死。

曹操在这里没有给出任何理由。或许在他看来，真正的良民深夜都休息了，不会起来生事。而那些声称救火的人，恰恰是企图叛乱的歹徒。他这样做，无可避免地会出现枉杀无辜的情形。

建安二十四年（219年）九月，魏讽企图在邺城发动政变。魏讽字子京，其人相当有名气，魏国相钟繇辟为西曹掾。魏讽欲趁曹操远在关西，关羽又猛攻樊城之机，联络卫尉陈祎，袭占邺城。但陈祎临事而惧，不到举事日期，就向留守邺城的曹丕告发了。曹丕立即发兵平暴，将魏讽党徒一网打尽。

事后，钟繇被免职，负责邺城治安工作的中尉杨俊被降职。曹操得到报告后，接受桓阶的建议，任徐奕为中尉。

自这次平暴以后，直至曹魏代汉，朝野风平浪静。说明曹操通过自身努力，已排除了各种阻力，代汉已水到渠成。

曹操虽具备代汉的一切条件，但他到死都没有代汉。

前面已经说过，曹操自迎献帝都许以后，即执掌了朝政。但同时，他本人又处在了嫌疑之地。如果不防范严一点，自己很可能身首异处；

防范严了，又容易出现反弹。

建安四年下半年至建安五年初，接连发生了三件大事，让曹操非常被动。一件是"衣带诏"事件，另一件是刘备在徐州反叛，第三件是陈琳代笔为袁绍所写《讨曹操檄》。从此，曹操头顶着"汉贼"的帽子打天下。周瑜说他"名为汉相，实为汉贼"，刘备说他"有无君之心"，"欲盗神器"。

赤壁战败以后，内部的政敌也攻讦他有"不逊之志"。舆情汹汹，有的甚至公开要他放弃军权。为了摆脱政治上的不利局面，他特地下了一份《让县自明本志令》。这篇令文比较通俗，兹录如下：

孤始举孝廉，年少，自以本非岩穴知名之士，恐为海内人之所见凡愚，欲为一郡守，好作政教以建立名誉，使世士明知之。故在济南，始除残去秽，平心选举，违忤诸常侍。以为豪强所忿，恐致家祸，故以病还。

去官以后，年纪尚少，顾视同岁中，年有五十，未名为老，内自图之，从此却去二十年，待天下清，乃与同岁中始举者等耳。故以四时归故里，于谯东五十里筑精舍，欲春夏读书，冬春射猎，求底下之地，欲以泥水自蔽，绝宾客往来之望，然不能得如意。后征为都尉，迁典军校尉，意遂更，欲为国家讨贼立功，欲望封侯作征西将军，然后题墓道言"汉故征西将军曹侯之墓"。此其志也。

而遭董卓之乱，兴举义兵。是时合兵能多得耳，然常自损，不欲多之。所以然者，多兵意盛，与强敌争，倘更为祸始。故汴水之战数千，后还到扬州更募，亦复不过三千，此其本志有限也。后领兖州，破降黄巾三十万众。又袁术僭号于九江，下皆称臣，名门曰建号门，衣被皆为天子之制，两妇预争为皇后，志计已定，人有劝术使遂即帝位，露布天下。答言："曹公尚在，未可也。"后孤讨禽其四将，获其人众，遂使术穷亡解沮，发病而死。及至袁绍据河北，兵势强盛，孤自度势，实不敌之，但计投死为国，以义灭身，足垂于后。幸而克绍，枭其二子。又刘表自以为宗室，包藏祸心，乍前乍却，以观世事，据有当州，孤复定之，遂平天下。身为宰相，人臣之贵已极，意望已过矣。今孤言此，若为自大，欲人言尽，故无讳耳。设使国家无有孤，不知当几人称帝，几人称王。

或者人见孤强盛，又性不信天命之事，恐私心相评，言有不逊之志，妄相忖度，每用耿耿。齐桓晋文所以垂称至今日者，以其兵势广大，犹能奉事周室也。《论语》云："三分天下有其二，以服事殷，周之德可谓至矣"，夫能以大事小也。昔乐毅走赵，赵王欲与之图燕，乐毅伏而垂泣，对曰："臣侍昭王犹侍大王，臣虽获戾，放在他国，没世然后已，不忍谋赵之徒隶，况燕后嗣呼？"胡亥之杀蒙恬也，恬曰："自吾先人及至子孙，积信于秦三世矣。今臣将兵三十余万，其势足以背叛，然自知必死而守义者，不敢辱先人之教以忘先王也。"孤每读此二人书，未尝不怆然流涕也。

孤祖父以至孤身，皆当亲重之任，可谓见信者矣，以及子桓兄弟，过三世矣。孤非独对诸君说此，常以语妻妾，皆令深知此意。孤谓之言："顾我万年之后，汝曹皆当出嫁，欲令传道我心，使他人皆知之。"孤此言皆肝膈之要也。所以勤勤恳恳叙心腹者，见周公有《金縢》之书以自明，恐人不信之故。

然欲孤便尔委捐所典兵众，以还执事，归就武平侯国，实不可也。诚恐已离兵为人所祸也。既为子孙计，又己败则国家倾覆，是以不得慕虚名而处实祸，此所不得为也。前朝恩封三子为侯，固辞不受，今更欲受之，非欲复以为荣，欲以为外援为万安计。孤闻介推之避晋封，申胥之逃楚赏，未尝不废书而叹，有以自省也。奉国威灵，仗钺征伐，推弱以克强，处小而禽大，意之所图，动无违事，心之所虑，何向不济，遂荡平天下，不辱主命，可谓天助汉室，非人力也。

然封兼四县，食户三万，何德堪之！江湖未静，不可让位；至于邑土，可得而辞。今上还阳夏、柘、苦三县户二万，但食武平万户，且以分损谤议，少减孤之责也。

这篇令文大体可分为四层意思。一是用亲身经历，坦率地表明自己的志望有限，起初不过是想做一名郡守，后被征为骑都尉也只是想"封侯做征西将军"。二是用自己起兵以来的经历来说明自己对国家所做的贡献。表明身为丞相，意望已过，再没有什么欲望。第三层，将话挑明，从正面驳斥一些人的指责，用齐桓公、晋文公以强奉弱、以大事小的史实自比自励，中间恰到好处地表达对乐毅、蒙恬的倾慕之情。最后，斩钉截铁地表示，从国家和个人的安全考虑，他绝不能放弃军权，绝不会去做"慕虚名而处实祸"的蠢事。

令文或以事实说话，或借古喻今，或直斥谬论，或直抒胸臆，无不表示他对汉室的一片忠心和对国家命运的关注，无不表示他的任劳任谤和远见卓识，令政敌无话可说，无懈可击。起到了消谤弭难的效果。

总的来看，这篇令文在很大程度上是说了实话的。他坦率地承认，并不是从小就胸怀大志，而是时势使然。被推上高位之后，就像骑在老虎背上，到死不得下来。所以，他不能放弃兵权。韩信、韩馥包括他的父亲曹嵩都是活生生的前车之鉴。令文中说的"设使国家无有孤，不知当几人称帝，几人称王"也是事实。袁术称帝就是被他讨灭的。如果不是他发动讨伐董卓的战争，董卓必称帝无疑；如果不是他打败了袁绍，袁绍也不会安心做臣子。同样，正因为有他在，江东的孙权、蜀地的刘备都不敢称王称帝。

当然，曹操说他没有"不逊之志"也是难以令人信服的。他在这里反复强调自己没有"不逊之志"，是一种策略，是一种讳饰，也是人为地对自己"不逊之志"的一种约束、一种控制。他不愿自己的"不逊之志"像脱缰的野马那样不可驾驭。

这期间，曹操还写了一首《短歌行》（其二）的诗，以表白自己的心迹。诗是这样写的：

周西伯昌，怀此圣德。三分天下，而有其二，修奉贡献，臣节不坠，崇侯谗之，是以拘系。一解。

后见赦原，赐之斧钺，使得征伐。为仲尼所称：达及德行，犹奉事殷，论叙其美。二解。

　　齐桓之功，为霸之首，九合诸侯，一匡天下。一匡天下，不以兵车。正而不谲，其德称传。三解。

　　孔子所叹，并称夷吾，民受其恩。赐之庙胙，命无下拜，小白不敢尔，天威在颜咫尺。四解。

　　晋文亦霸，躬奉天王。受赐圭瓒，秬鬯彤弓，卢弓矢千，虎贲三百。五解。

　　威服诸侯，师之者尊。八方闻之，名亚齐桓。河阳之会，诈称周王，是以其名纷葩。六解。

　　诗中第一解、第二解讲的是周文王。说周文王具有崇高的美德，以拥有殷三分之二的疆土，仍然朝贡纣王，不失臣节。只因遭到崇侯的谗毁，才遭拘禁。后被释放，恢复原职，纣王赐给他斧钺，授予他征伐大权。文王的美德受到孔子的赞扬。

　　第三解、第四解讲的是齐桓公。说他建立大功，成为霸主。多次会盟诸侯，匡正天下，而不依恃武力。行事光明正大。他的德行受到后世传颂。孔子赞美他，同时也赞美管仲（夷吾），说人民受到了他的恩惠。天子把祭肉（庙胙）赐给他，让他不用下阶跪拜。他却说：姜小白（齐桓公字）不敢这样，因为天威就在眼前。

　　第五解、第六解讲的是晋文公。说晋文公也是一个霸主，能够亲自侍奉周天子。因此，周天子给他圭瓒（祭祀时盛酒用的玉柄器物）、秬鬯（美酒）、红弓、黑箭，以及三百名勇士等丰厚赏赐。他的威望使诸侯臣服，效法他的人也受到尊重。但是，他在河阳会盟时，让周天子以打猎为名前来赴会，引发纷纷议论，因而损害了他的名声。

　　曹操热情赞美周文王、齐桓公、晋文公，就是表示要以他们为榜样，以大事小，尊奉汉室，以尽臣节。

　　建安十八年（213年）五月，曹操晋封魏公，并加九锡。曹操却依例上了《让九锡表》《辞九锡令》；建安十九年二月，献帝又命曹操设置旄头，曹操也上了一份《谢置旄头表》。

在《让九锡表》中，曹操讲道：

> 为臣的功小德薄，蒙受朝廷的恩宠已经过分了。提升封爵，增加封地，不是臣应该接受的。九锡大礼，和臣更不相称。惊慌恐惧，心里就像火烤一般。报告真实心情，希望听取加以考察。想不到陛下又下诏嘉奖开导，把臣比作伊尹、周公，却没有答应臣的哀求。臣听说对待君王可以诤谏，但不可欺骗。估计自己的能力担任官职，计量自己的功劳接受封赏。如果不堪胜任，宁死也不能接受。况且臣担任丞相，百姓都在看着我，却自己犯错误，人们将会怎样看待我呢？

在《辞九锡令》中说：

> 受到九锡的赏赐，得到广大的土地，周公那样的人才配。西汉时受封的那八位异姓王（献帝在策命中说："魏国置丞相以下群卿百僚，皆比汉初诸侯王之制。"）都是和高祖一起从白身干起，创建王业的，他们的功劳特别大，我哪能和他们相比呢。

在《上书谢策命魏公》的后半部分有这么一段话：

> 不料，皇上竟发布恩德，把封国的称号、九锡的大礼，赠给愚臣，封地可比齐、鲁，礼仪如同藩王，这不是无功的臣所应当接受的。臣把实情上达，没有得到应允，诏令急切地到来，真使臣坐卧不安，非常窘迫。臣暗自省察，位列大臣的中间，命运受王朝制约，此身不属于自己，哪敢自私？顺遂自己的意愿也要被斥退，甚至要削职为民呢。现在奉守封国，已列在诸侯之数，不敢再有更远的期望为后代考虑。至于我们父子，共同发誓，保证终身许国，死而后已，以报答天高地厚的恩情。天子威严就在眼前，怀着恐惧的心情接受诏令。

实在地讲，表文或辞或谢，都是表面文章，但曹操却给人以为势所逼、万不得已、万般无奈的印象。甚至发誓，终身许国，死而后已。

明眼人都看得出，封国备锡往往是改朝换代的信号。曹操在积极地为代汉创造条件，他再说这些当然没有人相信。但这样当众说出来，还是有人为地约束自己野心的用意，那就是当众为自己划出一道不可逾越的红线：至死不当皇帝。

建安二十四年（219 年）冬，孙权因为此前关羽攻打襄樊之机袭占了荆州，担心遭到刘备的报复，更担心曹操与刘备一起会攻东吴而使自己腹背受敌，便极力讨好曹操，特地上书称说天命，劝曹操即皇帝位，自己情愿称臣。

曹操看罢来信，说："孙权这小子想把我放在火炉子上烤啊！"

曹操知道，孙权居心叵测，要他取代汉室，意在转移矛盾，在曹操看来，这无异于把他置于火炉之上。

陈群、桓阶、夏侯惇等一班文武大臣，见汉室早已名存实亡，曹魏代汉大势所趋，于是纷纷劝进。

大凡改朝换代之际，总有一帮人帮助主人抬轿子。这帮人极力表演，希望主子进位当皇帝，这样，自己因劝进有功而可能成为新朝的开国元勋。这自然要比在前朝当一般官员好得多。如果主子不当皇帝，主子仍旧是臣子，自己则是臣子的臣子，哪有开国元勋风光？

曹操听罢，冷静地说："'施于有政，是亦为政'。若天命在吾，吾为周文王矣。"

"施于有政，是亦为政"语出《论语·为政》。意思是孝顺父母，友爱兄弟，这种风气影响到政治中去，就算参与了政治，何必一定要做官才算参与政治了呢？曹操套用此语，意思是说，只要掌握了皇帝的实权，又何必一定要当皇帝呢。如果天命攸归，做周文王好了。

曹操在条件已经具备的情况下，能当皇帝而不当，大概出自以下几个方面的考虑：

一是为了保持自己的名节。曹操此前一而再、再而三地表示要像周文王、齐桓公、晋文公那样以大事小，不失臣节，如果一朝食言，对他的政治声誉是很不利的。

二是曹操非常注重实际，他已拥有了皇帝的实权，便不再看重皇帝的虚名。况且，曹操此时已近垂暮之年，身体欠佳，就是做皇帝也做不了多长时间，还不如不做，让自己的儿子来做更为合适。

三是曹操一生致力于国家的统一，他不称帝，别人也不敢贸然称帝，这符合他维护国家统一的愿望。如果他称帝，刘备，还有孙权也会跟着称帝，这是他不愿看到的。他能称帝而不称帝，寓有以实际行动维护国家统一的苦衷。

以上说明，曹操非常注重自己的名节，始终把自己定位为周文王，以大事小，至死不渝。仅此一点，就盖过中国历史上所有的权臣和政治阴谋家。袁术什么条件也不具备，却贸然称帝；袁世凯在民国以后，皇帝成为历史陈迹的情况下，却视皇帝为至宝，逆历史潮流而动，妄自登基。这些人与曹操比起来，不过是跳梁小丑而已。

曹操是中国历史上最为复杂的人物，仅在是忠是奸的问题上，就令千百年来文人学士伤透脑筋而莫衷一是。可悲的是，人们往往把历史上的曹操与《三国演义》等文学作品中的曹操混为一谈，视曹操为奸贼。

事实上，当时天下分崩，"尺土一民，皆非汉有"。曹操纵然取天下也是取于群雄之手，实在算不上什么篡臣。

再说，当时手握重兵、割据一方的军阀没有一个是忠臣。吕布认贼作父；袁术公然称帝；袁绍擅铸金银印，称说天命；公孙度自王于辽东；张鲁自称"师君"，成为事实上的土皇帝；刘焉因术士称说蜀中有天子气，才建议灵帝改刺史为州牧而入据益州的；马腾、韩遂原本就是叛贼；公孙瓒擅杀朝廷命官幽州牧刘虞，私自任命严纲为冀州刺史、田楷为青州刺史；孙坚私藏天子玉玺，擅杀朝廷命官荆州刺史王睿、南阳太守张咨。这些人都不是忠臣。

刘备是忠臣么？也不是。作为皇族旁支的他，给养子取名为"封"、嫡子取名为"禅"，两个字合起来为"封禅"，即古时天子祭拜天地之礼，说明他念念不忘当皇帝。

既然大家都不是忠臣，单单要求曹操做忠臣是不现实的，单单指责曹操不是忠臣也是不公平的。

　　有史家指斥曹操为奸贼，无非是曹操玩弄了"奉天子以令不臣"或"挟天子以令诸侯"的把戏。我们反观以求，如果曹操不"奉（或挟）天子"，那又是一个什么境况？献帝或许被困死、饿死、虐死，绝不会有什么好下场。倘若献帝落入袁绍、刘备、刘表任何一个军阀手中，其命运也不会好到哪里去。从当时的情形看，"奉天子"比"不奉天子"好，曹操"奉天子"，毕竟使汉王朝延续了 25 年的国祚，使汉献帝终身享受富贵尊荣。曹操死后，曹丕登基，刘协被降为山阳公，位仍在诸王之上，享受山阳县一万户封邑。刘协的四个已经封王的儿子被改封侯。曹丕允许刘协继续使用汉王朝的服色和正朔，车服礼器仍然保持天子规格，仍然可以使用天子之礼祭拜天地和祖先。上书不称臣，受诏书不拜。直到魏明帝曹叡青龙二年（234 年）三月刘协死，一直都受到曹魏优待。刘协死时，曹叡还穿素服为他发丧，赐谥"孝献皇帝"。后世称刘协为汉献帝，就是因为这个谥号。纵观中国历史，汉献帝是亡国之君中最为幸运的一个。

　　人们常常津津乐道于曹操"奉（或挟）天子"得到了多大政治利益，殊不知，曹操"奉天子"要冒多大的风险。袁绍集团深知其中三昧，他们意识到把皇帝接到身边，从之则权轻，不从则抗命，弄不好还会成为众矢之的。尽管曹操终其身没有废帝自立，至少在表面上对皇帝礼敬有加，却遭到部分刘姓皇室成员及拥汉派人士的猜忌、算计，遭到袁绍、刘备、孙权等对手的诋毁、攻击和谩骂，遭到历史上部分史学家的指斥、责难！

　　我们认为，若仅仅是割地自雄，"奉（或挟）天子"弊多利少；若志在重建天下秩序，"奉（或挟）天子"则是政治伦理上不可缺少的一着。令人不可思议的是，"奉天子"以重建天下秩序的曹操，比抛却天子、割地自雄的袁绍、刘表、刘备、孙权受到更多的责难，这真是莫大的冤枉！

　　一些具有愚忠思想的人们指斥曹操架空献帝，并因此大为激愤，殊不知，这个皇上从来都是空有其名的傀儡，原本就没有行使过一天的皇权，所以，根本就不存在曹操架空献帝的问题，充其量是曹操没有将权力让渡于献帝。在当时的情况下，曹操能够把他接来，已经表现出难能可贵的政治姿态和政治觉悟。

有人可能觉得，献帝为人比较聪明，如果曹操将权力让渡与他，可能使得汉朝再度中兴。我们觉得这种情况不大可能。即使曹操高风亮节，慷慨大度地将权力让渡与献帝，献帝也担不起复兴汉室的历史重任。因为，众军阀照样不会买账，曹操的部下也不会服气。献帝纵然有能力，我们也没有理由认为他的能力就一定大过曹操，曹操都没有统一天下，他刘协何德何能能够使国家归于一统？从当时的情形看，曹操虽"奉天子"，但并不能令诸侯，这就清楚地表明，汉王朝气数已尽，没有人能够挽回。

人们常常指责曹操欺凌皇室，杀皇后皇子。殊不知，如果曹操稍微疏虞一点，就是身首异处，三族被夷。是的，曹操诛杀了有孕在身的董贵人、伏皇后，包括伏皇后所生的两个皇子，显得很残忍。须知，在那个时代，政治矛盾激化往往意味着血腥和残忍，这种状况不可避免。

还要看到，在荀彧的建议下，曹操将自己的三个女儿嫁给了献帝，这一举动并不是为了邀宠固位。他的宠已极，位已固，曹操这样做，就是不忍心过于伤害献帝，不忍绝其后嗣。

曹操的悲剧是由专制制度造成的。他不愿代汉，代汉就要落下篡逆的名声；他又不能急流勇退，一旦急流勇退，很可能不得善终。曹操就是在这两难之中度过余生的，这是专制制度的悲哀。

# 第十九章
# 曹操的政治理想及治世要举

　　《度关山》《对酒》两首诗集中表达了曹操的政治理想：国家统一，君主贤明，官吏忠良，执法公平，民不争讼，百姓安乐。其核心是以人为本。

　　在战争频仍的东汉末年，唯有曹操独具只眼，把社会治理放在了极其重要的地位，采取了一系列举措。武功与文治并用，相得益彰，使曹操成为建安时代最为顶尖的人物。

## 一、"忧世不治"的情怀

　　曹操生当乱世，与群雄角逐天下是其一生的要务。但是，随着统治地盘的不断扩大，社会治理的任务日益突出出来。曹操能够顺应时代发展的要求，采取合适的举措，这些举措，对恢复和发展社会经济、扭转东汉末年的社会积弊，产生过积极影响。

　　需要着重说明的是，当时为数众多的军阀，还没有哪一个能够像曹操一样留心于社会的治理，更不用说在这方面取得过什么成就。诸葛亮治蜀历来为史家所称道，但那是在三国分治的局面形成之后且战事相对较少的情况下出现的，在战争频仍的东汉末年，只有曹操独具只眼，把社会治理放到了突出重要的地位。这样，武功与文治并用，相得益彰，使曹操成为建安时代最为顶尖的人物。

　　曹操是一个富有理想的政治人物。他虽然不是出自经学世家，但对古文经学有较深的研究。他当初入选议郎，就是因为能"通晓古文经学"。正因为如此，他注意从诸子百家吸取精华，兼容并蓄，从而形成自己的一套政治理念或政治理想。

从现有资料看，没有发现曹操本人在政治理想方面的专门著述。我们只是从他的诗文中零星看到一些。本来，在古代有"诗言志"的传统，从这个意义上讲，曹操寓志于诗，通过诗歌来表达他的政治理想，也是很自然的。这方面，相对较为集中地反映在其诗作《度关山》和《对酒》中。

大概是在济南相任上，曹操写了一首题为《对酒》的诗，大意是：

> 对酒歌太平，官吏自律不扰民。
>
> 众臣皆忠良，君王贤能且开明。
>
> 人人懂礼让，百姓和睦无讼争。
>
> 三年耕种忙，九年仓满有余粮。
>
> 苍颜白发翁，不用劳苦享轻松。
>
> 风调又雨顺，年年五谷好收成。
>
> 战马卸鞍鞯，拉粮运肥到田间。
>
> 公侯伯子男，五爵虽尊咸爱民。
>
> 罢黜昏庸，晋升贤明。
>
> 长幼有序，父慈子孝。
>
> 触犯礼法，依律惩罚。
>
> 民不贪财，路不拾遗。
>
> 冬至无刑案，监狱无罪犯。
>
> 高寿有所依，恩惠及草虫。

曹操在这首诗里，大抵出自儒法兼采的理念，希望天下太平，吏不扰民，臣贤君明，执法严明，百姓礼让和睦，安居乐业。为人们描绘了一幅太平盛世图。

《度关山》的大意是：

天地间，人为贵。

设立君王，管理百姓，制定法律准则。

留下车轮马迹，巡视东西南北。

罢黜邪恶，提拔忠良。

使百姓休养生息。

啊！贤明的君主，统治全国疆域。

分封侯爵五等，设立井田刑狱。

可以烧掉奴隶卖身契，不实行普遍的赦免和以钱救赎。

执法严明的皋陶、甫侯，哪有什么过错？

可叹后世君王，改变制度法律。

奴役百姓为一人，横征暴敛费民力。

舜漆食器讲奢侈，诸侯叛离有十国。

不如皋陶尚节俭，栎木做椽无雕饰。

世人赞美伯夷，是为提倡节俭的风俗。

奢侈是最大的罪恶，节俭是共同的美德。

都像许由那样推让，还打什么官司，辩什么曲直。

如果实行兼爱尚同，疏远的也会变成亲戚。

在这首诗里，曹操开头就提出"天地间，人为贵"。这与孟子"民为贵，社稷次之，君为轻"的民本思想有相通之处。接着讲，设立君主管理百姓，就是要建立规章制度，使国家统一安定。要罢黜奸邪，提拔忠良，让老百姓休养生息。曹操还对分封和井田制给予了肯定，对后世改制易律提出了批评，对皋陶、甫侯严明执法给予了充分的赞扬，对后来君王不惜民力、横征暴敛表示了不满。通过对舜漆食器和唐尧采椽不斫的抑扬对比，提出奢侈是最大罪恶、节俭是共同美德的论断。

由此诗可以看出，曹操注重吸取儒家、法家的精华，同时对墨子的兼爱尚同也深表认同。此外，对不食周粟、以身殉道的伯夷以及不贪富贵、谦让隐居的许由也给予了赞许。这说明，曹操的政治理想呈现出多元化。20世纪六七十年代视曹操为法家，是不够准确的。

这里需要说明的是，曹操肯定伯夷、许由，是有其现实针对性的。当时众军阀务相兼并，民众之间也强欺弱、弱抗强，社会秩序遭到空前破坏。曹操赞颂他们，就是希望国人以伯夷、许由为榜样，减少或避免争斗，让社会变得和谐。

同样，曹操肯定分封制和井田制也不是要复古，而是借此表达他恢复已被破坏的社会秩序的愿望。

总体看，两首诗集中表达了曹操的政治理想：国家统一，君主贤明，官吏忠良，执法公平，民不争讼，百姓安乐。其核心是以人为本。

正因为有理想，他在《薤露》中对灵帝不辨贤愚任用何进提出了批评（"所任诚不良"），指斥何进"沐猴而冠带"，对"贼臣（董卓）持国柄，杀主灭宇京"表示强烈的愤慨和憎恶，对国家的残破痛心疾首。在《蒿里》诗中，对众诸侯"军合力不齐，踌躇而雁行"感到失望，对袁术称帝，袁绍私刻玉玺表示唾弃，对"白骨露于野，千里无鸡鸣，生民百遗一"表示痛心和悲戚。

正因为有理想，所以，他从步入仕途开始，就为着心中的这份理想在不懈地奋斗。在洛阳北部尉任上执法严明，在议郎任上关心国家的命运，从大局着眼，不避祸患，极言直谏；在济南相任上推行教化，平心选举，惩治不法，移风易俗。在典军校尉任上，希望为国讨贼立功，以便封侯、做征西将军。

正因为有理想，所以，董卓作乱时，他不受笼络，潜出京师，散家财，举义兵，率先发动讨伐董卓的战争，并在战争中舍生忘死。董卓裹挟献帝西迁后，袁绍等欲立刘虞，曹操断然拒绝，旗帜鲜明地指出，"诸君北面，我自西向"，矢志不渝地维护国家的统一和完整。

正因为有理想，所以，在天下分崩的形势下，他厚接皇室刘容，并迎献帝都许，恢复东汉王朝的宗庙社稷，占据"奉天子以令不臣"的道义高地，从而赢得主动。

曹操对自己的政治理想孜孜以求，至老不废。建安二十年（215年），曹操西征张鲁，写了《胡秋行》组诗。此时曹操已61岁，艰难备尝，但国家的统一却遥遥无期。因此，"意中迷烦"，忽而进入仙境，忽而又回到人间。但不管怎样的纠结和迷茫，一句"不戚年往，忧世不治"（意思是不忧虑年岁已老，只忧虑社会混乱），尽显其情怀，也令人感佩！

## 二、治世要举

客观地讲，曹操虽有"天地间，人为贵"的认识，也曾在《蒿里》诗中发出过"生民百遗一，念之断人肠"的浩叹，但在军阀混战之初，他与其他军阀一样，忙于征伐，并没有把生民的疾苦放在心上。甚至表现更为恶劣，曾两次血洗徐州。张邈、陈宫在兖州发动叛乱，或多或少与曹操不知恤民有些关系。

不过，曹操善于吸取教训，迎献帝都许以后，曹操成了东汉王朝中央政府的执政者，身份和地位的变化，使他对自己的事业有了更高的期许，他的行事作风也出现了积极的变化。

他着手恢复皇室宗庙社稷，同时，以条陈的形式向献帝上了一份《陈损益表》，着眼当务之急，提出了14条建议。这些建议的具体内容现在已无从得知，但表文的前言中，有"昔韩非闵韩之削弱，不务富国强兵，用贤任能"，由此可以看出，条陈就是围绕"富国强兵、用贤任能"展开的。

随即，在许都附近开始实行屯田，尝到甜头后迅速推广，为积谷供军和农业经济的恢复和发展做出了重大贡献。还放眼全国，搜罗人才，使许都成为人才辐辏之地，为曹操统一北方打下了基础。

下面，举其大端，分而叙之。

### （一）抑强扶弱，恢复经济

官渡决战的关键时期，许都以南地区，百姓因不堪重负而发生叛乱。曹操能够听取赵俨的建议，免去百姓人头税（绢帛、丝绵），已经收缴上来的，全部退还回去。

曹操这样做，固然为形势所迫，但仍不失其开明。因为，这是非常时期，前方正在决战，按现在的话说，决战是大局，是"最大的政治"。

换作其他政治强人，很可能要部下"讲政治、顾大局"，哪能够顾及百姓的死活？当然，换作其他政治强人，赵俨是不敢提出这类意见的，就是斗胆提了，也不会被采纳，弄不好还会掉脑袋。所以，我们敬服赵俨的胆识，我们同样敬服曹操的开明。

建安九年（204 年），曹操攻拔邺城，标志着曹操已夺取冀州。为了减轻百姓负担，以利冀州局势的稳定，曹操下了一份《蠲河北租赋令》：

> 河北罹袁氏之乱，其令无出今年租赋！

令文只有一句话，可谓要言不烦。明确地指出，黄河以北地区（主要指冀州）遭遇袁氏的祸乱，现在明令，免去百姓今年的租税。

当时，河北正值战乱之余，百姓衣食无着，嗷嗷待哺，实在交不出什么租税。曹操能够体谅百姓的困难，及时免除租赋，是应该给予肯定的。曹操把百姓遭遇的苦难归罪于袁氏，明令免去当年的租税，给百姓的印象是世道变了，今后的日子有盼头了。这对于争取民心，稳定河北的统治，以及与民生息、恢复经济无疑会产生积极的作用。

曹操不仅关心百姓的疾苦，对将士也比较体贴。建安七年正月，曹操先后在官渡打败袁绍和寇略汝南的刘备，率军回到谯县，发布了《军谯令》：

> 吾起义兵，为天下除暴乱。旧土人民，死丧略尽，国中终日行，不见所识，使吾凄怆伤怀。其举义兵以来，将士绝无后者，求其亲戚以后之，授土田，官给耕牛，置学校以教之。为存者立庙，使祀其先人。魂而有灵，吾百年之后无恨焉。

从这篇令文中我们可以看出，军阀混战让人民"死丧略尽"。目睹惨状，曹操"凄怆伤怀"。出于对将士的同情，要求各地为死亡的将士立后嗣，分给土地，配备耕牛，设立学校，请教师教育他们。还要帮他们建立祠堂，让他们祭祀祖先。这有利于提高士气，激励将士为国效命。

在第一章中我们已经讲到，东汉王朝是豪族政权，豪族势力一向比较强大。在冀州，豪族势力更是得到恶性发展。

由于袁氏为政尚宽，对辖区内豪强地主及其亲戚采取放任的态度，不法豪族凭借权势肆意侵占土地，更有一些豪族大地主隐匿所占土地，而将赋税负担转嫁到百姓头上，让百姓出双份租税。因此，豪强兼并、弱民兼赋成为严重的社会问题。不打击豪强、抑制兼并，切实解决老百姓负担过重的问题，就不能恢复和发展经济，也不利于自己的统治。

为了从根本上解决问题，曹操采取了抑强扶弱的措施，在下《蠲河北租赋令》不久，又下了一道《抑兼并令》：

> "有国有家者，不患寡而患不均，不患贫而患不安。"袁氏之治也，使豪强擅恣，亲戚兼并；下民贫弱，代出租赋，炫鬻家财，不足应命。审配宗族，至乃藏匿罪人，为逋逃主。欲望百姓亲附，甲兵强盛，岂可得耶？其收田租亩四升，户出绢二匹，绵二斤而已，他不得擅兴发，郡国守相明检察之，无令强民有所隐匿，而弱民兼赋也。

这是曹操治理社会的一份重要文献。这份文献规定了重要的政治经济政策，反映了他均平治国的思想。

"不患寡而患不均，不患贫而患不安"出自《论语·季氏》。联系下文"盖均无贫，和无寡，安无倾"，可见这两句应为"不患寡而患不和，不患贫而患不均"。在孔子看来，如果平均，就无所谓贫穷；国人和睦团结，就不觉得孤单；平安稳定，就没有被颠覆的危险。曹操引用此语，就是要尽可能地消除不均、不和、不安的现象。

接着，曹操通过揭露袁氏父子放任豪强兼并、强迫老百姓代交租赋，弄得百姓变卖家产都难以应付的罪行，以及审配宗族倚仗权势、藏匿罪人，充当罪犯窝主的不法行径，强调说明抑制兼并的必要性。

最后，提出抑制兼并的具体办法，那就是根据实际情况，实行赋税制度改革，规定租税额度，强调不得额外征收。要求郡守、诸侯国相严格检查，监督落实。

曹操打击豪强、抑制兼并的目的是为了国家的长治久安和社会经济的恢复和发展。这一思想有其连贯性。过去实行屯田，就寓有以中央政府与豪强争夺土地和人民的用意；实行盐铁官营，用盐铁收入购买农具，扶助关中流民，为他们安心劳作提供帮助，也是为了防止豪强把流民招为部曲而增添不稳定因素。

曹操打击豪强，抑制兼并是严肃认真的，并且身体力行。

早年曹操为地方官时，在这方面就有惊世骇俗的举动，如在洛阳北部尉的任上，棒杀蹇硕叔父，在济南相任上除残去秽，奏免八个县的不法官员。《抑兼并令》文告下发后，曹操要求谯县县令每年清查他老家的田亩数量和应上交的租税额度。

一次，谯县县令在评定等级时，将他的家产评在了曹洪的前面。曹操听后不以为然地说："我的家产哪能比得上子廉呢？"

曹洪，字子廉，生性吝啬，好聚敛家财，是有名的富家。论家财，曹操或许比不上他。曹操这样说，要么是怀疑谯县县令将他的家财报多了，要么是将曹洪的家财报少了。相对而言，后一种可能性更大一些。不然的话，一个小小的县令怎敢高评曹操的等级而让他交更多的租税呢。但无论哪种情况，都说明曹操是带头执行了规定的。这从一个侧面可以看出，早在 1700 年以前，曹操就实行了财产公布制度。

曹操打击豪强严肃认真还表现在对敢于碰硬的官员的支持。

满宠为许令，曹洪的一个宾客倚仗权势多次犯法，满宠毫不客气地将他逮捕入狱。曹洪知道后，出面求情，请求赦免。满宠不予理睬。曹洪又去找曹操，希望曹操出面通融。满宠担心曹操干预，就抢先下手，将罪犯处决。曹洪为曹操宗亲，是曹操的心腹爱将，且对曹操有救命之恩，满宠却全不顾及。其不畏权势、严肃执法，与当年曹操在洛阳北部尉任上的行事作风如出一辙。曹操得知此事，不仅没有责怪满宠，反而赞叹道："当官做事难道不应该这样吗？"

其后不久，曹操将满宠升任为汝南太守。汝南是袁绍的故乡，袁氏门生故吏遍布全郡，这些门生故吏大多横行不法，有的甚至拥兵自重。满宠到任后，从当地招募了500多名士兵，带领他们攻下了20余座堡垒，并诱杀了10多个不肯降服的首领，局势很快平静下来。

与满宠一样敢于碰硬的还有杨沛和司马芝。

杨沛是冯翊（郡名，治所在今陕西大荔）人，曾做过新郑县令。曹操西迎献帝时，粮食乏绝，杨沛曾以储存的桑葚干进献给曹操，使曹操渡过难关。曹操对他很感激，任他为长社县令。这期间，曹洪的宾客不肯依法上交赋税。杨沛把他抓起来，打断其腿，而后处死。曹操觉得杨沛很能干，先后让他当了九江、东平、乐安等地的太守。但后来，杨沛与督军争斗被免官治罪，判处髡刑五年。

再后来，曹操听说邺城及周边豪族多不奉法，社会治安也相当的混乱。曹操本来以邺城为霸府，这里出现问题，当然让他放心不下。便要求重新选一个邺城县令，并明确表示，新任邺城县令一定要像杨沛那样贤能。下属揣度曹操的心思，就让杨沛担任了邺城县令。此时，杨沛还是一个刑期没满的囚徒。杨沛上任前，曹操找他谈话，问："你准备怎样治理邺城？"

杨沛回答说："竭心尽力，依法办事！"

曹操听后很高兴，说："好！"曹操说着，又回过头来对在座的人讲："诸位，这个人可真令人敬畏啊！"

曹洪、刘勋等权贵听说杨沛要到邺城赴任的消息，赶紧派人前往邺城，告诫子弟宾客，不要以身试法。

杨沛因治理邺城有功，后被任为护羌将军。

司马芝是河内温县人。建安十三年被曹操任命为菅县（今山东济阳）长，郡主簿刘节是一方豪族，有宾客1000多人。这些宾客外出为强盗，入仕则乱吏治，从不服赋税和徭役。

一次，司马芝征调刘节的一个名叫王同的门生服兵役，刘节却把王同给藏起来了。司马芝就向太守郝光举报。郝光一向敬重司马芝的为人，就让刘节代王同服兵役。因此，青州一带流传着"司马县长让郡主簿当兵"的佳话。

此外，赵俨在郎陵长的任上，梁习在并州刺史任上，王修在魏郡太守任上，都毫不手软地打击了一些不法豪强地主。这些人之所以敢于碰硬，是与曹操的支持分不开的。如果得不到曹操的支持，有些"硬茬"是碰不下去的。

曹操大胆抑强的同时，对弱民进行了大力扶持。

曹操虽然进行了大规模屯田，但是，自耕农仍然是社会的主体，自耕农经济仍然在经济中占主导地位。

在当时，小农经济是脆弱的，经不起风吹雨打。曹操为了恢复和发展社会经济，对自耕农采取了扶持的政策。

一是改革赋税制度。自西汉以来，赋税主要有地税和人头税两种。地税是根据收获量的比例征收。三十税一、十五税一、十税一不等。人头税是按人口的多少和岁数的大小征收的。7 至 14 岁的未成年人每人每年缴纳 23 钱，称为"口赋"，15 至 56 岁的成年人每年缴纳 120 钱，称为"算赋"。

曹操将地税改为按亩定额收税，规定每亩收田租 4 升；将人头税改为按户征收（成为户调），并将收钱改收手工制成品，规定每户出绢 2 匹（1 匹约合 10 尺，当时 1 尺约合现在的 0.6 尺）、绵 2 斤（1 斤约合现在的 224.14 克）。

将地税由按产量比例征收改为按亩征收，目的自然是让豪强地主尽可能多地尽纳税义务。此外，土地面积可以准确丈量，租税收起来比较便利，而产量不易评估，在征收的过程中容易让豪强地主钻空子。

更为重要的是，按产量比例收取田税，农民多收必须多交，不能充分占有增产所得，生产的积极性难以调动，而按亩定额收税，则增产部分全归农民所有，更容易调动农民生产的积极性。

将人头税由收钱，改为按户收取绢绵等实物，也是因时制宜的。当时战争频繁，人口的流动性很大，不易掌握，而户口相对稳定，掌握起来较为方便。此外，因战乱和饥荒，物价飞涨，钱无定质，亦不流通，按钱征收标准不易掌握。再说，农民手上的现钱很少，如果让他们以钱币上交，农民就得出售手中的手工制品，这又容易受到不法商人的敲诈、盘剥。

当时，中原一带纺织品和农业是结合在一起的，农民大都有绢绵等手工制品，征收农民能够生产的实物，对农民不无好处。此外，向农民征收绢绵，客观上刺激了手工业的发展。

总的看来，曹操田租户调制加给百姓头上的负担是比较克制的，不仅比以前要少，就是比以后的两晋也要少。西晋统一全国后，在没有战争的情况下，田租每亩收4斛（斛的容量唐以前等于1石，合现在27斤；唐以后等于8斗），比曹操每亩收4升要高出1倍多；户调规定，丁男（16岁至60岁）作户主的每年平均要交纳绢3匹、绵3斤。次丁男（15岁至18岁和60岁至65岁）作户主的折半交纳。这个量比曹操的规定高出三分之一。

在干戈不息的当时，曹操能够规定较低的赋税额度，明令额度之外不得擅收，并特别强调豪强地主对土地资财不得隐匿，不得将负担转嫁到百姓的头上，的确是一件不容易的事，难能可贵。

二是恢复盐铁官营制度。在古代社会，盐、铁是关系国计民生的重要产品。汉武帝以前由民间私营，政府不加干预。盐铁经营逐渐被豪强大族所垄断。一些怀有政治野心的人聚众煮盐冶铁，借以积蓄力量，待机起事。汉武帝采纳桑弘羊的建议，实行盐铁官营，从此，盐铁从生产到流通都被官府统了起来。到东汉和帝时，主政的窦太后为了取得豪强的支持，解除了盐铁不准私营的禁令，盐铁又被豪族垄断，这对东汉末年豪族势力的恶性发展和割据局面的出现起了刺激作用。

曹操对关系国计民生的盐铁十分重视，他曾说过："先贤之论，多以盐铁之利，足赡军国之用。"还是在官渡决战期间，他采纳卫凯的意见，在关中恢复了盐铁官营。平定冀州后，于建安十年（205年），又下令恢复盐铁官营，并任命王修为司金中郎将，主管冶金、铸币事业。王修在司金中郎将的任上一干就是七年，成就卓著。

正因为曹操对盐铁业的高度重视，地方官员也不敢稍息，因此，盐铁业有了长足的发展。当时凉州（后并入雍州）的武威、酒泉，河东的安邑等地都盛产池盐。

韩暨主管冶铁业还进行过技术革新，改人排（用人力鼓风吹火）为水排（借流水之力鼓风），省时省力，大大提高了冶铁效率。盐铁业的发展，对其他手工业和商业的发展起到了推动作用。

三是加强水利建设。在科技不发达的古代，农业收成的好坏与天时密切相关。"水利是农业的命脉"。曹操为了恢复生产和军事运输，下大力抓了农田水利和漕运建设。

建安八年（203年）前后，陈留太守夏侯惇在宁陵、襄邑之间，断绝太寿水作陂（意为截断太寿流水，修筑水库。陂，音 bēi，池塘、小水库的意思），并亲自挑土，鼓励当地农民种稻；刘馥为扬州刺史期间，广泛开展屯田，并领导当地农民兴建了芍陂（今安徽寿县南40公里）、茹陂（今河南固始东南24公里）及七门堰（今安徽舒城西南55公里）等水利灌溉设施。曹操攻拔邺城后，在西门豹所筑十二渠的基础上，修建了天井堰，在漳水每隔300步修一道堤堰，共修筑了12道，都安上引水闸门。此外，为方便军事运输，开挖了白沟、利漕渠、平虏渠等河道。这些水利设施的兴建，改善了农业生产条件，对农业经济的恢复和发展起到了促进作用。

北宋嘉祐二年（1057年），刘敞写过一首《七门庙记》的文章，讲到当地老百姓祭祀刘馥的情形。由此可以看出，刘馥在扬州刺史的任上，兴修水利，惠及百姓，其影响达1200余年。

总之，曹操抑强扶弱、恢复经济，政策英明，成效卓著，得到了史家的充分肯定。马植杰在《三国史》中指出："扶持自耕农经济和抑制豪强地主，是构成曹魏实力快速增长的重要因素。"

**（二）推行教化，整齐风俗**

所谓"乱世"，首先是人心乱了。汉末大乱，也从人心乱起。"党锢之祸"接二连三，使社会风气发生扭曲。曹操下大力打击豪强、恢复经济以外，还下大力抓了社会风气建设。

曹操非常重视教化的功能。在济南相任上，就把教化作为治理一方的重要手段，使济南王国出现了"政教大行，一郡清平"的良好局面。

当政以后，尤其是平定河北以后，他一如既往地注重运用教化手段为其政治服务。建安八年（203年）七月，曹操下了一道《修学令》，令文说：

> 丧乱以来，十有五年，后生者不见仁义礼让之风，吾甚伤之。其令郡国各修学校，县满五百户置校官，选其乡之俊造者而教学之，庶几先王之道不废，而有益于天下。

这里的"文学"，主要指儒家经书。"俊造"指俊士和造士，才智过人称俊士，学业精深称造士。

东汉时，郡县普遍设立学校，学校都设有经师，称文学或文学掾。学校传授的是儒学经义，重点是仁义礼让等道德观念。这种儒学观念在当时对于提高人们的思想道德修养，改善社会风气有一定的积极意义。但自董卓作乱之后，社会秩序遭到破坏，学校无法开办下去，近乎废弃。

曹操在战乱不休的年代，能够重视这项费时费力、见效甚慢而"有益于天下"的基础性工作，的确不是一件容易的事情。不是大有为的人，绝不能想到甚至做到这一点。曹操此举，表明他的眼光不凡，极具前瞻性。

曹操注重教化，除恢复和重建学校之外，还用政令的形式予以倡导，希望以政风的好转推动社会风气的好转。为此，特地下了《礼让令》《清时令》两则教令。

《礼让令》说：

> 里谚曰："让礼一寸，得礼一尺。"斯合经之要也。
> 辞赏逃爵，不以利累名，不以位亏德之谓让。

《清时令》说：

> 今清时，但当尽忠于国，效力王事，虽结私好于他人，用千匹绢、万担谷，犹无所益。

《礼让令》意在教育自己的部众，为人要谦让，不要争强好胜影响团结；为政要退让，不要为争爵禄而损名亏德。《清时令》更是要求部下"尽忠于国，效力王事"，按现在的话说就是要有坚定的政治立场和信念，政治上要靠得住。不能阳奉阴违，搞团团伙伙。这些，对于纯洁政风和社会风气，维护朝廷权威，维护社会稳定无疑具有积极意义。

曹操在实施教化时，非常看重典型的示范和导向作用，注重旌表先贤和当代楷模。

建安七年（202 年），曹操驻军谯县期间，特地派人到睢阳，隆重祭祀乔玄，并亲自写了一篇祭文。文中称乔玄"诞敷明德（广布恩德），泛爱博容（慈爱宽容），国念明训（国家怀念你的教诲），士思令谟（士人追思你高明的智谋）"，对乔玄给予了高度评价。

建安十二年（207 年），曹操征伐乌桓途经涿郡时，给涿郡太守下了一道令：

> 故北中郎将卢植，名著海内，学为儒宗，士之楷模，乃国之桢干也。昔武王入殷，封商容之闾；郑丧子产而仲尼陨涕。孤到此州，嘉其余风，《春秋》之义，贤者之后，有异于人。敬遣丞掾修坟墓，并致薄醊，以彰厥德。

其大意是，前北中郎将卢植，名闻全国，是儒学大师，士大夫的楷模，国家的栋梁。过去，周武王攻入殷朝的都城，表彰殷大臣商容的闾巷，春秋时，郑国大夫子产死，孔子为之流涕。我到这里，赞美卢植留下的好风气。《春秋》中讲到，对贤人的后代不能和一般人看待。（现在）我恭敬地派出我的属官替他修坟墓，致祭奠，以表彰他的德行。

曹操尤其注重表彰当代楷模。这是因为，当代楷模往往就在身边，可亲可感，因而更具有教育意义。

田畴在北征乌桓中立有大功。曹操为表彰他的功劳，特地写了一份奏章《表论田畴功》，表文一开始就称赞田畴"文雅优备，忠武又著，和于抚下，慎于事上"。结尾又称田畴"文武有效，节义可嘉"。

平虏将军刘勋起初颇受曹操宠信，"贵震朝廷"。曾向河东太守杜畿索要当地特产——河东大枣，被杜畿拒绝。后来刘勋因犯法被处死。曹操发现了杜畿拒绝刘勋的书信，对杜畿不媚权贵，不结私好的品格十分赞赏，为此特地向各州郡下发了一份表彰杜畿的通报：

> 昔仲尼之于颜子，每言不能不叹，既情爱发中，又宜率马以骥。今吾亦冀众人仰高山，慕景行也。

全文的大意是，从前孔子每次谈到颜回，都赞不绝口，这份感情既是发自内心，又是希望在群马之中找一匹骐骥来做领头。现在，我也希望大家仰慕杜畿高山一样的品德，并且效法他的高尚行为。

崔琰为政清廉正直，曹操很欣赏他，让他当东曹掾（丞相府属官，主要负责二千石官员的甄选任免工作），特地给崔琰下了一份《授崔琰东曹掾教》：

> 君有伯夷之风，史鱼之直，贪夫慕名而清，壮士尚称而厉，斯可以率时者已。故授东曹，往践厥职。

这份教令实际是任前谈话，大意是：你有伯夷的操守，史鱼的耿直。贪心的人因敬慕你而变得清廉，志节高尚的人因崇拜你而变得更加勤勉。你这个人完全可以作为当代的楷模。所以，任你为东曹，你要去履行好你的职责。

崔琰不负曹操所望，与毛玠一起掌管选举，"其所举用，皆清正之士，虽于时有盛名而行不由本者，终莫得进"。

曹操通过正面教育与引导进行社会风气建设，其积极作用是显而易见的。

但自战乱以来，风气凋敝，已成痼疾，单靠正面教育与引导，用和风细雨的方式解决这种"顽疾"，其力度显然是不够的。为此，曹操还借助行政的、法律的力量，下猛药，进行大刀阔斧的整治。

建安五年（200年），曹操为徐宣讥议陈矫下了一道令：

> 丧乱以来，风气凋敝，谤议之言，难用褒贬。自建安五年以前，一切勿论，其以断前非议者，以其罪罪之。

徐宣与陈矫都是司空府属官，他们之间的关系并不好。陈矫本姓刘，因过继给其舅父而改姓陈，后来娶了刘姓本族女为妻。徐宣就对他进行讥讽、诋毁。曹操为此下了这道令。

在曹操看来，同姓结婚是风气衰败造成的，客观原因是主要的，不应过多追究当事人的主观责任。如果抓住不放，进行讥议、诋毁，就容易给人以恶意诽谤的印象。而诽谤之言是不能作为评价一个人好坏的标准的。为了避免这类事再出现，曹操规定，建安五年以前不予追究，建安五年之后，如果谁还揪住断限以前的问题不放，去诽谤他人，那么，就把他加给当事人之罪加到他自己的头上。

曹操的处理是合适的，反映了他实事求是的态度。对待历史问题，宜粗不宜细，宜宽不宜严，能不追究就不要追究。如果事事"过筛子"，一把尺子量到底，就容易扩大打击面，增加内耗，损害事业。

曹操对恶意诽谤的人是非常厌恶的。一次，他收到一封诽谤信，写信的人并没署名。曹操非常气恼，想要查个水落石出。国渊建议留下这封信，不要声张。曹操同意了，就把此事交给国渊处理。国渊根据信中多次引用《二京赋》中的句子这一线索，费尽周折，终于将作者查了出来，并给予了严肃处理。

在平定河北期间，曹操为整顿社会风气，安定民心，在建安十年九月，专门下达了《整齐风俗令》：

> 阿党比周，先圣所疾也。闻冀州俗，父子异部，更相毁誉。昔直不疑无兄，世人谓之盗嫂；第五伯鱼三娶孤女，谓之挝妇翁；王凤擅权，谷永比之申伯；王商忠义，张匡谓之左道。此皆以白为黑，欺天罔君者也。吾欲整齐风俗，四者不除，吾以为羞。

当时的冀州地区，在袁氏父子近乎无为而治的情况下，形成了一种很坏的社会风气：结党营私，操纵舆论，排除异己，颠倒黑白。

曹操对这种恶俗进行了谴责。他说，古代圣贤历来痛恨结党营私之类的事，接着列举了汉代四个事例进行印证：直不疑连兄长都没有，却有人说他与嫂子私通；第五伯鱼三次娶的都是孤女，却有人说他殴打岳父；王凤专权跋扈，谷永却把他比作忠于周室的申伯；王商忠诚正直，张匡却说他搞歪门邪道。这些问题，有的属于伦理方面的，有的属于政治方面的。如果任其发展，小则伤风败俗，大则引发倾轧和内斗，影响政权的稳定。正因为问题严重，所以曹操给予了高度重视。他明确宣示："四者不除，吾以为羞"，表达了革除积弊的决心。

曹操平定高干叛乱夺取并州后，于建安十一年（206年）三月，下了一道《明罚令》，破除了危害人民身体健康的"寒食"旧俗。令文曰：

> 闻太原、上党、西河、雁门，冬至后百五日皆绝火寒食，云为介子推。子胥沉江，吴人未有绝水之事。至于子推独为寒食，岂不偏乎？且北方沍寒之地，老少羸弱，将有不堪之患。令到，人不得寒食，若犯者，家长半岁刑，主吏百日刑，令、长夺一月奉。

"介子推"，姓介，名推。"子"系尊称。曾随重耳（晋文公）长期流亡，艰难备尝。后重耳回晋国做了国君，随即封赏先前追随他一起流亡的人。介推与其母隐居绵山（今山西沁源西北的介山），不受封赏。晋文公于是命人放火烧山，希望将他逼出来，没想到竟将介推烧死了。晋文公很伤心，于是下令在介推死的当月，不生火，吃冷食，以纪念介推。东汉改为三天冷食。这就是"寒食节"的来历。伍子胥曾帮吴王阖闾整军经武，使吴国变得强大。后因功高震主，被吴王夫差赐死，死后沉尸江中。

曹操在令文中讲到，太原等地为纪念介推而寒食，但吴人并没有为纪念伍子胥而不饮江水。北方天气寒冷，老人、小孩身体弱，吃寒食受不了。此令颁布后，任何人不得寒食。如有违反，家长要判半年徒刑，主管官吏要判 100 天徒刑。县令、长（大县曰令，小县曰长）要剥夺一个月的俸禄。

曹操以政令的形式禁绝寒食，不仅表现了移风易俗的决心，更表现了对民生的关怀。

曹操在整顿风气的过程中，诛杀了当代大儒孔融。

孔融来到许都之初，对曹操很友善，不仅热心举荐人才，还写了一些赞美曹操的诗句。但自建安九年（204 年）以后，孔融觉得曹操威福日盛，就对曹操采取了不合作甚至对抗的态度。他们之间的关系随之恶化。

建安九年（204 年）九月，曹操攻拔邺城。曹丕艳羡袁熙之妻甄氏貌美，曹操遂将甄氏作为战利品赏给了曹丕。曹氏强夺人妻，在孔融看来很不应该，于是给曹操写了一封信，信中有"武王伐纣，以妲己赐周公"的话。因为孔融博学，曹操便以为史书中或许有此记载。后见到孔融，曹操就问孔融信中所言出自何处，没想到孔融却说："用今天的事去推测，想必有这么回事。"孔融不仅讽刺了曹丕纳甄氏，还戏弄了曹操一番。

曹操远征乌桓时，孔融又给曹操写了一封信：

> 大将军远征，萧条海外。昔肃慎氏不贡楛矢，丁零盗苏武牧羊，可并案也。

意思是说，乌桓偶尔犯境，不过是像古代肃慎氏不肯向周武王进贡用楛木做杆的箭、丁零国的人偷盗苏武的牛羊一样，不过是纤芥之患，不值得率大军去征讨。

按说，北征乌桓在当时是十分必要的，曹操对此也很慎重，曾专门开会研究过，决策既然定了下来，就不宜唱反调。孔融此举显然是不明智的。曹操没有追究，算是比较克制的。

当时粮食匮乏，曹操为节约粮食，下令禁酒。孔融又上书反对，说什么"天垂酒星之耀，地列酒泉之郡，尧不千钟无以建太平，孔非百觚无以堪上圣。樊哙解厄鸿门，非豕肩钟酒，无以奋起怒……"把酒的作用吹得神乎其神。

要说曹操也是爱酒的，他曾写过"何以解忧，唯有杜康"的诗句，还专门写了篇名曰《对酒》的诗。曹操不仅爱酒，还精通酿酒的妙方，曾将九酝春酒（酿九次的酒）的秘方奉献给献帝。

曹操因粮食短缺而下令禁酒，是从大局上考虑问题，其用意无可指责。孔融不当家不知柴米贵，上书反对是很不明智的，而且上书的理由强词夺理，似是而非，难以服人。

曹操接到孔融的信后写了一封回信，信中用夏商两代因酒误国及常人因酒坏事的事例，来解释他禁酒的原因和目的，自然是希望取得孔融的谅解。但孔融偏不买账，给曹操回了一封更加荒诞、更让人气恼的信：

> 昨承训答，陈二代之祸，及众人之败。以酒亡者，实如来诲。虽然，徐偃王行仁义而亡，今令不绝仁义；燕哙以让失天下，今令不禁谦让；鲁因儒而损，今令不弃文学；夏商亦以妇人失天下，今令不绝婚姻，而将酒独急者，疑但惜谷耳，非以亡王为戒也。

从这封回信可以看出，孔融明知曹操是为"惜谷"而禁酒，却偏要绕过主题，舍本逐末，用荒诞绝伦的语言恶心曹操。曹操实在厌恶极了，但因孔融名重天下，曹操还是忍了，没有为难他。

孔融还上了一篇《宜准古王畿之制》的表文，主张恢复周代旧制，京城周边一千里以内不得建立封国。当时曹操是武平侯，其封地在今河南鹿邑附近，距许都很近。按照孔融的意见，曹操就得转移封地，这是曹操不堪忍受的。

光禄勋郗虑本来与孔融有矛盾，就揣度曹操心思，上书献帝罢免了孔融的官职。

曹操利用这次机会，就让路粹代笔给孔融写了一封信，信中晓之以理，希望孔融与郗虑和好。结尾，对孔融提出了警告：

> 孤为人臣，进不能风化海内，退不能建德和人，然抚养战士，杀身为国，破浮华交会之徒，计有余矣。

大意是说，我作为臣子，进不能教化天下百姓，退不能树立恩德让百姓和睦团结，然而抚养战士，为国牺牲，打击以浮文华辞私相结交的人，办法是很多的。

这封信既然是由路粹代笔，说明曹操已不想搭理孔融了。信中的警告已隐隐约约露出杀机。

孔融收到信后有所触动，他回信表示要同郗虑重归于好，并诚恳接受曹操的忠告。

看来孔融真的是书呆子，根本就没有看清自己放言无忌，得罪的是曹操。他表示与郗虑重归于好，显然是找错了对象。

正所谓江山易改禀性难移。孔融爱士爱交，待人殷勤豁达，慷慨大方。免职闲居期间，常常宾客盈门。他感慨地说："座上客常满，樽中酒不空，吾无忧矣。"

孔融说这话，说明他根本不懂政治，全然不知曹操正在整齐风俗，这样做是招忌的。

曹操觉得孔融处处同他作对，甚至还结党营私，操纵舆论，诽谤朝政。于是任郗虑为御史大夫，主审孔融。郗虑搜集了孔融的一些言议，路粹据此上表启奏：

> 少府孔融，昔在北海，见王室不静，而招合徒众，欲图不轨，

云"我大圣之后，而见灭于宋，有天下者，何必卯金刀！"及与孙权使语，谤讪朝廷。又融为九列，不遵朝仪，秃巾微行，唐突宫掖，又前与祢衡跌荡放言，云："父之于子，当有何亲，论其本意，实为情欲发耳。子之于母，亦复奚为？譬如物寄瓶中，出则离矣。"既而与衡更相赞扬。祢谓融曰："仲尼不死。"融答曰："颜回复生。"大逆不道，宜极重诛。

这里的"卯金刀"指刘（劉）姓。表文上奏以后，曹操立即下令将孔融处死。孔融的两个儿子也没有幸免。

实在地讲，说孔融"欲图不轨"显然是栽赃陷害。因为，孔融是个文官，是个书生，哪有那么大的野心和能耐？说他"谤讪朝廷"，"不遵朝仪"，虽有罪但罪不至死。至于与祢衡更相称赞，这就更不值一提。因此，孔融的死震动朝野，议论之声不绝于耳。曹操为平息舆论，下了一道《宣示孔融罪状令》：

> 太中大夫孔融既伏其罪矣，然世人多采其虚名，少于核实。见融浮艳，好做变异，眩其诳诈，不复查其乱俗也。此州人说，平原祢衡受传融论，以为父母与人无亲，譬若瓴器，寄盛其中，又言若遭饥馑，而父不肖，宁赡活余人。融违天反道，败伦乱理，虽肆市朝，犹恨其晚。更以此事列上，宣示诸军将校掾属，皆使闻之。

曹操在此令文中，只讲孔融"违天反道，败伦乱理"。这是因为，两汉标榜以孝治天下，给孔融安上这一罪名虽然阴损了点，但却击中了要害。人们会想，这个孔融怎么狂放到这个地步？亏他还是孔子的后代，当代大儒！不惟无德，亦是背祖！这样就堵住了众人悠悠之口，比路粹的表文实在要高明得多。

曹操杀孔融历来受到人们的非议。因为，孔融是当代大儒，而且以文章和风骨见长。杀了这样的人，人们从感情上接受不了。况且，曹操杀孔融的理由并不充分，也难以让人服气。事实上，曹操本人就是一个不尊礼法、不信天命的人，只不过不像孔融那样放诞无忌罢了。

鲁迅在《魏晋风度及文章与药及酒的关系》这篇著名的演讲中讲道，"曹操杀孔融，司马懿（应为司马昭——作者注）杀嵇康，都是因为他们和不孝有关。但实在曹操、司马懿（应为司马昭——作者注）何尝是著名的孝子？不过将这个名义，加罪于反对自己的人罢了"。这在很大程度上点出了问题的实质。

当然，曹操杀孔融又确有可以理解的地方。孔融似乎给人一种无论曹操做得对还是不对都与曹操对着干的印象，以这种态度对待执政者，在专制社会是容不得的，换了别人，孔融照样会被杀头。

曹操杀孔融，尽管有些不仁，但还能够让人想得通，倒是孔融杀人让人不可思议。孔融为北海相时，仅因"租赋少稽"就"一朝杀五部督邮"。孔融不能自保其境，又不肯同邻近州郡合作，因此，左承祖劝他"自托强国"，仅因这个建议，就被孔融杀害。说明孔融不像个文人，倒像是一个暴徒。他的残暴比曹操有过之而无不及。

曹操杀孔融及其后代，固然有些残忍，但从当时的实际情况看，是曹操整齐风俗、破浮华交会政策的一部分，对防止朝臣结党营私，维护朝政的稳定以及加强曹操的个人威信是有其积极意义的。

**（三）崇尚法治，严明赏罚**

曹操无论是治军还是治国，都崇尚法治，这与他儒法兼采的思想密切相关，同时与他所处时代的特点紧密相连。

他在《以高柔为理曹掾》中说：

夫治定之化，以礼为首；拨乱之政，以刑为先。

意思是说，国家安定时的教化，把礼放在首位；平定乱世的政治措施，把刑法放在前面。正是出于这一理念，身当乱世的曹操把法治放在了重要的地位。

曹操依法行事的作风由来已久。早年在洛阳北部尉和济南相任上，就以执法严明享誉海内。官渡之战前夕，袁曹双方的谋士都在这方面对曹操给予了肯定。

建安八年（203 年），曹操在攻打邺城期间，为整顿军纪，激励士气，下了一道《败军抵罪令》：

> 《司马法》："将军死绥。"故赵括之母，乞不坐括。是古之名将，军破于外，而家受罪于内也。自命将出征，但赏功而不罚罪，非国典也。其令诸将出征，败军者抵罪，失利者免官爵。

曹操在令文中对过去"但赏功而不罚罪"的做法进行了检讨，明确宣布"败军者抵罪，失利者免官爵"。

曹操的执法是严肃的，部属犯法自不待说，就是自己的亲属包括自己犯法，也无例外地给予治罪。

建安二十三年（218 年），代郡乌桓反叛，曹操命其子曹彰为北中郎将，前往代郡平叛。行前，曹操特地告诫曹彰："居家为父子，受事为君臣。动以王法从事，尔其戒之！"

曹操担心儿子骄狂任性，触犯军法，对他适时预警。说明曹操的法制观念是强的，执法是严肃认真的。

曹操对曹植一向厚爱，一度有意立他为继承人。但是，曹植违禁私开司马门之后，曹操大为震怒，斩杀公车令，重申诸侯科禁，曹植因此失宠。

在曹操看来，法律、命令不是儿戏，既然定了下来，就应当严格执行，任何人都不得违犯，违犯了就应受到惩处。

裴松之在《三国志·武帝纪》注引《曹瞒传》中有一段记载：

> 一次曹操出征，正当麦熟。曹操下令："凡将士过往，践麦者死。"将士接到命令，个个小心翼翼，生怕践踏了麦子。不料，曹操的坐骑受到惊吓，窜入麦田。曹操立即叫来行军主簿给自己定罪。部下觉得曹操身为主帅，岂可因事出意外而治罪？于是找理由为曹操开脱。

曹操却严肃地说："我自己制定法律，自己违反，如不加罪，何以服众？我作为主帅，虽不能自杀，却该自罚。"于是，拔出剑来，割下一绺头发，并传示诸军，以示惩戒。

《曹瞒传》严格讲不是史书，对曹操多有诋毁。这段记载表明曹操割发代首，是在耍弄权术、愚弄部下。在作者看来，"发"是不能代首的。但在我国古代有一种刑法叫作"髡"，这是一种比砍头轻一等，而比鞭笞重一等的刑法。曹操作为主帅，在事出意外的情况下犯法，能够主动给自己定罪，即使是象征性的，也足以令人钦敬。

曹操实行法治是非常慎重的。为了公平执法，他非常重视执法官的甄选。他在《选军中典狱令》中说：

夫刑，百姓之命也。而军中典狱者或非其人，而任以三军死生之事，我甚惧之，其选明达法理者，使持刑典。

意思是说，刑法是关系众人生死的大事，但是军中执掌刑法的，有的或许并不合适，却让他们掌管事关全军将士生死的职权，这使我很担心害怕。要选用精通法律的人，来掌管刑法。

建安十九年（214年），曹操在其丞相府设置理曹，掌管刑法，并任精通法理的高柔为理曹掾。

高柔是高干的族侄，曹操西征高干时，投奔曹操。曹操起初对高柔并不信任，甚至想找茬整治他。但高柔自律甚严，工作非常勤苦。一次，曹操乘夜微服私出，密查群司。见高柔因劳累过度而睡了过去，手里还捧着书。曹操见了非常心疼，就将自己身上的皮大衣解了下来，轻轻地披在高柔的身上，然后离去。不久就任高柔为仓曹掾（主管粮食储运），后转为理曹掾。

曹操不仅重视执法官选用，对具体的法律条文也很慎重。

汉文帝以前，在法律上有墨（脸上刻字）、劓（割鼻）、刖（截脚大趾）三种刑法。后来，汉文帝将这三种刑法废止了，改用笞刑（用竹鞭抽背）。这样做的结果，往往把人打死或打伤致残。

曹操认为，把没有犯死罪的人打死，还不如改用肉刑更能够保全人的性命，如果把人打残失去生活自理的能力，就更不人道了，所以，主张恢复肉刑。为慎重起见，曹操特下了一份《议复肉刑令》，交由御史中丞（主纠察百官）的陈群主持讨论。

陈群认为，笞刑名轻实重，名轻，老百姓容易犯法，实重，容易伤害百姓。刑法严峻，可以减少犯罪，所以也主张恢复肉刑。但也有人认为，吴蜀还没有平定，如果恢复肉刑，就会把想来归附的人吓跑。

曹操权衡利弊，没有恢复肉刑。从这件事可以看出，曹操在制定法律这类重大问题时，是慎之又慎的；并且不固执己见，显得很开明。

曹操实行法治的一个显著特点是将赏功与罚过看作是不可分割的整体，赏得坚决，罚得严肃。

荀彧为曹操统一北方立下大功，曹操先后上了《请爵荀彧表》《请增封荀彧表》，对荀彧的为人和功绩给予了高度评价，称"天下之定，彧之功也"，"谋殊功异，臣所不及"。但是，荀彧认为自己没有攻城野战之功，不肯受封。曹操先后给荀彧写了两封信，言辞非常恳切，尤其是第二封信，甚至对荀彧拒绝封赏提出了委婉的批评。

曹操起初视荀彧为心腹，所以，即使是批评，其语气也很柔和委婉。但对他人拒绝封赏，曹操的态度就要严厉得多。

田畴为曹操远征乌桓立有大功。事后，曹操上了一份《表论田畴功》，极力称赞田畴的品德和功劳。但田畴认为，自己受袁氏之恩（袁绍曾征召过他）而不能报，逃往山中，特别是出山当向导，导致袁尚、袁熙死亡，更让他觉得愧对袁氏，所以，他拒绝接受封赏。田畴这一想法现在看来很古怪，但在当时却是道义的表现。

曹操一时迁就了他。但是，时隔三年，曹操觉得听任田畴让封，是"成一人之志而亏王法大制"。于是，又下了一道《爵封田畴令》。但田畴还是坚决辞让，并上表陈情，表示以死相拒。

曹操仍不听允，欲强行封拜。田畴仍不改初衷。执法官对田畴提出弹劾，认为田畴狂狷违道，应该免官治罪。

曹操为慎重起见，将此事交由世子曹丕及众大臣讨论。

曹丕、荀彧、钟繇等都主张宽贷田畴，顺从他的意愿。

曹操不甘心，就让与田畴关系一向很好的夏侯惇前去做工作。对夏侯惇讲："你去开导开导田畴，他会听你的。但不要告诉他是我让你去的。"

夏侯惇来到田畴住处。田畴知道夏侯惇来意，就闭口不言，让夏侯惇吃了闭门羹。

夏侯惇只好离去。临走时，抚着田畴的背说："田君，曹公真心实意，你就不能回心转意吗？"

田畴说："将军的话说得太过了。我只不过是一个负命逃窜的人，能够蒙恩活命也就很幸运了，怎么能够因为在卢龙塞当过向导而获取封赏呢？纵然国家钟爱于我，我难道不问心有愧吗？将军是深知我的人，尚且如此，如果迫不得已，我情愿效死自刎于你的面前。"话还没有说完，就涕泪涟涟了。

夏侯惇向曹操做了汇报。曹操喟然长叹，就没有再强封田畴。曹操最终虽然妥协了，但仍可以从中看出他对"让封"的严肃态度。

曹操在治军过程中，颁布了类似现代条令条例之类的军中法律性条文，其目的自然是让将士熟知律令，自觉遵守，避免不教而诛。其中《军令》《步战令》《船战令》最为详尽具体。

在群雄蜂起、战事频仍的东汉末年，曹操注重以法治众，比"政刑不理"的陶谦，"不修法度"的袁术，"豪强擅恣，亲戚兼并"的袁绍，"德政不举，威刑不肃"的刘焉、刘璋父子，以及"善善而不能用，恶恶而不能去"的刘表的确要高明得多。曹操能够统一北方，不能说与他推行法治没有关系。

当然，曹操作为专制时代的政治家，自然摆脱不了时代与阶级的局限。在专制时代，执政者言出法随，这就很难避免在立法和执法方面出现畸轻畸重、宽严失范的现象。一方面，统治者在立法时严苛，目的在于立威；另一方面，在执法时又往往放一马，意在显示自己的宽仁。这样，法治就往往失去了应有的严肃性，甚至变成了"人治"。

曹操也没有完全摆脱这方面的不足，他的很多法令过于严苛，如杀袁谭、孔融时，曾下令"敢哭之者戮及妻子"，还下过"围而后降之者不赦"的法令，这些都非常残忍，不近情理。还有，在《步战令》中规定，士兵逃离部队要斩首，逃回家超过一天，其家人如果不将他送回部队或向官府报告，与之同罪，这不仅不近情理，还有很大的漏洞。如果逃离部队没有回家，或逃离部队几天后再回家，这就不好把握。正因为宽严失度，不近人情，所以执行起来又往往网开一面，不予追究。这就使曹操的法治力度打了折扣。

我们在这里不惜笔墨论述曹操的法治，也只是把他放在当时的历史条件下与众多的风云人物作比较分析，觉得他高人一筹。但并不讳言，他推行的法治与现代法治是不可比拟的。现在，要建设法治中国，可以对曹操的法治采取扬弃的态度，引为借鉴。

**（四）控制和利用方士**

黄老学产生于战国中期的齐国。汉初文景时代，以"清静无为"的道家思想治理国家。西汉武帝改弦更张，罢黜百家，独尊儒术，但晚年又崇信神仙。

东汉桓帝时，神仙学和黄老学相结合正式形成黄老道。桓帝还"亲祀老子于濯龙（皇宫）"。上有所好，下必甚焉。皇家笃信，于是，黄老大行其道。

曹操的祖父曹腾就笃信黄老之学。受家风和世风所染，曹操对黄老之道多所摄取。总体看，他对当时两个道教结社组织比较宽容。击败太平道组织青州黄巾之后，没有像其他军阀那样大肆杀戮，而是对他们进行改造和收编；击败汉中五斗米道道首张鲁后，封张鲁及其五子为列侯。在济南相任上，他捣毁神坛，禁断淫祀，青州黄巾军就认为"其道乃与中黄太乙同"。这些都说明，曹操对黄老道并不反感，甚至有几分好感。

当时谶纬盛行，某谶语一旦流行起来，往往具有摄取人心的力量。袁术就因为谶语"代汉者，当涂高"，就说："吾字公路，正应其谶"（"涂"，即途，与"路"相通）。什么条件都不具备，却死心塌地做皇帝。

陈寿算得上是一个严谨的史家，似乎也相信谶语，在这方面也没能免俗。曹操在官渡击败袁绍后，他情不自禁地写道：当初桓帝时，有人看见黄星出现在楚地和宋地之间。辽东的殷馗擅长天文，说往后 50 年，一定有"真人"出现在梁、沛之间，无人可挡。现在正好 50 年，曹公击败袁绍，天下莫敌。

但曹操"性不信天命之事"，迎献帝都许之初，太史令王立就对献帝讲："天命有去就，五行不常盛，代火者土也，承汉者，魏也，能安天下者，曹姓也，唯委任曹氏而已。"这本来非常有利于曹操，但曹操并不领情，反而使人传话，对王立提出警告。

曹操也不信神仙之说。他在《善哉行》诗中就有"痛哉世人，见欺神仙"。在《秋胡行》其二中说："赤松、王乔，亦云得道，得之未闻，庶以寿考。"意思是，赤松、王乔也说得道成仙，我是没有听说过的，只不过是寿命长一些而已。

曹操虽不信神仙，但对黄老道中的养生之术还是抱持欣赏的态度。张华《博物志》上就说曹操"好养性法，亦解方药"。曹操为练好气功，曾写信给皇甫隆，请教"所服食施行引导"之术。皇甫隆回信，让他"朝朝服食玉泉琢齿"，即将口中的津液吞下，并经常叩齿。从现代医学的角度看，还是有一定科学道理的。

曹操虽好养生，但是不相信羽化登仙之类的鬼话。他在《精列》中说："厥初生，造化之陶物，莫不有终期。"认为自开天辟地以来，世间生物都有终了的时候。在《龟虽寿》中说："神龟虽寿，犹有竟时，螣蛇乘雾，终为灰土。"在《秋胡行》其二中还说："存亡有命，虑之为蚩。"认为生死都出于自然，过多地考虑就是痴迷。这些都闪烁着唯物主义思想的光芒。

曹操清楚，就是因为黄老之道盛行，加之政治腐败，民不聊生，才导致黄巾兴起。朝廷为对付黄巾，改刺史为州牧，最终形成尾大不掉的局面。从某种意义上讲，是黄巾军摧毁了东汉王朝。因此，曹操对具有人为宗教性质的黄老之道不能不保持警惕，尤其是对其笃信黄老之道，并且表现活跃的方士更是放心不下，所以，在军中"禁妖祥之言，去疑惑之计"。曾处决过装神弄鬼、惑乱军心的宋金生。

曹操在《掩获宋金生表》中说：

> 臣前遣讨河内、获嘉诸屯，获生口，辞云："河内有一神人宋金生，令诸屯皆云鹿角不须守，吾使狗为汝守。不从其言者，即夜闻有军兵声，明日视屯下，但见虎迹。"臣辄部武猛都尉吕纳，将兵掩获得生，辄行军法。

意思是说，征讨河内、获嘉时，从俘虏口中得知，有一个名叫宋金生的人自称神人。他告诉守军，鹿角不须把守，他派狗帮他们把守就行了。并声称如果不听他的，就会在夜间听到军队行动和兵器撞击声。天明以后，还会看到老虎的脚印。曹操于是派人将宋金生抓获并予以处斩。

汉魏之际，方士是一个背景复杂的群体。他们往往颇能"妖言惑众"，甚至因其术而干预政治。何进推荐的方士董扶就因得到朝廷的宠幸而官拜侍中。董扶曾私下对太常刘焉说："京师将乱，益州分野有天子气。"刘焉因此心动，谋求外放做了益州牧。方士李郃甚至直接参与了密谋顺帝即位的事。

此时，黄巾虽被镇压下去了，但是，黄老之道在社会上仍然风行，怎样对待和处置黄老之道，是一个重大的现实问题。曹操出于对他们的不放心，就将那些有活动能力的方士集中在邺城，表面上对他们客客气气，实际上是对他们实行有效的监控。曹植在其《辩道论》中讲到了这方面的情况：

> 世有方士，吾王（曹操）悉所招致……本所以集之于魏国者，诚恐此人之徒，接奸诡以欺众，行妖恶以惑民，故聚而禁之也……自家王与太子及余兄弟，咸以为调笑，不信之矣。

由此可以看出，曹操担心方士蛊惑人心，扰乱社会，危害自己的统治，所以才将他们"聚而禁之"。

当时召集到邺城的有一大批方士，其中著名的有左慈、朱建平、甘始、王真、郗俭，连华佗也被视作方士招了进来。这些人有的会星相占卜，有的会幻术杂技，有的懂房中术，有的善医，有的能辟谷。

曹操父子像蓄养倡优一样把他们蓄养起来，以便就近控制。当然，这种控制外松内紧，只要不公开作恶，不妖言惑众，曹氏父子对他们还是比较优待的。

对方士的一些把戏，则抱着调笑取乐的态度，并不真心相信。但对有科学道理的道术则持肯定和欣赏的态度。

辟谷是一种不食五谷杂粮，通过吸取自然精华之气而减肥、排毒、养生的系统养生方法。曹操就让左慈尝试辟谷。左慈辟谷一个月，颜色不减，气力自若。郗俭甚至辟谷百日，步行起居跟平常一样。曹操还让左慈表演过空竿钓鱼的把戏。

从以上可以看出，曹操以扬弃的态度对待黄老之道，是比较开明的。采取蓄养的办法，对方士既控制又利用，也是非常得体的，并且有利于社会的稳定。他的朴素唯物思想和无神论思想对当时盛行的唯心主义天命观和谶纬说产生了一定程度的冲击，促进了当时的思想解放运动，对后世产生了较为深远的影响。

### （五）厉行节约

曹操一生勤学不辍，熟悉历史掌故，对先贤一些有价值的言论观点多有借鉴。

《易经》中就讲到了"节俭"的问题，列举了对待节俭的三种态度，即甘节、安节、苦节。并且断言三种态度会产生三种不同的结果："甘节，吉"，即甘于节俭的人，则吉利、美好；"安节，亨"，即安于节俭的人，顺利通达；"苦节，凶"，即以节俭为苦差事的人，将有不测之祸。

《老子》中讲道："治人、事天莫若啬。夫为啬，是谓早服。早服谓之重积德。重积德则无不克。"意思是说，治理人、侍奉天，没有比啬啬更好的。由于吝啬，才能遇事从容，未雨绸缪。遇事从容，未雨绸缪就是积德的过程。有了"啬"和"德"，就可无往而不胜。

《易经》《老子》历来被称为智慧的渊薮，都强调以"节俭"治国御民，告诫统治者力戒奢靡，奢靡无度会毁己、毁家、毁国。以曹操的博学，对这些箴言警句式的论述自然了然于心，心领神会，并融会贯通于自己的施政之中。

曹操经历丰富、见多识广。灵帝奢侈无度，入不敷出就开西苑卖官，还自诩为"善聚财"，加速了王朝大厦的坍塌。袁术骄奢淫逸，旋即败亡。这些触目惊心的教训就发生在眼前，理所当然地在曹操心灵深处打下深刻的烙印。

正因为如此，曹操对节俭的意义有着极其深刻的认识。他在《度关山》的诗中写道："侈恶之大，俭为共德。"意思是奢侈是最大的罪恶，俭朴是公认的美德。接着还写道："舜漆食器，畔（叛）者十国。"意思是，舜那样贤明，可是，他在食器上涂上了漆，结果导致十国叛乱（这一说法无从稽考）。曹操在这里把奢侈提到导致亡国的高度来认识。

所以，曹操当政以后，将厉行节约当作一项基本国策来实施，当作一项重要举措来推行。

我国古代政治家中，在厉行节俭方面，曹操是做得较为出色的一个。

裴松之在《武帝纪》注引《魏书》中讲道：曹操"雅性节俭，不好华丽，后宫衣不锦绣，侍御履不二采，帷帐屏风，坏则补纳，茵蓐取温，无有缘饰"。意思是说，曹操喜好节俭，不喜欢华丽，后宫的人不穿锦绣，身边的人的鞋子没有花色，窗帘屏风之类坏了再补，铺盖保暖而已，不加配饰。

曹操在吃、穿、用等方面都很俭朴。魏明帝曹叡执政以后，社会依然贫困，可奢靡之风渐长，卫凯为此上书说："武皇帝（曹操谥号）之时，后宫食不过一肉，衣不用锦绣，茵蓐不缘饰，器物无丹漆。"应该说反映了实情。

曹操在《内戒令》中讲到他的日常生活情况，现撷取部分内容翻录如下：

> 我的衣被已经使用 10 年了，年年把它拆下来洗洗缝缝再接着用。

> 官吏和老百姓多制作刺绣衣服。穿丝织的鞋子不得用朱红、紫、金黄几种颜色。以前，我在江陵得到的各种花色的丝鞋，把它给了家人。和他们约定，穿完这些鞋子，不准再仿作。

> 我不喜欢装饰美丽的箱子，所用都是掺杂新皮制作的皮箱，用黄皮镶在中间。碰上乱世没有皮箱，就做方形竹箱，用黑布作套，粗布作里，这就是我平时所用的。王宫内妇人当时曾置办箱子，已经坏了。现在方竹箱漆上漆很漂亮。

> 我有逆气病，常常准备好水来浸头。用铜器盛水，时间长了有臭气，就改用银器。人们不理解，说我喜欢银器物品。现在又改用木器。

> 以前天下刚刚平定时，我便禁止家人熏香。以后，三个女儿做了贵人，为她们熏了香，因此就熏起香来了。我不喜欢熏香，遗憾的是没有落实我的禁令。现在，再一次禁止熏香，把香放在衣服里或带在身上也不许。

> 房内不清洁，可以烧枫树胶和蕙草。

《内戒令》是曹操专门就节俭问题告诫近侍和家人的。看起来都是一些吃穿用之类的小事，却不厌其烦，在那里婆婆妈妈，絮絮叨叨。但在曹操看来，这些都不是小事。之所以讲得这么细，这么严肃认真，目的在于现身说法，小中喻大，引起家人足够的重视和注意。

曹操不仅在吃穿用等日常生活方面倡导节俭，在嫁娶、婚丧方面也莫不如是。

曹操有三个女儿嫁给了献帝。对这样的大事，按照常理应该大操大办才是。可是，曹操并没有这样做。女儿出嫁时，只是用了黑色的帷帐，随从的婢女也只有 10 人。

曹操对厚葬之风也是不满的。因此，他对自己后事的安排也很简单，为此，专门下了一篇《终令》，这在前面已经讲到。

曹操在去世前，为自己准备了四季丧服，分装在四个箱子里，并且写了一份遗言：

> 有不讳，随时以敛（通殓）。金珥珠玉铜铁之物，一不得送。

"珥"，耳塞。古代达官贵人死了，入殓时往往在口耳鼻里塞上珠玉之类的器物。这段话的意思是：如果死了，随时入殓。金玉珠宝之类的器物，一概不要随葬。

曹操临终时在其遗嘱中再次交代他死后："敛以时服……无藏金玉珠宝。"

曹操将节俭推及吏治，形成了一种"廉节"的导向。一般情况，官员贪婪，源自欲望膨胀，而欲望膨胀，则源于没有养成节俭的美德。因此，"廉"与"节"原本就是连在一起的。曹操让品德高尚、清廉自守的崔琰、毛玠掌管选举，"其所举用，皆清正之士，虽于时有盛名而行不由本者，终莫得进。务以俭率人，由是天下之士莫不以廉节自励，虽贵宠之臣，舆服不敢过度"。

在曹操的影响带动和强力推动下，朝野俭朴节约蔚然成风。孔融就在其《六言诗》中称曹操"减去厨善甘肥，群僚率从祁祁"。曹植在《武帝诔》中称曹操"敦俭尚古，不玩朱玉，以身先下，民以淳朴"。

应该看到，曹操厉行节俭并不是为了聚敛财富。他是真正把财富看作身外之物的人。生前尚俭，死后薄葬。裴松之注引《魏书》称曹操"攻城拔邑，得美丽之物，则悉以赐有功，勋劳宜赏，不吝千金，无功望施，分毫不与，四方贡御，与群下共之"。

曹操厉行节约也不是为了沽名钓誉。纵观曹操一生，为人通脱，体任自然，在生活中讲究朴素美、自然美，绝无意于沽名钓誉而人为克制自己，去过苦行僧式的生活。事实上，他把节俭看作是甘之如饴的乐事。

　　曹操厉行节约，也不是因为战乱，物资匮乏。以曹操所处地位，即使物资再匮乏，他也完全有条件极尽奢华、尽情享受的。说到底，他这样做，目的是以俭率下，开一代新风。

　　当然，在专制时代，当政者崇尚节俭主要是靠自律，这就需要持久的恒心和毅力。曹操终其一生做到了，这是很不容易的。曹操在世时，对自己的子嗣和臣下要求比较严格，从上到下自然能够形成节俭的风尚。曹操去世之后，这种约束解除了，情况就出现了变化。事实上，曹操厉行节约对其后世的影响极其短暂。曹丕已露出了奢侈的端倪，曹叡更是奢侈无度，他们都因奢侈荒淫而不假天年。后嗣之君太幼弱，导致权柄旁落，为司马氏所趁，终至国运衰亡，实在令人叹惋！

# 第二十章
# 曹操的人才观和用人艺术

　　曹操能够滚雪球似的发展起来，说到底，是因为曹操高度重视人才，刻意搜罗人才，并充分发挥了人才作用的结果，这才是最为根本的东西。

　　曹操在用人上是德才并重的。他虽提出过"唯才是举"的政策口号，但并不意味着曹操只重才而不重德。

　　曹操的奖赏观是丰富的，奖赏方式也不拘一格。

## 一、"为国失贤则亡"

　　军阀混战之初，曹操的实力并不大，在天下英雄竞出头的当世，算不上什么重要角色。但是，他能够滚雪球似的发展起来，战胜一个又一个强大的对手，雄踞北方，三分天下有其二，绝不是偶然的。这固然与他采取了适宜的政治、经济政策和军事战略方针有关。但是，这些政策和方针要靠人去制定和落实。所以，说到底，还是因为曹操高度重视人才，刻意搜罗人才并充分发挥人才作用的结果，这才是最为根本的东西。

　　"得人才者兴，失人才者亡。"这是亘古不变的真理，曹操对此有深刻的认识。他在《善哉行》中写道：

　　　　齐桓之霸，赖得仲父。后任竖刁，虫流出户。

意思是说，齐桓公能够称霸诸侯，是因为得到了仲父（管仲）的辅佐。但是后来，桓公任用竖刁，以致死后无人收尸，尸体腐烂后蛆虫都爬到了门外。齐桓公得贤而兴的盛况与失贤而死的惨景形成了强烈的对比，在曹操的脑海里留下了难以磨灭的印象。

曹操注重吸取历史上的经验教训，非常重视人才的作用。早在军阀混战之初，他针对袁绍重视地盘，企图占据黄河以北，南向以争天下的战略意图，鲜明提出了"任天下之智力"的思想。

建安三年（198 年），淮南袁术的军队发生动乱，曹操听到消息后感慨地对何夔讲："为国失贤则亡。像你这样的人才都不能被袁术所用，他的军中发生内乱不是很自然的吗？"

正因为曹操非常重视人才的作用，所以常常情不自禁地流露出思贤若渴的情绪来。他在《短歌行》其一中写道：

> 对酒当歌，人生几何？譬如朝露，去日苦多。
> 慨当以慷，忧思难忘。何以解忧，唯有杜康。
> 青青子衿，悠悠我心，但为君故，沉吟至今。
> 呦呦鹿鸣，食野之苹。我有嘉宾，鼓瑟吹笙。
> 明明如月，何时可掇？忧从中来，不可断绝。
> 越陌度阡，枉用相存，契阔谈讌，心念旧恩。
> 月明星稀，乌鹊南飞，绕树三匝，何枝可依？
> 山不厌高，海不厌深，周公吐哺，天下归心。

诗人从感叹时光易逝着笔，继而写壮志未酬，思贤如渴的苦闷心情。最后以周公自期，抒发延揽人才，使天下归心的愿望。

根据这首诗的内容推断，应该是写于赤壁之战以后。由于曹操在军事上失利，统一事业遭遇严重挫折，感到年华渐逝，壮志未酬，所以发出"人生几何，去日苦多"的慨叹。他引用《子衿》《鹿鸣》的诗句表达对贤才的思慕。全诗感情充沛，带有浓厚的悲凉情调。吴淇在《六朝选诗定论》中评道：此诗"盖一厢口中饮酒，一厢军中听歌，一厢心中凭空作想，想出这曲曲折折、絮絮叨叨，若连贯，若不连贯，纯是一片怜才意思"。可谓洞彻肺腑，入木三分。

正因为曹操如此惜才、爱才、盼才，所以，他能够想方设法收罗人才，以致出现"猛将如云，谋臣如雨"的兴盛局面。不仅袁绍、袁术、刘表等人望尘莫及，就是孙权、刘备也难以相比。

人才的兴盛，带来事业的兴盛。曹操的强盛也就不在话下。

## 二、"明扬仄陋，唯才是举"

赤壁之战以后，曹操深感遭遇人杰，刘备和孙权手下汇集了一大批文臣武将，而自己所占地盘越来越大，到处都需要人去镇守、去管理，人才显得不足。为了招揽更多的人才以壮大自己的力量，曹操于建安十五年（210年）春专门下了《求贤令》：

> 自古受命及中兴之君，曷尝不得贤人君子与之共治天下者乎！及其得贤也，曾不出闾巷，其幸相遇哉？上之人求取之耳。今天下尚未定，此特求贤之急时也。"孟公绰为赵、魏老则优，不可以为滕、薛大夫。"若必廉士而后可用，则齐桓何以霸世！今天下得无有被褐怀玉而钓于渭滨者乎？又得无有盗嫂受金而未遇无知者乎？二三子其佐我明扬仄陋，唯才是举，我得而用之。

《令》中讲到，自古以来，开国及中兴之君，无一不是依靠众多的贤才相助才取得成功的。而所得贤才又往往不出闾巷，这不是侥幸碰到的，而是当政的人上门求访来的。现在天下还没有安定，正是需要求访贤才的时候，必须不拘一格加以选用。希望主管人事的官员广泛推荐，不要把那些地处偏远、出身贫贱而有才能的人给遗忘了。

孟公绰是春秋时鲁国大夫，为人清廉，忠厚安分。不过，他的才能一般。他做晋国赵、魏两大家族的元老能够胜任，但如果让他做滕、薛两个小封国的大夫（国务官），就不一定称职。因为元老悠闲，无职无权，只要有威望就行，有没有能力无所谓。而封国大夫权大责重，没有能力是无法担当的。曹操引述孟公绰，意思是说光有廉洁的名声，没有实际本领是不堪重用的。

接下来，曹操讲到，如果一定要用廉洁之士，那齐桓公怎么能够称霸天下呢？（因为辅佐齐桓公的管仲就不是一个廉士。他早年与鲍叔牙交游，合伙经商时蒙骗钱财，后又帮助齐桓公的弟弟姜纠与桓公争王位，曾瞄准桓公的胸前射出一箭，正好射中桓公胸前的铜钩。桓公因为他有非凡才干还是任用了他。）现在天下难道没有像姜子牙那样身穿粗布衣服、怀有真才实学而在渭水边垂钓的人吗？没有像陈平那样蒙受"盗嫂受金"污名，却没有遇到像魏无知那样慧眼识英才的人而被埋没的人吗？你们几个人一定要帮助我寻找地处偏远、地位低下而被埋没的人，只要有才能就推举出来，让我任用他们。

曹操把"明扬仄陋，唯才是举"作为用人政策，这在历代政治家中是别具一格的。曹操这样做，一方面是考虑到真正德才兼备的人实在是太少了，而要在乱世有一番作为，在用人方面尤需考察人的实际才能。所谓非常之时，建非常之功，需用非常之人。另一方面是有感于汉末的察举和征辟等用人制度发生了蜕变。重视品德的多，重视实际才能的少。察举和征辟不求真才实学，但求忠孝礼义之类的虚名。曹操早年不受清议界的重视，也是出于这一原因。所以，深受其害的曹操力图打破这种局面，大胆而响亮地提出"唯才是举"这一用人政策口号。

可是，长期以来形成的重德行、轻才能的用人导向，严重束缚着人们的思想，也顽固地阻挠着"唯才是举"政策的落实。针对这种情况，建安十九年（214 年），曹操又下了一份《敕有司取士毋废偏短令》：

> 夫有行之士未必能进取，进取之士未必能有行。陈平岂笃行，苏秦岂守信耶？而陈平定汉业，苏秦济弱燕。由此言之，士有偏短，庸可废乎？有司明思此义，则士无遗滞，官无废业矣。

这道令开门见山地指出，"有行"（有德行，操守好）与"进取"

（有作为、能干）往往很难集于一身。接着用陈平、苏秦来印证，反问道：难道陈平有笃实的品性？可是他辅佐刘邦平定天下，奠定汉朝基业；苏秦难道有信义？可是他拯救了弱小的燕国。由此说来，那些有才能的人，即使有些短处，又怎么能够废置不用呢？希望主管人事的官员明白这一道理，不要求全责备，这样，有才能的人才有发挥才能的机会，官府就不会有旷废的事了。

建安二十二年（217 年）8 月，曹操又下了第三道求贤令，即《举贤勿拘品行令》：

> 昔伊挚、傅说出于贱人，管仲，桓公贼也，皆用之以兴。萧何、曹参，县吏也，韩信、陈平负污辱之名，有见笑之耻，率能成就王业，声著千载，吴起贪将，杀妻取信，散尽求官，母死不归，然在魏，秦人不敢东向；在楚，三晋不敢南谋。今天下得无有至德之人放在民间，即果勇不顾，临敌力战；若文俗之吏，高才异质，或堪为郡守；负污辱之名，或不仁不孝，而有治国用兵之术：其各举所知，无有所遗。

曹操在这篇令文中所举有才能的人的事例更多，也更具有典型意义。这些人都出身低微，或在德行上有所亏欠。伊挚（伊尹）、傅说都出身奴隶，伊尹却能帮助商汤灭夏，建立商王朝；傅说能做商王朝的宰相，使国家强盛；萧何、曹参，起初一个是县丞，一个是狱卒，却因才能而迁升至相国；韩信，曾乞食漂母，受恶少胯下之辱，陈平更是背负盗嫂偷金恶名，最终辅佐刘邦成一代帝业。

至于吴起，他的名声更差。在鲁国时，鲁国的国君想用他领兵攻打齐国，但因其妻是齐人，引起人们的顾忌，吴起竟然杀死妻子以求取信任，后来果真打败了齐国。吴起年轻时到处钻营都没有受到重用，家财败光了，受到人们的讥笑，他杀死讥笑者 30 余人后远走他乡。临走时对母亲发誓说，做不到卿相就不再回来。后来母亲去世，他果然没有回家。杀妻求将，母死不归，就是这样的人，做魏国大将时，多次打败强大的秦国，使秦不敢东向攻魏。后来做楚将，多次打败韩赵魏三国的进攻，使三国不敢南下犯楚。

曹操罗列上述事例之后，要求对那些置身民间而有德望的人，那些果敢勇猛、能够临敌力战的人，或身为普通小吏却很有本事能够担任将军、郡守职务的人，以及那些蒙受不光彩名声、受人耻笑的人，甚至包括不仁不孝但确有治国用兵之术的人，只要是发现了，就要推荐上来，不要遗漏。

曹操以上三令，其核心是唯才是举。目的是打破用人上的条条框框，力求最大限度地开发人才资源。事实上，曹操一直是这样做的，他"拔于禁、乐进于行阵之间，取张辽、徐晃于亡虏之内"，"其余拔出细微，登为牧守者，不可胜数"。

曹操推行"唯才是举"在当时具有反世俗、反传统的意涵。两汉统治者为了巩固统治，极力提倡礼教，在社会上形成了以忠孝节义为主要内容的道德观，并且以此作为取士用人的标准。按说，这没有什么不对。问题是做过了头，变成了只重德行而忽视才干，这就带来了严重的恶果。一些士大夫为风气所染，率相让爵、推财、避聘、久丧，极力把自己装扮成具有孝义高行的人，以博取舆论的好评。因此就出现了"举秀才，不识书。察孝廉，父别居。寒素清白浊如泥，高第良将怯如鸡"的怪现象。如果说这种现象的危害在太平时期尚不怎么明显，不足以引起人们的重视和注意的话，那么，在兵戈不息的战争年代，其危害则是显而易见的，不能不引起曹操的重视、关注和思考。

曹操生于非常之时，是一个行非常之事、建非常之功的人，因此，他不能让这种现象继续下去。早在建安八年（203 年），他就提出了"治平尚德行，有事赏功能"（意思是太平之世应该崇尚德行，但在多事之秋，就要奖赏那些有功劳、有本事的人）的主张，甚至严肃批驳了"军吏虽有功能，德行不堪郡国之选"（意谓军官虽然有功劳和能力，但是在德行方面还不足以担任郡太守和王国相）的论调。曹操在这三份求贤令中再次阐明了"有事赏功能"的思想，旗帜鲜明地提出了"唯才是举"的主张，体现了曹操反传统的精神。

曹操提出"唯才是举"用人理念，并且公然宣称连"不仁不孝，而有治国用兵之术"的人都要取用，是惊世骇俗的。可以说，没有任何一个人，哪怕是政治强人敢于这样说、这样做。因为，"唯才是举"在一些偏执的人看来，就意味着重才不重德，这自然要遭到一些人的中伤和诟病。特别是那些华而不实、夸夸其谈，没有真才实学却道貌岸然的腐儒，这类人最恨曹操，因为曹操戳到了他们的痛处，容易引起他们的反感、指责甚至中伤，并且在指责时显得"大义凛然""义愤填膺"。这在一定程度上影响了曹操在历史上的评价。

需要说明的是，曹操虽然提出"唯才是举"，但并不是不考虑德行。他这样做，是鉴于当时重德轻才的观念根深蒂固，要改变这一状况，要打破人们的思维定式殊非易事，而人为地采取大刀阔斧，甚至是"矫枉过正"的举措。或许在曹操看来，对于观念的东西，"矫枉"有时必须"过正"，否则，"矫枉"缺乏力度，难以达到目的。

事实上，曹操非常重视人的德行。

王必在曹操起事之初就跟定曹操，曾作为曹操特使，通好朝廷，先后做过司空府主簿、丞相府长史。后来多次在曹操出征后主管府内事务。此人有相当才能，尤其是品行好。曹操在《敕王必领长史令》中称王必"忠能勤事，心如铁石，国之良吏也"。从令文可以看出，曹操对王必非常欣赏，尤其看重他的品行。

成公英追随韩遂多年，对韩遂忠心耿耿。曹操攻占汉中后，他前来投奔曹操。曹操任他为军师，封列侯。一次打猎，有三只鹿跑过马前。曹操命他放箭，成公英三发三中，鹿儿应弦而倒。曹操很高兴，在拍手喝彩的同时，突然问道："公英，你对韩遂那么忠诚，对我就不能那样吗？"

成公英听了，立即下马，跪着说："不敢欺骗明公，假如我的主人还在，我是不会前来投奔的。"说着，眼泪都流出来了。曹操感佩成公英的忠诚，对他更加信任。

曹操下荆州，刘表大将文聘不肯随刘琮投降。直到曹操过了汉水，文聘才前来投归。曹操问他："你怎么来得这么晚？"

文聘说："先前我没有辅佐好刘荆州（刘表），致使荆州丢失。荆州丢了，我还想据守汉水。这样，活着无愧于孤弱（指刘表遗属蔡氏和刘琮），死了，无愧于地下亡灵，但计划没有实现，以致弄到今天这个地步。我心中实在悲痛惭愧，没有脸面早早跑来投降。"说着说着，不禁唏嘘流涕起来。

曹操听后为之动容，感慨地说："仲业（文聘字），你真是一个忠臣啊！"随即任文聘为江夏太守（此时，东吴也设有江夏郡。东吴的江夏郡治所在沙羡，即今汉口西边。文聘所领江夏郡，治所在今湖北省安陆市），继续让文聘统领本部人马，对文聘给予了高度信任。

曹操对德行好、声誉高的人一向给予礼遇和重用。

邢颙（字子昂）的声誉很高，时人称"德行昂昂邢子昂"。曹操任他为广宗县县长。后来，他因故主死去擅自弃官奔丧受到有关部门纠举。曹操认为邢颙"忠于旧君，有一致之节"，不仅不追究，还任他为司空掾。不久，又让邢颙做了曹植的属吏，并为此下了一道令：

侯家吏，宜得渊深法度如邢颙辈。

意思是说，诸侯属官，应该选择深明法理，像邢颙那样的人。曹操用这样的人去当诸侯属官，自然希望儿子们德才兼备。

邴原，字根矩，是北方有影响的大名士，曹操召他为东阁祭酒，后转任曹丕长史（府中总管），让曹丕执弟子礼。为此特下了一道令：

子弱不才，惧其难正，贪欲相屈，以匡励之。虽云利贤，能不恧恧！

意思是，我的儿子懦弱无才，恐怕他难以走上正道，是我贪心委屈您去匡正勉励他。这虽然出于对您的信任和尊重，但不能不使我感到惭愧！

曹操在给群下的教令中，非常重视和赞美德行，对德行和政绩突出的杜畿、高柔、田畴等人给予了特别的嘉奖。这些在"治世要举"中已有所论列，在此不赘。

总而言之，曹操在用人上是德才并重的。他虽提出过"唯才是举"，但并不意味着曹操只重才而不重德。我们考察曹操的用人，不能仅看"求贤三令"，更应该看他的用人实践，这才不至于偏颇。


## 三、"勋劳宜赏，不吝千金"

曹操在用人上非常重视奖赏的功能，把奖赏作为挖掘人才潜能，最大限度地调动积极因素的重要手段，为此倾注了大量心血和精力，也收到了明显的效果。

曹操的奖赏观是丰富的，主要表现在以下五个方面：

其一，"不官无功之臣，不赏不战之士"。

官渡之战以后，曹操统治区域迅速扩大，曹操就从军队中选拔了一批有战功、有才能的将吏担任地方行政长官。但有人却以"军吏虽有功能，德行不足堪任郡国之选"加以抵制。建安八年（203年），曹操为此下了一篇《论吏士行能令》：

> 议者或以军吏虽有功能，德行不足堪任郡国之选。所谓"可与适道，未可与权"者也。管仲曰："使贤者食于能则上尊，斗士食于功则卒轻于死，二者设于国则天下治。"未闻无能之人，不斗之士，并受禄赏，而可以立功兴国者也。故明君不官无功之臣，不赏不战之士；治平尚德行，有事赏功能。论者之言，一似管窥虎欤！

令文的大意是，议论的人有的认为，军官虽有战功和作战的才能，但德行还不能当郡国的长官。这就是所谓"可以让他们走正道，不可以让他们通达权变"。管仲讲道："使贤能的人凭他的才能得到俸禄，那么他的上司就受到尊重；战士凭战功获得奖赏，士兵作战就不会怕死。国家实施这两条，天下就能治理好。"没听说无才能的人和不作战的军士都一样受到爵禄和奖赏，可以立功兴国的。所以，贤明的君主，不任用没有功劳的臣子，不奖赏不作战的士兵。国家太平时崇尚德行，战乱时奖赏有功劳、有才能的人。上面那种论调，就像是以管窥虎！

在曹操看来，奖赏作为一种政策和舆论导向，只能给予有功的人，这样才能激励他们建功立业。正是从这一理念出发，曹操在实施奖赏时，总是把目光盯在有功之人的身上，绝不谬奖。史书就对曹操这一做法给予了很高评价，称他"勋劳宜赏，不吝千金，无功望施，分毫不与"。

其二，"酬答众劳，不擅大惠"。

在曹操看来，作为领导人在荣誉面前应持谦让态度，不贪天人之功。心中应想到部属，这样才能获得部属的真心拥戴。

《六韬·文韬·文师》中讲道："同天下之利者得天下，擅天下之利者失天下。"曹操熟知兵法，对此当有所借鉴。独占利益是令人憎恶的，必然会丧失人格力量，部属就不会出力卖命，最终会走向失败。只有上下同欲，共享功利，才能赢得人心，并进而赢得天下。正因为深谙此道，曹操在数十年的政治军事生涯中，曾经多次让还封爵，却坚持对部属论功行封。

建安十二年（207年），曹操消灭袁氏后，他下了一道《封功臣令》，令文是这样写的：

> 吾起义兵、诛暴乱，于今十九年，所征必克，岂吾功哉？乃贤士大夫之力也。天下虽未悉定，吾要与贤士大夫共定之；而专飨（通"享"）其劳，吾何以安焉？其促定功行封。

曹操把功劳记在"贤士大夫"的头上，对专享其劳深表不安。这次封赏，有20多人被封为列侯。

曹操在下此令的同时，还下了一份《分租与诸将掾属令》：

> 昔赵奢、窦婴之为将也，受赐千金，一朝散之，故能济成大

事，永世流声；吾读其文，未尝不慕其为人也。与诸士大夫共从戎事，幸赖贤人不爱其谋，群士不遗其力，是以夷险平乱，而吾窃得大赏，户邑三万。追思赵窦散金之义，今分所受租与诸将掾属及故戎陈、蔡者，庶以酬答众劳，不擅大惠也。阴差死事之孤，以租谷及之。若年殷用足，租奉毕入，将大与众人悉共飨之。

赵奢，战国时赵国名将，因破秦有功，被赵惠王封为马服军。他将得到的封赏都分给部下。窦婴，汉景帝时大将，平定七国之乱后，将所得千金奖赏放在屋檐下，让部下自己取用。曹操以赵奢、窦婴为榜样，把自己封地的赋税收入分给众将、属官和早期在陈、蔡等地入伍的士兵。同时，让有关部门评定死亡将士的遗孤的等级，分别给予租谷接济。并表示，如果来年收成好，将把租赋收齐后全部拿出来与大家分享。

曹操"酬答众劳，不擅大惠"最为突出的事例体现在荀彧身上。

荀彧充曹操心腹之任，曾多次提出建设性意见，为曹操统一北方立有大功。但议出近密，不为外人所知。曹操上表一一载录之，使荀彧的功勋昭彰于世。曹操在《请爵荀彧表》中称"天下之定，彧之功也"；在《请增封荀彧表》中称："前所录赏，未副彧巍巍之勋。"为了将奖赏落到实处，还专门给荀彧写了两封信，劝他不要推让。在第二封信中，曹操说，你一再推让，而让我独得大封，我岂不成了窃人财物的盗贼？这让我怎么心安呢？

曹操不贪天人之功，与部属共享功利的做法为自己树立了谦虚坦诚的形象，赢得了部属的极大尊敬与爱戴，同时也收到了"贤人不爱其谋，群士不遗其力"的效果。

其三，"虑为功首，谋为赏本"。

曹操在《请爵荀彧表》中开篇就讲道："臣闻虑为功首，谋为赏本。野绩不越庙堂，战多不逾国勋。"并用"曲阜之锡，不后营丘；萧何之土，先于平阳"的史实来印证。在《请增封荀彧表》的后面写道："先帝贵指踪之功，薄搏获之赏，古人尚帷幄之规，下攻拔之捷。"

在曹操看来，功劳是有大小之分的，赏功也应有厚薄之别。应该珍计重策，厚赏那些出谋划策的人。这是因为，谋略的层次比较高，属决策范畴，一项正确的谋略实施以后，其影响往往很大，甚至改变历史的走向和进程。这与某一将士冲锋陷阵、斩将搴旗不可同日而语。当然，将士以血肉之躯，临敌力战，斩将搴旗，其功劳是不容抹杀的，但其影响和范围毕竟要小一些。

《史记·萧相国世家》载，刘邦消灭项羽以后，论功行赏，把萧何排在第一位。一些武将不解，刘邦就以打猎做比喻，说，打猎追赶野兽的是猎狗，而提供追踪目标和踪迹的是人。你们的功劳跟猎狗一样，而萧何的功劳跟猎人一样。《史记·高祖本纪》中还记载，刘邦论功行封时，有人非议张良，说张良没有战功。刘邦说："运筹帷幄之中，决胜千里之外，吾不如子房。"这便是曹操表文中"先帝贵指踪之功，薄搏获之赏"，"尚帷幄之规，下攻拔之捷"的由来。

由此看来，曹操借鉴了刘邦的经验，并把它上升到了理性的高度，成为曹操实施奖励的一项重要思想。

其四，"褒往为存，厚往劝来"。

曹操在《请追增郭嘉封邑表》的开头写道："臣闻褒忠宠贤，未必当身，念功惟绩，恩隆后嗣。"意思是说，奖励忠臣，尊崇贤士，不一定限于他本人，追念一个人的勋绩，恩惠可以加于他的后代。接着用楚庄王追念孙叔敖，尊封孙叔敖的儿子，岑彭死后，光武帝刘秀将封爵给了岑彭的长子和次子的事例加以印证，为郭嘉之子郭满增封千户张本。在表文的末尾明确提出"褒往为存，厚往劝来"的思想。意思是奖励死者是为了激励活人，厚赏前人，是为了激励后人。

曹操不仅把"褒往为存，厚往劝来"作为一种理念挂在嘴上，更把它运用于实践。

建安二年（197年），曹操第二次征张绣，兵临淯水，曹操触景生情，下令驻屯军马，隆重祭奠典韦及其他阵亡将士，激发了同仇敌忾的斗志；建安六年（201年），曹操为追念枣祗屯田之功，给枣祗的儿子处中封爵；庞德在襄樊之战中力战被俘，不屈而死，曹操闻讯后流下眼泪，随即封庞德的两个儿子为列侯。类似的事例还有很多。

曹操这样做，反映出对待功臣的诚意，更容易打动人心，使部下乐于效命，虽肝脑涂地也在所不辞。

曹操"褒往为存，后往劝来"这一思想被后世很好地继承了下来。当代尊崇烈士，抚恤烈士遗孤，就体现了曹操这一奖赏观。

其五，曹操把赏功与罚过看作是"王法大制"，不允许辞赏。

当时社会有一种很不好的风气，一些名士自命清高，以辞赏、推财、避聘、久丧为荣。不大乐意接受封赏就是其中的表现之一。曹操从"子贡辞赏，仲尼谓之止善"这一典故中得到启示，认为辞赏是"圣人达节者所不贵"的行为，迁就辞赏是"成一人之志而亏王法大典"。这在"治世要举"中已经讲到，不再展开。

曹操的奖赏观是丰富的，奖赏方式也不拘一格。往往能够从实际出发，频频施奖，多而不滥，恰到好处。

曹操既重视物质奖励，也重视精神奖励，并把二者有机结合起来。这样做的好处是显而易见的，既奖赏了有功之臣的功劳业绩，又宣传和表彰了他们的事迹和精神，使得上下服气，并从中受到教育和激励。

曹操既注重对单个功臣实施奖赏，又注意分阶段对群臣实施大范围奖赏。对单个功臣的奖赏最为频繁，这方面的例子举不胜举。它的好处是遵循了"赏不逾时"的原则，及时肯定和表彰功臣的功劳业绩，能够为群下提供示范和榜样。大范围奖赏往往是在阶段性工作完成之后进行的，剿灭袁氏、拿下荆州、平定关陇、进占汉中等大的战役结束之后，往往要大封功臣，这样做自然是"酬答众劳"，更大范围调动积极性。

建安二十年（215年）十月，曹操改革封爵制度，开始实行名号侯（只有爵号，没有采邑），以封赏有军功的人。这是出于因战乱而人口锐减的现实需要。如果一如既往封下去，不堪设想。曹操这样做，对减轻人民负担是有帮助的。这种奖励虽没有物质的成分，却是一种高度的精神奖励。一些有志于建功立业的人，对此还是寄予热望。

下面重点谈一谈曹操的精神奖励。曹操对精神奖励格外垂青，可以说，在曹操的奖励实践中，精神奖励无处不在，并且式样翻新，不落俗套。

对初入帐下的人，曹操总是热情地赞扬，以此拉近距离，打下感情基础。荀彧投归，曹操说"此吾之子房也"；郭嘉来归，曹操说"使我成大事者，必此人也"；张郃阵前倒戈，曹操喻之"微子去殷，韩信归汉"；许攸投奔，曹操来不及穿鞋子，光脚出迎，边跑边拊掌说："子远，你来了，我的大事就成功了！"文聘投归曹操，曹操被他的忠诚感动，说："仲业，你真是一个忠臣啊！"这样的例子很多。这些人初来乍到，没有什么功劳，给予物质奖励显然是不合适的，所以就给予口头赞扬。

对有功之臣，曹操除当面赞扬外，还通过书信往来，给予直接或间接的赞扬。郭嘉死后，曹操给荀彧写了两封信，对郭嘉的德行、才能和功劳给予了很高评价。在称赞郭嘉的同时，也肯定了荀彧的推荐之功。官渡决战关键时期，钟繇派人送来了2000匹战马。曹操及时给钟繇去信，信中说：

> 所得送马，甚应其急。关右（函谷关以西）平定，朝廷无西顾之忧，足下之勋也。昔萧何镇守关中，足食成军，亦适当尔。

曹操把钟繇与萧何相提并论，给予了高度评价。

对表现卓绝的部下，只要曹操觉得其人的言行对部属具有普遍的教育意义，曹操就采取通令嘉奖的形式进行表彰。如《下州郡》表彰杜畿不媚权贵，不结私好，希望大家"仰高山，慕景行"；建安十九年（214年）七月，荀攸随曹操讨孙权，不幸在路上去世。曹操非常痛惜，一讲起他就流泪，为表彰荀攸的功绩并勉励广大部属，曹操专门下了《悼荀攸下令》：

> 孤与荀公达周游二十余年，无毫毛可非者。
> 荀公达真贤人也，所谓"温良恭谦让以得之"。孔子称"晏平仲善与人交，久而敬之"。公达即其人也。

这是发自内心的赞叹，魂儿有灵，当含笑九泉！

从常理上讲，但凡是人，莫不重名利，并且名在利前。尤其是士人，他们更看重名节之类的精神元素。曹操重视奖励尤其是精神奖励，更容易激发他们建功立业的豪情。

此外，曹操在实施精神奖励的过程中，常常把部下比作历史上的名人。这既是一种奖励，也是一种期许。按照心理学观点，这样做，容易使部下在潜意识里认同于这一历史名人，从而砥砺自己。这种奖励对部下性格影响的内在性和持久性，是其他手段难以达到的。

曹操的奖赏观和奖赏艺术蕴量丰富，值得发掘和研究。


## 四、"士有偏短，庸可废乎"

曹操胸襟开阔，其容人之量在历史上是少见的，受到历代有识之士的普遍赞扬。

他在《敕有司取士毋废偏短令》中明确指出："士有偏短庸可废乎？"意思是说，一些有才能的人，往往存在某些弱点和不足，对这样的人，怎么能够废置不用呢？曹操在创业阶段，他一直是这么做的，留下了诸多为人津津乐道的佳话。

对有负于自己的人，往往能够网开一面，予以宽贷。

曹操为兖州牧时，举魏仲为孝廉，对魏仲非常信任。陈宫、张邈发动叛乱时曹操非常自信地认为，魏仲不会背叛他。没想到魏仲还是背叛了他。曹操非常气愤，发誓说："魏仲这小子，除非南逃到越地，北逃到胡地，不然的话，我是不会放过他的。"可是，官渡决战前，曹操为争取主动，出击河内，将魏仲活捉。曹操没有杀魏仲，还任他为河内太守。

陈琳替袁绍写了《讨曹操檄》，对曹操进行了恶毒的人身攻击和政治陷害，甚至骂及曹操三代。按照毛宗岗在《三国演义》中的评点，陈琳所写檄文"其骂也甚似杀矣"。曹操平定河北后，陈琳来投靠。曹操责备陈琳："你从前替袁绍写檄文，只骂我一个人就够了，怎么把我的祖、父都扯进去了呢？"陈琳表示歉意之后，曹操认为陈琳是为其主，就宽贷了他，任他为司空军谋祭酒，让他掌管记室。这体现了曹操恢宏的气度。尽管陈琳是在替袁绍写檄文，但是，骂得这么恶毒，却是出自陈琳手笔，换作其他的人，陈琳肯定没什么好果子吃。

对部下某些过失，曹操往往能够从实际出发给予原谅。

曹操平定河北后，派朱灵领新兵守许南。临行前曹操告诫朱灵："冀州新兵骄纵惯了，一加约束，可能发生变乱。"朱灵领兵行至阳翟（今河南禹县），中郎将程昂果然发动叛乱。朱灵斩杀程昂后向曹操做了报告，表示痛心和自责。曹操给朱灵去了一封信：

> 兵者所以为危险者，外对敌国，内有奸谋不测之祸。昔邓禹中分光武军西行，而有宗歆、冯愔之难，后将二十四骑还洛阳（应为宜阳——作者注）。禹岂以是减损哉？来书恳恻，多引咎过，未必如所云也。

意思是说，带兵所以被认为是危险的事，是因为要应对外面的敌人，还要防备内部有坏人发动难以预测的事变。过去邓禹带着光武帝刘秀的部分军队西征，发生了宗歆、冯愔的变乱。后来只带了二十四骑逃回宜阳。邓禹难道因此损害了威信吗？你来信痛心疾首，过多地承担了过错，未必像你说的那么严重。曹操从实际出发，充分体谅朱灵的过失，对朱灵进行了抚慰。

《御览》中有一段文字，从中可以看出曹操原谅部下过失的心态：

> 谚曰："失晨之鸡，思补更鸣。"昔季阐在白马，有受金娶婢之罪，弃而弗问，后以为济北相，以其能故。

大意是，俗话说："耽误了报晨的雄鸡，还想再叫一声补上。"过去季阐在白马，曾经犯过接受贿赂、夺取人家婢女的罪，后来让他做了济北相，是因为他有才能的缘故。

曹操用"失晨之鸡，思补更鸣"的谚语来说明那些犯过过失的人，只要本质不坏，大都有改过自新的愿望。作为开明的领导人，应当充分体谅这种心情，给犯过错误的人一个改过自新的机会，而不能将人一棍子打死。一向严于执法的曹操能够原谅季阐，反映了曹操对人才的重视。

曹操原谅部下的过失，最值得一提的是，官渡大捷之后，打扫战场时，发现许都及军中一些人私通袁绍的书信，曹操当即命人烧掉，并且将心比心地说："袁绍强盛的时候，连我都没有把握保全性命，何况其他的人呢？"

按说，内奸通敌，历来是不赦的死罪，能够获得通敌书信这一铁证，自然喜出望外，曹操却不予追究。不追究也就罢了，甚至连极为重要的人事档案也不保留，还将心比心说了一通道理。曹操这样做，自然是把人情做到底，让那些通敌之人彻底放心。曹操的高明之处就在于，他清楚地知道，任何仁君贤主都不可能让所有的人在任何情况下都忠于自己，部属中总有那么些人以安危福祸为取舍，只要是在上者有作为，大多数人还是愿意接受领导并做好工作的。官渡之战已经取得决定性胜利，那些曾经通敌的人再也不可能将命运寄托在袁绍身上，只要自己以诚相待，那些人是会回心转意的。如果认真追究起来，要处决的就不是一两个，而是一批人，这个损失未免太大了。所以，权衡利弊，还是不予追究为好。曹操这样做，显示了深邃的战略眼光和大海般宽广的胸怀。

曹操不仅对有"偏短"的部属给予信任和重用，同时，注意对他们的缺点进行帮助和教育。

邴原接受曹操的征辟后，名士习性不改，称病不到职。张范也是个名士，也学着邴原的清高，曹操为此下了一道令：

> 邴原名高德大，清规邈世，魁然而峙，不为孤用。闻张子颇欲学之，吾恐造之者富，随之者贫。

意思是，邴原名望大、德行高，操守超出一世，魁然而立，不为我所用。我听说张范很想学他，我恐怕开始这样做的人能够获得好名声，刻意效仿的人可能适得其反，对张范提出了委婉的批评。当然，在批评张范的同时，说话给邴原听，邴原不能不有所触动。

夏侯渊是曹操心腹爱将，曹操常常赋予他征伐或统领一方的重任。但此人有恃勇而骄的毛病，不大注意谋略修养，因而军中称他为"白地将军"，意思是没有才能的将军。曹操对他的缺点非常清楚，曾告诫他说："作为带兵将领，应该有示弱的时候，不能仅仅依赖武勇，还应该施计用谋。"曹操的意见无疑是中肯的，既点出了夏侯渊的弱点，又指明了努力方向。但谋略修养非一日之功，夏侯渊到底因缺计少谋而被黄忠斩于定军山。

王修任司金中郎将既久，便不大安心这份工作，认为这项工作不利于建功立业。曹操及时给他写信，坦率而诚挚地告诉王修："自从你担任司金中郎将以后，在朝廷的官员，每当有一个显要位置，常常首先推荐你。我听到军师袁涣及一些士大夫的议论，也认为不应该跳过你而去任用其他的人。而我坚持让你做司金中郎将，是因为我觉得军师一职虽然高于司金中郎将，至于建功立业，司金中郎将则比军师更为重要。"并且动情地说："我的真心实意，想必可以使你理解，以你对我的了解完全可以深信不疑。只是怕别人浅见，以蠡测海，为蛇画足，说什么前后多次选举，都没有重用你，却让你埋没在司金中郎将任上，张某、李某尚且超过你，这是主人对你不优厚的结果。我担心有这种谣言冒充事实，像淫乱的蛙声那样噪耳，以致影响了你的听觉。希望你像钟子期那样耳聪，不至于错听。"

曹操推心置腹地开导王修，既是对冶铁业的重视，也是对部属爱岗敬业的教育。

徐奕很能干，曾随曹操征关中，后任雍州刺史，政绩卓著，但此人太过严苛。曹操后来调他为府中长史，对他语重心长地说："你的忠诚正直连古人都没有超过，只是太严苛了。过去西门豹用佩韦（佩带用以警醒自己性急的皮绳）的办法警醒自己性子和缓，能够以柔克刚，是我对你的希望啊！"

曹操对有"偏短"的部属进行教育，对儿子也是一样。曹彰自幼喜欢弓马骑射，但不喜欢读书。曹操为了让他成为文武全才，就挖苦他说："你不念诗书，思慕圣贤之道，只是一个武夫而已，有什么值得自负呢？"督促他学《尚书》《论语》。

总之，曹操从有利于自己的事业出发，不废"偏短"，容人有量，育人有方，既有效地避免了人才的耗损，又有利于人才的成长。

## 五、"各言其失，吾将览焉"

曹操在用人上一个突出的特点，就是积极并善于听取部属的意见。

曹操每临大事，都要征求部属的意见，以便定下决策。如，在迎献帝的问题上，在刘备初到许都如何处置的问题上，在屯田的问题上，在平定河北和远征乌桓的问题上都是这样。

曹操这样做的好处显而易见：能够充分发挥众人的智慧，避免领导人一人思考可能出现的片面性；能够让部属从多角度出发思考问题，输送意见，便于领导人在多种方案的比较中选取最佳方案；让部属参与决策的制定，便于统一思想和认识，增强贯彻落实的自觉性；能够培养和调动部属的参与意识，提高他们的责任心；能够有效地让部属在比较切磋中受到锻炼，增长才干；能够在讨论中发现人才，让人才脱颖而出。因此，曹操常常乐此不疲，为了表达求言的诚意，曹操甚至采取了非常举措。

建安十一年（206 年），曹操为了广开言路，发动部属提意见，特下了两道《求言令》，其一曰：

> 夫治世御众，建立辅弼，诚在面从。《诗》称："听用我谋，庶无大悔"，斯实君臣恳恳之求也。吾充重任，每惧失中，频年以来，不闻嘉谋，岂吾开延不勤之故耶？自今以后，诸掾属、治中、别驾，常以月旦各言其失，吾将览焉。

其二曰：

> 自今掾属、治中、别驾，常以月朔各进得失，纸书函封，主事朝常给纸函各一。

第一道令的大意是：治理国家，管理百姓，应该力戒当面顺从。《诗经》上讲："听从我的主张，大概不会有大悔恨。"这实在是君臣相互之间的诚恳要求。我担负国家的重任，常常怕出差错，连年来，听不到好的建议，这难道是我征求意见不够的过错吗？自今以后，各掾属、治中、别驾，经常要在月初各自说出我的失误，我将阅览。

第二道令的意思是：今后，各掾属、治中、别驾，要在每月初一，各自提出优缺点，用纸写好，用信封装上。主管人员在朝会时，每人发一张纸和一个信封。

曹操在这里明确反对当面顺从、溜须拍马那一套，积极鼓励部属提意见，并且要求每月月初以书面形式将意见和建议写好，用信封封好后再交上来给他看。这种硬性规定，就是逼着那些持盈保泰、不愿提意见或饱食终日、无所用心的人开动脑筋，率直地提出意见，从而达到求言的目的。

最能反映曹操求言诚意的事例是，北征乌桓凯旋之后，特意奖赏先前提出反对意见的人。这在"远征乌桓"中已讲到，不赘。

曹操对那些勇于提出意见，即使是所提意见不对胃口，他也能够给予礼敬和尊重。

曹操攻占冀州后，心情格外爽朗。他以兴奋的口吻说："昨天我查了一下户籍，可以得到30万兵员，真算得上是一个大州！"

没有想到冀州别驾崔琰当即泼了一瓢冷水："现在天下分崩，袁氏兄弟同室操戈，冀州百姓暴尸于野。王师来到冀州，没听说传播仁德、慰问百姓，救民涂炭，却急着盘算扩充兵员，这难道是冀州百姓所希望于明公的吗？"

当时稠人广众，崔琰的话很拂曹操的面子。在场的人都惊恐失色，赶紧把头低下，不敢吭声。曹操听后，连忙收起得意的神色，向崔琰表示道歉。

在兵戈不息的战争年代，曹操考虑兵员补充是再正常不过的事情，但是，在崔琰近乎吹毛求疵的指责之后，曹操能在情急之下敛容改过，当面道歉，是一件非常不容易的事。曹操这样做，自然是不愿打消崔琰勇于直言的积极性。

部属中某些意见在曹操看来是不可取的，曹操一般都能委婉地拒绝，绝不伤部下的面子，其用意在于保护部下勇于建言的积极性。曹操进占汉中，刘晔、司马懿两个年轻谋士都劝曹操乘虚南下，夺取蜀中。曹操觉得这一意见过于冒险，没有采纳。就对光武帝刘秀"得陇望蜀"的成语反其意而用之，只是说自己的意望不足，而不说两个谋士的计谋有何不妥。

建安二十年（215 年），曹操进驻长安，打算西征刘备。刘廙上书劝阻说，周文王三次攻打崇国，都没有征服，后来"归而修德"，崇国才投降。要曹操"高枕于广夏，潜思治国"。曹操给他回了一封信，信中有这么几句：

> 非但君当知臣，臣亦当知君。今欲使我坐行西伯之事，恐非其人也。

意思是说：不但为君的应该了解臣，臣也应该了解君。现在要我偃武修文，像周文王那样去实施"德政"，我恐怕不是那样的人。

刘廙的意见显然是迂阔而不切实际的。但曹操没有讥讽他的见解如何迂腐，而只是说自己不是周文王那样的人。

曹操这样做，保全了部下的面子和人格尊严，较好地避免了部下因遭受讽刺打击而神情沮丧以致出现噤若寒蝉的局面。

曹操对部下建言的态度，相较于同时代的风云人物，是比较开明的。袁术不得人心，身边没有高质量的谋士，自不待言。吕布身边只有一个陈宫，却不能谅其忠而纳其言；袁绍手下人才济济，他有时煞有介事地聚众商议，但缺乏主见，不乐意听取逆耳忠言，对众谋士的意见不能科学取舍，甚至外宽内忌，把进尽忠言的田丰打进大牢，裁削沮授兵权，致使自己内部出现严重内耗；刘表"善善而不能用"，对部下的意见首鼠两端，莫衷一是，集团内部的派系之争无止无休。相形之下，曹操要高明得多。

## 六、"官方授材，各因其器"

春秋时齐相晏婴曾对齐景公说："国有三不祥……夫有贤而不知，一不祥也；知而不用，二不祥也；用而不任，三不祥也。"晏婴在这里把知人善任看作是国家兴亡的大事。曹操熟谙历史，对类似的至理名言自然了然于心，引为同调。曹操不仅重视人才，有爱才之心、容才之量，善于"察纳雅言"，还能够做到知人善任。陈寿称他"官方授材，各因其器"。同时代的孙权也称"曹操御将，自古少有"，对他这方面的成就给予了高度评价。

"知人善任"也好，"各因其器"也好，其前提条件是"知人"、"识器"。不"知人"，不"识器"，自然谈不上"善任"、"各因其器"。

曹操在"知人"、"识器"方面颇具慧眼。荀彧刚投入他的帐下，他就觉得此人识见非凡，喻之为"子房"（汉初张良）；刘备落魄之时投奔许都，曹操却能看出他是天下英雄；郭嘉经荀彧推荐来到他的营中，经一宿长谈，便发出"使我成就大事的，一定是这个人"的感慨。曹操与沮授没有什么接触，但官渡之战将他俘获后，曹操觉得他是一个难得的人才，欲与他共图大事，既而感叹说："我如果能够早得此人，天下事是不足为虑的。"许褚投奔到他帐下，曹操对他极为欣赏，喻之为"樊哙"（刘邦猛将）。

最能反映曹操识人的两件事是为卫臻和蒋济辩诬。

建安十八年（213年），东郡太守朱越谋反被平息。在审讯此案时，朱越一口咬定卫臻与他同谋。曹操不信，让荀彧负责调查此事，最后弄清了真相。为此，曹操给卫臻写了一封信：

孤与卿君同共举事，加钦令问。始闻越言，固自不信，及得荀令君书，具言忠诚。

大意是说，我同你的父亲卫兹一同发动讨伐董卓的战争，加上钦佩你的好名声，所以，开始听到朱越诬陷你的话，根本就不相信，得到荀令君的报告，完全明了你的忠诚。

蒋济做扬州别驾时，当地老百姓告他带头谋反，曹操不相信，对于禁等人说："蒋济哪会干这种事呢？蒋济如果干这种事，那我算太不了解人了。一定是有人企图捣乱，故意把蒋济拉扯进去。"

于是，立即命人将已被关押的蒋济放了出来，还让蒋济做了丞相府的属官，主管人事工作。

从以上事例可以看出，曹操对部属的了解是很深的。

曹操阅历丰富，见多识广，这是他长于料人的原因，也是他"各因其器"的先决条件。

曹操在用人时，能够根据人的德行、才干和专长、身份地位以及气质等方面情况，给予恰当的任用，使各尽其才，才尽其用。

他任用荀彧、荀攸、郭嘉、贾诩、刘晔、司马懿等为智囊，是因为这些人政治上基本可靠（当然后来情况出现变化，荀彧变成了拥汉派代表，司马氏甚至取魏自代），才干上以谋略见长。

让崔琰、毛玠等人掌管选举，是因为他们在品德上耿直无私，在才干上有知人之明。

让高柔掌管理曹（理曹相当于现在的政法机构），是因为高柔"明达法理"，"明于宪典"。

任王修为司金中郎将，是因为王修为政清廉，在名士中"名副其实，过人甚远"。

让典韦、许褚充任贴身侍卫，是因为典韦、许褚忠心耿耿，极为雄壮武勇，并且勤勉心细。

让钟繇以司隶校尉假节都督关中，是因为钟繇是朝廷原有属官，在朝中较有威信，且与关中诸军并不生疏。

让牵招出使乌桓，阻止乌桓援救袁尚，是因为牵招原是袁绍的乌桓突骑，负责与乌桓的联络，对乌桓事务比较熟悉。

任张辽、于禁、乐进、张郃、徐晃为掌兵大将，是因为这些人智勇兼备，有带兵作战的能力。

在挑选州郡长官方面，也注重任用那些有为政理民能力的人，如梁习在并州、苏则在金城、刘馥在扬州、杜畿在河东、赵俨在阳安、何夔在长广，这些人都有所建树，留下了很好的政声。

曹操在用人上有一句名言："牵牛不可以服箱，而当取办于茧角也。"意思是说，牵牛星虽叫牛，但是名不副实，不能用来拉车，而应当用刚出角的小牛拉车才行。曹操正是按照名实相符的原则选人用人的。他深知，"人性有长短"，应该舍其短而用其长。

曹操用曹洪，就是舍（抑）其短而用其长的典型事例。

曹洪是曹操的堂弟，对曹操有救命之恩，且为曹操平定北方立下赫赫战功。但此人有贪财好色的毛病。建安二十二年（217 年），刘备派张飞、马超、吴兰屯兵下辨，与曹操争夺汉中。曹操派曹洪前去征讨。但曹操对曹洪贪财好色的毛病放心不下，就特派骑都督曹休和谋士辛毗前去做曹洪参军。曹操嘱咐他们说："过去汉高祖贪财好色，张良、陈平（应为樊哙）纠正了他的过失。现在佐治（辛毗字）、文烈（曹休字）的责任不轻啊！"

曹洪知道曹操的用意后，遇事同辛毗、曹休商量，较好地克服了自身毛病。

"合肥密教"，历来被人们认作是曹操长于料人的一个重要事例而给予了高度赞扬。

建安二十年（215 年），曹操西征张鲁之前命张辽、李典、乐进率7000 人守合肥。合肥是淮南前线的战略重镇，孙权要向北发展，合肥首当其冲。曹操担心孙权来攻，行前写了一封密信，并在信封上写下"贼至乃发"四个字，让护军薛悌带到前线。

八月，孙权率 10 万大军攻合肥。张辽忙打开密信，见信中写道：

"若孙权至，张、李将军出战，乐将军守，护军勿得与战。"众将看后，面面相觑，不知如何是好。张辽说："曹公远在关外，若等救兵来，孙权早就攻破了我们，所以，曹公指示我们要趁敌人立足未稳之际，主动出击，挫其锐气，以安定人心，然后守城就容易了。成败之机，在此一战，大家何必犹疑呢？"李典深表赞同。

张辽当晚组织 800 名敢死队，第二天一大早，张辽披挂上阵，率敢死队主动向孙权发动攻击。张辽奋其神勇，连杀数十人，并斩二将，大声喊出自己的名字，直突孙权面前。

孙权大惊，急忙退至一个高土堆上，以长戟自卫。张辽大声叫喊，让孙权下来决战，孙权不敢动。这时，孙权见张辽部众不多，挥军将张辽敢死队包围。

张辽左冲右突，带领数十人冲出围外，见大部未出，又杀入重围，救出余众。孙权部众丧胆，无敢挡者，只得下令后退扎寨。孙权围合肥十数日，见无法攻克，只得下令撤军。

合肥之战取得了全面胜利。两年后，曹操巡视战地，对张辽给予了高度赞扬。

"合肥密教"为什么做出这样的安排？孙盛说："合肥守御，弱而无援。如果专用勇，必然好战，导致失败；如果专任怯，必然生惧而难保。曹操勇怯互用，实在是妙极了。"为《资治通鉴》作注的胡三省认为，曹操以"辽典勇锐，使之战；乐进持重，使之守"。

以上两种意见大体相近，相比较而言，胡三省的解释更为准确一些。因为，乐进也以骁勇果敢著称，并不存在"怯"的问题，只不过在气质上更加沉静稳健一些。当然，"合肥密教"总的意图是不给部下以讨论的机会，免得议而不决，延时误事。当然，也考虑到了部下不同的气质。

总而言之，曹操对人才极为重视，能够思贤若渴，放眼收才，不念旧恶，各因其器，显示了非凡的识见和度量。他的某些做法，感人至深，为后世留下了许多可资借鉴的精神遗产。

当然，我们在这里着重讲述曹操用人的长处，并不意味着曹操在用人上就没有缺点和短处。事实上，曹操用人的缺点和短处也是显而易见的，那就是在放手用才上还有某些欠缺。

从曹操一生的经历我们可以看出，他是中国历史上创业最为艰难的英雄，征战一生都没有能够实现国家统一，只是北部中国略定而已。这固然与当时极为混乱的局势有关，也与曹操不能放手用才有关。

人常说，曹操手下谋士如云、猛将如雨。但是，每逢大战，曹操必亲自坐镇指挥，就连火烧乌巢、远征乌桓、壶口关进剿高干都亲冒镝锋。久而久之，在军队中养成了一种习惯，那就是每时每处都不能缺少曹操这个主心骨。随着曹操统治的地盘越来越大，曹操不得不以丞相之尊东征西讨。

造成这样的局面，我觉得与曹操的领导风格和心理阴影有关。曹操的本领高出于众，连诸葛亮都说他"智计殊绝于人，其用兵也仿佛孙吴"，加上他极为勤勉，马不解鞍，一生征战。这种本领十分难得，这种精神也难能可贵，但是久而久之容易给部下造成严重心理依赖，使掌兵大将缺少必要的历练，并在一定程度上抑制了掌兵大将的主观能动作用，使他们缺乏必要的担当精神和独当大任的能力。赤壁之战尤其是占领关中之后，曹操统治的疆域大体稳定下来，曹操只是让本家兄弟曹仁镇守襄樊，让有姻亲关系但能力平平的夏侯渊经略西部，而对其他将领没能委一方重任。让张辽防守合肥，还安排乐进、李典协领军事，这样还不够，还要留下"密教"遥为节制，似能说明问题。

从心理上去分析，可能与曹操对手下还不够完全放心有关。在那个极为混乱的时代，朝秦暮楚不在少数。赵云原是公孙瓒的部下，投靠了刘备；甘宁原是刘表的部下，后投了孙权；张郃、高览本是袁绍的部下，投靠了他曹操。曹操对这种现象不能不引起重视。事实上，曹操在这方面吃过大亏，早年他让刘备带兵截击袁术，结果刘备乘机摆脱羁绊，打起了反旗，徐州一夜尽失。这自然会给曹操带来严重的心理阴影，使他不敢放手用将。

特别是到后期，三分天下的格局基本形成，曹操把注意力放在守成上，其用人作风也发生了某些变化，开始有意识铲除政敌。逼死荀彧，赐死崔琰，免除毛玠的官职，还诛杀了杨修。后世的人们因此而指斥他"忌才"。赵翼就在《廿二史札记》中说曹操用人"以权术相驭"。这在一定程度上影响了他的事业，也影响到了他在历史上的评价。

# 第二十一章
# 曹操的军事思想及战争指导艺术

"曹操智计殊绝于人，其用兵也，仿佛孙吴。"

丰富的战争经验与厚实的理论集于一身，使曹操得天独厚地成为我国古代兵家集大成者。

曹操的一生大体是在征战中度过的。他所经历的战事有上百次之多。总体看来，胜者居十之七八，败者十之二三而已。就连对手诸葛亮都公开地讲："曹操智计殊绝于人，其用兵也，仿佛孙（武）吴（起）。"尽管历代有识之士对曹操的为人见仁见智，但对其军事才能则无一例外地给予了高度赞扬，都把他看作是我国古代杰出的军事家。

曹操的军事斗争阅历和经验非常丰富，这一点自不待言。其军事理论也非常厚实。曹操一生勤学不辍，尤爱兵法，对古代兵书深钻极研。他在《孙子》序中说过："我观兵书战策多矣"，就反映了这方面的情况。丰富的经验和厚实的理论集于一身，使曹操得天独厚地成为我国古代兵家的集大成者。

他在吸取古代兵家思想精华的基础上，结合自己丰富的军事斗争经验，写下了10多万字的兵书。此外，还注《孙子》十三篇，成为我国古代对《孙子》进行系统整理和注解的第一人。《隋书·经籍志》对曹操的军事著作有以下记载：

《孙子兵法》二卷，武将孙武著，魏武帝注。梁三卷。

《孙子兵法》一卷，魏武、王凌集解。

《续孙子兵法》二卷，魏武帝撰。

《太公阴谋》一卷，梁六卷。梁又有《太公阴谋》三卷，武帝解。

曹操在这些兵书中阐发了大量军事思想，尽管曹操的军事著作大都亡佚，但仅从保留较完整的《孙子》注中仍可管窥到这方面的情况。

下面就依《孙子》注，并结合曹操的用兵实践，对曹操的军事思想和战争指导艺术进行梗概式论述：

# 一、军队建设思想

曹操把军队建设纳入国家整体建设之中去考虑，并根据军队建设的自身特点，提出了一些富有远见卓识的思想，主要有以下基本观点：

## （一）必须建立一支与国力相适应的军队

曹操在《孙子》注的开头就写道："操闻上古有弧矢之利，《论语》曰'足兵'，《尚书》八政曰'师'。"意思是说，我听说远古就有弓箭的应用，《论语》上说，要有足够的军队，《尚书》所讲八项政事，其中就有"军事"。曹操从史实和古代典籍中的有关论述中得到启示，认为必须建立一支军队。

曹操在后文中强调，单靠武力不行，但只讲仁义也不行，二者都会导致亡国，并用吴王夫差和徐偃王的事例来做印证。夫差打败越国后，不修明政治，只知穷兵黩武，不量国力，向北与齐、晋争衡，结果被越王勾践所灭。徐偃王只知推行仁义，不注意整军经武，结果被楚文王所灭。曹操在这里虽然举出了两个极端例子，其落脚点却在后者，目的在于进一步阐明建设军队的重要性。

曹操是靠军事起家的，他在这方面的感悟尤其深刻。因此，这一思想可视作他自身经验的总结。

董卓暴乱王室，他率先拉起一支队伍，举起讨伐董卓的大旗；刘廙劝阻他进兵汉中，要他"潜思治国"，他表示自己不是周文王那样的人；他在《让县自明本志令》中表示绝不放弃兵权。这一切都表明他对军队重要性的认识。

军队既然如此重要，那是不是越多越好呢？也不尽然。曹操虽然重视军队，但并非一味扩充军队。他在《孙子·用间篇》注中讲道："古者以八家为邻，一家从军，八家奉之，言十万之师举，不事耕稼者七十万家。"正因为军队耗费巨大，所以，军队的规模要适度，按照现在的话说，就是要建立一支与国力相适应的军队。

**（二）必须重视军队的制度建设，坚持依法治军**

曹操非常重视军队的制度建设，在军中制定颁布了一系列类似于现代条令、条例、纲要之类的法规性文本，作为建设、管理军队的依据，使训练、行军、作战、宿营等军事行动有章可循。

曹操在《军令》中讲道（大意）：

> 我军将士在营中不准拉开弓弩，在随大军行进时，那些想调试弓弩的，可以拉开弓，但不准搭上箭。违犯的人，鞭打二百，没入官奴。
>
> 军官不准在军营里屠杀骡马等牲畜，也不准卖，如果卖了，要没收赃款。督将如果不纠举、不报告，要打五十军棍。
>
> 军队刚出营，要竖起矛戟，展开旗子，擂鼓。走出三里以后，可以随便扛起矛戟，卷起旗子，停止擂鼓。快到军营时，再展开旗子，擂鼓，到达军营以后，重新卷起旗子，停止擂鼓。违令的要削去头发游行示众。
>
> 行军的时候，不准砍伐田野里果木以及桑、柘、酸枣等树。

令文的第一段，类似于现代枪膛里平常不准装子弹，不准随意拿枪对人，目的是怕出现误伤，担心出现事故，招致非战斗减员。第二段，禁止军营做买卖，防止军官营私自肥，造成军产损失，担心纪律废弛。第三段，目的是保持步调一致、军容严整，同时减少误伤。最后一段是强调群众纪律，保护生产，秋毫无犯。

在《船战令》中讲道：

擂第一通鼓，官兵都要整装待发。擂第二通鼓，什长、伍长都登上战船，整理好橹和桨；战士手持武器上船，各就战斗岗位。各种旗鼓都要跟随指挥船。擂第三通鼓，大小战船按规定次序进发，在左边的不得到右边，在右边的不得到左边，前后次序不准变动，违犯明令的斩首。

此令对水军战前准备的各个环节都做了具体而明确的规定，目的在于赴敌接战时秩序不乱，队形整肃，以提高部队的战斗力。

《步战令》更为详尽（因篇幅太长略去）。令文明确而具体地规定了从预先号令到行军接敌到投入战斗以及战斗中应注意的问题，明确了各级各类人员的战时职责以及违犯军令的处罚规定。目的是保持步调一致、临敌不乱的严整军容，有令必行、有禁必止的良好作风，各尽职守、密切协同的战斗风格，一往无前、无坚不摧的高昂士气。

《三国志·武帝纪》注引《魏书》称："诸将征伐，皆以新书从事。"这里的新书，就是指曹操所著兵书。曹操这样做，就是为了强化训练，提高作战能力，并增强将士执行纪律的自觉性，同时，为行军作战提供具有指导性和可操作的条例文本。

曹操坚持依法治军历来为人们所称道。同时代的沮授就说曹操执法严明，将士精勇。

曹操在《孙子·谋攻篇》注中说："军容不入国，国容不入军，礼不可以治兵也。"意思是说，军队的礼法制度不能用来治理国家，国家的礼法制度不能用来治理军队，礼仪是不能用来管理士兵的。军队应该按照军法从事。

在《孙子·计篇》注中说："设而不犯，犯而必诛"，意为建立规章制度就是要让军士有所警惕，使其不得违犯，违犯了就要严格依法惩处。军队不可缺少法度，即使"恩信已给，若无刑罚，则骄惰难用也"。

曹操非常重视奖赏的作用，并且强调奖赏要及时。他在《孙子·作战篇》注中说："军无财，士不来；军无赏，士不往。""奖赏须及时也"，"尚不及时，但费留也，善赏不逾日也"（《孙子·火攻篇》注）。

曹操认为，赏罚并用，赏罚严明，方能指挥自如。按他的话说就是"明赏罚，虽用众，若使一人也"（《孙子·地形篇》注）。

总体来看，曹操律军甚严，纪律规定得到了较好的落实。曹仁年轻时行为放荡，做将军后，在曹操的熏染和督导下，能够严格按照法规制度办事，甚至将有关法规文本带在身边，以便视情况遵照执行，就反映了这方面的情况。

### （三）必须提高将帅的素质

孙子把将帅看作是国家的栋梁，认为："夫将者，国之辅也，辅周则国必强，辅隙则国必弱。"还说："知兵之将，生民之司命，国家安危之主也"。曹操承袭了这种思想，认为"将贤则国兴"，因而对将帅提出了很高的期望和要求。

曹操强调："将宜五德备。"意思是为将应该具备"智信仁勇严"五种品德。当然，这五种品德是总的要求，但"五德"并不是等量齐观的。其中，智和勇是最基本也是最为重要的品德，二者不可或缺。

他针对夏侯渊有勇无谋提出过忠告，说："为将当有怯弱时，不可但恃勇也。将当以勇为本，行之以智计；但知任勇，一匹夫之敌耳。"曹操在这里说"以勇为本"，是因为夏侯渊有勇，对夏侯渊的勇应该肯定，不然就会挫伤夏侯渊的自尊心。但并不意味着曹操在智勇问题上更看重勇。从后面"但知任勇，一匹夫之敌也"可以看出，没有"智"，是不能成为将领的。因为将领要统兵作战，"一匹夫之敌"显然是不能胜任的。所以，他在这里实际上强调的是"智"。

当然，曹操说"将当以勇为本"，已经把"勇"的重要性说得很清楚了。在《孙子·行军篇》注中说"吏士夜呼，将不勇也"，意为吏士在夜里大呼小叫，是因为将领不够勇猛，镇不住邪气。还说："吏不能统，故弛坏。"这就清楚地表明，将领要有统御能力，否则纪律就会松弛、败坏。

"五德"除了智和勇外，信、仁、严也都很重要。曹操在《孙子·九地篇》注中还讲道，将帅应当"清静幽深公平"，也就是要求将帅具有镇静、幽深莫测和公正的品格。

### （四）必须提高军队的作战能力

前面已经言及，曹操主张建立一支与国力相适应的军队，这就决定了军队的规模不能无限扩大。但是，军队所承担的任务又不能人为地减轻，以为数不多的军队担负繁重的战备和作战任务，最根本的途径就是提高军队的作战能力。曹操对此非常清楚，除依法治军、提高将帅素质以外，在提高战斗力上还有两条重要思想，值得一说。

一是精兵简政，尽可能减少非战斗人员。曹操在《鼓吹令》中有这么一段话：

> 孤所以常能以少兵胜敌者，常念增战士忽余事。是以往者有鼓吹而使步行，为战士爱马也；不乐多署吏，为战士爱粮也。

意思是说，我所以常常能以少数军队战胜多数敌人，是因为经常考虑增添战士力量，不大注意其他事项。因此，过去有军乐队（鼓吹）而使他们步行，是为战士爱惜马力；不愿多设官吏，是为战士爱惜粮食。

曹操虽然从为战士爱马、爱粮的愿望出发考虑问题，但实行起来，客观上是在精兵简政，减少非战斗人员。

二是严格军事训练。曹操把军事训练当作提高战斗力的根本途径，亲自颁布的三大军令，即《军令》《步战令》《船战令》，作为训练作战的基本依据。从中不难看出，曹操点面兼顾，考虑问题既全面又具体，甚至不避烦琐，连一些细节都注意到了，其目的就在于从难、从严、从实战出发开展部队训练，这是曹军战斗力强大，常常以少胜多的重要原因。

## 二、战略思想

在通常意义上讲，战略是事关全局的计划和策略，它往往是与国家的政治、经济、外交等领域密切联系在一起的，因而最能反映一个集团领导人的经验、智慧和驾驭全局的能力。曹操既是一个杰出的军事家，也是出色的战略家。他的战略思想非常丰富。主要有以下几点：

### （一）明确战略对手，制定科学战略方针

明确战略对手是制定战略方针的前提条件。在军阀混战、斗争纷繁复杂的情况下，不明确自己的战略对手，就不能制定科学的具有战略意义的方针、政策。这样的集团不可能发展壮大，最终将归于失败。

同时代的袁术、吕布、刘表、刘璋、张鲁之流就没有明确的战略对手，刘备在诸葛亮出山之前，对自己的战略对手也不清晰，所以，这些人陆续被歼灭或困顿不堪。

曹操对自己的战略对手一直比较清晰。官渡之战以前，他一直把袁绍作为战略对手。早在袁氏兄弟发迹之前，参加袁绍之母的葬礼时，他就敏感地意识到，袁绍、袁术将祸乱天下，便私下里对王俊透露了诛除此二人的想法。当然，后来在讨伐董卓的过程中，曹操利用过袁绍的资望，积极推举袁绍作为联军盟主，甚至在军阀混战之初，还与袁绍结成了松散联盟，但是，他始终把袁绍当作潜在的对手，只不过为了对付眼前更为危险的敌人而人为地延缓同袁绍的矛盾罢了。

献帝都许以后，曹操与袁绍的矛盾开始凸显，为对付袁绍，曹操进行过长期的打算和苦心经营。制定了远交近伐、先弱后强、分化瓦解、各个击破的战略方针，先后击破张绣、擒杀吕布、困死袁术、驱离刘备，而后在官渡与袁绍进行战略决战，一举打败袁绍。

赤壁之战后，曹操把孙权和刘备作为战略对手，曾经假阮瑀之手分别给孙权和刘备写信，希望拆散孙刘联盟，但没有奏效。事后，眼见他们联合的力量过于强大，就对他们采取积极防御的战略方针。在西南，将襄樊作为战略支撑，在东南，把合肥作为战略支撑。而将斗争的矛头指向力量较为薄弱的关陇和汉中地区。

争夺汉中失败后，曹操深感刘备气势转盛，大有打破力量平衡的态势，于是主动缓和与孙权的关系，利用孙刘矛盾，对孙权进行抚慰和拉拢，着力分化瓦解孙刘联盟，孤立和削弱刘备。

从以上叙述和分析可以看出，曹操善于放眼全局，在纷繁复杂的矛盾斗争中，分清主次，抓住主要矛盾，并着眼长远，科学而准确地预测

矛盾的发展和变化，从而制定正确的方针，促使矛盾向着有利于自己的方向转化。

## （二）建立稳固的根据地

军阀混战之初，曹操没有自己的地盘，不得不屈居人下，默认依附袁绍的现实。占据兖州以后方才扬眉吐气，堂而皇之地成为与诸军阀相颉颃的一路军阀。张邈、陈宫反叛，迎接吕布袭占兖州之后，他不得不放弃唾手可得的徐州，回兵兖州。从徐州返回以后，他拉着程昱的手，激动地说："如果不是你尽了全力，我就没有归宿了。"由此看出，曹操对根据地是何等的重视！

曹操与吕布争斗兖州期间，闻讯陶谦病死，就想趁丧伐徐州，被荀彧劝止。荀彧在劝阻时，明确把兖州比作刘邦的关中、刘秀的河内。曹操能够接受荀彧的建议，也是有感于兖州这块根据地的重要。

曹操占据河北以后，就把冀州作为根据地，并把邺城建设成为仅次于许都的政治中心。

从以上可以看出，曹操非常重视根据地建设。因为，曹操从其亲身经历中深切地体会到，根据地是争夺天下的有力凭借，有了根据地就能建立政权组织，就能获得人力物力支持。如果没有根据地，即使有一支军队，也会因为得不到兵员补充和财力支持，不得不寄人篱下，仰人鼻息。这样的军队是没有生命力的，迟早会被葬送。张杨、杨奉、张济，包括后来的张绣是这样，逃往辽东的袁熙、袁尚也是这样。如果不是诸葛亮出山，没有固定地盘的刘备，恐怕也逃脱不了覆亡的命运。

## （三）慎于用兵，师出有名

在曹操看来，国家不能没有军队，有了军队也不可以轻率用兵，必须权衡利弊，师出有名。他在《孙子兵法》序里，援引《易经》中"师贞丈人吉"（意谓出师正义，主帅就吉利）的成句，以及周文王因密国侵略阮国，于是赫然震怒，兴兵讨伐密国的史实来印证自己的观点，明确指出，用兵的目的，就要像黄帝、商汤、周文王那样，是为了拯救苍生社稷，说到底就是要师出有名，兴师就要兴正义之师。

曹操在注文的后面还说道："圣人之用兵也，戢时而动，不得已而用之。"意思是说，圣人用兵，只是把它当成威慑力量，必要时才动用，是不得已而为之的。

关于慎于用兵的思想，《孙子兵法》已有相当全面的论述。《孙子·计篇》一开头就说："兵者，国之大事也，死生之地，存亡之道，不可不察也。故经之以五事，较之以计而索其情：一曰道，二曰天，三曰地，四曰将，五曰法。"意谓战争是国家的大事，它关系到百姓的生死，关系到国家的存亡，不能不认真地考虑和研究。并且提出了要从道、天、地、将、法五个方面对敌我双方进行比较分析，从而探究战争胜负的情形。在《火攻篇》中又说："主不可怒而兴师，将不可以愠而致战。合于利则动，不合于利则止。"意谓，国家领导人不可以凭一时恼怒而兴兵打仗，将帅不可以凭一时的愤怒而与敌人交战。有利就行动，不利则停止。

客观上讲，孙子慎于用兵的思想是可贵的。但是，也有一个缺憾，那就是孙子没有阐明战争的正义性和非正义性的问题。陶汉章在《孙子兵法概论》中指出："我们对《孙子兵法》感到不足之处，最主要的是他没有阐述战争的性质问题。"孙子虽然讲到了"道"，但他所说的"道"，乃是"令民与上同意"。意思是说，让老百姓与国君的意愿相一致，也就是要获得老百姓的支持。但百姓支持的战争并不一定就是正义的战争。因为，国家可以通过专政机构迫使老百姓接受战争事实。

难能可贵的是，曹操不仅继承了孙子慎于用兵的思想，赞同军事行动必须符合国家的整体利益，而且有所创新，有所发展，明确地提出了兴正义之师的思想。事实上，战争的性质问题，就军事理论而言，并不是一个无关紧要的问题。曹操能够弥补孙子这方面的不足，是他在军事理论方面的一大贡献。

曹操在用兵实践中，较好地贯彻了慎于用兵和兴正义之师的思想。每进行一次大的战争，他都要聚众商议，审慎谋划，不打无准备、无把握之仗。同时，非常注意用兵的政治声誉和影响，力求师出有名。赤壁战前，他给孙权的战书就写上了"奉辞伐罪"的话。其对手也称曹操"动以朝廷为辞"。在进兵关陇时，为了师出有名，就称说进攻张鲁，从而激变关中诸军，为收拾关中诸军找到了冠冕堂皇的借口。

### （四）重视伐谋、伐交

《孙子·谋攻篇》中说："上兵伐谋，其次伐交，其次伐兵，其次攻城。"这一思想是战略战役思想的精髓，为历代兵家所重视。我们认为，孙子所称"伐谋"，就是战略决策，也就是"运筹于帷幄之中"，充分考虑和分析敌我双方的优劣、利害、得失，而后定下正确的决心，力求达到"决胜于千里之外"。

曹操也非常重视"伐谋"。他在《谋攻篇》注中说："欲攻敌，必先谋。""兴师深入长驱，距其城郭，绝其内外，敌举国来服者为上；以兵击败，败而得之，其次也。""不与敌战，而必完全得之，立胜于天下，不顿兵血刃也。"就是说，要攻击敌人，首先要用谋，用谋如果不战而使敌人屈服，特别是使敌人举国屈服，兵不血刃，军力不致受到挫折，那是最好的。通过军事行动打败敌人、取得胜利，是其次。

曹操在这里也发展了孙子的思想，认为"伐谋"必须以武力为后盾，只有在"距其城郭，绝其内外"的情况下才可能使敌屈服。这比孙子笼统地强调"伐谋"更切合实际一些。曹操每进行一次大的战争，都能够谋划在先，并且以强大的实力做后盾。攻吕布、决战官渡、平定河北、远征乌桓、挥师关中都是这样。曹操在施奖时，非常珍计重策，"贵指踪之功，轻博获之赏；尚帷幄之规，下攻拔之捷"，从一个侧面反映出曹操重视"伐谋"，并且把"伐谋"放到了更加突出的位置。同时，重视军队训练，重视军队战斗力的生成。

孙子是我国古代较早认识到外交是决定战争胜负的关键性因素之一的军事家，系统地阐述了伐交理论。

曹操对孙子伐交的理论心领神会。他主动争取同盟，孤立或瓦解敌人，力避两线作战，频繁地使用了外交手段。为了对付袁术、吕布，防止徐、扬合纵，他采取孤立、围困袁术的策略，刻意笼络吕布，并在袁术和吕布之间打进陈珪父子这一"楔子"；官渡决战时，他遣使东吴，给孙策加官晋爵，并结成政治联姻，目的是稳住孙策，免得孙策攻其后背。让钟繇镇守关中，并与关中诸军建立联系，则是为了稳住西面，防止关中诸军蠢动；南下荆州时，他又对关中诸军进行抚慰，并将马腾赚到朝廷做了人质；赤壁之战失败后，他分别致信孙权和刘备，希望拆散孙刘联盟。在给孙权的信中，表示与孙权重修旧好，希望孙权内诛张昭，外击刘备；为解樊城之围，接受司马懿和蒋济的建议，遣使东吴，许割江南之地，让孙权袭关羽之后。这些大都相当成功，说明曹操运用外交手段相当老辣，如果认识不深刻，是根本做不到这个地步的。

**（五）爱惜民力，因粮于敌，速战速决**

《孙子兵法》对战争与经济的关系进行了深刻阐述。认为"兴师十万"，就会"日费千金"。"久暴师则国用不足"，"兵贵胜不贵久"，"兵久而利国者，未之有也"。

曹操同样继承了这样的观点。他在《作战篇》注中讲道："初赋民，而便取胜，不复归国发兵也。始载粮，后遂因粮于敌，还兵入国，不复以粮迎之也。"要求兵员只征调一次就务求取得战争的胜利，不要因兵员不足再回国征调；先征调一些粮食，以后就在敌国就地征收，直至战胜归来，不再需要用粮食去迎奉。这样做，一方面可以减少国内的负担，另一方面可以减少转运之劳。

在生产力极为低下的古代，转运的代价非常高。曹操认为："百姓财殚尽而兵不解，则运粮尽力于原野也，十去其七者，所破费也。"正因为战争的耗费大，所以，必须速战速决，"久则不利，兵犹火也，不戢将自焚。"

曹操这一思想是经得起历史检验的，至今仍有现实的指导意义。现代的财富固然比曹操所处时代要充裕得多，但是，战争的消耗也要大得多，即使是发达国家，也耐不住长期战争的消耗。


## 三、战术思想

战术一词，一般的语言工具书大多解释为进行战争的原则和方法，或解决局部问题的方法。这里的战术是指前一义项。

战术不像战略那样，考虑根本问题和长远问题，它考虑的是战争中的具体问题。战术思想不能脱离战略思想的框架，战术利益也不能与战略利益相抵牾。战术思想要围绕总的战略意图来展开，是对战略思想的展开、细化，因而更加具体，更加灵活，更加丰富。

曹操的战术思想极为丰富，以致我们无法将它一一缕述，只能作简要的介绍。

### （一）搜集情报，缜密料敌

孙子强调"知己知彼，百战不殆"。这一思想揭示了指导战争的普遍规律，受到历代兵家的高度重视，成为不朽的军事格言。

"知己知彼"是克敌制胜的前提条件。一般来说，知己较易，知彼却难。而知彼即料敌又是将帅的一项基本功。

曹操在《计篇》注中说："计者，选将、量敌、度地、料卒、远近、险易，计于庙堂也。"认为出师之前，就应该在庙堂中对将之贤愚、敌之强弱，地之远近，兵力的多少、战场环境的好坏，有一个大致的估算，做到心中有数，而后制定初步作战方案。在战场上就更应该分析和判断敌情，因为战场上敌情是变化的，所以要"料敌在心，察机在目"。充分发挥心和目的作用，进行细致观察和深入思考。

为了及时准确地获取信息，曹操在军中设有斥候（侦察人员），并在《步战令》中对斥候提出了明确要求。此外注意"用间"，他说："战者必用间谍，以知敌之情实也。"

曹操获取信息、缜密料敌，在论述上是清晰的、深刻的，在实际运用上也是得心应手的。善于通过各种手段获取信息，并对这些信息进行分析和判断，以达到准确料敌的目的。

吕布袭占兖州但不能断亢父之道，曹操就知道他不会有什么作为；张绣、刘表联军追击曹操，刘表还在安众凭险据守，断曹军归路，置曹军于"死地"，曹操就知道到达安众后一定能够击败刘表和张绣联军；围攻邺城时，听到斥候报告袁尚援军从西山小道而来，曹操就断定援军有依险自保的心理，不会全力以赴去解邺城之围，断言不出几天就能拿下邺城；远征乌桓，因为放弃辎重，将士没有重甲护身，突遇乌桓骑兵主力时不免畏惧。曹操登高而望，见乌桓骑兵散漫不整，果断命令出击，结果大获全胜。

### （二）示形用诈，谲敌制胜

曹操继承了孙子"兵者，诡道"的思想，他说："兵无常形，以诡诈为道"（《计篇》注）。意思是说，用兵没有固定的样式，应该以诡诈为原则，主张示形用诈，以多种手段迷惑敌人，诱敌上当。曹操在《形篇》注中说："自修理，以待敌之虚懈也"，也就是自身要造成不被敌人战胜的条件，同时等待敌人暴露出自身弱点，从而一举将敌人击破。

示形用诈的关键，就是要隐蔽自己的企图，故意采取一些欺骗行动，迷惑敌人，使敌人上当。他在《势篇》注中说："以利诱敌，敌远离其垒，而以便势，击其空虚孤特也。"意思是说，敌人据垒而守，就可以"以利诱之"，使敌人远离堡垒，然后趁机歼之。

《孙子》在《计篇》中列举了13种示形用诈的方式方法，即："能而示之不能，用而示之不用，近而示之远，远而示之近，利而诱之，乱而取之，实而备之，强而避之，怒而挠之，卑而骄之，佚（同'逸'）而劳之，亲而离之，攻其无备，出其不意。"曹操对这些自然心领神会，并且运用自如。

曹操在用兵实践中，示形用诈、谲敌制胜的事例层出不穷。

在官渡之战中，为解白马之围，向北佯动，诱袁绍分兵，而后掉头东进，解了白马之围；在延津，顺祥敌意，诱文丑、刘备来追，而后以辎重诱敌，"乱中取胜"，斩文丑；火烧乌巢时，令军士衔枚、缚马口，遇袁军巡查，则谎称"奉袁将军命增援乌巢"，最终突袭成功。

进攻乌桓时，渤海西岸道路泥泞难行，曹操明令退兵，并让人在道旁竖上一块木牌，上书"方今暑夏，道路不通，且待秋冬，再行进军"几个大字，以麻痹敌人，暗中却出卢龙塞，从而达到了千里袭敌的效果。

进军关中时，关中诸军见扼守潼关的意图落空，在平原开阔地带与曹操对垒胜算不大，就要求讲和。曹操顺祥敌意，同意讲和，趁机对马超、韩遂实施离间之计。凡此种种，无不得心应手。

### （三）因事设奇，量敌而动

曹操认为，战争没有固定的法则，"兵无常势，盈缩随敌"（《虚实篇》注），要"临敌变化，不可先传"（《计篇》注）。提出了"因敌而制胜""量敌而动"的用兵原则。

曹操非常注重战斗过程中的主动性和灵活性，制敌而不制于敌，致人而不致于人。他在《虚实篇》注中更是明确地提出"出其所必趋，攻其所必救"。意谓要向敌人不得不援救的方向展开攻击，扰乱敌人的部署。攻击敌人必须援救的要地，以调动敌人，掌握战场主动权。如果敌人休整得好，就"以事烦之"，如果敌人粮食充足，就"绝粮道以饥之"。曹操讲这些，就是要因事设奇，创造条件，"攻其所必爱，出其所必趋"。

同时，曹操主张"出空击虚，避其所守，出其不意"，"使敌不得相往而救之也"。意思是说，既要击敌薄弱部位，又要避开敌重兵防守的要地，隐蔽企图，发动突袭，使敌人不能相互救援，为战胜敌人创造条件。曹操刚领东郡时，于毒的黑山军趁曹操进兵顿丘之机，准备攻打曹操东郡治所东武阳。曹操为争取主动，并不回救东武阳，而是直接转攻于毒本屯，迫使于毒军回师自救。于毒军回师自救后，曹操重新调整部署，中途打援，于半路邀击于毒军，将于毒军击溃。

在进退问题上，曹操主张速进速退，"卒往攻其虚懈，退又疾出"，这样，既可以击破敌人，又使敌无法追赶。

需要说明的是，曹操在强调集中优势兵力对敌时，仍主张"出奇"。始终把"奇"作为贯穿军事行动的一根红线。具体讲就是"以五敌一，则三术为正，二术为奇""以二敌一，则一术为正，一术为奇。"正面临敌为"正"，从旁出击以攻其不备为"奇"。在曹操的词典里，"奇"还有另外一种意思，那就是"奇巧"。比如，在敌我力量相当时，曹操主张"当设奇伏以胜之"。目的是诱敌上当，打敌一个措手不及。

曹操因事设奇，量敌而动的战术思想实际上是他用兵实践的总结。曹军进攻壶口关，因壶口关地势险要，易守难攻，曹军一时攻打不下。曹操就命李典从正面进攻，以吸引高干主力，另派乐进绕道攻击壶口关侧翼，从侧面出奇兵，最终达成战斗的胜利。进军关中也是一样。曹操见关中诸军扼守潼关，强攻难以取胜，便以正兵临敌，将关中军吸附在潼关一带，另出奇兵，绕道关中军的侧后，迫使关中军放弃潼关天险，回师渭南，在无险可守的开阔地带与曹军决胜负。这些都是运用避实击虚，攻其所必救，量敌而动，奇正并用，制敌而不制于敌战术的成功范例。

曹操主张对军事原则活学活用，不能生搬硬套，死守教条。强调"因敌形而立胜"，"不以一形而胜万形"，意谓根据敌情的变化来制定和变更自己的作战部署，从而赢得胜利。

孙子在《谋攻篇》中讲道："用兵之法，十则围之，五则攻之，敌则能战之，少则能逃之，不弱则能避之。"作为用兵原则，这些无疑是对的。但曹操有自己的见解。他说："以十敌一，则围之，是将智勇等而兵利钝均也。若主弱客强，操所以倍兵围下邳生擒吕布也。"意思是说，孙子讲"十则围之"，那是在敌我双方将领智勇相当、士兵的战力相当的情况下应采取的办法。如果我方的战斗力较弱，敌方的战斗力较强，就要集中更多的兵力；如果敌方的战斗力较弱，我方的战斗力较强，那就不一定集中那么多的兵力。并举例说，围下邳只用了两倍的兵力，就生擒了吕布。这是曹操对孙子集中优势兵力消灭敌人的战术思想的完善和发展。

"劳师袭远"历来被兵家视为禁忌。因为劳师袭远很难保守秘密，不能保守秘密，敌人就会加以防备，因而不能达成战争的突然性；另外，劳师袭远，后勤补给困难，军队的后顾之忧将增大。但是，曹操行非常之事，建非常之功，成功地远袭了乌桓。

孙子在《军争篇》中说"五十里而争利，则蹶上将军"。意谓强行军五十里去争利，先头部队的将领就可能遭受挫折。但曹操下荆州时，亲率轻骑追击刘备，一日一夜行300余里，将刘备打得落花流水。

曹操反对死守教条，他自然也不愿别人把他的主张当教条，而只是作为一般战术原则提出来，供兵家参考。

## （四）任势取胜，趋利避害

势，在军事应用上非常频繁，但"势"的含义不好表述。孙子在《势篇》中说："如转圆石于千仞之山者，势也。激水之疾，至于漂石者，势也。"因为"势"不怎么好表述，孙子就用自然现象做比喻。一些军事著作试图对"势"做出解释，把"势"搞得非常复杂。

我们认为，对"势"的解释不必过于玄虚和复杂，"势"实际上就是指战争中的有利态势，与"善弈者谋势"中的"势"是一个意思。

势对于军事斗争而言非常重要，所以，孙子说："急水之急，至于漂石者，势也。"意思是说，极快的水流可以让石头漂起来，就是一种"势"。"善战者求之于势，不责于人，故能择人而任势。"意思是说，善于指挥作战的将帅，他的注意力始终放在谋势上，不苛求于部属，因而能够恰当地用人任势。

曹操对"势"也是很有研究的。他知道，势不是固有的，要靠主观努力去争取。战争的目的是有效保护自己，尽可能地消灭敌人。所以，他在《势篇》注中说："自修理，以待敌之虚懈也。"意谓自身要造成不可战胜的条件，而后趁敌之隙，战而胜之。要有效消灭敌人，就要"以至实击至虚"，还要会奇正并用，"正者当敌，奇兵从旁击之不备也"。

曹操强调，任势取胜贵在审时度势。他在《谋攻篇》注中说："敌始有谋，伐之易也。"意谓，敌人刚刚想好了主意，但还没有来得及实施，这时抢先一步发起攻击，挫败他就比较容易。

曹操特别重视占据地利优势。在冷兵器时代，拼的是人力，因此，占据地利优势显得特别重要。他在《九变篇》注中说："隘难之地，所不当从，不得已而从之，故为变。"认为险隘之地不应当轻率通过，如果不得已非要通过不可，就不能按照常规办事，而应当临事权变，以防不测。在《行军篇》注中主张通过山地时，要靠近山谷，是因为"近水草便利也"；在水边扎营时，要"处其高地，前向水，后当依高而处之"。这样既可以防止敌人放水淹没，又能够依险而守；在平原上应占据平坦开阔之地，以便于发挥"车骑之利"。在山谷或河道旁行进，上游下雨，要注意观察水情变化，"恐半渡而水遽涨也"。

在占据地利方面，曹操尤重视隘口的争夺。他说，对于隘口，"我行居之，必前齐隘口，陈而守之，以出奇也；敌若先居此地，毋从也，即半隘陈者，从之，而与敌共此利也"。意思是说，对隘口这样的险地，如果我先到达，必须前出占领，陈兵设防；如果敌人先占领，就不要去攻打。如果敌人只占了一半，那么就应该抢占另一半，以求与敌人分享另一半的利益。特别强调"地形险隘，尤不可致于人"。意为险要之地，不能拱手让人。而应当先去占领，把主动权掌握在自己的手里。

曹操不仅重视地利，还非常注意借助外力，尤其是借重水火之力。他在《火攻篇》注中说："以火攻人，当择时日也。"就是说，用火攻，必须选择有风的时候。在敌人内部放火，就要尽快在外面"以兵应之"。在火燃烧起来后，"见可进则进，知难而退"。

在冷兵器时代，用兵借助水火，显得非常重要。在曹操看来，用火比用水更管用。这大概也是《孙子兵法》只有火攻篇而没有"水攻篇"的原因。所以，曹操在注中讲道："火佐者，取胜明也。水佐者，但可以绝敌道，分敌军，不可以夺敌蓄积。"意思是说，用火攻很明显容易取胜，用水攻，只能切断敌人的交通，分割敌军，不能摧毁敌人的物资。

此外，曹操任势，非常重视激励士气。在他看来，士气高昂，"虽千里能擒其将也"。他在《九地篇》注中说："养士并气运兵，为不可测度之计"，就是进入敌围后，要保养士兵的体力，保持士气，部署兵力，巧设敌人无法预测的计谋。他还说："亡地无败者"，因为士兵为了求生，必然死战求生。

在曹操的用兵实践中，任势取胜的事例很多。官渡之战初期，沿大河以南布阵，就是借助黄河天堑这一地利优势；解白马之围后，收缩战线，引袁军渡河，也是出于地利的考虑，以拉长袁军的进攻线路。

至于借助水火之力，更是曹操的拿手好戏。他火攻袁绍乌巢屯粮，用泗水灌下邳，引漳水灌邺城，都取得了很好的效果。

审时度势是任势取胜、趋利避害的内在要求。曹操在这方面做得非常出色。合肥密教，就是在孙权大军猝至的情况下，让张辽、李典出战，乐进守城，目的是不给将帅以讨论的时间，免得议而不决，迁延误事，最终取得了合肥之战的胜利；火烧乌巢的关键时刻，曹操前有守军的顽强抵抗，后面又有援军陆续赶到，面临两面夹击的危险。曹操镇定自若，督促将士专心致志攻打守军，将守军打败之后，再回战援军，并将援军打败，这也是在审时度势。击破乌桓后，袁尚、袁熙逃往辽东，部下劝曹操继续追击，曹操不让追击。并说："我要让公孙康把袁尚、袁熙的首级斩下送来。用不着再烦劳大军远征了。"这同样是审时度势。

以上从四个方面对曹操的战术思想做了概略表述。战术思想是战术实践的总结。事实上，曹操的战术实践更加丰富和生动，确实值得深入发掘和研究。

总之，曹操在吸取先秦以来孙武、孙膑、吴起、司马穰苴为代表的兵家思想精华的基础上，结合自己丰富的战争经验，形成了完整而富有特色的军事思想，丰富和发展了我国古代的军事理论。其战争指导艺术也非常高超，导演了一幕幕意蕴丰厚、多姿多彩的战争活剧，不愧为我国古代杰出的军事家。

第二十二章
# 曹操的才艺及文学成就

曹操才艺过人，而且相当全面，简直就是一个通才。

在大分裂、大动荡的年代，曹操慷慨悲歌，挥洒豪情，表达积极进取精神，使其诗具有强烈的鼓舞人心的力量。

曹操遗留下来的散文大多类似现代公文，而并非刻意为文，但却写得非常精彩，简直令人惊叹。

## 一、一个多才多艺的人

曹操是一个多才多艺的人。

**身手敏捷，武功高强**。史书对曹操的身材没有明确的记载。如果身材特别高大或特别矮小，一般都会有记载。既然没有记载，估计就是中等身材。不过，他很有力气，身手敏捷，武艺高强。孙盛《异同杂语》记载：曹操"才武绝人，莫之能害"。说他曾经私闯大宦官张让的庭院，被张让发现。张让的家丁围了上来。曹操且战且却，等退到墙边，然后用力一跃，越过墙头逃了出去。如果身手不敏捷，恐怕很难逃脱。

据曹魏官修《魏书》记载，曹操在讨伐董卓期间，与夏侯惇一起到扬州募兵。在返回前线路过龙亢（今安徽怀远）时，发生兵变。部分兵丁趁夜火烧曹操营帐。曹操亲手用剑杀死数十人，其余的人见势不妙纷纷逃散。曹操如果武艺平平，这次恐怕就遇难了。

《魏书》还讲到，曹操"才力绝人，手射飞鸟，躬禽猛兽"。在南皮，曾一天就射杀了 63 只野鸡。

**善书法**。张华在《博物志》中讲到，汉末，安平人崔瑗和他的儿子崔寔、弘农人张芝和张昶兄弟都善草书，是当时的书法大家，曹操只是略逊于他们。

书法非一日之功，曹操善书法，说明曹操在这方面下过不少功夫。晋代的陆云在写给陆机的信中就说"曹公藏石墨数十万斤"。这"石墨"或许就是用来做墨汁的。

曹操的书法作品已遗失殆尽，仅存一件隶书作品"衮雪"，现收藏于陕西博物馆。"衮雪"是建安二十年（215 年），曹操西征张鲁来到汉中，经过栈道咽喉的石门（今陕西褒城）时，看到河中景象即兴而书。"衮雪"二字就刻在河边礁石上。"衮雪"表现的是河水汹涌澎湃的流势。河水冲击石块，水花四溅，犹如滚动的雪浪，所以称之为"衮雪"。据说，当时有人提出，"衮雪"的"衮"应该有三点水，曹操说，河中的水已经够多了，何必画蛇添足？在"衮雪"二字的左端书有"魏王"两个小字。据此可断定为曹操书法无疑。从书法上来评判，"衮"字颇有动态之感，给人以水流腾涌的印象；"雪"字则有静态质感，端庄大气，得到专家的一致好评。

**通音律**。曹操不仅爱音乐，而且在音乐方面有很高的造诣，能够准确辨别乐器的音色。杜夔擅长音乐，管弦等各种乐器无所不能。后来做了太乐令、协律都尉。朝廷里铸钟工柴玉也有机巧，各种乐器大多由他铸造，深得达官显贵赏识。

有一回，杜夔要柴玉铸造一个铜钟（铜质乐器），制作出来后，杜夔不满意，认为铜钟的声韵清浊不合音律的要求，要柴玉销毁重来。这样连续搞了几次。柴玉不耐烦，说杜夔衡量清音、浊音的标准很随意，两人将官司打到曹操那里。曹操取来所铸铜钟，交错轮流敲击，经过仔细辨别，认定杜夔所言不虚，柴玉徒有虚名，于是降罪柴玉父子，让他们父子俩养马。

《曹瞒传》也称曹操"好音乐"，并且"倡优在侧，常以日达夕"。

曹操的卞夫人原本就是歌舞艺人，曹操常去欣赏她的表演，因爱其才艺和美色，才纳其为妾。

**善围棋**。当时有一个名叫孔桂的人，棋艺不错，很讨曹操的喜欢。曹操常把他带在身边，学习、切磋，棋艺日渐精湛。

《博物志》讲道："桓谭、蔡邕善音乐，冯翊山子道、王九真、郭凯等善围棋，太祖（曹操）皆与埒能。"意思是说，曹操在音乐方面能够与桓谭、蔡邕比肩；在围棋方面能够与山子道、王九真、郭凯争雄过招。

**是能工巧匠**。《魏书》说，"造作宫室，缮治器械，无不为之法则"，意思是营造宫室，制作器械，都能拿出设计方案。

曹操和袁绍在官渡对垒时，袁军起土山，架设望敌楼，居高临下，箭如飞蝗射向曹军营寨，给曹军造成一定程度的伤亡和巨大的心理压力。曹操赶制了发石车，将袁军望敌楼摧毁。——史书这么记载，但未必如此。曹操作为统帅，哪有工夫干工匠的活？估计他提出了这样的想法和要求，最多只是参与了设计。

曹操当初逃离洛阳，在准备起兵讨伐董卓的过程中，曾在襄邑（今河南省睢县）与工匠一起打铁，制作短刀。北海一个名叫孙宾硕的朋友来看望曹操，见到曹操在锻制短刀，对曹操说："你应该考虑大事，怎么与工匠一起打铁做刀呢？"曹操笑着说："能做小事，又能做大事，这有什么不好呢？"由此可以看出，曹操是一个动手能力很强的人。

曹操为防身，特命工匠制作了一套宝刀。曹操亲自将这套宝刀命名为"百辟刀"，取"百炼利器，以辟（同避）不祥"之意。曹操为此下了一道《百辟刀令》，令曰：

> 往岁作百辟刀五枚适成，先以一与五官将。其余四，吾诸子中有不好武而好文学，将以次与之。

意思是说，往年造百辟刀五枚刚成，先给了一把五官中郎将曹丕，其余四把，我的儿子中有不好武而偏好文学的，就依次给予他们。曹操这样做，是希望下一代能文能武。

曹植在《宝刀赋》的序言中讲道：父王（曹操）在建安年间，命工匠花了三年时间，打造了一套宝刀，分别命名为龙、虎、熊、马、雀，给了太子（曹丕）一枚，给我和曹林各一枚，其余两枚父王自用。

**善酿酒**。他精通九酝春酒酿造方法。九酝春酒是酿九次的酒。曹操在《奏上九酝春法》中将这种酒的酿造方法介绍给献帝。这篇奏章的大意是：

> 我家乡谯县从前的县令南阳郭芝，有九酝春酒。它的制作方法是，用酒药三十斤，水五百斤，腊月初二把酒药浸泡于水里，到来年正月解冻以后，把酒渣过滤出来，用好稻米，便可酿造饮用。据说这种酒可以除去许多害虫，虽放置很久仍不变质。酿时要三天下一斛米，满九斛米为止。我得到这种方法进行酿造，往往很好，上面浮的酒糟部分也可以喝。如果分九次下米苦于难喝，可增为十次下米，则味较甜宜饮，喝这种酒没有妨碍。

九酝春酒是对当时亳州酿酒技术的总结，也是亳州的"九酝春酒"作为贡品的最早也是唯一的文字依据。1959 年，亳州古井酒厂就据此将其所酿酒改名为"古井贡酒"。

从以上叙述可以看出，曹操是一个极为聪明能干的人，才艺过人，而且相当全面，简直是一个通才。

不过，曹操的才艺在古代史家的眼里似乎重视不够，没有得到充分的展示，或者说，他的才艺被更为出色的文学成就给淹没了。

## 二、慷慨悲凉的诗歌

曹操的一生大部分是在战乱中度过的。可以说，他主要精力放在劬劳国事上，或忙于征战，或料理政务，几无闲暇。他在繁忙的军政事务过程中偶尔为文，即成为引领一个时代的文学大家。

《魏书》记载，曹操"文武并用，御军三十余年，手不舍书。昼则讲武策，夜则思经传，登高必赋，及造新诗，被之管弦，皆成乐章"。

曹丕在《典论自序》中也讲道："上（曹操）雅好诗书文籍，虽在军旅，手不释卷，每每定省从容，常言人少好学则专思，长则善忘。长大而能勤学者，唯吾与袁伯业也。"由此看来，曹操是一个勤学不辍、至老不废的人。

章培恒在岳麓书社版《三曹集》前言中讲道："曹操的文学成就集中体现在诗歌。而其最能打动人的则是植根于强烈主体意识的高昂甚或悲凉的情感……"那么，我们首先介绍曹操的诗歌。

**（一）以丰富的题材表达多样化主题**

曹操的诗歌大都遗失，流传于世的并不多。中华书局出版的《曹操集译注》和岳麓书社出版的《三曹集》，收录的诗歌都只有20来首。不过，数量虽不多，但大都堪称精品，有很高的文学价值。

从题材来讲，曹操的诗歌主要有三类，一是表达政治理想方面的，二是反映现实的，三是游仙诗。

表达政治理想的诗，最为突出和明显的是《度关山》和《对酒》，此外，还有《短歌行》2首、《善哉行》3首。

反映现实的诗主要有《薤露》《蒿里》《苦寒行》《却东西门行》《步出夏门行》《谣俗词》等。

游仙诗共有8首，包括《气出唱》3首、《秋胡行》2首、《精列》和《陌上桑》各1首。此外，只存"痛哉世人，见欺神仙"两句的《善哉行》也应包括在内。在体量上，仙游诗在曹操现存的诗作中占三分之一强。

中国古代向来就有"诗言志"的传统。《乐记》："诗，言其志也。"《毛诗序》说："诗者，志之所之也，在心为志，发言为诗。"这里的"志"，既包含政治思想，也包括心志在内的主观情志。

曹操继承了汉乐府"感于哀乐，缘事而发"的现实主义传统。从曹操现存 20 多首诗来看，无论其题材是哪一类，"言志"是其共性特征。他的诗作表达了他的政治理想和丰富的情感世界，反映了当时的社会现实。在大分裂、大动荡的年代，曹操慷慨悲歌，挥洒豪情，表达积极进取精神，使其诗具有强烈的鼓舞人心的力量。

需要说明的是，曹操的思想呈现出多元化的特质，既有儒家思想，又有法家思想，还有道家思想、墨家思想和兵家思想等。曹操萃取其精华，形成了自己的体系。不过，儒家思想主要是先秦的儒家思想是曹操思想的本位和底色，其他思想则是斑驳的，从属或服务于其本位和底色。有本位才有灵魂，有斑驳才绚烂多姿。

以人为本、君贤臣忠、国家一统是曹操政治思想的核心，施行教化、推行法治、厉行节约、延揽人才等等，都可以看作是实现理想的手段和工具，都是为其最高理想服务的。

《度关山》和《对酒》被公认为曹操早期的作品，是集中表达曹操政治理想的诗歌。这两首诗表面上看好像没有什么"指事"，是曹操在直抒胸臆。事实上并非如此。我们知道，曹操尚未入仕就与乔玄、何颙等交游，乔玄是朝中重臣，他敏感地意识到"天下将乱，非命世之才不能济也"。何颙也是一个洞悉时势的人。曹操自然聆听了他们对现实政治生态的深入分析以及时势发展的种种见解。入仕之后，曹操即接触到了残酷的现实：政治腐败，官场黑暗，豪强不法，忠良蒙冤，生灵涂炭，社会危机深重，这让他感到愤懑和不平。作为一个富有理想的青年，此时的他没有能力左右时局，只是做着力所能及的工作。一方面，尽其所能做一个良吏，打击豪强，惩治不法，推行教化，并上书为窦武、陈蕃平反；另一方面，用诗歌表达自己的政治理想。尽管《度关山》《对酒》没有书写现实生活中具体的事实，但心中仍有所指，有其强烈的现实针对性。

《度关山》开篇就写道"天地间，人为贵"。孔子说："仁者，爱人。"孟子说："人为贵，社稷次之，君为轻。"曹操此言与仁政这一儒家思想的精髓相契合。他在这里"立片言以居要"，作为领率全篇的主旨。然后写自己的政治理想：国家统一，君主贤明，执法严明，民人不争，百姓安乐，五谷丰登。

在《对酒》诗中，曹操更是直言"王者贤且明，宰相股肱皆忠良"，"爵公侯伯子男，咸爱其民"。希望社会上没有诉讼和犯罪，就是犯了礼法，也能够严格执法，"轻重随其刑"。百姓能够安居乐业，"斑白不负载"，"人耄耋，皆得以寿终。"《对酒》诗简直就是一幅太平盛世图，带有浓郁的理想色彩，可以看作是对残酷现实的理性批判。

曹操生活在大动荡、大分裂的年代，社会生产遭到巨大破坏，百姓挣扎在死亡线上。曹操是一个"志深而笔长，梗概而多气"的人，他忧世伤时，以慷慨悲凉的诗风写下了一些直面现实的诗歌。其中，有《薤露》《蒿里》《苦寒行》《却东西门行》以及《短歌行·对酒当歌》和《步出夏门行》中的《观沧海》《龟虽寿》等。

《薤露》和《蒿里》都是汉乐府旧题，堪称姊妹篇，是当时人们送葬时的挽歌，曹操以此旧题作诗，反映了作者沉痛的心情。

《薤露》写董卓祸乱国家的事实，揭示了董卓之乱的起因、过程及造成的严重恶果。明代学者钟惺在论及此诗时说："汉末实录，真史诗也。"

《蒿里》写关东诸军讨伐董卓不成，转而相互攻伐的史实。军阀混战致使国家分崩离析，社会遭到空前大破坏，出现了"白骨露于野，千里无鸡鸣"这样惨绝人寰的历史大悲剧。

曹操是我国文学史上第一个获得"史诗"称号的诗人，事实上，他无愧于这一称号。曹操是这段历史的亲历者、见证者，他以亲身经历来记述这两件造成历史巨变的大事，因而言之凿凿，无一句无来历，是名副其实的"汉末实录"。

正因为曹操抱持以人为本、君贤臣忠的儒家思想，所以，他在《薤露》诗中对灵帝任用何进感到不满，对"沐猴而冠带"的何进进行了嘲弄，对"杀主灭宇京"的董卓进行了谴责，对朝廷宗庙的焚毁和百姓的迁徙感到哀伤。在《蒿里》诗中对诸军阀"军合力不齐""嗣还自相戕"

感到愤懑，对袁术称帝于淮南和袁绍刻玺于北方进行了揭露和挞伐，对"铠甲生虮虱"的战士给予了同情，对"白骨露于野，千里无鸡鸣"的惨景痛心疾首。

在书写现实方面，《苦寒行》和《却东西门行》两首军旅诗也是姊妹篇。《苦寒行》前已引出，这里只引出《却东西门行》：

> 鸿雁出塞北，乃在无人乡。举翅万余里，行止自成行。
> 冬节食南稻，春日复北翔。田中有转蓬，随风远飞扬。
> 长与故根绝，万岁不相当。奈何此征夫，安得去四方。
> 戎马不解鞍，铠甲不离旁。冉冉老将至，何时反故乡。
> 神龙藏深渊，猛虎步高冈，狐死归首丘，故乡安可忘！

如果说《苦寒行》描写的是将士雪里行军之苦，那么，《却东西门行》抒发的则是将士离别之苦。

既然征战这么艰苦，思家的情怀又那么厚重，是不是可以偃武修文呢？断不可行！因为国家还没有统一，还处于战乱状态。不削平战乱，社会秩序就不能恢复，百姓就不得安居乐业。从这两首诗我们可以读出，曹操用兵，是不得已而为之的，志在削平战乱，实现一统。孙子曰："上下同欲者胜。"曹操能够置身将士之中，披坚执锐，上阵杀敌，同时，能够深切感知将士的心理，代战士立言，代战士发声，必然赢得战士的理解、感佩与尊重，从而焕发出同仇敌忾的斗志。

《短歌行》二首中的《对酒当歌》，大概写于赤壁败北之后。作者深感遭遇人杰，统一大业遥遥无期，内心郁闷，于是以缠绵悱恻的笔触写出思贤爱才的诚意。最后以周公自比，抒发延揽人才，使天下归心的宏愿。其二《周西伯昌》，盛赞周文王、齐桓公、晋文公，表示要像他们那样，以大事小，尽忠汉室。其目的是消谤弭难，同时人为地遏制自己的野心，使其不至于恶性膨胀。这些都是儒家大一统理想和君贤臣忠思想的体现。

《步出夏门行》组诗在第十三章中已做过介绍，在此不赘。

曹操游仙诗及其主题则更显复杂。因为其体量大，所以不得不说。

前已述及，曹操不信鬼神之事，表现出了无神论思想和朴素唯物主义思想。但是，当时社会普遍信奉鬼神，黄老之说大行其道，受家教和世风所染，曹操的无神论表现得并不彻底，在诗歌中常常反映出矛盾的心理。正因为内心充满了矛盾，所以其游仙诗一咏三叹，跌宕起伏，摇曳多姿。

《陌上桑》是一首小诗，却很有代表性。曹操放飞思绪，神游八极。到九嶷山、玉门关、昆仑山，拜见王母、东君，与赤松、羡门交游，希望脱离俗务，远离人世，依靠神仙的指点和帮助延长生命。可是，诗的末尾又回到现实，说即使长生不老，也不能忘记自己的过失。由此可以看出，曹操虽思与神接，但到底放不开、舍不下，还是现实中人，思考的还是现实中的事。

《精列》是曹操游仙诗中短小精悍的一篇，也反映了这方面的思想。曹操是一个创业特别艰难的英雄，随着年龄的增长，少壮不再，而事业未竟，因而忧愁苦闷。实在难以排遣，便借力神仙，以求超脱。但最终回归现实，因为，他深知"造化之陶物，莫不有终期"，因而告诫人们，"陶陶谁能度，君子以弗忧"，"圣贤不能免，何为怀此忧？""存亡有命，虑之为蚩。"告诫自己要珍惜剩下不多的时光。

《龟虽寿》如出一辙。他写道："神龟虽寿，犹有竟时，腾蛇乘雾，终为灰土。"面对不可抗拒的自然规律，自己又怎么办呢？他的回答是，"老骥伏枥，志在千里，烈士暮年，壮心不已！"

由此看来，曹操虽写了不少游仙诗，但是并不是真的想当什么神仙，而是借神仙说事，表达心中的郁结。所以，不能把曹操与笃信方士、祈望长生不老而又屡屡上当受骗的秦始皇、汉武帝等量齐观。

**（二）慷慨悲凉的诗风**

曹操诗歌的风格，古之论者洋洋大观。

南朝梁人钟嵘在《诗品》中说："曹公古直，甚有悲凉之句。"这一论断影响较大，历代多有认同并引用者。

在这里有必要对这句话重新认识。钟嵘的意思是，曹操的诗歌太直白，缺少文采，并且格调不高，过于悲伤凄凉。正因为如此，钟嵘在品评时，将曹操的诗列为下品。这是不够准确、不够公允的。曹操的诗，确有直白通俗、不事雕饰的特点，其实这正是曹操诗歌值得肯定的地方。钟嵘生活在六朝时期，当时绮靡之风盛行，文人讲究文采华美，受这种风气的影响，钟嵘也养成了崇尚华美的审美情趣，所以做出了这样的评价。至于说曹操"甚有悲凉之句"是事实，但不全面。因为，他没有看到曹诗激昂慷慨的一面。

唐代元稹说："曹氏父子鞍马间为文，横槊赋诗，故其抑扬怨哀存离之作，尤极于古。"元稹在这里写出了曹氏父子为文的气势，并且给予了高度评价。不过，"尤极于古"，似嫌笼统，不好把握。

宋代敖陶孙在《诗评》中说："魏武帝如幽燕老将，气韵沉雄。"

敖陶孙意思是说曹操诗歌的风格可以用"沉雄"二字来概括。"沉"可以理解为深沉、沉稳，不肤浅、不浮华，"雄"，可理解为雄健、阳刚。仅此一句，足见功力，尤其是"沉雄"二字，堪称的评。

清代学者冯班说："魏祖（曹操）慷慨悲凉，自是此公文体如斯，非乐府应尔。"冯班在这里指出曹操诗歌的风格是"慷慨悲凉"，我们深表认同。

鲁迅说汉末魏初的文章清峻、通脱。总体看，鲁迅这一见解很有见地。一些人就据此说曹操诗歌的风格就是清峻通脱，这也说得过去，不过，我们觉得用清峻通脱来概括曹操的散文风格更贴切。

我们认同冯班的说法，曹操诗歌的风格就是慷慨悲凉，与敖陶孙的"沉雄"大抵相类。这里的"慷慨"就是充满正气，格调高昂；这里的"悲凉"，就是悲哀、凄凉。用于曹操诗歌的风格时，二者是一个整体，不可分割。唯有慷慨，才磅礴大气，给人以振奋人心的力量；唯有"悲凉"，才哀婉动人，撼人心魄。缺了"慷慨"，就会沉溺于悲伤而愁眉不解，失魂落魄；缺了"悲凉"，就会流入空洞，干瘪乏味，失去打动人心的力量，更难以引起人们思想和感情的共鸣。

曹操作为一代雄主，他乐观自信，豪气干云，他的一些诗作有着鼓舞人心的力量。《观沧海》是一首完整的写景诗，作者以白描的手法，为我们展现了一幅色调苍茫、气象雄伟、意境深远的图画。其中"日月之行，若在其中，星汉灿烂，若出其里"四句，看似平实，实则大气磅礴，表现了作者大海一样吞吐日月、包含万象的胸襟和气度。通篇无一字抒情言志而情志自现，有着一种撼人心魄的力量。

曹操慷慨悲凉的诗风在《对酒当歌》一诗中表现得最为充分。

作者一开始就发出人生短暂、"譬如朝露"的感叹，既而自问自答，"何以解忧，唯有杜康"，给人以借酒浇愁的印象。接着，自比于痴情女子，袒露心扉，希望意中人（实际上指人才）早日来到身边。还幻想着与他们聚会是如何的欢畅与惬意。

可是，现实中，人才没有来到身边，只有那皎洁的明月悬在天空。作者又发出"明明如月，何时可掇？忧从中来，不可断绝"的浩叹。可以说，悲凉至极，不忍卒读。

接下来，诗人又发出感慨：那些士子就像乌鹊一样，在大树的旁边绕来绕去，但哪里是他们落脚的地方呢？这样反复吟哦，一咏三叹，荡气回肠。读到这里，似乎让人压抑得喘不过气来。

可是，接下来别开生面，作者写道："山不厌高，海不厌深，周公吐哺，天下归心！"这是何等的刚健豪迈，简直气冲霄汉！读来让人振奋，先前的压抑一扫而空，荡然无存。如果此诗缺少后四句，那就只剩"悲凉"，让人倍感压抑甚至绝望；如果此诗仅有后四句，那么就显得苍白，缺少韵味，尽管格调高亢，但也难以吊起人们的胃口，更谈不上打动人心。

曹操生当乱世，深切地感受到了生命的脆弱与短促，有时不免忧愁和苦闷，因而写了一些游仙诗。不过，他虽忧愁，但不沮丧；虽苦闷，但不沉沦；虽幻想着与神灵交游，希望长生不老，但仍植根于现实，耿耿不忘未竟的事业。尤其是在这些诗的结尾，往往表现出生命不息、奋斗不止的豪气。所以，其游仙诗想象奇妙，感情跌宕起伏，其风格依然是慷慨悲凉的，只不过"悲凉"的意味更浓一些罢了。

《秋胡行》二首是曹操较长的游仙诗，据说这首诗是西征张鲁时所做。此时，作者已是61岁的老人了，国家未靖，需要他南征北讨，纵是钢铁之躯也容易消磨。因此，在第一首诗中，曹操"意中迷烦"，忽而进入仙境，与神仙交流游处，由于"沉吟不决"，仙人离他远去，延长寿命的愿望落空，忽而又回到现实。他只好像桓公那样，任用宁戚那样的贤才帮助他完成西征的使命。

在第二首诗中，曹操"思得神药"，以便长寿。但是，他又清醒地认识到："天道何长久，人道居之短。""存亡有命，虑之为蚩。"更直言不讳地表明"不戚年往，忧世不治"的情怀。

### （三）难能可贵的创新

曹操在文学方面，既善于继承，又善于创新。尤其是在诗歌的创新上荦荦大端。鲁迅就说曹操是"改造文章的祖师"。

在形式创新方面，曹操使四言诗重焕生机，同时钟情五言诗，拓展了诗歌表达的新形态。

《诗经》是我国古代最早的诗集，对后世文学的影响很大。从曹操的诗文中可以看出，他受《诗经》的影响也是明显的。《诗经》这本集子大多是四言诗，可是，自《诗经》问世以后，四言诗作者寥寥，作品也不多，而且内容偏重教训，外形趋向平板，语言典雅凝重，兴味索然。曹操继承了《国风》和《小雅》的传统，推陈出新，写了不少四言诗，犹如异峰突起，"于三百篇外，自开奇响"。如《短歌行》《步出夏门行》组诗等都堪称佳作，在内容情调、句法和词汇方面都别具一格，标志着四言诗的复兴，对后来者如嵇康、陶渊明等人四言诗的创作有直接影响。

五言诗在当时属"流调俗体"，地位不高。汉代虽有作者，但大多佚名。有名有姓的只有李陵、班固等极少数作家。说明一些作者不屑于写五言诗，即使写了，也不愿意署名。内容也大多是离别相思、沉吟叹怨之类，格调较为柔弱。曹操是第一个用五言诗书写现实的人，《薤露》《蒿里》《精列》《胡秋行》《谣俗词》大多使用五言写成，而且都是上乘之作，内容深刻，意境雄浑，笔力纵横，语言通俗。五言与四言相比只是一字之差，却别开生面，提升了诗歌的表现力，开启了建安时期"五言腾涌"的局面，为五言成为我国古代诗歌的基本形式奠定了牢固的基础。

在创作方法上，推陈出新，用旧题写新诗，表现出了全新的意境。

曹操继承了"感于哀乐，缘事而发"的汉乐府民歌传统。使他的诗歌具有充实旺健的现实主义精神。在这个大前提下，曹操自辟新路，闯出了一片新天地。

他的诗歌虽全是乐府歌辞，却不因袭古人意趣，去专事怀古和述旧，而是从同类题材中受到启发，自作诗，写出新意。沈德潜就说："借古乐府写时事，始于曹公。"

《薤露》《蒿里》原是送葬时的挽歌，曹操却以此旧题悯时悼乱；《步出夏门行》原是感叹人生无常，及时行乐的曲调，曹操以此抒发一统天下的抱负。这些都是以自身经历描写真实，反映现实，表现了鲜明的个性主义色彩和厚重的历史使命感，因而有更强的真实性和更高的艺术性，是真实性和艺术性的高度统一。

在表现技巧上，富于变化，呈现出灵动的笔法。

曹操的诗歌富于变化。《秋胡行》是一首游仙诗。曹操"意中迷烦"，忽而天上，忽而人间，看似天马行空，任意驰骋，却是精心布局，反映的是作者欲求不得、欲罢不能的心理苦楚。

《度关山》是表达政治理想的诗。作者用对比的方法，写古时君王贤明，勤政爱民，法律严明，百姓安居乐业。中间用"嗟哉后世"为之一转，再写后世"劳民为君，役赋其力"。用强烈的对比，给读者留下强烈的印象。

《对酒当歌》则反复吟哦，一咏三叹，宣泄自己内心的惆怅和苦闷。最后，用"周公吐哺，天下归心"作结，一扫心头阴霾。

《龟虽寿》则以朴素的哲理取胜，抒发老当益壮的豪情。

《苦寒行》和《却东西门行》是曹操军旅诗中的姊妹篇，其写法很不相同。如果说《苦寒行》重在写实，用山路崎岖、树木萧肃、北风呼啸、落雪纷飞以及熊罴的蹲伏和虎豹的嚎叫等元素，构成了一幅肃杀凄凉的雪里行军图；那么《却东西门行》则重在抒情，用鸿雁有意识地南飞北返、飘蓬无意识地随风飘转，以及龙在渊、虎在岗、狐死头向窟来托物起兴，反衬将士忙于征战，马不解鞍、人不卸甲，有家不得归的惆怅，凸显"冉冉老将至，何时返故乡"的主题，谱就了一段曲调悠扬、缠绵悱恻的思乡曲。

## 三、清峻通脱的散文

曹操在散文上的成就也非常突出。汉代的散文受辞赋影响较重，内容空泛。曹操一改散文繁缛的文风，用质朴的语言叙事，表达真实情感。所以，鲁迅在《魏晋风度及文章与酒及药之关系》的著名演讲中概括汉末魏初的文风时，用了"清峻通脱"四个字。意思是说简约严明，率意直白。我们觉得，这四个字用在曹操的散文上更为贴切。

曹操现存散文 150 余篇，多为应用性文字。主要是表、令、书三类。其中，表文和书信各 20 多篇，令文 80 多篇，其他还有奏事、教、戒、策、祭文、尺牍、序等。

由上列可以看出，曹操遗留下来的散文大多类似现代公文，而并非刻意为文，但却写得非常精彩，简直令人惊叹。

### （一）短小精悍

《曹操集》中收录的文章，最少的只有两个字，一般也就是几十字、百把字，200 字以下的占到了 70%。超过 300 字就算长的了，400字以上的绝少，最长的一篇是《让县自明本志令》，也只有 1274 个字。

《在阳平将还师令》只有"鸡肋"二字。这二字意思含糊，相当于现代的密码，据说被杨修破解。

建安二十四年，刘廙的弟弟刘伟参与了魏讽的叛乱。刘廙受到牵连将要被处决。但刘廙先前鄙薄魏讽的为人，还劝过弟弟刘伟不要与魏讽交往。曹操知道后，决定赦免刘廙，下了一道《原刘廙令》：

> 叔向不坐弟虎，古之制也，特原不问。

意思是：叔向不因其弟叔虎的牵连而治罪，这是古代的制度。赦免刘廙，不予追究。

这篇令文借用一个典故，讲明赦免的原因，信息量这么大，却只用了 10 来字，可谓惜字如金。

蒋济是一个能吏，曹操对他非常欣赏，就将他从扬州别驾的任上调回，让他主管人事，为此下了一篇《辟蒋济为丞相府西曹掾令》：

> 舜举皋陶，不仁者远，臧否得中，望于贤属矣。

意思是说：舜用皋陶掌管刑法，不仁的人逃得远远的。好坏优劣的评价适中，我就寄望于你了。

这篇令文实际上是任前谈话，也用了一个典故，并且希望蒋济像皋陶做好刑法工作一样，做好人事管理工作。曹操在这里也只用了 10 来字，但言之谆谆，寄望殷殷。我们相信，蒋济一定会深受触动，并以皋陶自期，尽心尽责的。

张辽与诸将一起在天柱山讨平陈兰、梅成叛乱。曹操议论众将功劳，下了一篇《论张辽功》：

> 登天山，履峻险，以取兰、成，荡寇功也。

意思是说，登上天柱山，越过险峰峻岭，斩杀陈兰、梅成，这是荡寇将军（张辽）的功劳。

这是一篇嘉奖令，完整地讲述了一场艰苦卓绝的战斗，烘托了战争的气氛，并且对众将的功劳做了区分。也只用了短短 10 来字，可谓要言不烦。

建安十三年（208 年），曹操拿下荆州后，准备乘势讨平江东，写了《与孙权书》：

> 近者奉辞伐罪，旌麾南指，刘琮束手。今治水军八十万众，方与将军会猎与吴。

这是一封战书，除去标点，正好是 30 个字，但蕴量丰富。首先讲，奉朝廷之命讨伐有罪的人，表明这次军事行动的正义性。接着说，军旗指向南方，刘琮就束手投降了，表明自己的军队战力强悍，所向无敌。最后说，现在我调动水军 80 万人，正想与将军一起在东吴打猎。"八十万众"，显然是虚声恫吓，目的在于摧毁东吴的抵抗意志。尽管如此，却轻描淡写，把血腥的厮杀说成是打猎。我们可以想见，孙权看到战书，一定会心惊肉跳，如坐针毡。用这么简短的文字，书写蕴量如此之大的战书，不是文章高手，怎么能够做到？

建安元年（196 年），荀攸滞留荆州。曹操想请他出来任事，写了一篇《遗荀攸书》：

> 方今天下大乱，智士劳心之时也。而顾观变蜀汉，不已久乎！

意思是说，现在天下大乱，正是有智谋的人为国效力的时候，你却在蜀汉那边停留观望，是不是拖得太长了呢！

这是一封书信，曹操只用了 20 来字。因为写信的对象是一个德行高尚、才能超拔的士人，这样的人一般都有兼济天下的宏愿，不需要用一些空洞无物的大道理去开导，只需用天下大乱去激他就够了。因为，响鼓不用重捶，一句话就可以点醒梦中人。

## （二）率意直白

率意直白就是想说什么就说什么，不矫揉造作，并且语言通俗，明白晓畅。

人常说文如其人，的确如此。曹操的散文跟其为人一样，直来直去，不矫揉造作，想说什么就说什么。

《让贤自明本志令》是曹操最长的一篇散文。这篇文告是当众宣读的，诉诸人们的听觉，因而更通俗、更直白。他坦率地讲道：我并不是天生就有大志，是时势造成的。这些年来，东征西讨，好不容易平定了北方。如果国家没有我，不晓得有几人称帝、几人称王。现在要我放弃兵权是不可以的，我担心放弃兵权会被人祸害。如果我被害，国家也完了，所以不能慕虚名而处实祸。这些说的都是大实话。

曹操的求贤三令，说了一些人所不愿也不敢说的话，这些在《曹操的人才观和用人艺术》一章已经讲到，不赘。

在《遗令》中，没有交代军国大事，尽是些小事，连"分香卖履"的话都讲，这也是别人不愿说、不愿讲的话。

曹操散文用语平易，不事雕饰，口语化明显。

建安十四年（209 年），曹操为争取韩遂，给韩遂写了一封信：

> 谢文约：卿始起兵时，自有所逼，我所具明也。当早来，共匡辅国朝。

这封信语言通俗，简洁明了，简直就像面对面倾心交谈一样。曹操与韩遂有过交往，彼此算是老相识，要争取他，就要态度诚恳，用语直白，不然的话就显得生分。曹操明明知道韩遂当年是造反、是叛乱，为了争取他，就说："当初你起兵，是为人所逼，这些我都知道。你早点来，我们一起共辅朝政。"显得开明豁达，也很自然。

韩遂最终没有听取劝告，举兵反叛。曹操又给韩遂的部下阎行写了一封信：

> 观文约所为，使人笑来。吾前后与之书，无所不说，如此何可复忍！卿父谏议，自平安也。虽然，牢狱之中，非养亲之处，且又官家亦不能久为人养老也。

这一封简短的书信几乎用白话写成。尤其是后面，话里有话，希望阎行做出正确的选择。

汉末魏初，文坛充斥着绮靡之风，文辞华美，但内容空洞。曹操脱尽流俗，别开生面，难怪鲁迅说他是"改造文章的祖师"。

**（三）感情浓郁，气势磅礴**

曹操的散文大多是公文性质的文字。我们知道，公文大都典重有余而灵动不足，没有生气，更缺少情感。但曹操却写得生动、有气势，充满着浓郁的感情。

在《存恤吏士家室令》中写道："吏士死亡不归，家室怨旷，百姓流离，而仁者岂乐之哉？不得已也。"充满着对吏士家室的同情和关怀。

为了选择合适的人主管刑法，曹操下了《选军中典狱令》：

> 夫刑，百姓之命也。而军中典狱者或非其人，而任以三军死生之事，我甚惧之。其选明达法理者，使持典刑。

刑法是关乎百姓性命的大事，如果用人不当，那会造成怎样的恶果啊，一句"我甚惧之"，就把问题的严重性点了出来。

建安十九年七月曹操南征孙权，让曹植留守邺城，告诫曹植：

> 吾昔为顿丘令，年二十三。思此时所为，无悔于今。今汝年亦二十三矣，可不勉与！

曹操在这里现身说法，用自己无悔的经历勉励曹植，语重心长，催人奋进。

建安十九年，蒯越死前给曹操写了一封信，请求曹操照料其家室，曹操给蒯越回了一封信：

> 死者反生，生者不愧。孤少所举，行之多矣。魂而有灵，亦将闻孤此言也。

意思是：如果死了的人复活，活着的人无愧于他的嘱托。我年轻时所推举的人，这样做是很多的。蒯越如果魂而有知，会相信我的话的。

曹操在这里把话说透了，说绝了，怎能不令人感动？

建安十九年（214年），夏侯渊平定陇右，曹操大为高兴，为此，下了《夏侯渊平陇右令》：

> 宋建造为逆乱三十余年，渊一举灭之，虎步关右，所向无前。仲尼有言："吾与尔不如也。"

说夏侯渊一举讨灭了宋建，虎步关右，所向无前。寥寥数语，写出了夏侯渊的气势，也情不自禁地表达了欣喜之情。

《为张范下令》篇幅短小，但气势磅礴，写出了曹操的风格：

> 邴原名高德大，清规邈世，魁然而峙，不为孤用。闻长子颇欲学之，吾恐造之者富，随之者贫。

邴原是北方大名士，偶尔要要名士的派头，他接受了曹操的征召却称病不到职。张范也学他的做派。曹操为争取名士支持，给张范写了这道令。"名高德大，清规邈世，魁然而峙"，三言两语就把邴原的个性特征写出来了，同时也写出了曹操的英霸之气，凌厉之风。

## （四）手法灵活

曹操的散文，总体看文字不长，但手法灵活，富于变化。他骈散并用，长短随心，正如苏东坡所言："如行云流水，初无定质，但常行于所当行，常止于所不可不止，文理自然，姿态横生。"

骈散并用，长短相宜，用词精审。曹操的散文，脱离了骈俪文窠臼，但也不是一概不用。该用时还是用，不过，用得自然，并且与散句有机融合，呈现灵动变化的态势。在句法上，有长有短，错落有致，读起来朗朗上口，别有韵味。《告涿郡太守令》就是一篇精美的散文：

> 故北中郎将卢植，名著海内，学为儒宗，士之楷模，乃国之桢干也。昔武王入殷，封商容之闾；郑丧子产而仲尼陨涕。孤到此州，嘉其余风。《春秋》之义，贤者之后，有异于人。敬遣丞掾，修坟墓，并致薄酹，以彰厥德。

文中骈散交错，长短有致，节奏明快，富有音乐美，给人以"大珠小珠落玉盘"的感觉。

曹操散文的用词也很精审，准确生动，形象鲜明。《赐死崔琰令》：

> 琰虽见刑，而通宾客，门若市人，对宾客虬须直视，若有所瞋。

"虬须直视，若有所瞋"就是抖动带鬈的胡子，瞪目直视的意思，把崔琰的愤怒活生生地展现在读者面前。

在《与王修书》中，说那些缺少见识而妄发议论的人"以蠡测海，为蛇画足"，他们的话犹如"淫蛙乱耳"；在《论吏士行能令》中，指斥"军吏虽有功能，德行不足堪任郡国之选"，说"论者之言，一似管窥虎欤！"这都是精言妙语。

善用典。曹操散文用典随处可见。典的来源很广，遍及经史子集。

说明曹操涉猎广泛，功力精深。曹操既用语典，也用事典。视情况，有时概括性引用，有时直接引用。概括性引用多为人们普遍接受的思想观念，具有很强的哲理性和道义性。直接引用多用于印证他对于某事处理的合理性。

一般来说，文章用典过多容易导致呆板、凝滞，但曹操用典很好地规避了这一现象。他不是为了用典而用典，他之用典，要么是为了明理，要么是为了抒情，往往恰到好处。如任用蒋济主管人事，用了"舜举皋陶，不仁者远"的事典；让辛毗、曹休当曹洪的军师，就用了"昔高祖贪财好色，而良、平匡其过失"的事典；在《下州郡》中表彰杜畿，用了"仲尼之于颜子，每言不能不叹"的事典，还用了"仰高山、慕景行"的语典；在《以徐奕为中尉令》中几乎通篇用典，但并不觉得呆板、凝滞："昔楚有子玉，文公为之侧席而坐；汲黯在朝，淮南为之折谋。《诗》称'邦之司直'，君之谓欤！"

善用对比。曹操在嘉奖之类的文章中往往把表彰的对象比作历史上的某一名人，述其功，彰其德。这样做，既为他人提供了榜样，又有利于激发表彰对象的内在动力，以历史名人自期，从而自警自励。

在《杨阜让爵报》这封书信中称赞姜叙之母"虽杨敞之妻，概不过此"；在《与钟繇书》中说"昔萧何镇守关中，足食成军，亦适当尔"，把钟繇与萧何等量齐观；吕虔在海岱地区除暴安良，曹操下了《褒扬泰山太守吕虔令》，在令中说："昔寇恂立名于汝、颍，耿弇建策于青、兖，古今一也"，把吕虔比作东汉开国大将寇恂和耿弇。

曹操在散文中用对比的手法，能够让读者在强烈的反差中受到刺激，从而认同并接受他的想法和主张。比如，在《选军中典狱令中》说："夫刑，百姓之命也。而军中典狱者或非其人，而任以三军死生之事，我甚惧之。"刑法是关系百姓生死的大事，如果用人不当，后果很严重。曹操"甚惧之"，又有哪个不"甚惧之"呢？在《抑兼并令》中讲道："豪强擅恣，亲戚兼并，下民贫弱，代出租赋"，读者读到这里，自然怒不可遏，是可忍，孰不可忍！不抑制兼并怎么得了！！

在《整齐风俗令》中，曹操将结党营私、操纵舆论、排斥异己、颠倒黑白的现象用对比的方式呈现出来，并用"四者不除，吾以为羞"，以表达坚强的决心，自然能激起人们的公愤，并对他的举措给予理解与认同。

善用问句和语气词。曹操在其散文中，善于运用问句和语气词，以引人注意，启发思考，强化感情。他的问句，有疑问、有设问、有反问。语气词就更多了，如矣、也、乎、欤等等。

## 四、曹操在文学史上的地位与影响

曹操在文学史上具有崇高的地位和深远的影响。

他手不释卷，鞍马为文，横槊赋诗，以其卓越的文学成就，成为建安文坛的当然领袖。

曹操"外定武功，内修文学"。统一北方后，他以邺城为霸府，邺城随即成了北方又一个政治中心。他注重搜罗人才，一些文士才俊在他的感召下，会集邺城。形成了以"三曹"（曹操、曹丕、曹植）和"建安七子"以及蔡琰为代表的文人集团。

为了让这些文人有一个宽松舒适的创作环境，曹操在战争远没有结束、经济还没有恢复的情况下，耗费巨大人力物力，建起了铜雀、金虎、冰井三台等大型文化设施。

舒适的环境，安逸的生活，让邺下文人集团在纷乱的战争年代保持了从容和宁静，他们再也不用颠沛流离、不用担惊受怕，也不用吃了上顿愁下顿。他们乐意并且擅长做的，就是在诗、赋、文等方面各显其能，竞相发展。去书写动荡的社会现实，以及渴望建功立业、一展宏图的远大抱负。

就这样，在曹操的影响和带动下，开创了文人自觉为文的时代。曹丕在《典论·论文》中就讲道："盖文章，经国之大业，不朽之盛事。年寿有时而尽，荣乐止乎其身，二者必至之常期，未若文章之无穷。是以古之作者，寄身于翰墨，见意于篇籍，不假良史之辞，不托飞驰之势，而声名自传于后。"

不仅如此，文人们还相互品评和借鉴，在这样的氛围之下，曹丕创作了《典论·文论》——中国文学批评史上第一篇文学专论。

一个文学史上罕见的文人群体创作高潮就这样形成了，史称"彬彬之盛，大备于时"。这些文人辞情慷慨，语言刚健，造就了独具特色的"建安风骨"。

邺下文人集团中，孔融年龄最大，也写过一些作品。但他与曹操作对，被曹操诛杀，未尽天年。其作品数量不大，质量也不能与曹操相比埒。

在建安文人集团中，出色的还是"三曹"，其中影响最大的还是曹操和曹植。

前面已经讲了，曹操在诗歌方面，在创作方法上，继承《诗经》以及汉乐府的现实主义传统，写了一些现实主义力作。特别是借用乐府旧题写新诗，在悯时悼乱的同时，抒发内心的豪情壮志，使诗歌格调更高，更健旺；在创作形式上，他让四言诗重新焕发生机；让五言诗由末流变主流，增强了诗歌的表现力，开启了建安时期"五言腾涌"的局面，为五言成为我国古代诗歌的基本形式奠定了牢固的基础。

在散文创作方面，跳出骈俪文窠臼，以清峻通脱的笔法一扫绮靡之风，将原本典重少生气的应用文写得简练生动而情趣盎然，提升了文章的表现力，使应用文真正回归到"应用"的本位。

曹丕、曹植是他的儿子，自然受到了他的影响。"建安七子"都是他征召来的，除孔融外，其他的人都可以看作是他的下级甚至亲信，这些人都或多或少受到了曹操的影响。蔡琰也是他用金璧从匈奴赎回来的，并且很早就相识相知。这些人都受到曹操的庇佑，是曹操让他们衣食无忧，得以安心创作的。是曹操给了他们竞展才华的舞台，也是曹操为他们立下了为诗为文的标杆。

邺下文人集团是一个特殊现象，在我国文学史上独树一帜。再没有哪一个时代像建安时代那样，文人扎堆，盛极一时。"建安风骨"也是这个时代的文学所特有的风格。文人们高扬政治理想，展示强烈个性，反映动荡的时代，形成慷慨悲凉的诗风。这是时代的特产，后世无法再生和复制。

建安文学在历史上的影响是很大的。建安风骨就被唐代以前的文学批评家奉为典范，立为标准。

号称诗仙的李白，在《宣州谢朓楼饯别校书叔云》中就写有"蓬莱文章建安骨，中间小谢又清发"的诗句。号称诗圣的杜甫，在《丹青引》中也有这样的诗句："将军魏武之子孙，于今为庶为青门，英雄割据虽已矣，文采风流今尚存。"如果说这里的"建安骨"是指邺下文人集团的诗歌风格，曹操只是其中一员的话，那么，也是最为重要的一员；杜诗的"文采风流"，就专指曹操了。

总之，谈中国文学史，不能不谈建安文学，谈建安文学又不能不谈曹操，这就是曹操在中国文学史上的地位和影响。

# 第二十三章
# 曹操的人格魅力

如果说"三立"乃不朽之事，曹操可算一个。

曹操的性格和为人，有善有恶。善是底色，恶为斑点；善是常态，恶为变数。

曹操的性格优点成就了他的辉煌；性格弱点则使他的辉煌打了折扣，或者说不够完美。

历代有识之士普遍对曹操的军事才能和成就评价很高。但受正统观念影响，自东晋以后，人们对曹操的总体评价逐渐降低，直到民国以后又有所好转。

2008 年，河南安阳声称发现曹操墓。这个墓葬不大，葬品数量不多，质量不高，却立即在全国乃至整个东亚引起轰动。这一文化现象表明，去世已近 1800 年的曹操有着谜一样诱人的光环。

的确，在中华文明史上，涌现出了一大批灿若星辰的历史人物，曹操或许就是其中最为引人注目的一个。似乎还没有哪一个历史人物能够像曹操那样引起人们无尽的兴趣和持久的关注。曹操有如一坛老酒，越陈越香，越品越有味，这就是曹操的魅力。

## 一、"非常之人，超世之杰"

汉末至三国，是历史上最为纷乱的时代。天下扰攘，群雄蜂起。经过大浪淘沙，最终形成三足鼎立的局面。曹操雄踞北方，"三分天下有其二"，其实力远超蜀汉和东吴。后来晋朝统一天下，说到底还是依赖曹操打下的基础。

陈寿写《三国志》用的是纪传体。每一篇传记，先记述传主的生平事迹，最后以简洁的语言写一段评语。陈寿号称"有良史之才"，其所评人物是可信的、公允的、精准的。他对曹操是这样评价的：

> 汉末天下大乱，雄豪并起，而袁绍虎视四州，强盛莫敌。太祖（曹操）运筹演谋，鞭挞宇内，揽申、商之法术，该韩、白之奇策，官方授材，各因其器，矫情任算，不念旧恶，终能总御皇机，克成洪业者，为其明略最优也。抑可谓非常之人，超世之杰矣。

遍观整个《三国志》，陈寿对所有人物的评价还没有一个能够高出曹操。让我们来具体分析一下，曹操这个超世之杰，"杰"在何处。

在我国伦理史、思想史上有一个重要命题，那就是"三不朽"说，即把"立德""立功""立言"作为三件不朽的事业。它出自《左传》，《左传·襄公二十四年》讲道，晋国执政者问鲁国大夫叔孙豹："古人有言曰'死而不朽'，何谓也？"叔孙豹曰："豹闻之，太上立德，其次立功，其次有立言，虽久不废，此之谓不朽。"

唐代孔颖达在《春秋左传正义》中对"三立"做了界定："立德谓创制垂法，博施济众"；"立功谓整厄解难，功济于时"；"立言谓言得其要，理足可传。"孔颖达解释应该说比较到位、比较准确。不过，人们对这种解释的理解又存在着差异，特别是"立德"，标准不大好把握，有见仁见智的现象。

有人认为，在我国历史上，能够做到这"三不朽"的，只有两个半人，分别是孔子、王守仁和曾国藩（半人）。在这里对这一说法暂不予置评，只想用这"三不朽"来衡量一下曹操。

## （一）"立德"不亏

按照孔颖达的说法，"立德"就是重在"创制垂法，博施济众"。意思是说要创建并实施一些好的制度和举措，以造福天下，惠及百姓。我觉得这不是一般人能够做到的，得有两个前提条件，其一，他必须是一个善人，是个有德之人；其二，必须拥有一定权力，能够将自己的意志用一定形式贯彻下去，并推而广之。

曹操出身宦官家庭，尽管宦官在当时声名狼藉，但这个家庭从总体上看德行还属上乘。司马彪在《续汉书》中说曹操的曾祖曹萌"素以仁厚称"；说其祖父曹腾"历侍四帝，未尝有过。好进达贤能，终无所毁伤"；说其父曹嵩"质性敦厚，所在忠孝"。司马彪是西晋人、司马懿的侄孙，比曹操晚了几代，没有理由和义务为曹氏唱赞歌。由此看来，曹操的家世是重德的。正因为这个家庭重德，所以，对子嗣也有这方面的要求。这从曹操及其弟弟的名字似乎可以得到印证。

曹操，名操，字孟德。"操"，是操守的意思，曹操在排行中是老大，所以叫"孟德"。其弟，直接就叫曹德。一般来说，取名字是有寓意的，体现一种价值取向，起码有这方面的自觉意识。

事实上，曹操的德行并不差。吕思勉先生称："操之待人，大致尚偏于厚。"马植杰先生亦秉承此说，并且断言："那些述说诈骗倾人的传闻、轶事，多非历史的真实。"

正因为曹操是有德之人，所以能够对百姓的苦难给予深切的同情与关怀，能够在当权之后行有德之政。

军阀混战给老百姓带来了深重的苦难，曹操就在《蒿里》中以悲戚之心写下了"白骨露于野，千里无鸡鸣，生民百遗一，念之断人肠"的诗句。他在《军谯令》中对百姓大量死亡感到"凄怆伤怀"，要求官府"授官田""给耕牛""置学校""为存者立庙，使祀其先人"；鉴于河北久罹战乱，通过《蠲河北租赋令》免去了河北人民当年租赋；在《抑兼并令》中对"豪强擅恣，亲戚兼并，下民贫弱，代出租赋"的现象深恶痛绝，大刀阔斧进行赋税制度改革，以抑强扶弱；在《明罚令》中禁止寒食，期望"老少羸弱"免去"不堪之患"；他觉得山泉太冷，担心老百姓饮用了之后生痢疾，专门下了一份《戒饮山水令》，说："凡山水甚强寒，饮之皆令人痢"，劝诫人们不要随便饮用山泉；在《存恤吏士家室令》中要求县官对死亡将士的家属供给粮食，军中长吏前去抚恤慰问；在《赡给灾民令》中规定，把那些女子年七十以上无夫无子、年十二以下没有父母兄弟及丧失劳动能力又无依靠的人，由官府发放口粮养起来。因为贫困不能维持生活的，按人数贷给口粮，家有90岁以上老人的，免去其家一人徭役。此外，移风易俗，禁止"寒食"；为恢复经济，实施屯田、兴修水利、实行盐铁官营等。这些有益于社稷苍生的工作，曹操以政令的形式强力推进，取得了实效。

曹操在兵戈不息的战争年代，能够从大处着眼，关心百姓疾苦，并采取相应措施，发展生产、造福百姓，体现了政治家的本色。讲"立德"，这就是立德。

### （二）"立功"甚大

按照孔颖达的说法，立功就是"整厄解难，功济于时"。曹操在这方面是当之无愧的佼佼者，可以说在当时独步华夏，无出其右。

董卓暴乱，人怀怨怒。各诸侯却徘徊观望，不敢出头，是曹操首起义兵，各地才纷纷响应的。

天子蒙尘，各军阀务相兼并，视皇帝如弃儿，是曹操排除万难将刘协接到身边。随后，在许都修王宫、建宗庙，恢复社稷制度，延续了汉王朝国祚。这是在行王道，是在践行兴亡继绝这一古代最为崇高的伦理。各军阀本应与曹操协力同心、共襄朝廷以达成汉王朝再度中兴，可董卓及其部将李傕、郭汜开了挟持天子的恶例，各诸侯因此连曹操也不信了，加之自身的野心，不仅不辅佐朝廷，反而务相兼并，使局势朝着相反的方向发展。曹操反倒成了"孤臣"。不过，纵然是孤臣，也是光荣的孤臣。

东汉末年，王朝国力羸弱，匈奴、乌桓、鲜卑多次兴兵入寇，是曹操将他们打败，从而解除了北部外族入侵的祸患。对内迁的少数民族，以抚为主，推行民族融合政策，有益于北方的和平与安宁。

曹操一生致力于国家的统一，为此不辞辛劳，东征西讨，甚至亲冒锋镝，九死一生。尽管没有统一全国，但统一了北方，"三分天下有其二"，尤其是把几乎丧失了的陇右重新纳入版图，实在是一大贡献。在曹操的治下，北方的经济得以恢复，人民的负担相对较轻（比统一之后的西晋还轻），生活相对安宁，这是了不得的成就，为后来司马氏统一全国奠定了基础。凡此种种，都是同时代他人不可比拟的。

**（三）"立言"也昌**

曹操"立言"的话题，本书二十二章中已经讲到，这里再做些许补充。

曹操一生勤学不辍，著作丰硕，这是同时代的人不可比的，此其一也；曹操以其文坛领袖的地位，开启了一个自觉为文的时代，促成了建安文学的兴起和繁荣，这是其他人难以梦求的，此其二也；曹操的诗文个性鲜明，风格卓异，大都堪称精品，这也是同时代的人所不及的，此其三也。

此外，曹操为后世留下了大量箴言警句，这些箴言警句富有哲理，发人深思，催人奋进。如"老骥伏枥，志在千里。烈士暮年，壮心不已"；"存亡有命，虑之为蚩"；"贵指踪之功，薄搏获之赏"；"治平尚德行、有事赏功能"；等等，举不胜举。按照孔颖达的说法，"立言"就是要做到"言得其要，理足可传"。以这个标准来衡量，曹操足当其誉。

如果说"三立"乃不朽之事，曹操可算一个。


## 二、善是底色，恶为斑点

前面已经讲到，曹操德行不亏，算得上是有德之人。当然，人无完人，任何人概莫能外。曹操巍巍如高山，浩渺如大海，任何一个侧面、任何一个角落都耐人咀嚼，其性格尤为复杂，常常呈现出矛盾的状态，善恶错出，让人颇费思量。

### （一）曹操性格和为人善的一面

人是有思想、有情感的，对现实的态度和行为方式也会随着时间、空间以及主客观情况的变化而产生思想情绪及性格方面的变化。这种变化是随机性的、偶发的，不具稳定性。因此，我们在评判曹操的性格时，还是要着眼于曹操"较稳定的个性心理特征"，这样才能抓住关键，纲举目张。

笔者认为，曹操的性格和为人，有善有恶，善是底色，恶为斑点。善是常态，恶为变数。因其善，人钦之敬之；因其恶，人憎之唾之。曹操故去已快 1800 年，还能如此这般牵动人的情感，这就是曹操的魅力！

#### 1. 乐观自信

乐观自信是一种积极向上的人生态度。有了这种态度，就能够最大限度地激发潜能，藐视困难，增强战胜困难的勇气和力量。如果不乐观、不自信，临事而惧，注定一事无成。

关东联军讨伐董卓不成，随即转入军阀混战。此时的袁绍兵强势大，并且抢占了大河以北的地理优势，曾得意扬扬地问曹操下一步作何打算。曹操此时兵少将寡，无立足之地，却沉静地说："吾任天下之智力，以道御之，无所不可。"这话充分显示了他的自信。事后他就是这么做的，最终使自己强大起来。

张邈、陈宫引吕布发动兖州事变，兖州丧失殆尽，士气低落到极点。曹操表现出了惊人的乐观情绪，他对部下讲："吕布占据兖州，却不在亢父利用地理优势断我归路，反而屯兵濮阳，我就知道他不会有什么作为！"曹操既是在据实论理，又是在提振部下的信心。此时，信心比什么都重要，信心是力量的源泉！

官渡决战前，针对一些人存在的畏敌情绪，曹操信心十足地说："我了解袁绍的为人，志向远大但才疏智短，外表严厉而内心胆怯，妒忌刻薄而缺少威信。士兵虽多，但指挥不当，将领骄纵而政令不一。土地虽广，粮食虽丰，正好是为我准备的。"其乐观情绪，对稳定军心、激励士气无疑会产生积极影响。

曹操对自己的能力、素质从来都是自信的。曹操与刘备在许都共论天下英雄时,刘备装傻充愣。曹操却毫不掩饰地说:"天下英雄,唯使君与操耳,本初之徒,不足数也!"这话说得坦荡真诚,却吓得刘备连筷子都掉在了地上。

曹操进军关中时,一些人对兵马强悍的关中诸军有些担心,曹操说:"战争的主动权在我,不在贼,贼虽善用长矛,我将使他们的长矛没有用处,你们等着瞧吧!"从这说明,曹操已成竹在胸,拿下关中,不在话下。

其后不久,曹操顺祥敌意,与韩遂阵前对话。关中诸将不由得在马上行起礼来。部众都伸长着脖子,想一睹曹操风采。曹操心领神会,笑着对他们说:"你们想看一看我曹操是吗?我也是一个人,并没有四只眼睛,两张嘴巴。只不过智慧多一点罢了!"

曹操在这里没有神化自己,但底气十足,轻松自如,既是对部下精神上的激励,也是对敌方士气的打击。战斗没有开打而胜负已判!

### 2.机智勇敢

曹操的机智勇敢似乎与生俱来。小时候入水击蛟、私闯张让庭院以及与袁绍等玩伴劫持新妇就已表现出来。

因为从小就养成了随机应变的特质,并且屡试不爽,所以,习以为常,乐此不疲。随着年龄的增长,阅历和经验日益丰富,曹操随机应变的能力就显得更加自觉、更加娴熟。

曹操的机智在民间流传很广。"望梅止渴"就是运用条件反射原理化解了一场饥渴;"割发代首"就是用权变的办法维护了法律的严肃性。这些都是在情急之下发生的,反映出曹操闪电般的大脑。

曹操攻打濮阳时误入埋伏,在退却中被吕布的一个骑兵截住。那骑兵不认识曹操反问曹操在哪里,曹操急中生智说:"前面骑黄马的就是。"那骑兵信以为真,撇下曹操,扬鞭催马追赶前面骑黄马的人,曹操这才幸免于难。当时情势危急,稍微迟疑,曹操可能变成刀下之鬼。

危急关头，曹操应对如流，不露破绽，不能不令人叫绝。

机智以冷静为前提，不冷静，临事慌乱，既抓不住"机"，又出不了"智"。而冷静以内心强大为支撑，也就是离不开勇敢。如果曹操胆小如鼠，被吕布骑兵截住了，他必然"足将进而趑趄，口将言而嗫嚅"，哪里能够从容回答，蒙混过关呢？

机智离不开勇敢，勇敢也离不开机智。缺少机智，勇敢变成了鲁莽了。如果曹操一味鲁莽，拒不回答，挺枪就刺，说不定当场就被刺死！

曹操的"机智勇敢"，在其战争实践中无处不在。火烧乌巢时，曹操前有守军顽强抵抗，后又袁绍援军背后杀来。曹操排除干扰，集中力量打垮守军，再回歼援军，最终赢得辉煌的胜利。

远征乌桓也是这样。曹操率军越过白狼堆进抵凡城时，突然与蹋顿单于联军相遇。曹操沉着冷静，果断率部出击，结果大获全胜。

曹操正是凭着机智和勇敢，多次履危蹈险，最终取得成功。

### 3. 体任自然

所谓体任自然就是按照自然规律办事，尊重人的天性，率性而为，不矫揉造作，不为繁文缛节所束缚。

郭嘉在比较曹操与袁绍优劣时，共列了 10 条，说曹操有 10 个方面胜过袁绍。其中第一条就讲："绍（袁绍）繁礼多仪，公（曹操）体任自然，此道胜一也。"

郭嘉是一流的谋士，他把"体任自然"看作是"道"的层面，放到了最为重要的地位。

天道自然源出于道家，战国时的荀子对它多有论述。这些观点要求人们尊重人的天性，顺乎人的意志，充分发挥人的能动作用，同时，摒弃或打破束缚人天性的一切枷锁。

但是，自独尊儒术的局面出现以后，统治阶级鼓吹宿命论和纲常礼教，导致唯心主义盛行。到东汉后期，士人们普遍信奉天命，讲究繁文缛节，甚至连穿衣戴帽、肤发修饰等都有一套规矩。这就大大束缚了人们的天性。

曹操体任自然在认识论上表现为不信天命，不敬鬼神。本来，曹操对道家思想抱有好感，但并没有全盘吸收，而是采取扬弃的态度，对其中有科学道理的成分比如养生之道抱着欣赏的态度，却不相信神仙，也不相信羽化登仙那一套。

在行动上表现为洒脱不羁，率性而为。《曹瞒传》说曹操常常穿着薄绢做的衣服，腰间挂着一个皮制的小荷包，用来装手帕之类的杂物；有时穿着丝绸裁制的便帽会见宾客；与人交谈时，常常肆意调笑，无所讳饰；在宴饮时，有时兴之所至，忘乎所以，以致酣笑着弯下身子将头伸进杯盘之中，弄得连头巾都占满了菜肴、汤水。许攸投奔时，曹操来不及穿鞋子，光脚出迎。作者虽以贬斥的态度记述这些，实际上反映出了曹操的真性情，我们反倒觉得这正是曹操的可爱之处。

当时一些士人如祢衡、孔融等也有些体任自然，洒脱不羁。祢衡那样羞辱曹操，甚至在相府门前大骂曹操，曹操也没有杀他，这与曹操考虑政治利害有关，也与曹操的心性有关。可以说，如果孔融不在政治上为敌，不故意捣蛋，不处处跟曹操作对，曹操也不会杀孔融。

曹操在日常生活中是这样，就是在一些正规的场合，也不是那样的守"规矩"。《春祠令》就讲到了这方面的情况：

议论的人认为，祭庙上殿要脱下鞋子。可我接受皇上恩赐，带剑穿鞋上殿。现在如果脱下鞋子上殿，那就是尊崇先人而背弃王命，所以，我不敢脱下鞋子；又临祭时，到水盆旁模仿洗手的样子，却不浇水洗手。浇水洗手是以清洁表示对真神的尊重，没有听说只做洗手的样子而不真浇水洗手的礼节。况且"祭神如神在"，所以我就亲自接水洗手。还有，行完祭神礼，主祭人要走下台，在座位旁站着，等到乐章奏完，好像不爱祖先，感到时间太长，不快些结束似的，所以，我就坐着等音乐结束再站起。过去，祭祀完毕，都把祭肉放在袖里，然后交给侍中，这种做法说明对神的恭敬不是自始至终和诚心诚意。古代帝王都亲自主持祭祀，所以，我把祭肉放在袖里，最后抱着回去。

曹操在这里批判了一些旧礼的虚伪性，具有反传统的意味。

曹操体任自然表现在婚姻上，是尊重人性，尊重人的正常生理需求，并不在意门第和贞操。曹操的继室下夫人就出身歌舞艺人。甄氏原是袁绍二子袁熙的结发妻子，打下邺城后，曹操将她许配给曹丕。

曹操的原配丁夫人被曹操遣送回娘家后，曹操有些不忍，又去接她。丁夫人没有跟他回来，曹操就促其娘家让她改嫁。她的娘家可能贞操观念较重，也可能是慑于曹操的威势，最终没有让她改嫁。

### 4．幽默诙谐

曹操的幽默诙谐与他体任自然是连在一起的。如果一个人生性古板，一举一动都中规中矩，那是幽默诙谐不起来的。

早年，曹操与乔玄结为忘年交。建安七年（202 年），曹操驻军谯县，他专门派人到睢阳去祭祀乔玄，并亲自写了一篇祭文。祭文中有这样一段话：

> ……又承从容约誓之言："徂逝之后，路有经由，不以斗酒只鸡过相沃酹，车过三步，腹痛勿怪。"虽临时戏笑之言，非至亲笃好，胡肯为此辞乎？

意思是说，您曾经跟我约定："我死之后，你要是路过我的墓前，不用一斗酒一只鸡祭奠我，车过三步就叫你肚子疼，你不要怨我。"当时虽说的是玩笑话，但如果不是最亲密的朋友，怎么肯这样说呢？

的确，开玩笑是要有一定条件的，如果心性不同，玩笑是开不起来的，弄不好还会出现尴尬。乔玄这样同曹操开玩笑，是因为曹操是一个活泼开朗的人，也善于开玩笑。

曹操喜欢同人开玩笑，开玩笑时往往诙谐幽默，让人忍俊不禁。

在下邳，曹操生擒了吕布，吕布问他为什么这么瘦。他回答说"是因为不开心没有能把你早日捉住"；吕布因绳子捆得太紧，乞求宽解，曹操说"缚虎不能不急"；吕布表示臣服以后，曹操打算释放吕布，主簿王必慌忙阻止，曹操将手一摊，说："主簿不同意，怎么办呢？"

火烧乌巢时，曹军将袁绍的守将淳于琼的鼻子割掉，押送到曹操的面前。曹操故作惊讶地说："哎呀呀，你怎么弄成了这副模样？"

以上是对待战俘，曹操在调笑之间，流露出狡黠、扬扬自得的神情。但对故交好友则是另外一番情致。

曹操的同乡好友丁冲因忧愤发狂，不过很快就治愈了。他们照常一见面就唠个没完。曹操身当重任，日理万机，晚上实在没有工夫留他过夜，就对他说："我真想留你过夜，可是你以前发过疯。万一晚上你又疯起来了，动刀舞枪的，我怕你！"他们会心地大笑起来，就这样把丁冲打发走了。

曹操另有一个同乡好友名叫丁斐，其人因将自家瘦小的牛换了官家的一头壮牛而被免官。后来曹操见到他，就故意问："文侯（丁斐字），你的印绶到哪里去了？"丁斐知道曹操在拿他开心，就回答说："拿去换大饼了！"两人不禁哈哈大笑。

幽默诙谐是智慧的流露，是生活情趣的彰显。同时，也是与他人感情融洽的黏合剂。正因为曹操没有什么架子，能够放下身段与部属嬉戏逗乐，给人以平易近人、和蔼可亲的印象。这自然赢得了不少好感。部属有什么意见和建议，能够大胆地提出来，供他权衡取舍——而这正是曹操所希望的；部属有什么困难，也会打消顾虑，提请曹操帮助解决。蒯越死前就托曹操照料他的家人，曹操满口答应，并认真兑现了自己的承诺。

曹操本是一个极具威严的人，而且执法严格，部属对他敬畏有加。当领导当然要有威严，没有威严，就没有执行力，就不能完成急难险重任务。但是，一味威严，老是端着架子，就缺少人情味，又容易给人以不近人情、拒人千里的印象。部属就会敬而远之，该提的建议不敢提，该临机处置的事不敢临机处置，这就压制了部属的主观能动性。曹操的诙谐幽默正好弥补了这方面的缺憾。

## 5. 真诚宽厚

前面在"立德"方面讲到过曹操关心百姓疾苦等情况，我觉得对普通老百姓的态度最能看出一个政治家的品行。下面着重讲曹操性格为人的具体情况。

贾诩拒绝与袁绍联合，劝张绣投靠曹操；程昱、田畴等多次拒绝征辟，但曹操一召，他们便欣然前来。荀彧、郭嘉等人原本是袁绍幕僚，后转投曹操；赵俨初依袁术，后投归曹操；何夔、刘馥曾为袁术所羁留，后想方设法逃归曹操。这些人都是智者，都有择人之明。我认为，他们除了觉得曹操有本事，追随他可以建功立业之外，还有一个前提条件，那就是信得过曹操的人品。如果信不过，他们是不会想方设法前去投奔的，即使原本在曹操阵营，也会想方设法逃离的。从这个角度去分析，我们就会发现，当时天下扰攘，人才流动性非常强，从一个阵营投奔到另一个阵营实在是太普遍了。但真正从曹操阵营投奔到他处的重量级人物也只有刘备、关羽和陈宫三人。刘备是不甘屈居人下之人，关羽又是刘备的死党另当别论。而陈宫偏偏选择了吕布。曹操当初实力并不大，却有这么多人前来投奔，说到底，是因为曹操有过人的人格魅力。

与曹操一起共事的人，大都觉得曹操为人宽厚，值得信赖。荀彧称曹操"以至诚待人，推诚心不为虚美，行己谨俭，而与有功者无所吝惜，故天下忠正效实之士咸愿为用"。郭嘉说曹操"以至诚待人，推诚而行，不为虚美"。"与四海接，恩之所加，皆过其望"。这些话虽有恭维的成分，不可全信，但基本可信。

与同时代的许多人相比，曹操的确显得宽厚一些。曹操攻克下邳，生擒吕布，在如何处置吕布的问题上，曹操比以仁德著称的刘备要高尚许多；在如何处置祢衡的问题上，曹操要比富有宽和爱贤名声的刘表要厚道得多；在如何处置昌豨的问题上，曹操要比于禁宽厚得多；在对待张绣的问题上，曹操要比其子曹丕宽厚得多。

是的，曹操斩杀孔融、袁谭时下达过"敢哭之者，戮及妻子"之类的法令，显得非常冷血。但对王修、习脂到底没有追究，反而亲之信之，任王修为司金中郎将。习脂当时被免官，但其后不久，曹操见到他，对他说："元升，你是一个慷慨多情的人！"并问及他的生活情况，还赐谷百斛。

曹操与同为枭雄的司马懿相比也莫不是这样。曹操虽奉行了汉家名号，但其天下是靠自己打出来的。曹魏代汉大势所趋，人心所向，顺利平静。司马氏则不然。司马懿虽有大功于曹魏，但司马氏代魏则主要是靠了阴谋政变的手段，不那么得人心，因而出现了数次大规模的武装抗暴斗争。曹操对遇到的阻力虽采取了弹压政策，但总的看来，终曹操之世，政治上比较开明。司马氏则不然，为了攫取政权，采取高压政策，造成了魏正始以后极为恐怖的政治局面，使得人人自危。正因为如此，明代学者钟惺就说："曹公心肠，较司马懿光明些。"

曹昂死后，丁夫人毫无节制的哭泣，让曹操烦透了，曹操一气之下将她送回了娘家。此后，曹操有些不忍，又去接她。丁夫人依旧织着布，看都不看曹操一眼。曹操走到她的身后，抚其背说："跟我一起回去吧。"丁夫人依旧埋头织布，不搭理他。曹操在旁边站了一会儿就往外走，等走到门口，又止住脚步，回转头望着丁氏，说："跟我回去吧"，丁氏还是不应。曹操叹了一口气，说："看来真的要分手了！"丁氏还是没有跟曹操回去。过了一段时间，曹操就促其娘家让她改嫁。她的娘家可能是贞操观念较重，也可能是慑于曹操的威势，最终没有让她改嫁。

休掉丁夫人让曹操一直愧疚在心。临死前他喃喃自语地说："我前后行意，于心未曾有所负也。假令死而有灵，子修若问'我母所在？'我将何辞以答？"意思是说，他平生没怎么负人，他死后，如果曹昂地下有知，问他母亲在哪里，他感到没法回答。

人之将死，其言也善。看来曹操是怕负人的，不可能说出"宁我负人，毋人负我"那样的浑话。

从确切的史料可以看出，曹操在为人处世、待人接物方面有许多感人至深的事例足以表明他的宽厚。毕谌、魏种，都曾背叛过曹操，曹操原谅了他们，并给予重用。陈宫也背叛过曹操，后在下邳将陈宫擒获，曹操流露出故人依恋之情。陈宫执意就死，死后，曹操厚待他的家人。张绣本是曹操的仇人，曹操接纳他，对他礼敬有加，厚赏重用胜过自己的旧部；对待陈琳也很宽厚。

曹操明知刘备极富野心，尽管程昱建议趁早将他除掉，但曹操仍不愿加害，曹操这样做，固然有政治利害上的考虑，但不管怎么说，都是应该给予肯定的。曹操与阴险狡诈的小人实有霄壤之别。

曹操明知关羽倾心刘备，还是厚待关羽。关羽得到刘备的消息后往投刘备时，曹操能够谨守诺言，予以放行。曹操这一做法旷古绝今，历史上找不到第二例。裴松之在注文中情不自禁地说："曹公知羽不留而心嘉其志，去不遣追以成其义，自非有王霸之度，孰能至此乎，斯实曹公之休美！"

官渡之战结束后，曹操将一摞许都及军中之人私通袁绍的书信连看都不看就付之一炬，同样是旷古绝今的。

曹操对部属的关心和爱护令人感动。曹操下荆州时，收录了刘表谋士蒯越，任蒯越为光禄勋。这期间，曹操给荀彧写信，信中说"不喜得荆州，喜得蒯异度（蒯越字）耳"，表达了异常兴奋的心情。蒯越死前，托曹操照料其家人。曹操给他回了一封信，信中说：

> 死者反生，生者不愧。孤少所举，行之多矣。魂儿有灵，亦将闻孤此言也。

"死者反生，生者不愧"语出《公羊传·僖公十年》：晋献公有病将死，问荀息，士人怎样才算讲信用。荀息回答说："使死者反（同返）生，生者不愧乎其言，则可谓信矣。"曹操套用此语，意思是说："死的人如果复活，活着的人无愧于他的托付。我年轻时所推举的人，这样做是很多的。蒯越如果魂而有知，也会听信我这番话的。"曹操此语诚恳至极，撼人心魄。试想，蒯越接到此信，不感激涕零才怪呢！

建安二十四年（219 年），王粲的儿子参与魏讽谋反，被曹丕所杀。曹操听到消息后，叹惜说："如果我在邺城，一定不会让仲宣（王粲字）断了后嗣！"

刘廙的弟弟刘伟也参与了魏讽的叛乱，按照当时"连坐"的法律，刘廙也要被处死。但刘廙鄙薄魏讽的为人，还曾劝告过刘伟不要与魏讽交往。所以，曹操专门下了一道《原刘廙令》，将刘廙释放了。

贾逵的脖子上长了一个"瘤子"，打算找医生割掉。曹操不放心，专门给贾逵下了一道手令："谢主簿：吾闻'十人割瘿九人死'"，劝贾逵做手术一定要慎重。

郭嘉重病期间，曹操派去看望的人络绎不绝；郭嘉、荀攸死后，曹操哀伤至极，痛哭不已。每次提到他们，也都柔肠寸断，泪流不止。

文姬归汉这段文坛佳话也反映了曹操的宽厚。

蔡文姬即蔡琰，是蔡邕的女儿，博学多才。初嫁卫仲道，夫死，回到母家居住。兴平年间，在一次战乱中被胡人掳去，做了匈奴左贤王的妻子，在匈奴度过了 12 年，并生有两个孩子。曹操与蔡邕是旧交，念蔡邕无后，于建安十三年（208 年）特派使者用金璧将蔡文姬赎回，重嫁本郡董祀。后来董祀犯法当斩。曹文姬于悲痛之中往见曹操，请求曹操赦免。

当时满朝公卿在座，文姬蓬乱着头发，赤着脚，向曹操叩头请罪，言辞酸楚，一座为之动容。曹操很同情，说："处斩的文书已经下了，来不及了，怎么办呢？"

文姬说："明公厩马万匹，虎士成林，何必吝惜一匹快马而不去救一条将死的人命呢？"

曹操一向严于执法，但这一次却被文姬的悲凉遭遇所打动，立即派人追回了文书，赦免了董祀。

曹操的宽厚还表现在对严苛官员的约束上。徐奕是一个干吏，曹操任司空时辟为掾属，后随征马超、韩遂。关中初平后，曹操以徐奕为丞相府长史的身份留镇长安，后历任雍州刺史、丞相府东掾、魏郡太守，颇有政绩。但是此人太过严苛，曹操征孙权期间，再次任他为丞相府长史，让他负责留守。行前，曹操特地告诫他说："您的忠诚正直，是古人都赶不上的，但似乎太过严厉。过去西门豹以佩韦警醒自己性情缓和，我希望您以柔克刚。现在让您统管留守事务，我就没有后顾之忧了。"

西门豹佩韦语出《韩非子·观行》，文中讲道："西门豹性急，故佩韦以自缓，董安于之性缓，故佩弦以自急。""佩韦"意思是佩带在身上用以自警的皮绳。

上述事例表明，曹操待人宽厚，且极富人情味，并且，这种人情味往往具有摄取人心的力量，使部下乐于效死，虽肝脑涂地不辞也。

**（二）曹操性格和为人"恶"的一面**

前面已经说过，曹操的善是底色、是常态；恶是斑点、是变数。但并不是说他的恶就无关紧要，可以忽略不计。事实上，他的恶有时表现得特别刺眼。下面，我按照从重到轻的顺序分述之。

**1. 报复心强**

总体看来，曹操的心胸是宽广的，待人也很厚道。但对那些严重败坏其名誉、损害其威信的人，对那些不共戴天的仇敌，对那些政治上构成严重威胁的人，就是另外一种面孔，不仅不厚道，反倒以铁的手腕实施严厉的报复。

早年诛杀边让，就是因为边让讥议过他而对其施加的报复。此事引发了兖州叛乱这样严重的后果。陈琳在《讨曹操檄》中也将这件事抖搂出来，说明这件事的影响实在是太坏了。不光如此，还影响了曹操在历史上的评价。

杀许攸，是因为许攸居功自傲，常让他面子难堪。曹操打下邺城之后，许攸随曹操一同进城。许攸竟直呼曹操小名，说："阿瞒，如果没有我的帮助，你就不可能得到冀州！"曹操听后很不是滋味，但还是笑着说："是的，不错。"其后不久，曹操跟几个儿子一起出邺城东门，许攸环顾左右，得意扬扬地说："这一家子要不是我，就不可能从这道门进进出出！"有人向曹操告密，曹操厌恶极了，就派人把许攸杀了。

许攸是狂了些，伤害了曹操的自尊心。但此人毕竟有大功，曹操完全可以对他示警，或将他开缺回家，永不叙用。实在不放心，也可以将他圈禁起来，严加看管。曹操偏偏杀了他，总是不合适的。

曹操为报父仇，曾血洗徐州。或许在他看来，血洗徐州，可以摧垮陶谦的抵抗意志，以便早日拿下徐州。殊不知曹操不仅没有拿下徐州，反而差一点连兖州都丢了。或许在他看来，为父报仇，师出有名，即使过激一些，人们也是可以理解的，当时的军阀也都是这么做的。事实上，人们并没有谅解他。因为对人民大规模的屠杀是不能被原谅的。马植杰就因此不同意将曹操称为杰出的政治家。

曹操报复心强，还表现在对他强权的反抗上。第一次，因为"衣带诏"事件，杀了怀孕的董贵人；第二次，杀伏皇后，连同其所生二皇子；第三次，将在许都发动政变的嫌疑人拉到邺城审讯，让参与救火的人和没有救火的人分开站队，最后将参与救火的人全部处死。

政治斗争是残酷的，没有调和的余地，这在专制时代无可避免。但不管怎么说，复仇应当止于当事人，不应加于他的家人和后代，更不应该殃及无辜。曹操为报复而扩大打击面，反映了他性格狭隘和残忍的一面。

### 2.疑忌心重

曹操生性多疑似乎是公论，至今民间还把多疑的人比作曹操就很能说明问题。早年，他因疑人图己，误杀了吕伯奢家人，这件事经文人的刻意渲染而使他蒙上了倾人利己的恶名。

曹操身当乱世，特别是迎献帝都许之后，政治上又处于嫌疑之地，疑人图己的心理是自然的。事实上，曹操多次险遭暗算，如果稍微疏虞一点，很可能身首异处。所以，多疑是正常的，不疑反倒不正常。为了防止死于非命，曹操采取了一些措施。

一方面，注意加强自身的安全防护。先后选用典韦、许褚等忠贞可靠、勇猛过人的人充当自己的贴身卫士。许褚就铲除过曹操身边的刺客。一个名叫徐他的近侍，秘密联络了好几个人，想暗杀曹操。只因许褚常常不离曹操左右，才没敢贸然下手。一次，徐他趁许褚下岗回宿舍休息的时候，怀揣利刃，混入曹操寝帐。这时，许褚心跳突然加快，慌忙赶回。徐他等人仓促之间不得下手，见许褚突至，顿时神色仓皇。许褚见状，一一将他们击杀。这事的确很险，如果许褚稍微麻痹一点，曹操很可能遭不测之祸。曹操没有死，可"心动杀人"的帽子莫名其妙地扣在了他的头上。

另一方面，加强对公卿百官的监视。曹操除按惯例设置公开的机构如廷尉、丞相府的法曹、理曹、刺奸令使以外，还专门设置了相当于密探性质的校事，并且让政治品格很差的人充任，如卢洪、赵达。他们往往以个人的好恶擅作威福。

理曹掾高柔就对这两人很不以为然，曾建议曹操惩治。曹操不同意，还说："你们对赵达的了解恐怕不如我。刺探举发这类事情，贤人君子是肯定办不好的。过去叔孙通任用群盗就是这个道理。"

《史记·刘敬叔孙通列传》记载，叔孙通知识渊博，弟子众多。投靠刘邦时，跟随他去的就有100多人。叔孙通从不向刘邦推荐他们，而专门推荐聚众偷盗的勇士。弟子暗中骂他。叔孙通对他们说："汉王正在争夺天下，你们能够上战场杀敌吗？所以我称道那些敢于冒死杀敌的勇士！"

曹操借以说明人各有其用，搞刺探这类事，正直的人不愿干也干不好，只有用卢洪、赵达这样的人。

当然，卢洪、赵达因坏事做得太多后来被曹操处决了。处决赵达时，曹操还向高柔表达了歉意。

曹操设置校事，虽然能够控制他们，不至于让他们无法无天，为所欲为，也没有让当时的政治出现恐怖气氛。但是，曹操从这样的理念出发，是不可能不出现冤假错案的。以曹操之明，对此应该是清楚的，他认为这样做，是不可原谅的。人们因此指斥其阴险、毒辣又是可以理解的。

曹操早年胸襟开阔，但晚年觉得进取无望，就把精力放在守成上，变得"性忌"了。为了顺利达到代汉的目的，有意识打击和迫害过有功之臣。这些有功之臣有的是拥汉派代表，如荀彧；有的则显属无辜，如崔琰、毛玠、娄圭等人。

崔琰、毛玠、娄圭受到打击和迫害，主要出自曹操人为的猜忌，当然，校事在其中也扮演了不光彩的角色。

崔琰其人身材高大，眉目疏朗，须长四尺，声音洪亮，很有威严，并且刚直敢言，善于品鉴人物。朝中官员大都仰慕他，曹操平时也对他敬畏三分，曾称他"有伯夷之风，史鱼之直，贪夫慕名而清，壮士尚称而厉，斯可以率时者已"。让他担任丞相府东曹掾。

毛玠字孝先，陈留郡平丘县人。曾做过县里的小官。曹操入据兖州后，辟为治中从事。他当时就向曹操提出过"奉天子以令不臣，修耕植以蓄军资"两项重大战略建议，深受曹操赞赏。曹操攻拔柳城后，将战利品素屏风和素凭几赏给毛玠，并说："您有古人的风范，所以赐给您古人用的东西。"曹操任司空后，与崔琰一起负责人事工作。

建安十七年（212 年），有人利用机构合并的机会，以西曹地位高于东曹为由，建议裁撤东曹，以排挤毛玠。曹操了解其中原委，就下了一道令：

日出于东，月盛于东，凡人言方，亦复先东，何以省东曹？

于是裁撤了西曹，保留了东曹，从而保留了毛玠的职位。曹操晋封魏王后，毛玠任尚书仆射，继续主管人事。

崔琰、毛玠较好地贯彻了曹操的用人思想，尽心尽职，为曹操选用了大批才德兼优的人才。但是，曹操最终还是惩治了他们。

崔琰向曹操推荐了巨鹿人杨训。杨训其人才能平平，但是清廉正直。曹操称魏王后，杨训上表盛赞曹操功德。有人笑话杨训媚上取容，浮夸虚伪，并指责崔琰举荐失误。崔琰将杨训的表文拿来看后，给杨训写了一封信：

> 表省，事佳耳！时乎时乎，会当有变时。

意思是说，看了你的表文，事情很好呀。时势啊时势，应当会有变化的时候。崔琰的本意是讽刺那些发议论的人喜欢责备他人而不循情理，并断言随着时间的推移，那些谣言就会烟消云散的，以安慰杨训。

没想到有人向曹操告密。曹操大为震怒，说："谚语说'生女耳'，'耳'字不是好话。'会当有变时'，意思是等待时机，谋图叛逆。"于是下令免除崔琰的官职，并罚他做苦工。

其后不久，曹操派人前去监视，崔琰并不屈服。使者回报曹操，曹操于是下了一道《赐死崔琰令》：

> 琰虽见刑，而通宾客，门若市人，对宾客虬须直视，若有所瞋。

意为崔琰虽被判处刑罚，但仍然妄交宾客，门前车来人往，像闹市一样。他对宾客抖动着带鬈的胡子，直瞪着眼睛，像怀着怨恨、愤怒的样子，逼崔琰自杀。

毛玠因崔琰无端被害而心中不乐。于是有人向曹操进谗言，说："毛玠外出，看到犯罪黥面者的妻子和孩子被没入官府做奴隶，就说：'这大概是老天不下雨的原因吧'。"曹操听后大怒，将毛玠逮捕下狱，交由大理钟繇审理。

毛玠不承认说过此话，要求与告密者对质。曹操要保护告密者，不让对质。这时桓阶、和洽等人上书营救，曹操不便深究，就将毛玠免职了事。不久，毛玠病死。

崔琰、毛玠本没有背叛曹操的迹象，只因曹操忌刻心重，加上信用校事，才造成了严重的冤案。

崔琰是一个正人君子，性情刚烈，受到无端猜忌，自然心中不平。以曹操之明，是应该能够谅解的。曹操不仅不谅解，反而以腹议之罪逼崔琰自杀，是非常恶劣的。陈寿在作传时，对曹操一般不加贬损，但在《三国志·崔琰传》中还是指出了曹操"性忌"的毛病。

娄圭，字子伯，与曹操有旧交。讨伐董卓的战争爆发后，娄圭也拉起了一支队伍，先投刘表，后归曹操。曹操就让他参谋军国大计。娄圭曾为曹操出了一些有价值的主意。西征马超、韩遂时，还立了大功。曹操曾感叹地说："子伯的计谋，我赶不上啊！"

后来，娄圭与习授同车出游，正赶上曹操一家子外出。习授说："一家子能够这样，那该多好啊！"娄圭听后说："人活在世上，富贵快活要靠自己去争取，哪能光看着别人眼热呢。"习授将娄圭的话转告曹操，曹操认为娄圭有不逊之志，就下令将娄圭杀了。

因曹操疑忌心重而屈死的人中，最让人惋惜和痛悼的要数华佗。

华佗字元化，为一代名医，与曹操同为谯县人。其人精通内科、外科、妇产科、小儿科和针灸，治愈过无数疑难杂症。《三国志·方技传》中记载了他不少富有传奇色彩的故事。

曹操很早就得了一种头风眩的病，虽经多方医治，但没有什么效果。听说华佗医术高明，就把华佗请来。华佗给他扎一针，他的病痛就止住了。华佗说："这病很难断根，必须坚持治疗，方可延年益寿。"曹操就把华佗留在身边随时就诊。

华佗原本是一个游医，散漫惯了，不愿受拘束，加之离家太久，思念家人。一天，他对曹操说："刚才接到一封家书，家中有事，需要回去一段日子。"曹操同意了。

华佗回去后，逾期不归。曹操一再去信催促，又命郡县官员前去促请。华佗以妻子有病为由，不肯前来。

曹操大怒，派人前去查看。对使者说，如果华佗的妻子确实有病，就送给他小豆40斛，宽限假期，如果情况不实，就将他抓来。就这样，华佗被抓到许都，投入大牢。

经审讯，华佗承认了实情。荀彧特地出面替华佗求情，说："华佗的医术的确很高明，很多人靠他活命，还是赦免他好。"

曹操愤愤地说："不用担心，难道天下就没有这样的鼠辈吗？"

华佗终于被拷打致死。死前，拿着一卷医术交给狱卒，说："把这书拿去，可以救活人命。"狱卒担心受到牵连，没有接。华佗也不勉强，就将医书烧了。

华佗死后，曹操的头痛依旧。他本能地想到了华佗，说："华佗是能治好我的病的，但他把病根留着，想以此抬高身价。我纵然不杀他，他也不会把我的病根除掉的。"后来，曹操的爱子曹冲重病将死，曹操懊悔地说："我不该把华佗杀了，不然，我儿子是不会死的！"

曹操杀华佗是非常不得人心的。尽管他在曹冲死前懊悔，但这无补于他的重大罪过！

在我国古代，有技术的人没有社会地位，受不到应有的尊重。曹操把华佗看作是"鼠辈"，陈寿虽为华佗立传，但他把华佗与朱建平、周宣、管辂等专司相面、卜卦的人合在一起，名之曰"方技传"，就说明了这一点。这是我国古代文明的缺憾和悲哀！

因为曹操小视华佗，连华佗的人格也被看低了，他认为华佗挟技自重，故意留着病根。华佗已有言在先，说曹操的头风眩很难根治，这话是不应怀疑的。时至今日，一些顽固头疼病不一样让医生颇感头疼么？曹操这样揣度人，反倒显得自己心地不够磊落。

### 3．惺惺作态

曹操有时真诚得可爱，有时又多所掩饰，惺惺作态。一般来说，曹操打击政敌非常注重运用权术，绝少鲁莽从事。前面已经言及，诛杀孔融，是费了一番脑筋的。逼死荀彧更是处心积虑。曹操铲除对手或眼中钉是从不手软的。但铲除过后，往往多所掩饰，惺惺作态。

史书中多处载有曹操在盛怒之下杀人，杀人之后又痛哭流涕，并给以厚葬的事。曹操这样做，其用意在于表明他并不乐意杀人，他之杀人完全出于无奈，是为了维护法律的尊严不得已而为之的。希望给人们留下宽仁的名声，从而博取人们的理解和同情。

我们不怀疑曹操有时杀人确属不得已，有时流露出了真感情，应该予以谅解。但事实并不总是这样。一味这样做，或做多了，就有欺世愚众的嫌疑。人们不仅不会同情和谅解，反而还会对他的虚情假意和矫揉造作感到反感和愤懑。

曹操杀人之后故作姿态、多所掩饰，在对待杨修上表现最为明显。

杨修，字德祖，是原太尉杨彪之子。聪慧过人。祢衡那么狂妄也没敢轻看他，曾戏称许都人物唯"大儿孔文举，小儿杨德祖"而已。建安中，举孝廉，除郎中，后被曹操任为丞相府仓曹属主簿（相当于后勤处长）。当时军国多事，杨修"总知内外，事皆称意。自魏太子以下，争相与交"。

但是，杨修很快卷入了曹丕、曹植兄弟之间的"夺嫡"斗争，为曹植出了不少主意。曹丕被立为太子后，杨修也没有能够稍减与曹植的亲密关系。曹操担心自己死后杨修继续帮助曹植，掀起曹丕、曹植兄弟之间的内斗，于是在死前三个月，以惑乱军心、泄露言教的罪名将杨修斩首。

在家天下的专制时代，杨修参与了最为敏感的夺嫡斗争，不论是主动还是被动，都容易被看作是政治投机行为，这是任何一个当权者所不能容忍的。他的被杀，自在情理之中。曹操毕竟是专制时代的政治家，我们不能脱离历史条件而苛求于他。

曹操诛杀杨修在文坛上演成一段公案，曹操成了忌才的典型，这实在是一个误解。

曹操从不忌才。"周公吐哺，天下归心"就把他思才、爱才表现得淋漓尽致。事实上，曹操并没有忌杨修之才。曹操能任用他当仓曹属主簿，让他"总知内外"，就说明了这一点。

一些野史、笔记小说之类的文字极力渲染杨修恃才放旷，最终因显才招忌，被曹操所杀。《世说新语·捷悟》就记下了几件事：

一则是门内加"活"为"阔"的事；一则是一人一口分食"一盒酥"

的事；一则是揭开曹娥碑上"黄绢幼妇，外孙齑臼"隐语为"绝妙好辞"的事；一则为将木屑用作盾牌的事；还有替曹植预作答教的事。

《三国演义》将这些承袭下来，还增加了揭穿曹操"梦中杀人"、状告曹丕结交外臣吴质，以及教唆曹植"力斩门吏"的事。其被杀也是因为过早地破译了曹操潜意识里的"鸡肋"。这段文字被选入人教版初三语文教材。

无论是《世说新语》还是《三国演义》都在渲染杨修显才招忌。事实上，杨修"谦恭才博"（《后汉书·杨震传》裴注引《魏略》），绝不会那样浅薄，把猜字谜之类的游戏当作真本事拿出来炫耀。这是后世文人的杜撰，是不能信以为真的。

杨修被杀，说到底还是因为参与了曹丕、曹植之间的夺嫡斗争。

可以理解的是，杨修与曹植交好，是出于彼此的倾慕。曹丕被立为太子后，杨修不愿也不忍心在曹植备受打击、神情沮丧的情况下断绝与曹植的往来。如果那样的话，他就真的变成了投机分子，变成了势利小人！曹植在备受打击之后，心情沉闷，当然不会人为疏远杨修，甚至巴不得有一个知音能够倾诉衷肠。曹植政治上太幼稚，根本没有意识到杨修的危险处境，这就害了杨修。

杨修死后，曹操一次遇到了杨修的父亲杨彪，关切地问："您怎么瘦得这么厉害？"

杨彪回答说："我很惭愧没有金日磾那样的先见之明，但同样怀有老牛舐犊般的深情。"

金日磾原是匈奴王子，后降汉，做了汉武帝的臣子。汉武帝喜欢他的两个儿子，常与他们逗乐。一次，金日磾的儿子与宫女嬉戏，被金日磾撞见，金日磾认为这是淫乱的兆头，便亲手将儿子杀死。从杨彪的答语中我们可以看出，杨彪对杨修之死的原因似乎是清楚的，只是悔恨先前没有提醒和制止。白发人送黑发人，其情可哀，杨彪的话至为酸楚。曹操是个感情充沛的人，听后不能不有所触动。

其后不久，曹操给杨彪送去了一些礼物，并附了一封信：

操白：与足下同海内大义，足下不遗，以贤子见辅。比中国虽靖，外方未夷，今军征事大，百姓骚扰。吾制钟鼓之音，主簿宜守。而足下贤子，恃豪父之势，每不与吾同怀，即欲直绳，顾颇恨恨。谓其能改，遂转宽纾。复即宥贷，将延足下尊门大累，便令刑之。念卿父息之情，同此悼楚，亦未必非幸也。今遗足下锦裘二领，八节银角桃杖一枚……所奉虽薄，以表吾意。足下便当慨然承纳，不致往返。

曹操在信中向杨彪表示慰问的同时，解释了处决杨修的原因。称杨修依仗父亲的权势，常常不与他同心，不遵守军令。说如果不处决他，将会使杨家都受到牵连拖累。现在处决他，虽然使大家都感到悲痛，但也未尝不是一件好事。

按照曹操的说法，好像杨修之死是咎由自取，他之处决杨修是为了杨彪一家的利益。曹操在这时还语带机锋，隐露杀机，这就既不公允也不厚道了。杨彪虽曾做过太尉，但在建安初年遭受曹操的打击后便闭门不出，不过问政治，根本就无权无势可供杨修依恃，杨修那么聪明的人对此自然是清楚的。

至于说杨修常常不与他同心，也是站不住脚的。史称杨修在任仓曹属主簿期间，"总知内外，事皆称意"，这里的"称意"自然是称曹操之意。说明在相当长时间里，杨修与曹操的合作是好的，是受到曹操的信任和器重的，不存在每每与曹操不同心的问题。所谓违反军令只是一个借口，并且，曹操并没有解释杨修到底违反了什么军令。

《三国志·武帝纪》注引《九州春秋》倒是讲到一件事：建安二十四年（219年）五月，曹操与刘备争汉中，因粮食短缺陷入进退两难。一次部下请示口令，此时曹操在喝鸡汤，筷子正夹着一块鸡肋，就信口规定了"鸡肋"这一口令。杨修知道后擅自打点行装，做班师准备。曹操就以此说杨修惑乱军心、泄露言教，将杨修斩首。

按照现代心理学分析，"鸡肋"实际上是曹操潜意识的流露。因为，曹操连日来都在考虑是进还是退的问题，计较着这两种方案的利弊得失，吃上鸡肋，就感受到一种食之无味、弃之可惜的心理苦楚。于是，他在潜意识里将长久思考的汉中问题与鸡肋联系起来了，加深了对鸡肋的感受，使他的心情滞留于鸡肋而无法摆脱。杨修破译了"鸡肋"口令，而这一口令的意涵还深藏在曹操的潜意识里，曹操在意识领域并不接受。但事后不久，曹操自觉不自觉地按照杨修的分析从汉中撤军，说明杨修的分析是对的，曹操应该有所觉悟、有所反省才是。但曹操并不愿意这么做，反而在事发几个月之后，仍以"泄露言教"的罪名将杨修斩首，显然是别有用心的。

杨彪此时已是78岁的老人，暮年丧子，令人同情。曹操送给杨彪的财物是丰厚的。他这样做，是对杨彪家人的抚恤，同时，也是期望补过于万一，给自己不安的心灵带来一丝慰藉。此举说明，曹操在处置杨修的问题上有些虚伪，但毕竟隐含着些许愧疚。

但话说回来，曹操所送财物虽丰，于死者杨修何益？于杨彪家人何补？杨门为四代簪缨之家，想必不缺少财物器用。曹操在杀人之后写信赠物，给人以假惺惺的印象，不仅不能抹平杨彪家人心灵的创伤，相反，那些财物还容易引发杨彪家人的哀思，形成绵绵不绝的精神折磨。杨彪在回信中不能对拥有生杀予夺大权的曹操有什么不满的表示，但信的末尾仍然写道："省览众物，益以悲惧"，就表明了这一点。

### 4. 在婚姻和作风方面不够检点

曹操在婚姻观上不讲究门第、看淡贞操，这值得肯定，但是，他做过了头，甚至有贪色和强娶人妻的行为，就不道德了。

曹操共有15个妻妾，其中杜夫人和尹夫人原本就是有夫之妇，是因为有美色而被强夺来的。

杜夫人的丈夫名秦宜禄，是吕布的部将，曹操兵围下邳时，秦宜禄奉命到袁术那里搬救兵，秦宜禄还没有回来，下邳城就被攻破了，曹操就将秦宜禄的夫人纳为己有。有野史说，在下邳城破之前，关羽多次在曹操面前求情，希望城破之后将秦宜禄的夫人赏赐给他。曹操因此觉得秦宜禄的夫人可能有美色，破城之后一看，真的很美，就自纳了。关羽因此闷闷不乐，导致后来出走。这话不一定可信。

尹夫人原本是何进的儿媳，曹操做了司空后，将她弄到了身边。杜夫人所生秦朗、何夫人所生何晏都成了曹操的养子。

曹操在日常生活中崇尚节约，但是在作风上却很放浪。曾因霸占张绣之婶，结果酿成兵变，差一点丢了性命。

正因为曹操有好色的毛病，所以，历史上就有了一些有关他艳情的传说。杜牧在《赤壁》中就写有这样的诗句：

> 折戟沉沙铁未销，自将磨洗认前朝。
> 东风不与周郎便，铜雀春深锁二乔。

意思是说，赤壁之战，如果不是东风给周郎提供了方便，使得他火攻破曹成功的话，东吴的两个美女大乔（孙策之妻）和小乔（周瑜之妻）就将被曹操掳去，锁在铜雀台供他玩乐了。

其实，当时铜雀台尚没有开建，曹操纵然将二乔掳去，也不可能放置在铜雀台上，这是杜牧的臆断。

《三国演义》据此进行了进一步的阐发，说诸葛亮出使东吴，故意将曹植《铜雀台赋》中的"连二桥于东南兮，若长空之虾蝶"改为"揽二乔于东南兮，乐朝夕与之共"，以激怒周瑜，使周瑜坚定抗曹决心。这些都不能信以为真。

《世说新语·惑溺》中说，袁熙之妻甄氏貌美，曹操打下邺城后"令急召甄，左右曰：'五官中郎将（曹丕）已去。'公（曹操）曰：'今年破贼，正为此奴。'"

李善在《洛神赋》注中称曹植思慕甄氏，但被曹操赐给了曹丕，曹植因此忧郁成疾。后来甄氏被曹丕赐死，曹丕知道曹植喜欢甄氏，就将甄氏用过的金缕玉带枕送给曹植。曹植回藩国途经洛水时，以枕伴眠，梦见甄氏，醒了之后，追忆梦中之事，写了一篇《感甄赋》，后来魏明帝曹叡将此赋更名为《洛神赋》。

其实，建安九年（204年）曹操打下邺城时，曹植只有13岁，还是一个情窦未开的少年，怎么可能思念甄氏，以至于忧思成疾呢？这是文人的附会。《洛神赋》的确是一篇精美的大赋，其主旨是"假托洛神，寄寓对君主的思慕，反映衷情不能想通的苦闷"（朱东润《中国历代文学作品选》上编第二册）。

正因为曹操有报复心强、疑忌心重等毛病，所以，一定程度上损害了自己的事业。宗世林就始终对他抱有成见；陈宫就是鄙薄其为人，才迎吕布袭占兖州的，一度使他几乎丧失了立足之地。

如果说，曹操的性格优点成就了他的辉煌，那么，他的性格弱点则使他的辉煌打了折扣，或者说不够完美。

## 三、历代有识之士对曹操的评价

曹操因其过人的人格魅力受到历代有识之士的普遍关注，其中不少人还对他做出过评价，兹择其要者而述之。

曹操在世时就是名人，当时就有很多人对他做出过评价。

比曹操年长，与曹操结为忘年交的乔玄非常器重曹操，对曹操说："吾观天下名士多矣，未有若君者"，他勉励曹操："天下将乱，非命世之才不能济也，能安之者，其在君乎！"把曹操看作是安天下的命世之才。乔玄是当世名臣，曾做过太尉，善于品鉴人物。他的话颇有分量，对曹操是一种期许，一种激励。

名士何颙也说过："汉家将亡，安天下者必此人也。"

李膺之子李瓒说："时将乱矣，天下英雄无过曹操。"

主持"旦月评"的人才鉴定专家许劭，称曹操"治世之能臣，乱世之奸雄"。这句话影响更大，甚至左右了后人对曹操的评价。

汝南名士王俊年龄比曹操略大。曹操还是布衣时，王俊就很看重他。后来，王俊在荆州时，正赶上刘表与袁绍结盟。王俊对刘表说："曹公，天下之雄者，必能兴霸道，继桓、文之功者。今乃释近而就远，如有一朝之急，遥望漠北之救，不亦难乎"（"桓"指齐桓公，"文"，指晋文公）。可惜，刘表没有采纳。

曹魏官修史书《魏书》的作者王沈对曹操做出了较为全面的评价，裴松之在《三国志·武帝纪》注中已载录，故不引。需要说明的是，王沈的评价多被此后史家陈寿、司马光所采用。

《三国志》作者陈寿称曹操"非常之人、超世之杰"。

西晋陆机在《辩亡论》中说："曹氏虽功济诸华，虐亦深矣，其民怨矣。"

东晋著名政治家王导："昔魏武（曹操），达政之主也；荀文若（荀彧），功臣之最也。"对曹操的政绩和荀彧的襄赞之功给予了充分肯定。

唐太宗李世民说曹操："一将之智有余，万乘之才不足。"李世民还在征高丽途中写了一篇《祭魏太祖》："帝以雄武之姿，当艰难之运。栋梁之任，同乎曩时，匡正之功，异于往代。"意思是说，曹操有那么好的才干，又处在伊尹、霍光那样重要的位置，但是没有尽到责任。"观沉溺而不拯，视颠覆而不持……有无君之迹。"

唐初文人王勃说："魏武用兵，仿佛孙吴。临敌制胜，鲜有丧败，故能东擒狡布，北走强袁，破黄巾于寿张，斩眭固于射犬。援戈北指，蹋顿悬颅；拥斾南临，刘琮束手。振威烈而清中夏，挟天子以令诸侯，信超然之雄杰矣。"

唐高宗朝名臣朱敬则说："观曹公明睿权略，神辨不穷，兵折而意不衰，在危而听不惑，临事决机，举无遗悔，近古以来，未之有也。"

唐代刘知己在《史通·探赜》中说曹操"罪百田常，祸千王莽"。

中唐诗人元稹在《董逃行》中有"曹瞒篡乱从此始"的诗句。

司马光说曹操："知人善察，难眩以伪。识拔奇才，不拘微贱，随能任使，皆获其用。御敌对陈，意思安闲，如不欲战然；及至决机乘胜，气势盈溢。勋劳宜赏，不吝千金；无功望施，分毫不与。用法峻急，有犯必戮，或对之流涕，然终无所赦。雅性节俭，不好华丽。故能受刘群雄，几平海内。"

北宋军事理论家何去非在《何博士备论》中对古代兵家多有评述，他说："言兵无若孙武，用兵无若韩信、曹公。"

洪迈在《容斋随笔》中说："曹操为汉鬼蜮，君子所不道。"

王夫之在《读通鉴论》中对曹操血洗徐州表示了强烈谴责，还称曹操"之所以任天下之智力，术也，非道也"。

顾炎武在《三国志（注）》中对曹操求贤三令进行了抨击，说这样做的结果导致"权诈迭进，奸逆萌生"。

鲁迅说："曹操是一个很有本事的人，至少是一个英雄……总是非常佩服他。"

陈寅恪说："夫曹孟德者，旷世之枭杰也。其在汉末，欲取刘氏之皇位而代之，则必先摧破其劲敌士大夫阶级精神上之堡垒，即汉代传统之儒家思想，然后可以功成。读史者于曹孟德使诈使贪，唯议其私人之过失，而不知实有转移数百年世局之作用，非仅一时一事之关系也。"

范文澜说曹操"是拨乱世的英雄，所以，表现在文学上，悲凉慷慨，气魄雄豪。"

1958 年，郭沫若写了《替曹操翻案》的文章，认为，因长时间受到封建观念的影响，人民对曹操的评价产生扭曲，因此主张"翻案"。

以上罗列了历史上部分有识之士对曹操的评价。历史上关注曹操的人很多，对他的评价也非常繁富，不可能尽列。以上所列评价，可以说大相径庭，莫衷一是。这恰恰反映出了曹操的丰富性、复杂性，正好说明曹操是一个魅力四射的历史人物。我们研究这些评价，并不是要寻找结论，而是要丰富我们的知识，更重要的是了解论者的立场和世界观，学习、借鉴这些有识之士从事研究的经验和方法。

从以上评价可以得出这么两点基本结论，一是人们普遍对曹操的军事才能和成就着墨较多，评价很高。二是自东晋以后，人们对曹操的总体评价逐渐降低。对曹操的政治品格、政治伦理以及操守、个性颇有微词。宋元以降，对政治品格、政治伦理的评价所占分量越来越重，曹操的总体形象随之愈来愈差，几乎成了奸贼、恶人。这种现象到民国以后有所好转，对曹操的总体评价也较此前为高，但远没有达到王沈和陈寿评价那样的高度。

陆机是陆逊的孙子，所写《辩亡论》在叙事时站在孙吴的立场，尽管如此，他还是承认曹操"功济诸华"。说曹操"虐亦深矣，其民怨矣"，也有几分道理。

唐太宗李世民对曹操的评价值得玩味。李世民本是旷世英主，他可以睥睨天下，傲视千古，他说曹操"一将之智有余，万乘之才不足"可以理解。但说曹操"观沉溺而不拯，视颠覆而不持……有无君之迹"就不那么公允了。他是以帝王之尊说这话的，目的当然是希望自己的臣下引以为戒，尽心尽力辅佐大唐。要看到，他能够写《祭魏太祖》本身就表明他认同曹魏的正统地位，并且对曹操有几分敬意。

刘知几说曹操"罪百田常，祸千王莽"，显然不是持平之论。我们知道，田常是战国时期齐国相，杀害君主齐简公，专权独裁；王莽先是毒害汉平帝，挟持皇子，后来废黜年幼皇帝，篡汉自立，改汉为新，导致天下大乱。他们都曾弑君篡位，给国家和社会带来巨大灾乱。刘知几是著名的史学家，所著《史通》是我国历史上第一部史学论著。在这部论著中，刘知几提出了著名的"三才"说，即史才、史学、史识，而尤以"史识"最为人所称道。但从这句话看来，他并没有多少史识。至少治史态度不严谨，不够冷静客观。正所谓"非知之难，行之难矣！"

司马光的评价明显受到王沈、陈寿的影响，没有什么新意。

洪迈、王夫之的评价，多少受到意识形态的影响，他们觉得曹操不忠，也就鄙薄曹操的为人。洪迈的表现更为明显。

陈寅恪的评价可视为一个转折。他从观念、制度的层面出发，对曹操给予了高度评价。有人就认为他是摘掉曹操"奸贼"帽子的第一人，也是最早给曹操"翻案"的人，比郭沫若还早。不过，我觉得，他说曹操"欲取刘氏之皇位而代之"，其实并没有为曹操摘帽。

郭沫若所写《替曹操翻案》，得到了翦伯赞等人的支持，引起了不小反响。但实在地讲，郭沫若这篇文章很短，好些问题并没有讲透。郭沫若在这篇文章中对曹操统一北方以及由此打下基础最终促成全国的统一给予了肯定；对曹操实施民族融合政策进行了辩护，明确指出，不能把后来的"五胡乱华"归罪到窦宪和曹操的头上，这些无疑是正确的。但他把历史真实的曹操与艺术的曹操混淆起来，笼统提出"翻案"的主张，个人认为就不大妥当了。

下面着重分析一下东晋之后曹操的评价逐步降低的原因。

陈寿的《三国志》以曹魏为正统，以纪的形式来记曹操，把他纳入帝王系列，对曹操的评价极高，曹操也足当其誉。可后世对曹操的评价总体上没有那么高，曹操似乎没有受到应有的待见。这一现象值得分析。我觉得从根本上说还是中国传统文化影响所致。

陈寿著《三国志》是以曹魏为正统，东晋习凿齿著《汉晋春秋》开始以蜀汉为正统。北宋司马光主编《资治通鉴》以曹魏为正统，但南宋朱熹以后，学者几乎都赞成习凿齿以蜀汉为正统的主张。著名学者缪钺在《三国志选注》一书的序言中对此进行了分析。他说："所谓'正统'之说，完全是为封建统治服务的，说明当时政权的合理性，其是非标准，以对当时的封建统治是否有利为权衡。西晋承魏，北宋承周，建都于中原，所以当时史家皆以魏为正统；东晋与南宋都是偏安东南，情况与蜀汉相似，所以当时史家又都以蜀汉为正统。"

正统观念是统治阶级维护其统治的思想基础，历朝历代无不竭力倡导和维护，久而久之，这种思想观念也就影响和左右了整个社会。

北宋苏轼在《东坡志林》中有一段记载："涂巷中小儿薄劣，其家所厌苦，辄与钱，令聚坐听说古话。至说三国故事，闻玄德败，颦蹙有出涕者；闻曹操败，则喜畅快。"这一记载表明，北宋时，出于正统观念和民族观念，民间已经形成了"尊刘贬曹"的意识。当时，国家积贫积弱，受到北方女真族（辽）、党项族（西夏）的侵凌，人们希望有一些英雄能够像刘备、诸葛亮那样，去抗暴御侮、北定中原、兴复汉室。

在这种正统观念和民族观念的影响下，一些说书人就通过"尊刘贬曹"去表达自己的理想。宋以后，随着专制制度的强化，正统意识也随之强化，人们对曹操的评价也随之越来越差。

有人或许要问，三国时代有曹操、刘备、孙权三个政治强人，为什么偏偏曹操不受待见？这就要做具体分析。

第一，曹操是一个权臣，太强势。这当然是情势使然、地位使然，并非曹操本人的过失。即便如此，在专制时代，曹操这类权臣是不可能受到待见的。因为，中国传统文化尤其是儒家文化，尊重道统，主张强干弱枝，自然就对强势的曹操不大感冒。

首先，皇帝不会喜欢他、善待他。因为，有这样一个权臣在侧，无异于如芒在背。一般来讲，后世的皇帝不愿也不会具体分析曹操是在怎样的情势下成为权臣的，只要有这样的权臣在侧，皇帝就会倍感压力甚至提心吊胆。为了维护皇权，肯定会想尽一切办法将他搬开。

其次，掌权的大臣都不会喜欢他、颂扬他，至少不会明里喜欢他、颂扬他。私下羡慕他、效仿他或许会有，那是另外一说。为了讨好皇帝，避祸全身，还会高调抨击他、诋毁他，以显示自己的忠诚、以化解皇上的猜忌、以避免同僚的攻讦。因为这样做是在维护朝廷，是在强干弱枝，自然占据了道义的高地。

所以，历史上权臣的日子大都不会好过，要么委屈自己、功成身退，要么被杀。当然，还有一种可能，那就是把皇帝掀翻，起而代之。

曹操算是特例，他既没有功成身退，又没有被杀，也没有取皇帝而代之。他始终是以权臣的面貌出现的，所以，无可避免地要受到皇帝和大臣的猜忌。刘备、孙权各自为王，在曹操死后称帝，反而免去了这样的麻烦。因为，他们的地位不一样，是堂而皇之的皇帝。是皇帝就存在为尊者讳的现象。而曹操却面临着两难选择：他的上面有皇帝，所以他不能称帝，称帝就要落下篡逆的骂名；他能称帝而不称帝，想做周文王，但他没有周文王那样的待遇，反被骂为架空皇上的奸贼。曹操就是这样陷于悖论之中。

第二，曹操体任自然、率性而为，行事少有顾忌。这就往往容易犯忌，给人以攻击的口实。曹操本来在用人上是重德的，可是为了在非常之时、行非常之事、建非常之功，推出了"唯才是举"的政策主张，下达了求贤三令，甚至说"不仁不孝"也可以任用。这在当时有一定进步意义，但是与儒家文化相抵牾。顾炎武就说："观其下令再三，至于负污辱之名见笑之行，不仁不孝而有治国用兵之术者。于是权诈迭进，奸逆萌生。"在这个问题上陈寅恪看得更深一些，他说："顾炎武议论曹操这些问题，虽然极为骇叹，但他没有明白曹操当时的隐秘。曹操颁此三令的目的是破除汉以来的吏治结构，扶植寒族知识阶层，使得他们不因制度腐败而丧失机遇，以打破儒家豪族把持政局的场面。"算是替曹操说了一句公道话。

曹操锐意革新，移风易俗。如《春祠令》中讲到的一些情况。这些不仅没有错，还有进步意义，却受到无端攻击。吴国人所著《曹瞒传》就说曹操"轻佻无威仪"；还有人说他"唐突圣贤、蔑视礼法"。

实在地讲，观念的东西无影无形，却非常牢固，改变起来殊非易事，事倍功半不说，还容易犯忌。自宋以后，理学盛行，按照理学的标准，曹操的很多举措都是违天反道的，自然会受到卫道士的抨击；还有，曹操在婚姻方面不讲究门第，对贞操之类并不在意，按照现代的观念问题不算太大，但在专制时代尤其是理学大兴之后，他就要受人诟病了。更何况他还有贪恋美色、强夺人妻之类的把柄！

刘备、孙权都没有像曹操那样与旧传统、旧观念去作战，特别是刘备，满口仁德，循规蹈矩，自然受到卫道士的青睐。

第三，曹操杀了一些文人，也就得罪了一些文人。这方面的情况前面已经述及。需要说明的是，我国古代社会结构比较简单，主要有士农工商四个阶层，而士为四民之首，受儒家思想影响较深，在社会上影响较大，从某种意义上说，是他们书写历史，左右社会舆论。历代统治者都宠着他们，不轻易开罪他们，就是暴戾如董卓，也对他们极尽笼络之能事。一旦得罪他们，就会影响自己的历史评价。刘备、孙权对文人总体来说比较礼敬，没怎么得罪文人，境遇自然要好一些。

从以上可以看出，曹操的确有些憋屈，皇帝不待见他，大臣不待见他，文人不待见他，这些有话语权的人不待见他，对他的评价自然就打了折扣。

因为正统观念影响所及，人们在评价曹操时，也往往先入为主，把他预设为坏人，对他作错误的解读，更有甚者，求全责备或恶意攻击。其具体表现如下：

一是把曹操对敌策略与曹操的为人混为一谈。孙子说："兵者，诡道也。"曹操继承了孙子的思想，认为，"兵无常形，以诡诈为道"。因此在用兵上往往能够"因事设奇，谲敌制胜"，人们就推而广之，将他推展到曹操的为人和行事作风上来，认为曹操奸诈。其实，待人接物与临敌应战，是性质不同的两码事，不应将它们混为一谈。

吕布在与曹操争夺兖州时就曾说过："曹操多谲，勿入伏中。"在平定关中的过程中，曹操为了离间马超、韩遂，在写给韩遂的信中故意涂抹圈改，给马超造成是韩遂改动的错觉；在北征乌桓时，明里退兵，还在一个木牌上写上退兵文告，插在道路中间，用以欺敌，暗里出卢龙塞。类似的事例不少，尤其是许攸投奔曹操，曹操与许攸的对话，历来被认为是曹操奸诈的铁证。

这段对话出自《曹瞒传》。一般认为，《曹瞒传》是三国时吴国人针对曹操所写的谤书。即使这段话是真的，也不能作为奸雄的证据。

精通诡道，谲敌制胜，原本就是杰出军事家必备的素质，我们不能要求曹操像春秋时的宋襄公那样，死守仁义而不通权变。那样的话，曹操就不可能在军史上占有一席之地，更不能扫灭群雄、统一北方。与许攸的对话正好说明曹操高深莫测。许攸初来乍到，曹操没有理由对他绝对信任。曹操装出一副热忱的样子是为了迎合这个名士加狂士的口味，满足他的虚荣心，以便从他嘴里套出破袁良策，但对军粮这一重大机密讳莫如深。许攸一再盘问，曹操就是不肯露底，曹操这样做是不应该受到指责的。因为，保守秘密毕竟不同于说谎。

二是把历史上真实的曹操与文艺作品中的曹操混为一谈。文艺作品为了表现某一主题，需要塑造一些人物，并通过这些人物的表现来表达作者的思想，为主题服务。

《三国演义》作为小说无疑是成功的，因为是通俗读物，讲的又是波澜壮阔的三国故事，有一波三折的故事情节，有栩栩如生的人物形象，所以影响巨大，几乎家喻户晓。在此基础上衍生出的戏剧及影视作品等更是不胜枚举。而作为正史的《三国志》《后汉书》《资治通鉴》，因为比较枯燥难懂，问津者少，通读的人就更少，所以，对曹操的认识，在很大程度上被《三国演义》等文学作品和影视作品所绑架。

三是求全责备甚至恶意中伤。中华民族上下五千年，生生不息。这期间产生了无数杰出的英雄。正因为有了这些英雄，我们才能逢凶化吉，遇难呈祥，一步步走到今天。对这样的人，应该礼敬有加才对。

郁达夫在《悼鲁迅》中说："没有伟大的人物出现的民族，是世界上最可怜的生物之群；有了伟大的人物，而不知拥护、爱戴、敬仰的国家，是没有希望的奴隶之邦。"此语如洪钟大吕，足以振聋发聩。

可是，如今有一个很不好的现象，就是求全责备，甚至随意解构历史、丑化英雄，更加恶劣的是，蓄意中伤。是的，英雄也是人，他不是神。是人就会有缺点，有缺点当然应该批判。但批判的目的是为了引以为戒、免蹈覆辙。求全责备、随意解构就不对了，就会陷入历史虚无主义，甚至会陷入阴谋史观，让人无所适从。

历史上的确有那么一些封建卫道士，看不到曹操实有大功于炎刘，却不循情理地指斥曹操架空皇上，大骂曹操为篡臣。这方面的人还为数不少，唐代的刘知几、南宋的洪迈就是这方面的代表。以明代遗民自持、拒绝出仕的思想家顾炎武也有这方面的倾向。

因为正统观念的原因攻击曹操尚可理解，那毕竟是在讲道统，而道统在一些古人看来是大是大非的问题。让人不可理解的是，一些文人或捕风捉影，或人为杜撰，搞出一些毫无事实根据的东西去诋毁曹操。在这方面，除《曹瞒传》外，晋代的裴启在《语林》中记载了曹操"梦中杀人"的故事,《世说新语·假谲》中记载了曹操"心动杀人"的事。后来,这些记载又被罗贯中引到了《三国演义》中,因而得到了广泛的传播。

《曹瞒传》从书名就可以看出作者对曹操的不敬,并且在叙事时夹带着浓厚的感情色彩。陈寿就没有把它当作信史,撰写《三国志》时就对《曹瞒传》的记载弃之不用。《语林》《世说新语》是笔记类小说,每采传说,多加润饰,更不能当作信史来看待。

曹操作为历史巨人,他的身上有不少正能量的东西,需要挖掘、需要总结。这是吸取经验和智慧的有效途径,也是尊崇先贤,风化当今和后世的有效手段。所以,该肯定的就要给予肯定,只要言之有据、言之成理、不过分溢美就行。

曹操的确不是完人,身上有不少缺点,有时表现得还很恶劣。对他的缺点,要以严谨的态度,理性的思考去分析、批判,在分析、批判中找准教训,引为警示。不能以偏概全去否定他、不循情理指责他、随意解构或无中生有污损他、诋毁他。这样做,不仅有失公允,还会毒化世风,贻害不浅。

说不完的三国,道不尽的曹操。曹操离开人世快 1800 年了,却似乎没有因为时间的流逝而湮灭。作为一种文化符号,无论是爱也好、恨也好,誉也罢、毁也罢,人们总会时不时地记起他,兴味盎然地谈起他,他似乎还很生鲜地活着,任人评说。这是中国文化史上的奇观!

# 附录一
# 曹操年表

**汉桓帝刘志永寿元年（155 年） 1 岁**

二月，司隶、冀州灾荒。夏，南阳大水。秋，南匈奴侵西河。

孙坚生。

**永寿二年（156 年） 2 岁**

七月，鲜卑侵云中（今内蒙古托克托县）。以李膺为度辽将军，安抚羌胡。泰山、琅邪公孙举、东郭窦等起义，被段颎讨灭。

**永寿三年（157 年） 3 岁**

正月，交州九真郡朱达起义，被都尉魏朗击破。十一月，长沙蛮起义。

**延熹元年（158 年） 4 岁**

京师蝗灾。十二月，南匈奴、鲜卑、乌丸入侵，为张奂所破。

**延熹二年（159 年） 5 岁**

八月，单超等宦官助桓帝杀梁冀。单超等五人为列侯。十月，以单超为车骑将军，宦官开始专权。

**延熹三年（160 年） 6 岁**

闰正月，西羌侵扰张掖，被段颎击败。十一月，泰山叔孙无忌起义，十二月被中郎将宗资击溃。是年，长沙、零陵人起义，被荆州刺史度尚击破。

**延熹四年（161 年） 7 岁**

正月，大瘟疫。七月，朝廷缺钱，减公卿以下百官俸禄，卖官。

冬，先零羌侵并、凉二州。十一月被中郎将皇甫规击败。刘备生。

**延熹五年（162 年） 8 岁**

四月，长沙、零陵人起义。豫章艾县人起义。荀彧生。

**延熹六年（163 年） 9 岁**

五月，鲜卑侵扰辽东属国。七月，桂阳人起义。宦官残暴，朱穆上书限制宦官，桓帝不听。

**延熹七年（164 年） 10 岁**

五月，豫章、桂阳等地起义被度尚击败。

**延熹八年（165 年） 11 岁**

五月，桂阳胡兰、朱盖起义。八月，增郡国土地税，每亩十钱。十月，渤海盖登起义，被杀。

**延熹九年（166 年） 12 岁**

三月，司隶、豫州饥荒，饿死十分之四五。六月，南匈奴、乌丸、鲜卑内侵。七月，鲜卑联络羌人入侵武威、张掖。张奂降服匈奴，鲜卑退出塞外。李膺被宦官诬陷下狱，牵连 200 多人。史称"党锢之祸"。

**永康元年（167 年） 13 岁**

正月，诸羌侵扰，为段颎击败。六月，李膺被遣返回乡，永不录用。十月，先零羌侵三辅，为张奂所败。十二月，刘志死，窦太后临朝执政。

**建宁元年（168 年） 14 岁**

正月，大将军窦武、太傅陈蕃立刘宏为帝，是为灵帝。九月，陈蕃、窦武谋诛宦宦，反为宦官所害。窦太后被幽禁。宦官权势更盛。

**建宁二年 (169 年) 15 岁**

十月，中常侍曹节诬李膺、杜密为钩党，李膺、杜密被拷死。州郡大捕党人，死者数百人。十一月，鲜卑侵并州。

**建宁三年（170 年） 16 岁**

济南人起义，攻东平陵（今山东历城县东）。

**建宁四年（171 年） 17 岁**

正月，大赦，唯党人不赦。三月，大瘟疫。

**熹平元年（172 年） 18 岁**

六月，窦太后死。十一月，会稽许昭起义。立其父许生为越王。十二月，鲜卑侵并州。

**熹平二年（173 年） 19 岁**

正月，大瘟疫。十二月，鲜卑侵入幽、并二州。

**熹平三年（174 年） 20 岁**

曹操举孝廉，为郎，任洛阳北部尉。棒杀违禁夜行的蹇硕叔父。

会稽起义失败，许生被杀。十二月，鲜卑侵北地、并州。

**熹平四年（175 年） 21 岁**

三月，命儒生校正五经文字。孙策、周瑜生。

**熹平五年（176 年） 22 岁**

闰五月，永昌太守（在今云南）曹鸾上书赦免党人。鸾下狱，被杀。各州郡追捕党人。鲜卑侵幽州。

**熹平六年（177 年） 23 岁**

曹操任顿丘令，又被征召为议郎。四月，大旱。八月，遣夏育出击鲜卑，夏育大败。

**光和元年（178 年） 24 岁**

十月，受宦官诬陷，灵帝废宋皇后，宋父及兄弟被杀。曹操从妹夫宋奇被诛，操受牵连，被免官。朝廷开西苑官邸卖官。

**光和二年（179 年） 25 岁**

操在谯县娶卞氏为妾。春，大瘟疫。司徒刘郃谋诛宦官，计谋泄露，下狱死。

**光和三年（180 年） 26 岁**

曹操因明古学，被召为议郎。十二月，立贵人何氏为皇后。

**光和四年（181 年） 27 岁**

曹操上书为窦武、陈蕃申冤，灵帝不纳。孙权、诸葛亮生。

**光和五年（182 年） 28 岁**

正月，曹操上书三公举奏不实。

**光和六年（183 年） 29 岁**

夏，大旱。太平道张角谋划起义。

**中平元年（184 年） 30 岁**

春，张角弟子唐周叛变。二月，黄巾起义，天下响应。三月，朝廷
大赦党人。曹操为骑都尉，从皇甫嵩、朱俊讨颍川黄巾。

十一月，黄巾败。曹操转任济南相，奏免 8 人，捣毁淫祠，推行教
化。刘备击黄巾有功，任安喜尉。孙坚击黄巾有功，封左军司马。

**中平二年（185 年） 31 岁**

二月，灵帝征收田税十钱，用修宫室。张牛角、褚飞燕起义，称黑
山军，众至百万。

**中平三年（186 年） 32 岁**

二月江夏赵慈暴动。十月武陵暴动，十二月，鲜卑侵幽、并。

**中平四年（187 年） 33 岁**

三月，韩遂杀边章、北宫伯玉，占据陇西。十一月，操父嵩买太尉
官职。曹操被转任东郡太守，不就，归故里。曹丕生。

**中平五年（188 年） 34 岁**

二月，黄巾郭大攻太原、河东。四月，操父嵩免太尉官。八月，朝
廷设置西苑八校尉，任操为典军校尉。是年，改刺史为州牧。

**中平六年（189 年） 35 岁**

四月，灵帝死，少帝刘辩继位。何进谋诛宦官，反被宦官所害。董
卓进京，废少帝，立刘协为帝。操潜出京师。十一月，董卓为相国，独
专朝政。十二月，操至陈留，起兵讨卓。

**初平元年（190 年） 36 岁**

正月，关东诸军推袁绍为盟主，讨董卓。董卓毒死刘辩。二月，焚
烧洛阳，挟持献帝迁长安。操与徐荣战不利，回扬州募兵。返回前线，
进驻河内。三月，献帝至长安。袁绍与韩馥谋立刘虞，为操所拒。刘虞
亦拒绝。

**初平二年（191 年） 37 岁**

孙坚击败董卓军，进入洛阳。七月，袁绍胁迫韩馥让出冀州，绍领

冀州牧。黑山军于毒等十万众攻魏郡、东郡，操引兵至东郡，攻破白绕部于濮阳。袁绍表荐操为东郡太守。刘备为平原相。孙坚为黄祖所杀。荀彧弃袁绍投曹操。

### 初平三年（192年） 38岁

春，操军顿丘。操破黑山军眭固和匈奴于夫罗于内黄。四月，王允、吕布杀董卓。青州黄巾入兖州，操进攻黄巾于寿张。六月，李傕、郭汜杀王允，吕布东奔袁绍。冬，操迫降黄巾，组建青州兵。曹植生。

### 初平四年（193年） 39岁

正月，操击败袁术，术败退至寿春。夏，操还军定陶。秋，击陶谦，下10余城。冬，刘虞攻公孙瓒，大败被杀。

### 兴平元年（194年） 40岁

四月，曹操复攻陶谦。所过多所杀戮。张邈、陈宫叛迎吕布。操引军还，与布战濮阳，兵败。九月，操还鄄城。袁绍与曹操联合，挟其质任，为程昱劝阻。冬，刘焉死，刘璋为益州牧。陶谦死，刘备代领徐州牧。孙策至江东。

### 兴平二年（195年） 41岁

正月至六月，操败吕布，收复兖州。吕布奔刘备。七月，献帝自长安东迁。八月，操围雍丘，张邈奔袁术求救，被部下所杀。

十二月，献帝先后经弘农、曹阳至安邑。蔡文姬被匈奴掳去。

曹操陷雍丘，张超自杀。

### 建安元年（196年） 42岁

正月，操遣曹洪西迎献帝，遇阻。二月，操镇压汝南、颍川黄巾。献帝拜曹操为建德将军。六月升镇东将军，封费亭侯。刘备奔曹操，曹操使其驻小沛。七月，杨奉送献帝至洛阳。八月，操领兵至洛阳。献帝以操领司隶校尉、假节钺、录尚书事。九月，操迎献帝都许。献帝以操为大将军，封武平侯。杨奉拟截车驾，操攻杨奉，杨奉奔袁术。献帝以袁绍为太尉，绍不受。操将大将军转让袁绍。是岁始兴屯田。

### 建安二年（197年） 43岁

正月，操攻张绣，绣降而后反，操大败。后反攻，绣败走穰城，与刘表和。操还许。袁术称帝寿春。三月，献帝诏拜袁绍为大将军，监督青冀幽并四州。九月，操攻袁术，术败走。十一月，操复攻张绣，破湖阳，擒表将邓济。

**建安三年（198 年） 44 岁**

三月，曹操复攻张绣，围穰城。四月，将回许，途中大败刘表张绣联军。九月，操攻吕布，十月，克彭城。十二月，操破下邳，杀陈宫、吕布。是岁，周瑜、鲁肃渡江依孙策。

**建安四年（199 年） 45 岁**

三月，袁绍大败公孙瓒。四月，操遣曹仁攻眭固，固战败被杀。

此间，董承受献帝"衣带诏"，联络刘备等。事未发，曹操遣刘备截击袁术，袁术退还寿春，不久死去。刘备反叛曹操，袭占徐州。袁绍将攻许。八月，操进军黎阳。九月，还许，十一月，张绣来降。曹操使卫凯镇守关中。庐江太守刘勋降操。

**建安五年（200 年） 46 岁**

正月，杀董承，操亲征刘备。刘备奔袁绍。二月，袁绍进兵黎阳。遣其将攻白马。操军斩颜良。在撤退中斩文丑，还军官渡。与袁绍相持。十月，操火烧袁军乌巢屯粮，袁军大败。

**建安六年（201 年） 47 岁**

四月，曹军攻破袁绍仓亭，九月，南征刘备，刘备投刘表。

**建安七年（202 年） 48 岁**

正月，操驻谯，慰问将士亲族。至浚仪，疏浚睢阳渠，进军官渡。五月，袁绍死。九月，操与袁谭、袁尚战黎阳。呼厨泉降。操下书要孙权送人质，孙权拒绝。

**建安八年（203 年） 49 岁**

三月，操攻黎阳。四月，追至邺。五月，操还许。七月，令郡国修文学，置校官。八月，操攻刘表。十月，进至黎阳。袁尚部将吕旷、吕翔降操。

**建安九年（204 年） 50 岁**

八月，操攻下邺城，杀审配，九月下《收田租令》，并免河北本年租赋。十月，高干以并州降。十二月，操东征袁谭。遣牵招抚慰乌桓。

**建安十年（205年） 51岁**

正月，攻占南皮，具有冀州。四月，张燕降操。固安赵犊、霍奴杀幽州刺史和涿郡太守，三郡乌桓攻鲜于辅于犷平。八月，操击杀赵犊，救出鲜于辅，乌桓北逃。高干见曹操征乌桓，遂叛，捉上党太守，守壶关口，操遣乐进攻高干。

**建安十一年（206年） 52岁**

正月，操亲征高干，平定并州。八月，东征管承。凿平房渠，准备进攻乌桓准备。十月，下《求言令》。

**建安十二年（207年） 53岁**

二月，军还邺，下《封功臣令》，又分租赋与将吏。五月，征乌桓。八月，大破乌桓。回师途中写下《步出夏门行》组诗。公孙康斩袁尚、袁熙首级，表示归顺。是岁，刘备用诸葛亮。

**建安十三年（208年） 54岁**

正月，回邺，凿玄武池，训练水师。六月，为丞相。七月，南征刘表。九月，刘琮降。十月，诸葛亮出使东吴。十一月，曹军与东吴军在赤壁相遇，战不利，在江北扎营。周瑜火攻破曹，操经华容道北归。东吴军乘胜追击，攻夷陵、江陵，十二月，孙权攻合肥。刘备略有江南四郡。

**建安十四年（209年） 55岁**

三月，操至谯，作轻舟，治水军。七月驻军合肥。设置扬州郡县官员。开芍陂。庐江人陈兰、梅成叛乱，遣将荡平之。使张辽、乐进、李典守合肥。

**建安十五年（210年） 56岁**

春，下《求贤令》。冬，作铜雀台于邺。十二月，下《让县自明本志令》。周瑜死。孙权借南郡给刘备，共御曹操。

**建安十六年（211年） 57岁**

正月，任曹丕为五官中郎将。三月进兵关中。关中诸军据守潼关。七月，操亲征。八月，自蒲板津入西河，进军渭南。九月，大败马超、韩遂诸军。平定关中。十月，攻杨秋，秋降。十二月，引军还，留夏侯渊守。是岁，刘璋迎刘备使击张鲁。

### 建安十七年（212年）58岁

正月，操还邺。献帝令曹操参拜不名、入朝不趋、剑履上殿。七月，夏侯渊讨平马超。十月，操征孙权。十二月，刘备进抵涪城，将袭成都。曹操拟称魏公，荀彧不以为然，被逼自杀。

### 建安十八年（213年）59岁

正月，曹操攻破孙权江北大营。孙权引兵相抗月余，操引军还。五月，献帝并十四州为九州，以冀州10郡封曹操为魏公，加九锡。十一月，魏国置上书、侍中、六卿。马超南奔张鲁，刘璋遣将拒刘备。

### 建安十九年（214年）60岁

刘备围成都，刘璋降。刘备领益州牧。七月，操征孙权。十月，夏侯渊收复陇右。曹操杀伏皇后。下《敕有司取士毋废偏短令》。

### 建安二十年（215年）61岁

三月，操征张鲁。七月至阳平关，击败张鲁，张鲁奔巴中。孙权与刘备争荆州，刘备闻曹操攻汉中，乃与东吴讲和，平分荆州，然后引军返蜀。八月，孙权率十万大军攻合肥，为张辽所败。

十二月，曹操引军还，留夏侯渊守汉中。

### 建安二十一年（216年）62岁

二月，曹操还邺。五月，操为魏王。五月、七月，代郡乌桓单于和南匈奴单于相继来贺。十月操征孙权。十一月，操还邺。

### 建安二十二年（217年）63岁

四月，献帝令曹操设置旄头。八月下《举士勿拘品行令》。十月，立曹丕为太子。献帝令曹操缀十二旒，备皇帝乘车。刘备进汉中，操遣曹洪领兵抗拒。

### 建安二十三年（218年）64岁

正月，太医令吉本等叛乱，被王必和颍川典农中郎将所杀。曹洪攻破吴兰。张飞、马超逃往汉中。四月，代郡乌桓反。操遣其子曹彰破之。七月，操亲征刘备，九月至长安。十月，宛城守侯音反，操命曹仁击侯音。

### 建安二十四年（219年） 65岁

正月，曹仁斩侯音。夏侯渊被杀。三月，操进军汉中。五月回长安。七月，刘备称汉中王。八月，关羽攻襄樊。于禁投降。九月，魏讽谋反。十月，操自关中返洛阳，遣徐晃增援襄樊，遣使入吴，让东吴袭关羽之后。徐晃击败关羽，吕蒙袭占荆州，关羽被杀。孙权上书称臣。

### 建安二十五年（220年） 66岁

正月，操回洛阳，二十三日，病逝洛阳。二月二十一日葬于高陵。十月，曹丕称帝。


（此年表摘编于《曹操集译注》）

附录二
## 主要参考书目

［1］司马迁著：《史记》，岳麓书社，1988 年 10 月版。

［2］陈寿撰，裴松之注：《三国志》，中华书局标点本。

［3］《〈三国志〉选注》，中华书局，1984 年版。

［4］苏渊雷主编：《三国志今译今注》，湖南师范大学出版社，1991 年 8 月版。

［5］柳春藩著：《三国史话》，北京出版社，1981 年版。

［6］马植杰著：《三国史》，人民出版社，1993 年 10 月版。

［7］范晔撰：《后汉书》，中华书局标点本。

［8］房玄龄等撰：《晋书》，中华书局标点本。

［9］司马光等著：《资治通鉴》，中华书局标点本。

［10］柏杨撰：《现代语文版资治通鉴》，中国友谊出版公司，1987 年 6 月版。

［11］吕思勉著：《秦汉史》，上海古籍出版社，1983 年版。

［12］谭良啸、张大可主编：《三国人物评传》，三秦出版社，1987 年 10 月版。

［13］《曹操集》，中华书局，1974 年版。

［14］安徽亳县《曹操集》译注小组：《曹操集译注》，中华书局，1979 年版。

［15］张溥辑评：《三曹集》，岳麓书社，1992 年 10 月第一版。

［16］曹植著，宋效永校点：《曹植集校注》，人民文学出版社，1984 年版。

［17］张可礼编著:《三曹年谱》,齐鲁书社,1983 年版。

［18］王贵元、叶桂刚、曾胡主编:《先秦汉三国兵书名著精华》,警官
     教育出版社,1993 年 6 月版。

［19］(台湾)陈文德著:《诸葛亮大传》,九州图书出版社,1995 年 8
     月版。

［20］《十一家注孙子》,上海古籍出版社,1978 年版。

［21］《孙子兵法新注》,中国人民解放军军事科学院战争理论研究部,
     1978 年。

［22］《孙子》,中华书局,1977 年 1 月版。

［23］王汉章编著:《孙子兵法概论》,解放军出版社,1984 年 10 月版。

［24］台湾三军大学编著:《中国历代战争史》,军事谊文出版社,1983
     年版。

［25］李炳彦、孙兢著:《军事谋略学》,解放军出版社,1989 年 10 月版。

［26］李炳彦、孙兢著:《说三国 话权谋》,北京出版社,2004 年 1
     月版。

［27］柴宇球编著:《谋略论》,蓝天出版社,1997 年 7 月版。

［28］侯外庐著:《中国封建社会史论》,人民出版社,1979 年版。

# 后　记

历史人物大都很复杂，曹操则是最为复杂的历史人物之一。

通常情况，评价一个人，大都可以观其一生，至盖棺即可定论，但评价曹操则不然，盖棺快两千年了，谈起他，仍然是见仁见智、人言人殊。

或许，因为有了《三国演义》这本通俗读物，以及在此基础上衍生的戏曲、话剧和一些影视作品，曹操成为中国老百姓最为熟悉的历史人物之一。这些年来，讲三国故事，品三国人物热度不减。作为三国历史的巨人，曹操始终是关注的焦点。

实在地讲，我留心、关注曹操已逾30年。还是在初中时就熟读了《三国演义》，开始对曹操着迷，后来读《三国志》《后汉书》《三曹集》等著作，读得越多，越觉得曹操是一个非常了不得的人物。随着年龄的增长，愈发对他佩服。按现在的话说，我是真正的"曹粉"。

还是1988年，我看过谭良啸、张大可先生主编的《三国人物评传》后，觉得囊括的人物太多，书中单个人物的评传显得单薄，由此萌生了写曹操评传的想法。当时很年轻，冒昧地给在兰州大学任教的张大可先生去了一封信。没想到得到了张先生的回信和热情鼓励。但那时我身在部队基层，无论是时间、精力还是资料都不具备。此后多年，有心无力的我，刻意搜集资料，制作卡片，做着前期准备。直到 1998 年下半年，部队确定我转业，我看有那么一段空闲期，才正式动笔。

在长达 10 个多月的时间内，我几乎是心无旁骛地做着这件事，每天用时在 12 小时以上。那时我还不到 40 岁，并不觉得辛苦，反而乐在其中。到 1999 年 9 月回地方报到前，初稿接近完成。

尽管热情很高，也付出了努力，但是到底能不能出版，我心中没底。主要顾虑有二：一是人们对曹操的关注度高、熟悉度高，因而对有关曹操著述的要求也就相对较高。二是《曹操评传》忠于史实，属专著性质，不是通俗读物。于是就在这矛盾纠结中延宕下来。

2015 年下半年，我再次捧起书稿时，是那样的亢奋。近半年时间，我几乎沉浸在里面，如醉如痴，其乐融融，几至废寝忘食的地步。到旧历年底，书稿初成。

这时，我又想起张大可先生来。当年要不是他的鼓励，我是没有勇气做这件事的。现在书稿完成，饮水思源，我想找到他，表达感激，同时请他指点并分享我的快乐。张先生 1940 年生于重庆长寿，1966 年毕业于北大中文系古典文献专业，现任中国史记研究会会长，是当代秦汉三国研究的大家。我怀着惶恐的心情将书稿寄给他。

没有想到，时隔多年，张先生看完书稿，对作品给予肯定并提出修改、完善的意见，帮助联系出版社。临近出版，还热情地为本书作序。一个知名学者对一个素昧平生的晚辈、一个业余爱好者这么奖掖、这么扶助，让我怎样地感动啊！我感佩张老的学识，更感佩他豁达的心胸与气度！

　　本书即将出版，此时我反倒有些诚惶诚恐，毕竟才疏学浅，干了一件力不胜任的大事。我真诚地把此书的面世当成面试，愿以诚挚而谦逊的态度接受各方的批评与指教！

　　当然，此书出版了却了我的夙愿。我不免激动，多年的心血毕竟没有白费。我又很感激，是张大可先生的支持、鼓励和帮助才有了今天的结果。同时，我也很感激中国文史出版社第一编辑室主任王文运先生，是他的赏识和力荐才使这部书得以面世，这在学术著作出版难的今天着实难得。编辑李晓薇在编审过程中字斟句酌，刨根问底，其敬业精神和严谨作风亦令我钦佩。

　　这本书能够出版，还得益于妻子张巧云的鼓励和支持。书稿已放下多年，是她的激将才让我重新捡了起来；写作时是她承担了所有家务，才让我能够心无旁骛；写累了，是她不厌其烦督促我休息并照顾我的饮食起居。

　　此外，我还要感谢我的领导和同事。孝感日报社副总编辑张明先生看了我的书稿后给予了充分肯定，鼓励我抓紧完稿，争取出版。孝感日报社原副总编辑管淳先生，孝感市文联副主席、作协主席刘碧峰先生先后认真审阅了书稿，纠错、举谬之外还专门以书面形式提出意见和建议。同事陈胜洪、尹红、匡文杰在书稿的校对、打印方面也给予了帮助，在此一并致谢！

叶毓洲

2018 年 3 月

图书在版编目（CIP）数据

曹操评传 / 叶毓洲著 . — 北京：中国文史出版社 , 2017.10
ISBN 978 - 7 - 5034 - 9855 - 8

Ⅰ . ①曹…　Ⅱ . ①叶…　Ⅲ . ①曹操 (155–220) —评传
Ⅳ . ① K827=342

中国版本图书馆 CIP 数据核字（2017）第 318638 号


责任编辑：王文运　李晓薇
装帧设计：蒲　钧

出版发行：**中国文史出版社**
社　　址：北京市西城区太平桥大街 23 号　邮编：100811
电　　话：010-66173572　66168268　66192736（发行部）
传　　真：010-66192703
印　　装：北京地大彩印有限公司
经　　销：全国新华书店
开　　本：16
印　　张：30.5　　　字数：408 千字
印　　数：5000 册
版　　次：2018 年 6 月北京第 1 版
印　　次：2018 年 6 月第 1 次印刷
定　　价：88.00 元

文史版图书，版权所有，侵权必究。
文史版图书，印装错误可与发行部联系退换。